REST und HTTP

Stefan Tilkov beschäftigt sich seit Beginn der 90er-Jahre mit Architekturansätzen für große, verteilte Systemlandschaften. Von 1993 bis 1998 war er in verschiedenen Rollen bei einem mittelständischen Softwarehaus tätig, zuletzt als Leiter des Bereichs Anwendungsentwicklung, bevor er 1999 die Technologieberatung innoQ Deutschland GmbH mitgründete. Als Geschäftsführer und Principal Consultant beschäftigt er sich dort schwerpunktmäßig mit leichtgewichtigen Architekturansätzen und serviceorientierten IT-Architekturen.

Martin Eigenbrodt ist seit 2009 Mitarbeiter bei innoQ. Als Senior Consultant gehört sowohl die Schulung und Beratung beim Entwurf von RESTful APIs zu seinen Aufgaben, als auch deren konkrete Implementierung. Technologisch liegt sein Schwerpunkt dabei auf Scala und Play.

Silvia Schreier beschäftigt sich seit einigen Jahren mit REST. Zunächst im Rahmen ihrer Tätigkeit als wissenschaftliche Mitarbeiterin an der FernUniversität in Hagen und seit 2013 als Consultant bei innoQ. Dort liegt ihr Schwerpunkt auf dem Entwurf und der Entwicklung REST- und ROCA-konformer Anwendungen mit verschiedensten Programmiersprachen und Persistenzlösungen. Außerdem versucht sie bei Veranstaltungen verschiedenster Initiativen andere Menschen für die IT zu begeistern.

Oliver Wolf beschäftigt sich seit vielen Jahren mit Software- und Systemarchitektur und interessiert sich besonders für große, verteilte Systeme mit hohen Anforderungen an Sicherheit, Skalierbarkeit und Flexiblität. Bevor er als Principal Consultant zu innoQ kam, war er unter anderem als Chefarchitekt, Technischer Produktmanager und Berater bei verschiedenen IT-Unternehmen tätig.

Stefan Tilkov · Martin Eigenbrodt · Silvia Schreier · Oliver Wolf

REST und HTTP

Entwicklung und Integration nach dem Architekturstil des Web

3., aktualisierte und erweiterte Auflage

dpunkt.verlag

Stefan Tilkov
Stefan.Tilkov@innoq.com

Martin Eigenbrodt
Martin.Eigenbrodt@innoq.com

Silvia Schreier
Silvia.Schreier@innoq.com

Oliver Wolf
Oliver.Wolf@innoq.com

Lektorat: Dr. Michael Barabas
Copy-Editing: Ursula Zimpfer, Herrenberg
Herstellung: Frank Heidt
Umschlaggestaltung: Helmut Kraus, www.exclam.de
Druck und Bindung: M.P. Media-Print Informationstechnologie GmbH, 33100 Paderborn

Bibliografische Information der Deutschen Nationalbibliothek
Die Deutsche Nationalbibliothek verzeichnet diese Publikation in der Deutschen Nationalbibliografie; detaillierte bibliografische Daten sind im Internet über http://dnb.d-nb.de abrufbar.

ISBN:
Print 978-3-86490-120-1
PDF 978-3-86491-643-4
ePub 978-3-86491-644-1
mobi 978-3-86491-695-3

3., aktualisierte und erweiterte Auflage 2015

Wieblinger Weg 17
69123 Heidelberg

5 4 3 2 1

Vorbemerkung zur dritten Auflage

Was lange währt, wird endlich gut – davon bin ich (Stefan Tilkov) in diesem Fall ganz besonders überzeugt, und der Grund hängt direkt damit zusammen, dass dies die letzte Verwendung der ersten Person Singular in diesem Buch war (von den historischen Vorbemerkungen zur ersten und zweiten Auflage abgesehen): Dank der neuen Co-Autoren Martin Eigenbrodt, Silvia Schreier und Oliver Wolf enthält diese Auflage zahlreiche Überarbeitungen, Fehlerkorrekturen und Ergänzungen.

In die aktuelle Ausgabe sind unsere Erfahrungen aus dem Einsatz von REST in einer Vielzahl unterschiedlicher Projekte eingeflossen. So haben wir das Beispiel, das wir in Kapitel 3 vorstellen und in Kapitel 14 erweitern, gründlich überarbeitet, insbesondere im Hinblick auf die uns immer wichtiger gewordenen Hypermedia-Aspekte. Bei der Neuimplementierung haben wir die Beispielanwendung außerdem von XML auf JSON umgestellt. Die wachsende Bedeutung von Hypermedia hat auch Einfluss auf die Diskussion von Formaten in Kapitel 7, die wir um diverse populäre JSON-basierte Hypermediaformate (HAL, Collection+JSON und SIREN) erweitert haben.

Das neue Kapitel 17 beschäftigt sich mit der Rolle von REST für Weboberflächen und stellt die »ROCA«, unseren favorisierten Ansatz zu deren Realisierung vor. Schließlich haben wir mehr als 130 einzelne »Issues« aus unserem Bugtracker gelöst – von den unvermeidlichen Tippfehlern über sachliche Ungereimtheiten, zahlreiche Aktualisierungen von Technologien und Produkten und diverse kleinere und größere Ergänzungen.

Vorbemerkung zur zweiten Auflage

Eines der erklärten Ziele der ersten Auflage dieses Buches war es, von Implementierungsdetails zu abstrahieren und den Fokus auf das Kernthema REST zu legen. Unter anderem deshalb finden Sie keine Beispielimplementierungen in einer oder mehreren Programmiersprachen, und aus dem gleichen Grund habe ich auch Frameworks, Bibliotheken und Werkzeuge in den Anhang verbannt – die Technologie, die Sie zur Umsetzung Ihrer Clients und Server verwenden, sollte für keines der diskutierten Themen eine Rolle spielen.

Grundsätzlich habe ich diese Linie auch in der zweiten Auflage beibehalten. In vielen Diskussionen, die ich zusammen mit meinen Kollegen in diversen Kundenprojekten und Workshops führen konnte, wurde jedoch klar, dass sich bei der Umsetzung einer konkreten Architektur auf Basis von RESTful HTTP eine Reihe wiederkehrender, ähnlicher Fragestellungen ergeben, für die sich auch ähnliche Lösungen oder Lösungsmuster finden lassen – weitgehend unabhängig von den Details der Implementierungsplattform. REST ist nicht trivial; auch nach jahrelanger Beschäftigung mit Theorie und Praxis lernt man immer noch dazu. Häufig verschiebt sich dabei mit zunehmender Erfahrung auch das, was man für den Kern, für das wichtigste Element des Modells hält, und Dinge, die zunächst wie eine gute Idee erscheinen, stellen sich langfristig als Irrweg heraus. Das neue Kapitel 15, »Architektur und Umsetzung«, beschäftigt sich daher mit dem »Wie« und liefert einige konkrete Hilfestellungen für die praktische Umsetzung der im Buch vorgestellten Prinzipien. Aufmerksamen Lesern der ersten Auflage ist es zu verdanken, dass diverse Fehler korrigiert werden konnten.

Vorwort zur ersten Auflage

Vor zwanzig Jahren hätte niemand das phänomenale Wachstum des World Wide Web vorhersehen können. Man kann das auf pures Glück schieben, aber eine solche Sicht ist weder richtig noch fair. Einfach gesagt ist es die Architektur des Web, die dessen Wachstum und Erfolg ermöglicht hat. Eine solche Aussage mag gewagt klingen, sehen viele in einer Softwarearchitektur doch nicht mehr als ein paar Kästchen mit Linien dazwischen, die jemand auf Präsentationsfolien gezeichnet hat. Zwar können solche Diagramme zur Darstellung von Systemkomponenten und ihren Beziehungen nützlich sein, aber sie allein repräsentieren eine tatsächliche Softwarearchitektur weder vollständig noch ausreichend. Ich habe viele Jahre lang das Wort »Architekt« als Teil meiner Berufsbezeichnung benutzt, mich aber vor ungefähr fünf Jahren davon verabschiedet. Ein Grund dafür war, dass der Begriff »Architekt« mehr und mehr eine Trennung vom tatsächlichen System und dessen Code implizierte; viele selbsternannte Architekten sind in der Tat von der täglichen Arbeit des Erstellens und des Wartens von Software recht weit entfernt. Glücklicherweise trifft das auf mich nicht zu. Der Begriff legt auch eine Trennung von Architekten und Entwicklern nahe, mit der Idee, dass Architekten ein System definieren und die Regeln durchsetzen, während Entwickler das System einfach stupide anhand von Anweisungen umsetzen, die sie von den Architekten erhalten haben – was natürlich völliger Unsinn ist. Aber der wichtigste Grund, aus dem ich mich nicht mehr »Softwarearchitekt« nenne, ist folgender: In den Jahren, in denen ich diesen Titel benutzt habe, habe ich gelernt, dass gute Architekturen keine Regelpolizei benötigen. Stattdessen überwachen sich gute Architekturen praktisch selbst, indem sie klare Konzepte und Grenzen für diejenigen vorgeben, die damit arbeiten. Bei Architekturen geht es um Systemziele und erwünschte Systemeigenschaften, um eine gemeinsame Terminologie und um Kommunikation. Architekturen geben Grenzen, Richtlinien, Einschränkungen und Regeln vor. Eine Architektur zu definieren bedeutet zu entscheiden, welche Eigenschaften das System haben soll, und eine Reihe von Einschränkungen vorzugeben, mit denen diese Eigenschaften erreicht werden können. Korrekt definiert können Eigenschaften und Einschränkungen als Wegweiser für diejenigen dienen, die ein System erstellen, das der Architektur folgen soll, selbst wenn kein direkter Kontakt zu den Urhebern dieser Architektur mehr besteht. Hätte die Webarchitektur diese Eigenschaft nicht, mit anderen Worten: Würde sie die dezentrale, unabhängige Entwicklung nicht ermöglichen – dann könnten nur einige wenige sie verstehen, und ihr spektakuläres Wachstum wäre niemals möglich gewesen. Die Architektur des Web setzt den Architekturstil »Representational State Transfer« (REST) um. Wie Sie in diesem Buch lernen werden, ist bei REST, mehr als bei jeder anderen Architektur und jedem anderen Architekturstil, sehr klar definiert, was die erwünschten Eigenschaften sind und an welche Einschränkungen man sich halten muss, um sie zu erreichen. Bei REST werden sonst vage Begriffe wie »Skalierbarkeit« oder »lose Kopplung« dank der Einschränkungen und der damit verbundenen Kompromisse auf einmal fast offensichtlich. Anstatt Sie mit einem Haufen von Kästchen und Pfeilen zu versorgen, liefert REST Ihnen eine Reihe von Entwurfsentscheidungen und Einschränkungen, die Sie ähnlich wie einen Satz von Kontrollreglern einstellen können, um zu sehen, wie sich dies auf die Systemeigenschaften auswirkt. Anstatt eines weiteren Silos starrer Entwurfsmuster, durch das Sie sich am Ende mit mehr Integrationsproblemen als vorher wiederfinden, ist REST vielleicht ironischerweise in seinen Einschränkungen flexibel. Es erlaubt Ihnen, geeignete Kompromisse für Ihr spezifisches System zu machen und es dennoch in die Gesamtarchitektur einzufügen. Dieser Grad von Anpassbarkeit und Skalierbarkeit ist ein herausragendes Merkmal von REST. So können Sie mit der HTTP-Manifestation des Architekturstils kleine und einfache Systeme verteilter Dienste erstellen und sie dennoch mit ultragroßen weltweit verteilten Systemen wie dem Web integrieren, da beide Enden des Spektrums auf dem gleichen Satz von Prinzipien und Einschränkungen aufbauen. REST ist nicht schwer zu verstehen, aber es hat Tiefe, und es dauert eine gewisse Zeit, bis man es vollständig versteht. Es ist daher wichtig, dass Sie REST nicht von jemandem lernen, der einfach nur Roy Fieldings geniale Doktorarbeit [rest], durch die es definiert wurde, nacherzählt, sondern von jemandem, der mit REST gearbeitet und es durch die praktische Anwendung kennengelernt hat. Stefan Tilkov ist einer der wenigen, die sowohl lehren als auch tun können; er hat REST praktisch eingesetzt, hat eine Reihe von exzellenten und nützlichen Artikeln darüber geschrieben und eine Reihe von Präsentationen dazu gehalten. Ich kenne ihn seit mehreren Jahren und hatte nicht nur das Glück, REST mit ihm bei diversen Gelegenheiten sowohl per E-Mail als auch persönlich diskutieren zu können, sondern auch sein Feedback zu meinen eigenen Publikationen zu REST zu bekommen. Ich kann ehrlich sagen, dass er einer der wenigen mit sowohl genügender Erfahrung als auch der richtigen Balance zwischen »Lehren« und »Tun« ist, die benötigt wird, um Sie zum richtigen Verständnis von REST zu führen. Ich überlasse Sie daher seinen fähigen Händen im Vertrauen, dass Sie sein Wissen und seine Führung genau so nützlich finden werden, wie ich es getan habe.

Steve Vinoski
Chelmsford, MA USA Mai 2009

Danksagung

Die Konzepte, Ideen und Entwurfsmuster in diesem Buch sind das Ergebnis vieler Diskussionen mit den Mitgliedern der internationalen, informellen REST-Community – persönlich, per E-Mail und über diverse Blogbeiträge. Viele Gedanken sind daher stark beeinflusst von Jan Algermissen, Subbu Allamaraju, Mark Baker, Benjamin Carlyle, Duncan Cragg, Alan Dean, Dan Diephouse, Paul Downey, Nick Gall, Joe Gregorio, Marc Hadley, Bill de hÓra, Peter Lacey, Mark Nottingham, Dave Orchard, Aristoteles Pagaltzis, Mark Pilgrim, Paul Prescod, Ian Robinson, Leonard Richardson, Paul Sandoz, Ryan Tomayko, Steve Vinoski, Jim Webber und natürlich Roy T. Fielding.

Wir danken Till Schulte-Coerne und Falk Hoppe, ohne die es das Kapitel zu ROCA nicht gäbe. Sie würden ein deutlich schlechteres Buch in der Hand halten, wenn wir nicht wertvolle Kommentare und Korrekturen zum Manuskript von Jan Algermissen, Thomas Bandholtz, Stefan Bodewig, Javier Botana, Vladimir Dobriakov, Frederik Dohr, Phillip Ghadir, Prof. Dominik Gruntz, Rainer Jaspert, André Kemper, Willem van Kerkhof, Holger Kraus, Michael Krauße, Diego Künzi, Arne Landwehr, Tammo van Lessen, Dirk Lingstädt, Dr. Daniel Luebke, Christian Oberschulte, Aristoteles Pagaltzis, Rubén Parés-Selders, Marc Schlienger und Till Schulte-Coerne erhalten hätten. An den verbleibenden Fehlern tragen wir allein die Schuld.

Stefan
Den größten Beitrag zum Buch hat jedoch meine Familie geleistet – Melanie, Jonas und Mia –, die an so manchem Abend und an diversen Wochenenden auf mich verzichten musste. Danke!

Martin
Auch für mich wäre die Arbeit an diesem Buch nicht möglich gewesen ohne die Hilfe meiner Familie. Anja, Nina und Lisa – ich danke Euch für euer liebevolles Verständnis und all die Zeit, die auch Ihr investiert habt.

Silvia

Mein Dank gilt Christian, der immer für mich da ist, sowie meinen Eltern, Regine und Karl-Heinz, und meiner Schwester Juliane für ihre Unterstützung.

Oliver

Ich danke Carmen, die von der wenigen Zeit, die wir gemeinsam verbringen können, noch einmal ein gutes Stück abgegeben hat.

Stefan Tilkov, Martin Eigenbrodt, Silvia Schreier, Oliver Wolf
Januar 2015

Inhaltsverzeichnis

Anhang

1 Einleitung

Es gibt unzählige Wege, um Systeme miteinander zu verbinden. Wenn Sie schon eine Weile als Entwickler oder Architekt in der IT-Branche tätig sind, haben Sie eine Reihe davon wahrscheinlich persönlich miterlebt: einfache Kommunikation über Sockets, Shared Memory oder Named Pipes, Abstraktionen wie Remote Procedure Call (RPC), proprietäre oder standardisierte Ansätze wie DCOM und CORBA, RMI und Webservices. Warum sollten Sie sich mit einem weiteren Ansatz beschäftigen? Eine ähnliche Frage hat sich wohl jeder gestellt, als er (oder sie) das erste Mal von »REST« hörte. Was soll daran schon neu oder anders sein? Ist es nicht völlig irrelevant, welche Technologie man einsetzt? Sind die Architekturmuster nicht die gleichen?

1.1 Warum REST?

Nach einer durchaus längeren Phase der Skepsis sind wir zu dem Ergebnis gekommen, dass sich hinter REST [Fielding2000] tatsächlich etwas Neues verbirgt. Wir sind überzeugt davon, dass viele der Innovationen, die im Kontext der Erfindung des WWW entstanden sind, revolutionäre Auswirkungen auf die Architektur unserer IT-Systeme haben können. Dazu gehören keine prophetischen Fähigkeiten – kaum jemand wird bestreiten, dass das WWW tatsächlich eine bahnbrechende technologische Entwicklung war. Aber obwohl wir alle das Web täglich benutzen und man daher annehmen könnte, dass wir es verstanden haben, nutzen wir häufig sein Potenzial bei Weitem nicht aus. Das gilt sowohl für Anwendungen, die über eine Weboberfläche verfügen, wie für verteilte Systeme, die auf Basis von Webtechnologien miteinander kommunizieren. Der Grund dafür ist eine unzureichende Kenntnis der Webarchitektur mit ihrem wichtigsten Protokoll HTTP [RFC7230][1], die ihrerseits wiederum eine konkrete Ausprägung des Architekturstils REST ist[2].

1. RFC 7230 löste im Juni 2014 zusammen mit den RFCs 7231-7234 den bisherigen RFC 2616 ab. Hierbei wurde zum Beispiel sehr viel Wert auf eindeutigere Formulierungen und auf Erweiterbarkeit für Aspekte wie Nummernkreise oder Namensräume gelegt. Mehr Details zu den aktuellen Entwicklungen rund um HTTP finden Sie in Anhang D.

Wenn Sie bislang mit Technologien wie verteilten Objekten (Distributed Objects) oder entfernten Prozeduraufrufen (Remote Procedure Call) gearbeitet haben, werden Ihnen viele Ideen aus REST sehr ungewöhnlich erscheinen. Aber auch wenn Sie bereits Webanwendungen entwickelt haben und HTTP, URIs[3] und viele andere Standards aus diesem Umfeld zu kennen glauben, ist die Wahrscheinlichkeit groß, dass Sie diese nicht konform zu den REST-Prinzipien eingesetzt haben. Zumindest ging es uns so, als wir uns das erste Mal mit REST auseinandersetzten.

In den folgenden Abschnitten möchten wir Sie davon überzeugen, dass es sich lohnt, einer bestimmten Klasse von Problemen mit dem Lösungsansatz REST zu begegnen. Schauen wir uns dazu zunächst einmal an, mit welchen Problemen man sich bei der Gestaltung verteilter Systeme, sowohl im Unternehmen wie auch über Unternehmensgrenzen hinweg, typischerweise auseinandersetzen muss und welchen Beitrag REST und HTTP dazu leisten.

1.1.1 Lose Kopplung

Wenn Sie zwei Systeme so eng aneinander koppeln, dass sie nicht mehr trennbar sind, haben Sie sie zu einem System verschmolzen. Auch wenn das manchmal sogar sinnvoll sein mag: In den meisten Fällen möchten Sie eine modulare Welt von möglichst unabhängigen Teilsystemen anstelle von monolithischen Riesensystemen, die wir nur im Ganzen oder überhaupt nicht einsetzen, aktualisieren, modifizieren oder außer Betrieb nehmen können. Wir bemühen uns deshalb, Systeme über Schnittstellen miteinander kommunizieren zu lassen und sie dabei voneinander zu isolieren. Am unabhängigsten sind zwei Systeme, wenn sie überhaupt nicht gekoppelt sind – sprich: gar nicht miteinander kommunizieren. Ist dies nicht möglich, sollten wir eine Kopplung anstreben, die nur so eng ist, wie es für eine effiziente Kommunikation unbedingt notwendig ist.

Der Begriff »Lose Kopplung« wurde in den vergangenen Jahren insbesondere im Zusammenhang mit serviceorientierten Architekturen (SOA) stark strapaziert. SOA als Konzept wird häufig mit der technologischen Umsetzung durch Webservices auf Basis von SOAP und WSDL assoziiert. Tatsächlich aber führen gerade entscheidende Unterschiede im REST-Modell, wie die *uniforme Schnittstelle* und *Hypermedia* – also die Verknüpfung mithilfe von Links –, zu einem erheblichen Mehrwert bei der Entkopplung von Systemen und Services. Auch REST ist kein Wundermittel und kann die Kopplung zwischen zwei Systemen nicht vollständig verhindern, sie lässt sich aber erheblich reduzieren.

---

2. Mit der Unterscheidung zwischen einem Architekturstil und einer konkreten Architektur werden wir uns später noch beschäftigen.
3. In diesem Buch wird konsistent der Begriff »URI« statt »URL« verwendet. Details dazu finden sich in Abschnitt 4.3.1

Wenn das für Sie zu schön klingt, um wahr sein zu können, hilft vielleicht ein Blick auf den verbreitetsten aller REST-Clients: Der Webbrowser, den Sie tagtäglich benutzen, ist an keinen bestehenden Server konkret gekoppelt, sondern auf Basis der uniformen Standardschnittstelle in der Lage, mit beliebigen Servern zu kommunizieren, die ihre Dienste über HTTP zur Verfügung stellen. Wir werden sehen, dass es eines der zentralen Ziele bei der Entwicklung von Systemen nach dem REST-Stil ist, diese Art der Entkopplung zwischen Kommunikationspartnern zu erreichen.

1.1.2 Interoperabilität

Interoperabilität, die Möglichkeit zur Kommunikation von Systemen mit technisch stark unterschiedlicher Implementierung, ergibt sich aus der Festlegung auf gemeinsame Standards. So ist die Steckdose in der Wand kompatibel mit dem Netzstecker eines Gerätes, zumindest, wenn sich beide an Standards aus dem gleichen Geltungsbereich, dem gleichen »Ökosystem«, halten. In dieser Beziehung sind die Standards des Web – HTTP, URIs, XML, aber auch HTML u.a. – unschlagbar: Keine andere Softwaretechnologie ist in Bezug auf die Größe des Geltungsbereichs so umfassend wie HTTP[4]. Im Umkehrschluss kann die Festlegung auf eine bestimmte Technologie zur Hürde für die Kommunikation mit einem System werden. Selbst definierte Binärprotokolle, der Austausch von CSV- oder XML-Dateien, kommerzielle Middleware-Produkte, COM, CORBA, RMI oder SOAP über HTTP: Jeder dieser Ansätze bringt seine eigene Komplexität und seine eigenen Anforderungen an die Umgebung der Kommunikationspartner mit sich. HTTP als Protokoll und URIs als Identifikationsmechanismus werden in praktisch jeder Umgebung unterstützt, vom Großrechner bis zum Embedded-System (in meinem WLAN-Router z. B. arbeitet ein HTTP-Server). Kein anderes Applikationsprotokoll ist HTTP in Bezug auf die Interoperabilität überlegen.

1.1.3 Wiederverwendung

Schon andere Technologien wurden damit beworben, durch massiv höhere Wiederverwendungsraten die Kosten in der Softwareerstellung zu senken – seien es Objekte, Komponenten oder Services. Bei der Entwicklung von REST-Anwendungen spielen zwei Faktoren hier eine zusätzliche Rolle: die Möglichkeit von sich überlappenden Schnittstellen und die Unterstützung der *ungeplanten* Wiederverwendung (»serendipitous reuse«) [Vinoski2008].

Ein typisches Problem bei einem Entwurf, der eine später Wiederverwendung unterstützen soll, ist die mangelhafte Vorhersehbarkeit der Anforderungen. Nahezu alle bereits oben aufgezählten Technologien zielen darauf ab, eine klare,

4. Und ganz besonders nicht das Steckdosenbeispiel, wie jeder Auslandsreisende mit Laptop leicht bestätigen kann.

formal definierte Schnittstelle für jede spezifische Anwendung zu erfinden. Schnittstellendesign ist jedoch keine leichte Aufgabe – idealerweise vereinheitlicht man eine Reihe bestehender Lösungen, erprobt das Ergebnis und standardisiert es anschließend. Bei REST gibt es nur *eine* Schnittstelle. Dadurch kann jeder Client, der diese Schnittstelle verwenden kann, mit jedem REST-basierten Service kommunizieren (unter der Voraussetzung, dass das Datenformat von beiden Seiten verstanden wird).

1.1.4 Performance und Skalierbarkeit

Benutzergesteuerte Anwendungen und von anderen Programmen aufgerufene Dienste sollen schnell antworten – so schnell wie möglich. Gleichzeitig soll eine größtmögliche Anzahl von Anfragen in einem definierten Zeitraum beantwortet werden können.

Wie performant und skalierbar eine Anwendung oder ein Service ist, hängt vor allem von der Architektur ab, und zwar auf zwei Ebenen: zum einen der internen Architektur, also der der Implementierung, zum anderen der Verteilungsarchitektur, also der Art und Weise, wie die auf mehrere Prozesse auf unterschiedlichen Rechnerknoten verteilten Komponenten über das Netz miteinander kommunizieren. REST und HTTP haben keinen oder zumindest nur einen geringen Einfluss auf die interne Implementierungsarchitektur, aber einen sehr großen Einfluss auf die externe Verteilungsarchitektur.

Die Infrastruktur des Web kann ihre Stärken optimal ausspielen, wenn die externe Schnittstelle eines Systems auf Basis von HTTP konform zu den REST-Prinzipien entworfen wird. Eine Vielzahl von Anfragen können aus einem Cache beantwortet werden, andere wiederum werden minimiert oder ganz vermieden. Die Skalierbarkeit wird durch den Verzicht auf einen sitzungsbezogenen Status deutlich verbessert – aufeinander folgende Anfragen müssen nicht zwingend vom gleichen System beantwortet werden.

1.2 Zielgruppe und Voraussetzungen

Dieses Buch richtet sich an Architekten, Designer und Entwickler, die »RESTful Services« für die Implementierung einer verteilten Anwendung oder Anwendungslandschaft einsetzen wollen, eine bestehende Webanwendung um eine externe Schnittstelle (ein »Web-API«) erweitern möchten oder ganz allgemein eine Webanwendung aus Architektursicht optimal gestalten wollen. Wenn Sie eine REST/HTTP-Anwendung entwerfen, müssen Sie sich mit den zugrunde liegenden Standards auseinandersetzen – und dabei lässt es sich nach unserer Überzeugung nicht vermeiden, sich auch in einem gewissen Detaillierungsgrad mit dem zu beschäftigen, was tatsächlich »über die Leitung geht«, also zwischen den an der Kommunikation beteiligten Partnern an Daten ausgetauscht wird.

Sie sollten sich daher nicht erschrecken lassen, wenn Sie im Folgenden mit URIs, HTTP-Anfragen und -Antworten oder den ausgetauschten Daten in XML, JSON oder anderen Formaten konfrontiert werden. Als Voraussetzung für ein Verständnis dieses Buches genügt eine grundlegende Kenntnis von Netzwerken, ein wenig Erfahrung im Umgang mit dem Web und idealerweise noch praktische Erfahrungen im Einsatz einer alternativen Technologie zur Realisierung verteilter Systeme (z. B. CORBA, RMI oder DCOM). Wenn Sie das HTTP-Protokoll bereits näher kennen, werden Sie die für Sie neuen Konzepte leichter verstehen. Kennen Sie HTTP nur oberflächlich, werden Sie im Laufe der Lektüre genug darüber erfahren, um in Zukunft für die meisten Entwickler und Anwender als Experte gelten zu können[5].

Die konkrete Wahl von Programmiersprache, Bibliotheken oder Webframework spielt für den Entwurf von REST-konformen Systemen keine wesentliche Rolle – zumindest nicht, solange wir uns mit der nach außen sichtbaren Schnittstelle befassen. Natürlich müssen Sie irgendwann eine konkrete Entscheidung treffen, welche Technologien Sie einsetzen (wobei Sie sich bewusst sein sollten, dass Sie sich nicht auf *eine* einzelne festlegen müssen). Sie finden in Anhang C einige Hinweise für allgemein einsetzbare und plattform- bzw. programmiersprachenspezifische Werkzeuge[6].

1.3 Zur Struktur des Buches

In den folgenden Kapiteln werden wir uns sowohl mit übergreifenden Fallbeispielen als auch mit den einzelnen Konzepten von REST und HTTP beschäftigen. Die Kapitel im Überblick:

- **Kapitel 2: Einführung in REST** gibt einen kurzen Überblick die wesentlichen Grundprinzipien und Mechanismen von REST und RESTful HTTP.
- **Kapitel 3: Fallstudie: OrderManager** stellt anhand einer einfachen Bestellverwaltung vor, wie die Grundprinzipien von REST für eine einfache Anwendung eingesetzt werden können, die über HTTP programmatisch genutzt werden kann. Dabei liegt der Fokus nicht auf inhaltlicher Vollständigkeit oder technischer Raffinesse, sondern auf der Illustration der wesentlichen Konzepte.
- **In Kapitel 4: Ressourcen** beschäftigen wir uns mit dem abstrakten Konzept von Ressourcen und seiner konkreten Ausprägung im WWW. Neben der Identifikation mithilfe von URIs und der Einführung von Repräsentationen

5. Man kann das mit Fug und Recht ein wenig tragisch finden.
6. Auf den Abdruck von Quellcode konkreter Implementierungen von REST-Clients oder -Servern haben wir verzichtet.

finden Sie hier auch Hinweise auf ein sinnvolles und REST-konformes Ressourcen- und URI-Design.

- **Kapitel 5: Verben** stellt das abstrakte Konzept von Schnittstellen mit einem immer gleichen Satz von Operationen und die konkrete Ausprägung in HTTP vor. Neben den bekannten aus dem HTTP-Standard werden auch einige neuere Verben sowie die Möglichkeit zur Definition eigener Verben beschrieben.
- Das **Kapitel 6: Hypermedia** spielt eine zentrale Rolle für das Verständnis von REST jenseits einfacher CRUD[7]-Beispiele. Dahinter verbirgt sich das Konzept, Ressourcen miteinander zu verknüpfen, den Kontrollfluss einer Applikation dynamisch zu steuern und separat entwickelte Ressourcen unabhängig von ihrer Implementierungsstrategie oder ihrer Lokation zu kombinieren.
- **Kapitel 7: Repräsentationsformate** beschäftigt sich mit den Datenformaten, die in REST/HTTP-Anwendungen in der Regel zum Einsatz kommen. Dabei werden die Vor- und Nachteile verschiedener Formate diskutiert und Hinweise zu deren Anwendung geliefert. Neben traditionellen Formaten betrachten wir auch einige, bei deren Design Hypermedia explizit berücksichtigt wurde.
- In **Kapitel 8: Fallstudie: AtomPub** finden Sie eine Beschreibung eines REST-konformen Protokolls zur Manipulation von Inhalten wie z. B. Einträgen in Weblogs oder Artikeln in einem CMS-System. Das Atom Publishing Protocol (AtomPub) ist ein offizieller Standard, der unter Beteiligung diverser Webexperten und REST-Verfechter definiert wurde und daher in vielerlei Hinsicht der Musterknabe der REST-Familie ist.
- In **Kapitel 9: Sitzungen und Skalierbarkeit** erfahren Sie mehr über den Zusammenhang zwischen der Skalierbarkeit eines Systems und der Rolle, die der Verzicht auf eine sitzungsbehaftete Kommunikation dafür spielt. Thema sind neben der Motivation auch Empfehlungen, wie Sie einen sessionorientierten in einen sessionfreien Entwurf überführen können.
- **Kapitel 10: Caching** beschäftigt sich mit der wichtigsten Performance-Optimierung im WWW und zeigt, wie Sie die beiden unterschiedlichen dafür vom HTTP-Protokoll unterstützten Verfahren – Validierungs- und Expirationsmodell – für Geschäftsanwendungen mit einer REST-Architektur nutzen können.
- **Kapitel 11: Sicherheit** gibt einen kurzen Abriss über die wesentlichen Sicherheitskonzepte im REST/HTTP-Umfeld und stellt neben allgemeinen Konzepten und den in HTTP integrierten Authentifizierungsmechanismen verschiedene Standards wie SSL, OpenID und OAuth vor.

---

7. Create, Read, Update, Delete (CRUD) wird als Akronym für einfache Datenmanipulationsfunktionen verwendet.

- Das **Kapitel 12: Dokumentation** beschäftigt sich mit Strategien zur Dokumentation von REST-Anwendungen, sowohl auf Basis einfacher HTML-Seiten wie auch mithilfe von standardisierten Beschreibungssprachen wie WSDL, RDDL oder WADL oder neuerer Ansätze wie Swagger, RAML oder API Blueprint.
- Thema von **Kapitel 13: Erweiterte Anwendungsfälle** sind asynchrone Verarbeitung, zuverlässige Zustellung, Transaktionen und die Konflikterkennung bei parallelen Zugriffen.
- In **Kapitel 14: Fallstudie: OrderManager, Iteration 2** erweitern wir unser Beispiel aus Kapitel 3 sowohl fachlich als auch technisch mithilfe des Wissens aus den Kapiteln 4 – 13, um Ihnen einen realistischen Eindruck von den typischen Entwurfsentscheidungen bei einer nicht trivialen REST-Anwendung zu geben.
- **Kapitel 15: Architektur und Umsetzung** befasst sich mit den Auswirkungen, die sich aus dem Einsatz von REST und HTTP für unterschiedliche Architekturaspekte ergeben. Dazu zählen die Anwendungs- und Systemarchitektur, die Architektur von Benutzerschnittstellen, die interne Softwarearchitektur einzelner Systeme und die neuen Herausforderungen bei der Gestaltung von Web-APIs.
- **Kapitel 16: »Enterprise REST«: SOA auf Basis von RESTful HTTP** setzt die Konzepte von REST und die Technologien des Web in Beziehung zu serviceorientierten Architekturen (SOA) und zeigt, wie diese beiden Ansätze zusammenpassen können. Darüber hinaus finden Sie hier eine Diskussion über die Vor- und Nachteile von Webservices auf Basis von WSDL, SOAP und WS-* im Vergleich zu REST und HTTP.
- **Kapitel 17: Weboberflächen mit ROCA** beschäftigt sich mit Webanwendungen, also REST/HTTP-Anwendungen, bei denen der Client ein Webbrowser ist, den ein Mensch verwendet. Wir diskutieren, wie man auch in diesem Fall das Beste aus dem Web herausholen kann. Neben REST stehen hier semantisches HTML, CSS und JavaScript sowie die klare Trennung von Verantwortlichkeiten im Vordergrund.
- Im **Anhang** schließlich erfahren Sie mehr über die Werkzeuge, die Ihnen für eine konkrete Umsetzung einer REST/HTTP-basierten Lösung zur Verfügung stehen, und finden eine Übersicht der HTTP-Statuscodes, eine Beschreibung einiger fortgeschrittener HTTP-Mechanismen wie Pipelining und persistente Sessions, einen Verweis auf diverse Onlineressourcen mit weiterführenden Informationen, einen Überblick zu der Entwicklungen von HTTP/2, eine Liste der Referenzen sowie den Index.
- Ergänzungen und Errata sowie diverse Onlineressourcen finden Sie auf der Website zum Buch, *http://rest-http.info*.

2 Einführung in REST

REST ist mittlerweile im »Mainstream« angekommen, und tatsächlich haben die unter diesem Namen zusammengefassten Konzepte das WWW, das wir heute kennen, schon vor der aktuellen Popularität bereits über lange Jahre geprägt. In diesem Kapitel werden wir uns daher zunächst mit der Geschichte von REST beschäftigen und danach die wichtigsten Grundprinzipien erläutern.

2.1 Eine kurze Geschichte von REST

Die Anfänge des Web in den frühen 90er-Jahren waren von einer sehr einfachen Metapher geprägt: Dokumente in einem Standardformat, die über eine eindeutige Identifikation verfügten und sich darüber gegenseitig referenzieren konnten, sowie ein einfaches Protokoll, um diese Dokumente zu übertragen. Schon bald jedoch wurde das Web mit dynamischen Informationen angereichert, die auf Datenbankinhalten oder mehr oder weniger komplexen Berechnungen beruhten.

Daraus resultierte eine Unklarheit in der Bedeutung der einzelnen Konzepte des WWW. Identifiziert eine URI ein bestimmtes Dokument oder einen Dienst, der viele Dokumente (oder allgemeiner: Informationen) liefern kann? Wie passt die Metapher eines Dokumentes, das transferiert wird, zu einem Dienst, der sein Ergebnis auf Basis einer komplexen Implementierung ermittelt? Dem Web in der Praxis fehlte eine zugrunde liegende Theorie, ein konzeptionelles Modell mit klaren Begriffen, mit dessen Hilfe man über das Pro und Contra von möglichen Weiterentwicklungen diskutieren konnte. Mit anderen Worten: Dem Web fehlte ein theoretisches Fundament – eine formale Architektur.

Fielding, der seit Beginn (ca. 1994) in die Standardisierung der Webprotokolle involviert war, konstruierte deshalb ein Konzept, das initial den Namen »HTTP Object Model« trug. Während der Standardisierung von HTTP 1.0, vor allem aber während der Weiterentwicklung zu HTTP 1.1 nutzte er dieses Modell zum einen als Rahmen für das Design von HTTP und passte es zum anderen an, wenn es einer sinnvollen Veränderung im Weg stand.

Im Kern dieses Modells steht die Idee, für statische Inhalte und dynamisch berechnete Informationen, die ein globales, gigantisches Informationssystem bilden, ein einheitliches Konzept zu definieren – eine Idee, mit dem wir uns in den weiteren Kapiteln detailliert beschäftigen werden.

In seiner Dissertation, die er im Jahr 2000 beendete, abstrahierte Fielding von der konkreten Architektur, die HTTP zugrunde liegt, und legte den Schwerpunkt auf die Konzepte anstatt auf die konkrete Syntax, die Details des Protokolldesigns und die vielen Kompromisse, die aus Kompatibilitätsgründen eingegangen werden mussten. Als Ergebnis entstand der Architekturstil[1] REST. Dieser ist somit eine Stufe abstrakter als die HTTP-Architektur: Theoretisch könnte man die Prinzipien von REST auch mit einem neu erfundenen Satz von Protokollen umsetzen. In der Praxis ist jedoch tatsächlich nur das Web als konkrete Ausprägung des Architekturstils relevant.

HTTP, URIs und die anderen Standards des Web lassen sich auf unterschiedliche Arten verwenden. Idealerweise setzt man eine Technologie so ein, wie es sich deren Architekt vorgestellt hat, denn dadurch ist die Wahrscheinlichkeit am höchsten, dass man auch die Vorteile optimal nutzt. Aber natürlich kann man auch gegen die Regeln verstoßen, und in der Praxis kommt das sehr häufig vor: Viele der Frameworks, Bibliotheken und öffentlichen Web-APIs sind alles andere als »RESTful«, auch wenn dies häufig behauptet wird.

Das Paradebeispiel für eine Verwendung der Protokolle des WWW ohne den Einsatz der entsprechenden Architektur sind Webservices auf Basis von SOAP und WSDL. Diese verwenden zwar HTTP, aber eines der Kernkonzepte besteht in der sogenannten »Transportunabhängigkeit«: HTTP ist nur einer von vielen Mechanismen, über den Daten von A nach B übertragen werden können.[2] Aus diesem Grund gab es in den vergangenen Jahren immer wieder Debatten darüber, ob nun SOAP oder REST die bessere Lösung sei[3]. Lange Zeit war REST dabei nur der Favorit einer kleinen Minderheit; eine zunehmende Frustration mit dem Webservices-Technologiestack und eine immer stärkere Verbreitung von Web-APIs ohne SOAP[4] haben jedoch mittlerweile zu einem großen Interesse an REST im Service-Umfeld geführt. In vielen Fällen wird REST dabei ohne größere Debatte als die »richtige« Lösung vorausgesetzt.[5]

Aber auch ganz ohne Webservices kann man mehr oder weniger katastrophal gegen die Grundregeln von REST verstoßen, sehr gut zu sehen an Webframe-

1. Wenn Ihnen der Begriff »Architekturstil« nichts sagt, Sie aber wissen, was »Design Patterns« (Entwurfsmuster) sind, können Sie sich einen Architekturstil sehr ähnlich vorstellen, nur auf der nächsthöheren Ebene. So wie ein Entwurfsmuster eine Stufe abstrakter ist als eine konkrete Implementierung, ist ein Architekturstil eine Stufe abstrakter als eine spezifische Architektur.
2. Diese Reduktion des Applikationsprokolls HTTP auf ein reines Transportprotokoll ist einer der Hauptkritikpunkte der REST-Verfechter am SOAP/WSDL/WS-*-Universum.
3. Genau genommen ein klassischer Äpfel- und Birnenvergleich: ein konkretes XML-Format gegen einen abstrakten Architekturstil, genau so klug wie der Vergleich von Spring mit dem Observer-Pattern.
4. Z. B. bei Google, Yahoo!, Facebook, Twitter und sogar Microsoft.
5. Diesen Absatz haben wir nicht ganz ohne Freude für jede Auflage des Buches überarbeiten und der jeweils deutlich gestiegenen Akzeptanz von REST anpassen müssen.

works bzw. damit erstellten Anwendungen, die sich nicht wie Webanwendungen anfühlen, nicht so entwickelt werden und auch keinen der Vorteile des Web ausnutzen. Während sich Benutzer mit defekten Back- und Forward-Schaltflächen, ablaufenden Sitzungen, schlechten Antwortzeiten und nicht verlinkbaren Informationen herumplagen, ist auch aus Architektursicht hier weder von REST noch von RESTful HTTP etwas zu sehen.

Eine kurze Anmerkung zu Unterscheidung »REST« und »RESTful HTTP«: Im Kontext dieses Buches verwenden wir den Begriff REST formal gesehen nicht immer korrekt. Genau genommen müssten wir konsequent unterscheiden zwischen dem abstrakten Architekturstil REST, der konkreten, weitgehend REST-konformen Implementierung HTTP und einzelnen Webanwendungen und Diensten, die mehr oder weniger konform zu den REST-Prinzipien umgesetzt sein können. Wir folgen jedoch stattdessen dem allgemeinen Sprachgebrauch und benutzen »REST« und »REST-konforme HTTP-Nutzung« (englisch »RESTful HTTP«) in den meisten Fällen synonym[6].

2.2 Grundprinzipien

Wenn wir REST auf ein Minimum reduzieren, ergeben sich fünf Kernprinzipien, die wir wie folgt zusammenfassen können:

- Ressourcen mit eindeutiger Identifikation
- Verknüpfungen/Hypermedia
- Standardmethoden
- Unterschiedliche Repräsentationen
- Statuslose Kommunikation

Schauen wir uns diese Prinzipien näher an.

Eindeutige Identifikation

Wenn Sie sich an das letzte System erinnern, das Sie entwickelt haben, so gab es sicherlich eine Menge von Kernabstraktionen, deren Instanzen es verdient hätten, eindeutig identifiziert zu werden. Im Web gibt es ein einheitliches Konzept für die Vergabe von IDs – nämlich die URI. URIs bilden einen globalen Namensraum, und die Verwendung einer URI als ID stellt sicher, dass Sie die wesentlichen Elemente weltweit eindeutig identifizieren können.

Der wesentliche Vorteil eines konsistenten Schemas für Namen ist, dass Sie kein eigenes mehr erfinden müssen – Sie können sich auf das bereits bestehende verlassen, das, wie man kaum bestreiten kann, sehr gut funktioniert, hervorragend skaliert und von wirklich jedem verstanden wird. Wenn Sie an ein zufällig

6. Hetzen Sie uns ruhig die @RESTPolice auf den Hals (ja, das ist ein real existierender Twitter-Account).

ausgewähltes Geschäftsobjekt aus Ihrer letzten Anwendung denken, können Sie wahrscheinlich leicht einen Fall konstruieren, in dem die Identifikation über URIs nützlich gewesen wäre. Hat Ihre Anwendung zum Beispiel eine Abstraktion »Kunde« enthalten, wären Ihre Anwender wahrscheinlich gern in der Lage gewesen, einem Kollegen einen Link auf einen bestimmten Kunden zu schicken, sich ein Lesezeichen zu setzen oder die ID (die URI) des Kunden einfach nur auf einem Stück Papier zu notieren. Und stellen Sie sich vor, wie viel Geschäft ein Onlineunternehmen wie Amazon.com nicht machen würde, wenn man keinen Link auf jedes einzelne Produkt verschicken könnte!

Wird man zum ersten Mal mit dieser Idee konfrontiert, fragt man sich, ob man nun jeden einzelnen Datenbankeintrag (und dessen ID) exponieren sollte – und schaudert beim bloßen Gedanken. Schließlich haben uns Jahre der Objektorientierung gelehrt, dass wir Implementationsdetails verbergen sollten. Aber dies ist nur ein scheinbarer Konflikt: Die Dinge (Ressourcen), die Sie nach außen bekannt geben, befinden sich auf einem anderen Abstraktionsniveau als die einzelnen Datenelemente. Ein Beispiel: Man würde in einem Bestellsystem vielleicht eine Ressource »Order« exponieren und ihr eine URI spendieren, nicht jedoch jeder einzelnen Bestellposition oder der Liefer- und Rechnungsadresse[7]. Treibt man das Prinzip, alle sinnvollen Dinge zu identifizieren, konsequent weiter, so ergeben sich auf einmal neue Ressourcen, an die man normalerweise nicht gedacht hätte – ein Prozess oder Prozessschritt, ein Verkauf, eine Verhandlung, eine Angebotsanfrage – alles Beispiele für Ressourcen, die es zu identifizieren lohnt. Dies wiederum kann dann dazu führen, dass es mehr persistente Entitäten gibt als in einem Nicht-REST-Design.

Im Folgenden einige Beispiel-URIs:

- `http://example.com/customers/1234`
- `http://example.com/orders/2007/10/776654`
- `http://example.com/products/`
- `http://example.com/processes/salary-increase-234`

Da wir menschenlesbare URIs verwendet haben – eine sinnvolle, wenn auch aus REST-Sicht völlig irrelevante Entscheidung –, sollten sie relativ leicht zu interpretieren sein. Die Vorteile des einheitlichen, global gültigen Namensschemas gelten sowohl für die browserbasierte als auch für die Anwendung-zu-Anwendung-Kommunikation.

Fassen wir das erste Prinzip noch einmal zusammen: Verwenden Sie URIs, um alle die Instanzen aller wesentlichen Abstraktionen Ihrer Anwendung zu identifizieren, die es Wert sind – unabhängig davon, ob es sich um individuelle Einträge oder Mengen handelt.

---

7. Welche Ressourcen Sie tatsächlich definieren, hängt natürlich stark vom Einzelfall ab.

Hypermedia

Das nächste Prinzip hat die formale Beschreibung »Hypermedia as the engine of application state«. Im Kern verbirgt sich dahinter das Konzept von Verknüpfungen (Links). Diese sind uns allen aus HTML bekannt, aber in keiner Weise auf menschliche Nutzer beschränkt. Am besten verdeutlicht dies ein Beispiel:

```
{
    "amount": 23,
    "customer": {
        "href": "http://example.com/customers/1234"
    },
    "product": {
        "href": "http://example.com/products/4554"
    },
    "cancel": {
        "href": "./cancellations"
    }
}
```

Wenn Sie sich die Produkt- und Kundenverknüpfungen in diesem Beispiel ansehen, können Sie sich leicht vorstellen, dass eine Applikation diesen Links »folgt«, um an weitere Informationen zu gelangen. Das wäre natürlich genauso gut denkbar, wenn nur ein einfaches ID-Attribut z. B. mit einem Integerschlüssel belegt wäre – allerdings nur im Kontext dieser einen Anwendung. Das Wunderbare am Hypermedia-Ansatz des Web ist, dass Verknüpfungen anwendungsübergreifend funktionieren – es kann sich eine andere Anwendung, ein anderer Server oder ein anderes Unternehmen auf einem anderen Kontinent dahinter verbergen, ohne dass sich der Konsument dafür interessieren muss. Weil das Namensschema global ist, können alle Ressourcen, aus denen das Web besteht, miteinander verknüpft werden.[8]

Wichtiger noch als die Verknüpfung zwischen Daten ist die Steuerung des Applikationszustands über Hypermedia: Ein Server kann dem Client über Hypermedia-Elemente wie z. B. Links mitteilen, welche Aktionen er als Nächstes ausführen kann. Abstrakt formuliert: Die Applikation wird damit von einem Zustand in den nächsten überführt, indem der Client einem Link folgt.

Ein Beispiel: Unsere Bestellung enthält einen Link, der eine Verknüpfung kapselt, die der Client zum Stornieren der Bestellung verwenden kann. Ist dies im aktuellen Status der Bestellung nicht mehr möglich, enthält die Bestellung diesen Link nicht mehr: Welche Statusübergänge zu einem beliebigen Zeitpunkt möglich sind, wird also durch Hypermedia gesteuert.

Aber nicht nur Links sind Hypermedia-Elemente. Diese sind nur ein Weg für einen Client, auf Basis von Informationen, die vom Server bereitgestellt werden,

8. Das Beispiel ist übrigens sehr ineffizient: In einem realistischen Szenario würde man auch einige wesentliche Attribute des Kunden und des Produktes mit in die Bestellung aufnehmen, um die Anzahl der Zugriffe zu minimieren.

herauszufinden, wie ein nächster Request konstruiert werden kann. Aus dem HTML-Umfeld bestens bekannt sind Formulare, HTML-Forms. Im Gegensatz zu Links, die ein explizites Ziel haben, also auf eine bestimmte Ressource verweisen, enthalten Formulare die Regeln, nach denen einer von potenziell beliebig vielen neuen Requests erzeugt werden kann. Das folgende Beispiel illustriert das an einer Kombination verschiedener Formularelemente:

```
<form action="/reports" method="GET">
  <select name="month">
    <option value="01">01</option>
    <option value="02">02</option>
    ...
    <option value="12">12</option>
  </select>
  <input type="number" name="year">
  <select name="state">
    <option></option>
    <option value="cancelled">cancelled</option>
    <option value="commited">commited</option>
    <option value="created">created</option>
    <option value="failed">failed</option>
    <option value="processing">processing</option>
    <option value="shipped">shipped</option>
  </select>
  <input type="submit" value="get report"/>
</form>
```

Die Menge an Kombinationsmöglichkeiten aus den beiden Select-Auswahlfeldern und dem Eingabefeld ist unendlich. Für den Client ist damit nur vorgegeben, wie er einen POST-Request konstruieren kann. Der Server ist dafür zuständig, diesen dann zu interpretieren und entweder mit einer direkten Antwort oder mit einer Weiterleitung auf eine andere, dem Client vorher unbekannte Ressource zu beantworten. Der Server steuert den Client höchst dynamisch über die Hypermedia-Elemente, die er in seine Antworten einbettet.

Zusammenfassung: Verwenden Sie Hypermedia, um Beziehungen zwischen Ressourcen herzustellen, wo immer es möglich ist, und steuern Sie den Applikationsfluss darüber. Hypermedia-Controls sind es, die das Web erst zum Web machen.

Standardmethoden

Bei der Diskussion der ersten beiden Prinzipien haben wir eine implizite Annahme unerwähnt gelassen, nämlich die Tatsache, dass eine nutzende Anwendung mit den URIs bzw. den Ressourcen, die durch sie identifiziert werden, tatsächlich etwas anfangen kann. Wenn Sie eine URI auf der Werbefläche eines Busses sehen und diese in die Adresszeile Ihres Browsers eintippen – woher weiß dieser, was er mit der URI tun kann?

Er weiß, was er damit tun kann, weil jede Ressource die gleiche Schnittstelle unterstützt, den gleichen Satz von Methoden[9]. Bei HTTP zählen zu diesen Methoden – zusätzlich zu den beiden, die jeder kennt (GET und POST) – auch PUT, DELETE, HEAD und OPTIONS. Die Bedeutung dieser Methoden oder »Verben« ist in der HTTP-Spezifikation beschrieben, inklusive einiger Garantien über ihr Verhalten. Als Analogie könnte man die HTTP-Schnittstelle mit einem Java-Interface vergleichen, das von jeder Ressource implementiert wird (in Pseudosyntax):

```
interface Resource {
   Resource(URI u);
   Response options();
   Response get();
   Response post(Request r);
   Response put(Request r);
   Response delete();
}
```

Listing 2–1 *Pseudocode für das REST-Interface*

Da für jede Ressource das gleiche Interface verwendet wird, können Sie mit Recht erwarten, dass Sie eine Repräsentation, eine Darstellung der Ressource, mit der GET-Methode abholen können. Da die Semantik von GET in der HTTP-Spezifikation beschrieben ist, können Sie sich darauf verlassen, dass Sie damit keine Verpflichtungen eingehen: Die Methode ist »safe« (sicher). Da GET ein sehr effizientes und raffiniertes Caching unterstützt, muss der Request in vielen Fällen gar nicht zum Server geschickt werden. Sie können sich ebenfalls darauf verlassen, dass die Methode GET idempotent ist. Das bedeutet, dass Sie im Fall einer ausbleibenden Antwort die Anfrage einfach noch einmal schicken können (ob die erste Anfrage nun angekommen ist oder nicht). Idempotenz ist ebenfalls garantiert für die nicht sicheren Methoden PUT (ein Aktualisieren oder Erzeugen, je nachdem, ob die Ressource vorher schon existierte oder nicht) und DELETE (ein Löschen, das ein zweites Mal ohne Effekt bleibt). Nur für POST, das entweder eine neue Ressource erzeugt oder eine beliebige Verarbeitung anstößt, gibt es keine Garantien. Natürlich sind all diese Garantien aus der Spezifikation nichts wert, wenn die an der Kommunikation beteiligten Partner sie nicht erfüllen. Browser tun das sehr konsequent, für die Serverseite sind – bei einer Webanwendung – Sie verantwortlich.

Aber auch wenn Sie die Funktionalität Ihrer Anwendung für andere Anwendungen in einer REST-konformen Art und Weise nutzbar machen wollen oder eine solche Funktionalität nutzen wollen, gelten dieses Prinzip und seine Restriktionen ebenfalls. Für jemanden, der einen Entwurfsansatz gewohnt ist, bei dem

9. Wobei mit »unterstützen« gemeint ist, dass Sie die Methode auf jeden Fall aufrufen können – möglicherweise wird sie von einer spezifischen Ressource nicht unterstützt und Sie erhalten eine entsprechende Fehlermeldung.

man beliebig viele anwendungsspezifische Operationen erfinden kann, ist das schwer zu akzeptieren. Wie soll man allein mit GET, PUT, POST und DELETE auskommen? Es handelt sich dabei allerdings nur scheinbar um ein Problem: Vermeintlich anwendungsspezifische Methoden werden auf die Standard-HTTP-Methoden abgebildet, und um die Mehrdeutigkeit aufzulösen, wird ein ganzes Universum neuer Ressourcen angelegt.

Ein Trick? Nein – ein »GET« auf eine URI, die einen Kunden eindeutig identifiziert, ist genauso bedeutungsvoll wie eine Operation mit dem Namen »getCustomerDetails«. Gelegentlich benutzt man ein Dreieck, um diesen Effekt darzustellen[10]:

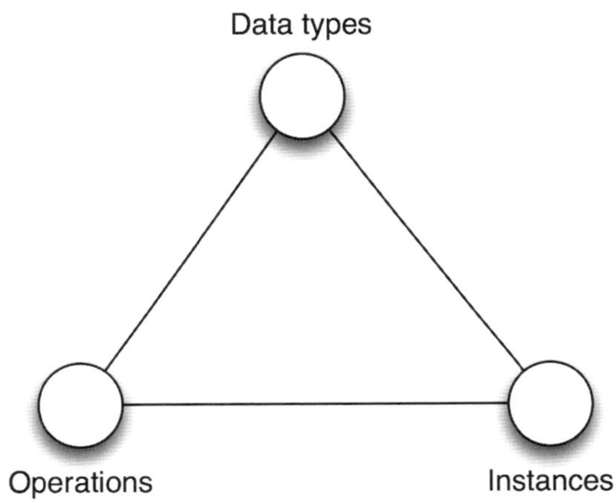

Abb. 2–1 Das »Options-Dreieck«

Stellen Sie sich die Eckpunkte als Drehregler vor, mit denen Sie beim Modellieren Ihres Systems die Anzahl seiner konzeptuellen Bestandteile anpassen können, bis Ihre Anforderungen vom Systemkonzept abgedeckt werden: Die Anzahl der Operationen, die Ihre Schnittstellen unterstützen, die unterschiedlichen Datentypen, die verwendet werden können, und die Anzahl der Instanzen (»Services« oder »Fassaden« bzw. Ressourcen). Bei dem Ansatz, den Sie gewohnt sind, drehen Sie an der »Operations«- und der »Data types«-Schraube, die Anzahl der Instanzen halten Sie typischerweise konstant (i.d.R. haben Sie so viele Instanzen, wie Sie unterschiedliche Services haben). Beim REST-Ansatz halten Sie die Anzahl der Operationen konstant und benutzen die anderen beiden Regler. Was wir damit sagen möchten: Sie können alles, was Sie mit dem einen Ansatz abbilden, auf den anderen übertragen – nur die Mittel ändern sich.

Dieser Aspekt, entscheidet, ob Ihre Anwendung Teil des Web ist oder nicht: Der Beitrag, den sie zu dessen Wert leistet, ist direkt proportional zur Anzahl der

10. Der Ursprung dieser Darstellung ist nicht ganz klar, aber vermutlich wurde sie zunächst von Benjamin Carlyle verwendet [Carlyle2008].

Ressourcen, die sie ihm hinzufügt. In einem REST-konformen Ansatz fügen Sie über Ihre Anwendung dem Web vielleicht eine Million Kunden-URIs hinzu. Wählen Sie stattdessen den althergebrachten CORBA-Stil, wie er bei SOAP-Services auch zum Einsatz kommt, liegt der Wertbeitrag bei einer URI, einem »Endpunkt« – vergleichbar einer Tür, die den Eintritt in ein Universum von Ressourcen nur denjenigen gestattet, die den Schlüssel dazu haben. Analog verhält es sich bei einer Anwendung, die Sie vom Browser aus nutzen und in der sich – obwohl Sie fleißig mit ihr interagieren – die in der Adresszeile angezeigte URI nie ändert: Auch hier haben Sie nur die Anwendung als Ganzes mit einer URI ausgestattet, nicht die vielen sinnvollen, einzelnen Abstraktionen, die sich in ihr verbergen.

Das Standardinterface ermöglicht es allen Komponenten, die das HTTP-Anwendungsprotokoll verstehen, mit Ihrer Applikation zu kommunizieren. Beispiele solcher Komponenten sind außer dem Browser auch andere generische Clients wie curl oder Wget, Proxy-Server, Caches, HTTP-Server, Gateways oder auch Dienste wie Google, Yahoo!, Bing usw.

Zusammenfassung: Damit die Clients, von denen Sie wissen, ebenso wie diejenigen, von denen Sie nichts ahnen, mit Ihren Ressourcen kommunizieren können, sollten alle Ressourcen das Standardanwendungsprotokoll (HTTP) korrekt implementieren.

Ressourcen und Repräsentationen

Eine kleinere Komplikation haben wir bislang ignoriert: Wie weiß ein Client, was er mit den Daten machen soll, die er z. B. als Ergebnis eines GET- oder POST-Requests erhält? Der Ansatz von HTTP ist, eine Trennung der Verantwortlichkeiten für Daten und Operationen einzuführen. Mit anderen Worten: Ein Client, der ein bestimmtes Datenformat verarbeiten – d. h. lesen oder erzeugen – kann, ist in der Lage, mit jeder Ressource zu interagieren, die eine Repräsentation in diesem Format zur Verfügung stellen kann. Die Operationen sind schließlich überall die gleichen. Sehen wir uns dazu wiederum ein Beispiel an. Auf Basis von HTTP Content Negotiation kann ein Client eine Repräsentation in einem bestimmten Format anfordern:

```
GET /customers/1234 HTTP/1.1
Host: example.com
Accept: application/vnd.mycompany.customer+xml
```

Ergebnis könnte hier ein unternehmensspezifisches XML-Format sein, das für Kundeninformationen verwendet wird. Alternativ könnte der Client folgende Anfrage senden:

```
GET /customers/1234 HTTP/1.1
Host: example.com
Accept: text/x-vcard
```

In diesem Fall könnte eine Kundenadresse im vCard-Format zurückgeliefert werden. (Die Antworten sind nicht dargestellt, sie würden Metadaten über das Datenformat im HTTP Content-Type-Header enthalten.) Dies zeigt auch, warum für Repräsentationen idealerweise Standardformate zum Einsatz kommen sollten: Kennt ein Client sowohl das Standardformat als auch das HTTP-Protokoll, kann er mit jeder beliebigen Ressource auf der Welt interagieren, für die eine Repräsentation in diesem Format abrufbar ist. Unglücklicherweise gibt es nicht für alle Anwendungsfälle ein Standardformat, aber Sie können sich sicher vorstellen, wie ein kleineres Ökosystem entstehen könnte, z. B. innerhalb eines Unternehmens oder zwischen Partnern. Natürlich beziehen sich all diese Aussagen nicht nur auf die Daten, die vom Server zum Client gesendet werden, sondern auch auf die Gegenrichtung – jeder Server, der Daten in einem bestimmten Format akzeptieren kann, interessiert sich nicht für die Details des Clients, solange dieser dem Applikationsprotokoll folgt.

Es gibt einen weiteren wichtigen Vorteil durch mehr als eine Repräsentation pro Ressource: Stellen Sie sowohl eine HTML- als auch eine XML-Repräsentation Ihrer Ressourcen zur Verfügung, sind diese nicht nur von Ihrer Clientapplikation, sondern durch jeden Standardwebbrowser darstellbar. Mit anderen Worten: Die Informationen in Ihrer Applikation sind nun für jeden zugänglich, der weiß, wie man mit dem Web umgeht.

Es gibt noch einen anderen Weg, diese Tatsache auszunutzen: Ihre Webanwendung wird zu Ihrem Web-API – schließlich ist das API-Design häufig von der Idee getrieben, dass alles, was man über das User Interface (UI) tun kann, auch über das API möglich sein sollte. Beide Aufgaben zu einer einzigen zu verschmelzen ist ein erstaunlich eleganter Weg, um eine bessere Webschnittstelle sowohl für menschliche als auch maschinelle Nutzer zu erstellen.

Zusammenfassung: Stellen Sie unterschiedliche Repräsentationen Ihrer Ressourcen für unterschiedliche Anforderungen zur Verfügung.

Statuslose Kommunikation

Das fünfte und letzte Prinzip ist die statuslose Kommunikation. »Statuslos« bezieht sich hier nicht etwa auf den serverseitigen Zustand – natürlich kann (und soll) selbiger Zustand halten. Aber REST schreibt vor, dass dieser Zustand entweder vom Client gehalten oder vom Server in einen Ressourcenstatus umgewandelt wird. Nicht gewollt ist ein serverseitig abgelegter, transienter, clientspezifischer Status über die Dauer eines Requests hinweg. Anders formuliert: Der Server interessiert sich für den Client nur, wenn er gerade einen seiner Requests verarbeitet, und kann seine Existenz direkt danach wieder vergessen.

Sie müssen den Zustand also entweder vollständig auf dem Client halten, indem Sie ihn als Teil der Repräsentation vom Server zum Client übermitteln, oder aber in einen Ressourcenstatus umwandeln. Ein Beispiel: Ihr Warenkorb – das klassische Beispiel für einen Sitzungsstatus – wird vielleicht zu einer eigenen

Ressource, mit dem Vorteil, dass Sie ein Lesezeichen darauf setzen und einen Link per E-Mail versenden können.

Durch den Verzicht auf einen Sitzungsstatus wird die Kopplung des Clients an den Server verringert, da zwei aufeinanderfolgende Anfragen nicht von der gleichen Serverinstanz bearbeitet werden müssen, wodurch die Skalierbarkeit vereinfacht wird. Die Kopplung wird auch aus anderer Sicht verringert: Ein Client könnte ein Dokument mit Verknüpfungen vom Server beziehen und verarbeiten, während der Server heruntergefahren, Hardware ausgetauscht, das Betriebssystem aktualisiert und das System wieder hochgefahren wird. Folgt der Client zu einem späteren Zeitpunkt einem Link, ist das, was in der Zwischenzeit passiert ist, irrelevant.

2.3 Zusammenfassung

In diesem Kapitel haben Sie den wesentlichen Unterschied zwischen REST als abstraktem Architekturstil und HTTP, URI und den anderen Webstandards als einer konkreten Ausprägung dieses Stils kennengelernt. Darüber hinaus kennen Sie nun die wesentlichen Grundkonzepte: anwendungsübergreifend standardisierte Identifikation, Hypermedia, eine Schnittstelle mit einer fest definierten Menge von Operationen, Ressourcenrepräsentationen und statuslose Kommunikation. Im nächsten Kapitel werden wir uns ansehen, wie man einen konkreten Anwendungsfall auf diese Prinzipien abbilden kann.

3 Fallstudie: OrderManager

Die meisten Online-Tutorials zu REST verwenden eine typische Web-2.0-Anwendung als Beispiel: einen Bookmarking-Dienst wie delicious.com, eine Microblogging-Website wie Twitter oder einen Online-Chatroom. Den Gesetzen der Wahrscheinlichkeit folgend ist die Erstellung einer solchen Anwendung jedoch nicht Ihre primäre Aufgabe – vermutlich haben Sie es in Ihrer täglichen Arbeit mit »bodenständigeren« Anwendungen zu tun.[1]

Daher haben wir ein eher kommerzielles Beispiel gewählt: ein klassisches Bestellwesen, wie es so oder so ähnlich in einer Vielzahl von Unternehmen existiert (auch wenn es in den meisten davon wahrscheinlich mit Standardsoftware eines Anbieters aus Walldorf umgesetzt wird). Wir werden dieses Beispiel in einer ersten Iteration REST-konform umsetzen, allerdings – wie bereits angekündigt – noch in einer relativ einfachen Form. In Kapitel 14 werden wir die Beispielanwendung auf Basis dessen, was Sie in den Kapiteln dazwischen kennenlernen, noch einmal überarbeiten und erweitern.

3.1 Fachlicher Hintergrund

Unsere Anwendung soll dazu dienen, Bestellungen zu verwalten. Zu diesem Zweck soll sie eine Schnittstelle anbieten, die andere, unternehmensinterne Anwendungen, aber auch externe Partner verwenden können.

Die Anwendung soll dabei zunächst folgende Aufgaben übernehmen:

- Verwaltung eingehender Bestellungen mit Bestellstatus, Datum, bestellten Artikeln, Einzel- und Gesamtpreisen, Rechnungs- und Lieferanschrift des Kunden
- Statusverwaltung (mit den Status erstellt/in Bearbeitung/ fehlgeschlagen/storniert/ausgeliefert)

1. Falls Sie zufällig doch an einer hippen, Web-2.0-konformen »Social Community«-Anwendung arbeiten sollten, schadet das Beispiel allerdings auch nicht.

Unser Fokus liegt dabei auf dem Entwurf der Schnittstellen zu den umliegenden Systemen, nicht auf der Realisierung der Anwendungslogik oder einer Benutzerschnittstelle. Der in diesem Buch zur Verfügung stehende Rahmen reicht für ein komplexes ERP-System natürlich nicht aus, daher vereinfachen wir stark und legen einige mehr oder weniger willkürliche Systemgrenzen fest. Das folgende Diagramm zeigt unser Bestellsystem im Kontext:

Abb. 3–1 *Kontextdiagramm OrderManager*

Der OrderManager beschäftigt sich also mit Bestellungen, die entweder innerhalb des Unternehmens aufgenommen werden (z. B. in einem Callcenter) oder von Kunden direkt über die Website unseres Beispielunternehmens erfasst werden. Diese vorgelagerten Systeme übermitteln die Bestellungen an den OrderManager. Dieser wiederum ist zwar das führende System für die Bestelldaten, bedient sich aber der Dienste anderer Systeme, wenn er Kunden- oder Artikelstammdaten benötigt. Der OrderManager ist damit ein typisches Backend-System, bei dem wir einen klassischen Enterprise-Ansatz wie CORBA oder SOAP erwarten würden. Wir werden stattdessen REST-Prinzipien und Webtechnologien einsetzen.

In den folgenden Abschnitten betrachten wir die Umsetzung unserer Schnittstellenanforderungen. Es gibt mehrere Aspekte, die bei einem solchen Entwurf zu berücksichtigen sind: Zum einen sollen die zentralen Daten der Domäne mit ihren zugehörigen CRUD-Operationen zur Verfügung gestellt werden. Diese lassen sich in der Regel leicht auf Ressourcen abbilden. Zum anderen müssen aber darüber hinausgehende Systeminteraktionen auf zusätzliche (Aktivitäts-)Ressourcen abgebildet werden. In diesem Kapitel konzentrieren wir uns auf den ersten Aspekt: Zunächst identifizieren wir die zentralen Ressourcen, die an unseren Schnittstellen sichtbar werden. Danach befassen wir uns mit den Formaten, die wir für die Repräsentation dieser Ressourcen einsetzen, den Operationen, die unsere Ressourcen unterstützen, und den Statuscodes, die wir in den Antworten zusätzlich zu unseren Daten erhalten.

3.2 Ressourcen

Die zentralen Konzepte, die wir bei der Analyse unserer Fachlichkeit identifizieren, bilden wir in diesem Entwurf auf Ressourcen ab, ähnlich wie bei objektorientierten Entwurfsmethoden, bei denen man zunächst nach Substantiven sucht. Im Gegensatz zu einem objektorientierten Entwurf definieren wir jedoch keine neuen Verben oder Methoden, sondern bilden unsere Anforderungen auf die in HTTP vorgegebene Menge an Methoden ab.

In der folgenden Tabelle finden Sie eine Übersicht über die Ressourcen unseres OrderManagers und die HTTP-Methoden, die von diesen Ressourcen unterstützt werden:

Ressource	URI	Methode
Liste aller Bestellungen	/orders	GET, POST
Einzelne Bestellung	/orders/{id}	GET, PUT, POST
Eingegangene Bestellungen	/orders?state=created	GET
Bestellungen in Bearbeitung	/orders?state=processing	GET
Fehlgeschlagene Bestellungen	/orders?state=failed	GET
Stornierte Bestellungen	/orders?state=cancelled	GET
Ausgelieferte Bestellungen	/orders?state=shipped	GET
Stornierungen	/cancellations	GET, POST
Eine einzelne Stornierung	/cancellations/{id}	GET

Tab. 3–1 *Ressourcen des OrderManagers, 1. Iteration*

Sehen wir uns die Ressourcen und Operationen im Folgenden näher an.

3.2.1 Bestellungen

Im Mittelpunkt unseres OrderManagers stehen natürlich Bestellungen. Jede Bestellung hat eine eigene Adresse, eine URI, nach folgendem Muster:

```
http://om.example.com/orders/{id}
```

Auch die Liste aller Bestellungen ist eine Ressource. Ihr Name kann beliebig sein, als Konvention wählt man in der Regel jedoch den allen Bestellungen gemeinsamen Teilpfad als Identifikation der Liste, in unserem Fall also:

```
http://om.example.com/orders/
```

Als Reaktion auf einen HTTP-GET-Request auf eine dieser URIs wird dem Aufrufer eine Repräsentation zurückgeliefert, die den aktuellen Status widerspiegelt. Zum Erzeugen eines solchen Requests können Sie Ihren Browser verwenden; dieser fordert jedoch mit höchster Priorität eine Darstellung im HTML-Format an.

Um das Ergebnis im JSON-Format zu erhalten, müssen Sie den HTTP-Header »Accept« entsprechend setzen. Dazu können Sie z. B. das Kommandowerkzeug *curl* verwenden[2]. Dieses sendet einen HTTP-GET-Request an die Ressource, deren URI übergeben wird:

```
curl -i http://om.example.com/orders -H 'Accept: application/json'
```

Mit der Option »-i« bewegen wir curl dazu, uns auch die Header der HTTP-Antwort anzuzeigen, mit »-H« können wir einen Header setzen. Durch den Kommandozeilenaufruf öffnet curl also eine Verbindung zum Host om.example.com auf dem Standardport für HTTP (80) und sendet folgende Anfrage:

```
GET /orders HTTP/1.1
User-Agent: curl/7.37.1
Host: om.example.com
Accept: application/json
```

Als Antwort erhalten Sie eine Liste der Bestellungen:

```
HTTP/1.1 200 OK
Content-Type: application/json
Date: Sun, 11 Jan 2015 16:15:11 GMT
Vary: Accept
Content-Length: 1075

{
  "href" : "http://om.example.com/orders",
  "item" : [ {
    "href" : "http://om.example.com/orders/442820205",
    "customer" : {
      "href" : "http://crm.example.com/customers/4123",
      "description" : "Tim"
    },
    "status" : "cancelled",
    "date" : "2014-10-03",
    "total" : 2090
  }, {
    "href" : "http://om.example.com/orders/1054583384",
    "customer" : {
      "href" : "http://crm.example.com/customers/8560",
      "description" : "Mme. Castafiore"
    },
    "status" : "created",
    "date" : "2014-10-12",
    "total" : 0
  }, {
    "href" : "http://om.example.com/orders/996332877",
    "customer" : {
      "href" : "http://crm.example.com/customers/421",
      "description" : "Capt. Haddock"
```

2. Siehe auch Anhang C.1.

```
      },
      "status" : "processing",
      "date" : "2014-10-13",
      "total" : 1098
    }, {
      "href" : "http://om.example.com/orders/953125641",
      "customer" : {
        "href" : "http://crm.example.com/customers/4311",
        "description" : "Schulze & Schultze"
      },
      "status" : "created",
      "date" : "2014-10-17",
      "total" : 2096
    } ]
}
```

In dieser Antwort sehen Sie neben den wesentlichen Bestelldaten eine URI für jede Bestellung:

- `http://om.example.com/orders/442820205`
- `http://om.example.com/orders/1054583384`
- `http://om.example.com/orders/996332877`
- `http://om.example.com/orders/953125641`

Jede Bestellung referenziert außerdem den Kunden, von dem sie aufgegeben wurde. Links zu den Kunden haben die Form http://crm.example.com/customers/8560 und verweisen damit auf ein anderes System. Die Verbindung zwischen unserem OrderManager und dem System, in dem die Kundendaten gehalten werden, wird also über eine URI hergestellt. Allerdings wird für jeden Kunden in der Bestellung auch eine gewisse Menge von Informationen zu dem Kunden abgelegt (in unserem Fall ist das nur der Name). Diese Information ist zwar redundant, stellt aber sicher, dass das OrderManagement-System auch dann genügend Informationen zur Anzeige einer Bestellung zur Verfügung stellen kann, wenn das Kundensystem gerade nicht verfügbar ist.

Ein Client kann weitere Informationen zu einer Bestellung abfragen, indem er einem der Links »folgt«, also eine HTTP-GET-Anfrage sendet und dabei die entsprechende URI angibt:

```
curl  -i http://om.example.com/orders/442820205 -H 'Accept: application/json'
```

Als Antwort werden die Bestelldaten zurückgeliefert:

```
HTTP/1.1 200 OK
Content-Type: application/json
Date: Sun, 11 Jan 2015 16:15:11 GMT
Vary: Accept
Content-Length: 984
```

```
{
  "href" : "http://om.example.com/orders/442820205",
  "customer" : {
    "href" : "http://crm.example.com/customers/4123",
    "description" : "Tim"
  },
  "status" : "cancelled",
  "date" : "2014-10-03",
  "updated" : "2015-01-11",
  "billingAddress" : "Bruxelles, Belgium",
  "shippingAddress" : "Bruxelles, Belgium",
  "total" : 2090,
  "cancellation" : {
    "reason" : "Ordered by mistake",
    "date" : "2014-10-03",
    "href" : "http://om.example.com/cancellations/0"
  },
  "items" : [ {
    "quantity" : 1,
    "product" : {
      "href" : "http://prod.example.com/products/352",
      "description" : "Laptop X65",
      "price" : 799
    }
  }, {
    "quantity" : 4,
    "product" : {
      "href" : "http://prod.example.com/products/123",
      "description" : "1250GB HD",
      "price" : 199
    }
  }, {
    "quantity" : 5,
    "product" : {
      "href" : "http://prod.example.com/products/231",
      "description" : "MP3 Player",
      "price" : 99
    }
  } ]
}
```


Die einzelnen Bestellpositionen (die »Items«) sind in diesem Design keine eigenständigen Ressourcen. Allerdings wird auf die Produkte verwiesen, die in den Positionen bestellt wurden, und auch hier finden wir den Verweis auf den Kunden in Form einer URI.

Interessant ist das Attribut »href« der Bestellung: Hier verweist die Bestellung auf sich selbst. Sie enthält damit ihre eigene, eindeutige Identifikation, und ein Client, der die Repräsentation speichert, kann sich bei Bedarf später über den aktuellen Status informieren.

Clients legen eine neue Bestellung an, indem sie in einem HTTP-POST-Request die Bestelldaten an die Listenressource senden.[3] Dies entspricht der Semantik von POST: Es wird eine neue, untergeordnete Ressource angelegt. curl können wir über die Option »-X« ein HTTP-Verb mitgeben, mit »-d« können wir Daten angeben, die im Body der Nachricht versandt werden sollen. Neu ist hier der Header »Content-Type«, über den der Client dem Server mitteilt, welches Format die Nachricht hat (hier wurden der besseren Lesbarkeit wegen Zeilenumbrüche eingefügt).

```
curl -i -X POST -H 'Accept: application/json' -H 'Content-Type:
application/json' http://om.example.com/orders -d '{
  "customer": {
    "href": "http://crm.example.com/customers/0815",
    "description": "Prof. Bienlein"
  },
  "billingAddress": "Bruxelles, Belgium",
  "items": [
    {
      "product": {
        "href": "http://prod.example.com/products/352",
        "description": "Laptop X65"
      },
      "quantity": 2,
      "price": "799.0"
    }
  ]
}'
```

Der Client übermittelt dabei nur einen Teil der Informationen, die der Server für eine Bestellung zur Verfügung stellen kann, nämlich genau den Anteil, der von ihm bestimmt wird. Als Antwort liefert der OrderManager

1. den Statuscode »201 Created«, der anzeigt, dass eine neue Ressource angelegt wurde,
2. die URI dieser neuen Ressource in einem Header »Location« und
3. die Daten der Bestellung, ergänzt um die Informationen, die der Server hinzugefügt hat (URI, automatisch auf die Rechnungsadresse gesetzte Lieferadresse, Status und Gesamtpreis).

3. Sehr, sehr aufmerksame Leser werden sich spätestens hier fragen, woher der Client das weiß bzw. über welche Art von Dokumentation oder Schnittstellenbeschreibung man dies kommuniziert. Für die Antwort darauf müssen Sie noch etwas Geduld aufbringen (oder direkt in Kapitel 14 weiterlesen).

Die HTTP-Antwort sieht damit wie folgt aus:

```
HTTP/1.1 201 Created
Content-Type: application/json
Date: Sun, 11 Jan 2015 16:15:13 GMT
Location: http://om.example.com/orders/1054583386
Content-Length: 533

{
  "href" : "http://om.example.com/orders/1054583386",
  "customer" : {
    "href" : "http://crm.example.com/customers/0815",
    "description" : "Prof. Bienlein"
  },
  "status" : "created",
  "date" : "2015-01-11",
  "updated" : "2015-01-11",
  "billingAddress" : "Bruxelles, Belgium",
  "shippingAddress" : "Bruxelles, Belgium",
  "total" : 1598.0,
  "items" : [ {
    "quantity" : 2,
    "product" : {
      "href" : "http://prod.example.com/products/352",
      "description" : "Laptop X65",
      "price" : 799.0
    }
  } ]
}
```

Die URI aus dem »Location«-Header wiederum können wir für ein HTTP GET verwenden, um die Details der Bestellung abzufragen; eine Abfrage von /orders würde nun auch unsere neue Bestellung enthalten.

Solange der Status der Bestellung dies noch erlaubt, können wir sie per PUT aktualisieren. Betrachten wir dazu die Änderung der Lieferadresse: Dazu übermittelt der Client die Bestelldaten per PUT an die durch die URI identifizierte Bestellung[4]:

4. Wie Sie sehen, haben wir alle Daten der Bestellung übertragen, die in der Verantwortung des Clients liegen, auch wenn dieser nur einen Teil ändern möchte – dies ist die korrekte Anwendung von PUT. Auf die Möglichkeiten zur effizienteren, teilweisen Aktualisierung werden wir in Abschnitt 5.4.2 noch eingehen.

```
curl -i -X PUT -H 'Accept: application/json' -H 'Content-Type:
application/json' http://om.example.com/orders/1054583386 -d '{
  "customer": {
    "href": "http://crm.example.com/customers/0815",
    "description": "Prof. Bienlein"
  },
  "billingAddress": "Bruxelles, Belgium",
  "shippingAddress": "Paris, France",
  "items": [
    {
      "product": {
        "href": "http://prod.example.com/prodcuts/352",
        "description": "Laptop X65"
      },
      "quantity": 2,
      "price": "799.0"
    }
  ]
}'
```

Auch hier liefert der Server einen entsprechenden Statuscode sowie die aktualisierte Bestellung zurück:

```
HTTP/1.1 200 OK
Content-Type: application/json
Date: Sun, 11 Jan 2015 16:15:15 GMT
Content-Length: 528

{
  "href" : "http://om.example.com/orders/1054583386",
  "customer" : {
    "href" : "http://crm.example.com/customers/0815",
    "description" : "Prof. Bienlein"
  },
  "status" : "created",
  "date" : "2015-01-11",
  "updated" : "2015-01-11",
  "billingAddress" : "Bruxelles, Belgium",
  "shippingAddress" : "Paris, France",
  "total" : 1598.0,
  "items" : [ {
    "quantity" : 2,
    "product" : {
      "href" : "http://prod.example.com/prodcuts/352",
      "description" : "Laptop X65",
      "price" : 799.0
    }
  } ]
}
```

3.2.2 Bestellungen in unterschiedlichen Zuständen

Eine Bestellung durchläuft eine Reihe von Statusübergängen, die im folgenden Diagramm dargestellt werden:

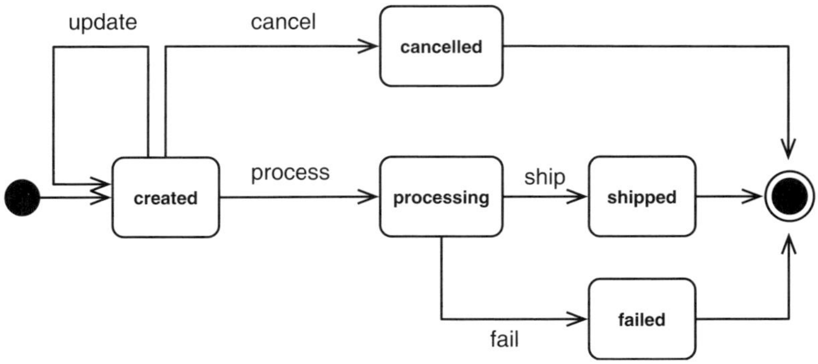

Abb. 3–2 *Statusdiagramm für Bestellungen*

Der Status einer Bestellung ist dabei ein Teil der Bestelldaten, Sie können also einer Bestellung ansehen, in welchem Status sie sich befindet. Eine Reihe von statusspezifischen Ressourcen, deren Form wir zu /orders?state={status} verallgemeinern können, liefern bei einem HTTP GET eine Liste aller in diesem Status befindlichen Bestellungen zurück, also z. B. ein GET auf /orders?state=shipped eine Liste der bereits ausgelieferten Bestellungen.

Wir gehen in unserem Beispiel davon aus, das Statusänderungen innerhalb der Implementierung des OrderManagers in dessen Zusammenspiel mit anderen Systemen entstehen und nicht von außen angestoßen werden. Es gibt allerdings eine Ausnahme von dieser Regel: die Stornierung einer Bestellung durch den Kunden selbst.

3.2.3 Stornierungen

Die Stornierung einer Bestellung lässt sich auf zwei Arten abbilden: entweder als Änderung an einer bestehenden Bestellung oder als eigene Ressource. Wir haben uns in diesem Fall für Letzteres entschieden, da eine Stornierung eine eigene Identität verdient. Die Operation des Stornierens wird damit sehr explizit. Dies ist ein Beispiel für eine Entscheidung, wie Sie sie beim Entwurf Ihrer REST-Anwendungen häufiger treffen müssen, und wie oftmals in solchen Fällen gibt es kein »richtig« oder »falsch«. In unserem Beispiel kann man durchaus gute Gründe dafür finden, auch eine Ablehnung einer Bestellung (z. B. weil das Produkt nicht mehr lieferbar ist) oder eine Auslieferung mit einer eigenen Ressource abzubilden.

Mit der Abbildung auf eine eigene Ressource haben wir die Operation »Bestellung stornieren« in die Ressourcenoperation »Lege eine neue Stornierung an« transformiert. Dazu sendet der Client die Informationen, die für eine Stornierung benötigt werden, an die Bestellung. Damit wird eine neue Stornierung angelegt, deren URI wiederum im dafür vorgesehenen Location-Header zurückgeliefert wird:

```
curl -i -X POST -H 'Accept: application/json' -H 'Content-Type:
application/json' http://om.example.com/orders/1054583386 -d '{
  "reason": "Changed my mind"
}'

HTTP/1.1 201 Created
Content-Type: application/json
Date: Sun, 11 Jan 2015 16:15:17 GMT
Location: http://om.example.com/cancellations/1
Content-Length: 171

{
  "href" : "http://om.example.com/cancellations/1",
  "reason" : "Changed my mind",
  "date" : "2015-01-11",
  "orders" : [ "http://om.example.com/orders/1054583386" ]
}
```

Die Bestellung befindet sich nun im Status »storniert« *(cancelled)* und enthält einen Verweis auf die Stornierung. Dies können wir durch ein GET überprüfen:

```
HTTP/1.1 201 Created
Content-Type: application/json
Date: Sun, 11 Jan 2015 16:15:17 GMT
Location: http://om.example.com/cancellations/1
Content-Length: 171

{
  "href" : "http://om.example.com/cancellations/1",
  "reason" : "Changed my mind",
  "date" : "2015-01-11",
  "orders" : [ "http://om.example.com/orders/1054583386" ]
}
```

Die Bestellung würde jetzt ebenfalls als Eintrag in der Listenressource »stornierte Bestellungen« (/orders?state=cancelled) auftauchen. Die Stornierung als eigene Ressource legt aber auch nahe, dass es eine übergeordnete Ressource für die Stornierungen gibt – die Liste der Stornierungen. Diese könnte vielleicht dazu geeignet sein, die Kundenzufriedenheit zu überwachen. Aber wir können die Liste auch für einen anderen Zweck verwenden: Die Neuanlage einer Stornierung für mehrere Bestellungen auf einmal. Diese führt der Client also mit einem HTTP POST auf die Liste der Stornierungen durch. Die URIs der Bestellungen, die er stornieren möchte, übermittelt er dabei als Teil der Nachricht:

```
curl -i -X POST -H 'Accept: application/json' -H 'Content-Type:
application/json' http://om.example.com/cancellations -d '{
  "reason": "Totally lost interest",
  "orders": [
    "http://om.example.com/orders/953125641",
    "http://om.example.com/orders/1054583384"
  ]
}'
```

Die Antwort folgt dem üblichen Muster für die Erzeugung neuer Ressourcen:

```
HTTP/1.1 201 Created
Content-Type: application/json
Date: Sun, 11 Jan 2015 16:15:22 GMT
Location: http://om.example.com/cancellations/2
Content-Length: 219

{
  "href" : "http://om.example.com/cancellations/2",
  "reason" : "Totally lost interest",
  "date" : "2015-01-11",
  "orders" : [ "http://om.example.com/orders/953125641",
"http://om.example.com/orders/1054583384" ]
}
```

Eine Stornierung kann sich in diesem Entwurf also auf mehrere Bestellungen beziehen; in der Gegenrichtung verweisen die stornierten Bestellungen auf die eine Stornierung. Natürlich könnten wir nun entscheiden, dass alle Stornierungen – auch die für einzelne Bestellungen – per POST an die Liste der Stornierungen erfolgen. Im Moment muss der Client wissen, welche Entscheidungen Sie getroffen haben, in späteren Kapiteln werden Sie sehen, wie wir ihm dieses Wissen dynamisch mitteilen.

Die Transformation einer Operation in eine Ressource hat häufig derartige Effekte: Aus den immer wiederkehrenden Mustern beim Entwurf von REST-Anwendungen entstehen neue, sinnvolle Ressourcen, die eine Wiederverwendung in unerwarteten Szenarien ermöglichen. Wir werden auf diesen Aspekt noch häufiger stoßen.

3.3 Repräsentationen

Für unsere erste Iteration kommen wir mit zwei unterschiedlichen Repräsentationsformaten aus: JSON und HTML.

Der Entwurf eines JSON-Formats ist ein komplexes Thema und rechtfertigt ein eigenes Buch.[5] Für die Zwecke unseres Beispiels haben wir die JSON-Reprä-

5. Sie können sich deswegen auch durchaus dafür entscheiden, auf den Entwurf eines eigenen JSON-Dokumenttyps zu verzichten und stattdessen ein bestehendes Format verwenden; siehe dazu Kapitel 7.

sentationen bewusst recht einfach gehalten. Bei der Übermittlung von JSON-Inhalten, ob vom Client zum Server oder andersherum, verwenden wir den Medientyp (auch MIME-Typ oder *Content Type*) »application/json«. (Das ist keinesfalls die einzige mögliche Entscheidung, mit Alternativen dazu werden wir uns in Abschnitt 7.1 noch näher befassen.)

3.4 Zusammenfassung

An diesem Beispiel sind die grundsätzlichen Prinzipien eines REST-orientierten Entwurfs erkennbar. Die fachliche Funktionalität wird abgebildet auf eine Reihe von Ressourcen, die miteinander verknüpft sind. Die Standardmethoden des HTTP-Protokolls werden gemäß der für sie definierten Semantik eingesetzt. Ressourcen können Repräsentationen in unterschiedlichen Formaten akzeptieren und zurückliefern, und die Kommunikation zwischen Client und Server erfolgt statuslos.

Natürlich sind viele der Entscheidungen, die wir bei diesem Entwurf getroffen haben, willkürlich; einige sind nicht optimal, sondern zunächst bewusst etwas einfach gehalten. Das gilt ganz besonders für den Hypermedia-Aspekt, mit dem wir uns in Kapitel 6 beschäftigen werden. Auch auf die am Anfang dieses Kapitels erwähnte Modellierung von Interaktionen als Ressourcen werden wir später näher eingehen. Darüber hinaus sind viele Aspekte, wie zum Beispiel Authentifizierung und Autorisierung, Dokumentation oder Notifikationen, noch gar nicht abgedeckt.

Wir werden uns also in den nächsten Kapiteln die wesentlichen Themenbereiche von REST und RESTful HTTP sowohl konzeptionell als auch technisch sehr viel detaillierter ansehen und diese Erkenntnisse in eine zweite, fortgeschrittene Version unserer Beispielanwendung einfließen lassen. Wenn Sie nach einer Vorlage für Ihren Anwendungsentwurf suchen, ist Kapitel 14 daher besser geeignet.

4 Ressourcen

»There are only two hard things in Computer Science: cache invalidation and naming things« – Phil Karlton

Das zentrale Konzept von REST sind Ressourcen. Im ersten Kapitel haben wir schon erwähnt, dass Ressourcen ein relativ abstraktes, sehr generisches Konzept sind, für das man genauso gut die Begriffe »Ding« oder »Objekt« hätte verwenden können. Eine Ressource zeichnet sich durch zwei wesentliche Eigenschaften aus: Sie ist identifizierbar und hat eine oder mehrere Repräsentationen, die sie ihrer Außenwelt zur Verfügung stellt und über die sie bearbeitet wird. In diesem Kapitel werden wir uns mit Ressourcen, deren Identifikation und dem Repräsentationskonzept beschäftigen.

4.1 Ressourcen und Repräsentationen

Wir sehen Ressourcen nie selbst – wir sehen nur ihre Repräsentationen. Repräsentationen sind Darstellungen einer Ressource in einem definierten Format, und jede Ressource kann mehrere Repräsentationen haben. Für eine Ressource »Person« zum Beispiel könnten eine einfache textuelle Repräsentation, eine HTML-Darstellung und ein Bild im JPEG-Format existieren. Keine davon ist die »richtige« oder auch nur kanonische Darstellungsform, alle sind gleichermaßen gültig. Daher der philosophisch leicht fragwürdige Bezug zu Platons Höhlengleichnis: Die darin beschriebenen Gefangenen sehen nie die Dinge der wirklichen Welt, sondern nur die Schatten, die diese werfen. Analog dazu sehen wir nie die Ressourcen, sondern immer nur deren Repräsentationen. Tatsächlich können wir die Ressource sogar darüber definieren: als eine durch eine gemeinsame ID zusammengehaltene Menge von Repräsentationen[1].

---

1. Durch das HTTP-Protokoll wird ein Mechanismus definiert, über den sich Client und Server zur Laufzeit auf eines von mehreren möglichen Formaten einer Ressource einigen: *Content Negotiation*. Dazu werden HTTP-Header verwendet, mit denen der Client seine Präferenzen äußert und sowohl Client als auch Server – je nachdem, wer der Sender ist – signalisieren, welches Format eine Nachricht hat. Mit Content Negotiation und verschiedenen Formaten werden wir uns in Kapitel 7 noch näher beschäftigen.

Abb. 4–1 *Höhlengleichnis des Platon, Stich von Jan Saenredam (1565-1607)*

Häufig ist die Grenze zwischen einer Ressource mit mehreren Repräsentationen auf der einen und separaten Ressourcen auf der anderen Seite fließend: Sind die Visitenkarte einer Person und ihr Bild wirklich zwei unterschiedliche Repräsentationen derselben Ressource? Oder handelt es sich um zwei unterschiedliche Ressourcen? Für beides kann man gute Argumente finden. In diesem spezifischen Fall tendieren wir zu separaten Ressourcen: Ein Bild enthält andere Informationen als die Visitenkarte, und vielleicht möchten Sie das Bild in einem bestimmten Kontext mit Zusatzinformationen verknüpfen, nicht aber die Details aus der Visitenkarte (oder andersherum). Schließlich können sowohl Bild als auch Visitenkarte jeweils in unterschiedlichen Formaten vorliegen: Ein weiterer Grund, die Information auf mehr als eine Ressource abzubilden.

Nicht umsonst werden Architekturen, die sich am REST-Stil orientieren, auch als ROA *(Resource-Oriented Architecture)* bezeichnet: Ressourcen stehen in der Regel im Mittelpunkt Ihres Entwurfs. Dem richtigen Design Ihrer Ressourcen kommt daher eine besonders hohe Bedeutung zu.

4.2 Ressourcendesign

Wenn Sie die Ressourcen für Ihren Anwendungsfall entwerfen, beschreiben Sie damit deren Schnittstelle zur Außenwelt. Wie bei jedem Schnittstellenentwurf sollten Sie sich Gedanken darüber machen, welche Informationen Sie veröffentlichen wollen und welche Implementationsdetails sind.

Zur besseren Strukturierung unterscheiden wir im Folgenden unterschiedliche Ressourcenkategorien[2]: Primärressourcen, Listenressourcen, Filter, Projektionen, Aggregationen, Aktivitäten und Konzepte.

4.2.1 Primärressourcen

Wenn Sie Ihre fachliche Domäne betrachten – das Umfeld, für das Sie eine Anwendung entwerfen –, dann werden Sie mit großer Wahrscheinlichkeit relativ einfach eine ganze Reihe von Ressourcen identifizieren können. Das Gleiche gilt, wenn Sie eine bestehende Anwendung mit einer Schnittstelle nach dem REST-Prinzip versehen möchten. In aller Regel sind die fachlichen Kernkonzepte die unmittelbar sinnvollen Kandidaten. Beispiele dafür wären: jeder einzelne Kunde und seine Adresse in einem CRM-System, jedes Konto, jede Mahnung und jeder Zahlungseingang in einer Anwendung zur Unterstützung des Mahnwesens oder Benutzer und Konversation in einem Chat-Server. Wir werden diese Art von Ressourcen im Folgenden »Primärressourcen« nennen; gemeint sind damit diejenigen Konzepte, die sich in der Regel bei einem klassischen Anwendungsentwurf sehr früh als Kandidaten für persistente Entitäten herauskristallisieren.

Man kann sich die Primärressourcen, die wir als Beispiele genannt haben, besser in Verbindung mit ihrer hypothetischen URI vorstellen[3]:

- `http://example.com/customers/1234`
- `http://example.com/accounts/DE731288112`
- `http://example.com/reminders/2761723`

Für den Nutzer Ihrer Ressourcen, sei es ein Webbrowser oder eine andere Anwendung, ist die Implementierung, die hinter den Ressourcen steht, vollständig transparent. Auch die Tatsache, dass die Ressourcen als identifizierbares Konzept Bestandteil der Schnittstelle sind, lässt keinen Rückschluss auf die Implementierung zu: Sie könnten sich als Zeilen in mehreren Datenbanktabellen mit komplexen Beziehungen, als Objekte im Hauptspeicher eines Anwendungssystems oder als Dateien auf einer Festplatte manifestieren. Insbesondere ist die Granularität – anders gesagt, der Schnitt – der Ressourcen in aller Regel nicht deckungsgleich mit einer Implementierung. Verwechseln Sie Primärressourcen also nicht mit Datensätzen in Ihrer Datenbank!

Bestes Beispiel für eine Primärressource in unserem OrderManager-Beispiel ist die Bestellung selbst. Wir können uns mit GET über den aktuellen Status informieren oder mit PUT eine Aktualisierung vornehmen.

2. Aus REST-Sicht selbst handelt es sich bei all diesen Varianten übrigens nur um Ressourcen: Fielding unterscheidet dabei nicht nach unterschiedlichen Typen. Anders sieht es bei Atom bzw. AtomPub aus (siehe dazu Abschnitt 7.7 und Kapitel 8).
3. Auf die Bedeutung der URI-Struktur selbst werden wir später noch eingehen; für die Betrachtung aus der REST-Perspektive sind die Buchstaben, aus denen die URI zusammengesetzt ist, völlig irrelevant.

4.2.2 Subressourcen

Ressourcen, die Teil einer anderen Ressource sind, bezeichnen wir als Subressourcen. Beispiele können die einzelnen Bestellungen in einer Bestellliste, Liefer- und Rechnungsadresse einer Bestellung, Bestellpositionen oder Teilbereiche eines Berichts sein. Subressourcen sind oft ein sinnvolles Hilfsmittel, wenn Sie Operationen auf Teilen einer größeren Ressource durchführen möchten. Wir empfehlen, dass Sie dem Grundsatz folgen, dass eine Ressource eine eigene Identität haben sollte. Auch hier sehen Sie, dass es eine Entwurfsentscheidung ist, ob Sie ein fachliches Modellelement auf eine eigene Subressource abbilden oder einfach in die Repräsentation einer bestehenden Ressource einbetten.

4.2.3 Listen

Für die meisten (aber nicht für alle) Primärressourcen gibt es in der Regel auch eine zugehörige Listenressource: die Menge aller Kunden, alle Mahnungen, alle Buchungen usw. Dass diese ebenfalls eigene Ressourcen sind, bedeutet, dass auch sie eindeutig identifiziert werden und möglicherweise mehr als eine Repräsentation haben.

Eine Beispiel für eine Listenressource haben wir in unserem Beispiel gesehen: die Liste der Bestellungen. Als Reaktion auf ein GET erhalten wir eine Repräsentation der Liste zurück, über ein POST können wir eine neue Primärressource als Element der Liste anlegen.

4.2.3.1 Filter

Listenressourcen müssen nicht sämtliche Primärressourcen einer Kategorie enthalten: Auch die Liste aller Kunden aus der Region Nord, alle Produkte der Kategorie »A« und alle Mahnungen, die im Monat Mai versandt wurden, sind jeweils Kandidaten für Ressourcen. Sie entstehen, indem man auf die Listenressourcen Filterkriterien anwendet.

4.2.3.2 Paginierung

In einer Weboberfläche sind wir es gewohnt, Suchergebnisse seitenweise präsentiert zu bekommen. Das ist in einem Webservice nicht anders: Auch hier möchte man sich gegen einen absichtlichen oder versehentlichen Zugriff auf sämtliche Elemente einer Liste absichern. Über einen Paginierungsmechanismus können Sie dafür sorgen, dass nicht alle, sondern nur eine begrenzte Menge von Daten zurückgegeben werden. Das ist sinnvoll, wenn die Datenmenge sehr groß werden kann – also praktisch immer.

4.2.4 Projektionen

Häufig ist es sinnvoll, nur einen Teil der verfügbaren Informationen für eine Primärressource oder für jedes Element einer Liste abzufragen. In diesem Fall können Sie die Informationsmenge auf eine sinnvolle Untermenge der Attribute Ihrer Objekte einschränken. Eine Hauptmotivation für diesen Ansatz ist die Reduktion der übertragenen Datenmenge.

4.2.5 Aggregationen

Im Gegensatz zu einer Projektion fassen Sie bei einer Aggregation Attribute unterschiedlicher Primär- oder Listenressourcen zusammen, um die Anzahl der notwendigen Client/Server-Interaktionen zu begrenzen.

4.2.6 Aktivitäten

Bei der Analyse finden Sie häufig noch eine Reihe von Ressourcen, die sich aus den Prozessen ergeben. So könnte ein einzelner Schritt innerhalb einer Verarbeitung oder ein ganzer Arbeitsauftrag eine eigene Ressource sein.

Häufig finden Sie diese Aktivitätsressourcen, wenn Sie die für die Umsetzung fachlicher Prozesse notwendigen Abläufe analysieren und unterstützen wollen. In der Regel starten Sie, indem Sie eine Ressource referenzieren, die es ermöglicht, eine neue Aktivität zu initialisieren. Am einfachsten können Sie sich das anhand eines HTML-Formulars vorstellen, mit dem Sie z. B. einen neuen Kundenanlageprozess starten. Das Formular ist dabei die eine Ressource, die von allen Clients benutzt wird, die diese Aktivität initiieren wollen. Mit einem POST legen Sie eine neue Aktivitätsressource an, die dann die Daten für eine spezifische Prozessinstanz enthält (z. B. die Kundenanlage des Neukunden Claudia Musterfrau).

Während die anderen Ressourcenarten also eher den Charakter von statischen Dingen haben, bilden Aktivitätsressourcen Abläufe ab. Beides ist ein gültiger Ansatz, und in den allermeisten Fällen enthalten REST-Anwendungen Ressourcen aller Varianten.

4.2.7 Konzept- und Informationsressourcen

Aus dem *Semantic Web* stammt die Idee von Ressourcen, die nicht selbst dereferenziert werden können, sondern in denen sich nur ein reines Konzept manifestiert. Ein Beispiel wäre eine Person XY: Von dieser kann es ein Bild, eine Visitenkarte, einen Lebenslauf usw. geben. Nichts davon »ist« die Person; dennoch haben alle diese Informationen einen Bezug zur selben Identität.

Bislang haben wir unterschiedliche Formate als Repräsentationen ein und derselben Ressource verwendet. Alternativ können Sie auch eine reine Konzeptressource definieren, die auf unterschiedliche *Informationsressourcen* verweist (hinter denen sich dann das Bild, die Visitenkarte usw. verbergen).[4] Einer solchen Konzeptressource könnten Sie per POST weitere Informationsressourcen hinzufügen.

4.2.8 Evolutionäre Weiterentwicklung und YAGNI

Aus der agilen Softwareentwicklung stammt die Abkürzung YAGNI *(You ain't gonna need it)*. Damit wird eine Situation beschrieben, die den meisten Entwicklern und Architekten nur zu bekannt ist: Aufgrund nicht völlig klarer Anforderungen bauen Sie Flexibilität in ein System ein, damit Sie später sowohl mit der einen als auch mit der anderen Ausprägung einer Anforderung umgehen können, nur um letztlich festzustellen, dass Sie die Flexibilität an einer anderen Stelle gebraucht hätten. Das YAGNI-Prinzip besagt daher, dass Sie genau die Probleme lösen sollten, die Sie aktuell tatsächlich haben, und nicht solche, von denen Sie glauben, dass Sie sie später bekommen werden.

Diese Praxis sollten Sie auch bei Ihrem Ressourcenentwurf beachten. Sie können sich zunächst darauf konzentrieren, die Ressourcen zu veröffentlichen, die Sie für die Kommunikation mit der Außenwelt tatsächlich benötigen. Stellen Sie später fest, dass Sie bestimmte Anforderungen damit nicht erfüllen können, können Sie zusätzliche Ressourcen hinzufügen, ohne bestehende ändern zu müssen.[5]

4.3 Ressourcenidentifikation und URIs

Ressourcen sind identifizierbar: Über eine ID, im Web also eine URI, wird genau eine Ressource benannt. Der Umkehrschluss gilt jedoch nicht: Eine Ressource kann unter mehreren URIs gefunden werden.

Ressourcen sind den Objekten in der objektorientierten Programmierung durchaus ähnlich. Es gibt jedoch wesentliche Unterschiede in der Langlebigkeit und im Geltungsbereich: Objekte werden in der Regel im Hauptspeicher eines Programms transient, d. h. flüchtig, abgelegt – sie verschwinden, wenn das Programm beendet wird. Ressourcen im Web dagegen leben deutlich länger, idealerweise über Jahre. Referenzen in einer objektorientierten Anwendung sind nur in genau diesem Rahmen gültig – in einem System, das sich für eine weltweite Verteilung eignen soll, muss der Namensraum so organisiert sein, dass er ohne eine zentrale Stelle auskommt. Zur Umsetzung dieser Ziele haben die Designer des WWW sich auf die berühmten Schultern von Riesen gestellt und bereits bestehende Konzepte wie das Domain Name System (DNS) genutzt. Ergebnis ist die

4. Die Konzeptressource liefert bei einem HTTP GET dann einen HTTP-Statuscode 303 »See Other« zurück; siehe Anhang A.
5. Gelegentlich genügt sogar das Hinzufügen einer weiteren Repräsentation bestehender Ressourcen, aber das ist eher die Ausnahme.

URI[6], der Mechanismus für die Identifikation von Ressourcen im World Wide Web.

Reduziert man die Ideen hinter REST auf einen einzigen Satz, ergibt sich: »Eine eigene URI für jedes Informationselement« [Megginson2007] In den folgenden Abschnitten werden wir uns URIs näher ansehen; wenn Sie die technischen Details nicht interessieren oder Sie sie schon kennen, können Sie direkt bei Abschnitt 4.4 weiterlesen.

4.3.1 URI, IRI, URL, URN, XRI?

Beginnen wir zunächst mit der Terminologie: Heißt es nun »URI« oder »URL«? Was ist eine URN? Sollten wir statt URI mittlerweile nur noch von IRI sprechen, oder sind die Tage aller dieser Varianten gezählt, weil die Zukunft der XRI gehört?

Zunächst einmal zu dem Begriff, den wir bislang nahezu ausschließlich verwendet haben: URI. Das Akronym steht für *Universal Resource Identifier* und wird im RFC 3986 [RFC3986]definiert. Die Spezifikation beschreibt dabei nicht nur HTTP-URIs: Auch per FTP erreichbare Dateien, E-Mail-Adressen und viele andere Ressourcen können über eine URI identifiziert werden. Die folgenden Beispiele (schamlos aus der Spezifikation kopiert) zeigen URIs für unterschiedliche Ressourcenschemata:

- `ftp://ftp.is.co.za/rfc/rfc1808.txt`
- `http://www.ietf.org/rfc/rfc2396.txt`
- `ldap://[2001:db8::7]/c=GB?objectClass?one`
- `mailto:John.Doe@example.com`
- `news:comp.infosystems.www.servers.unix`
- `tel:+1-816-555-1212`
- `telnet://192.0.2.16:80/`
- `urn:oasis:names:specification:docbook:dtd:xml:4.1.2`

Mit Ausnahme der letzten URI haben all diese Beispiele gemeinsam, dass sie nicht nur eine eindeutige ID festlegen, sondern auch gleichzeitig die »Adresse« (im Sinne des Protokolls, Server- oder Domainnamens). Sie sind *dereferenzierbar.* Ein System kann die Namen damit ohne weitere Suche in einem Verzeichnis verwenden, um die Ressource zu erreichen; man nennt sie daher auch URL *(Uniform Resource Locator).*

Anders sieht es bei der letzten Variante, der URN *(Uniform Resource Name)*, aus. Eine solche URI ist nicht derefenzierbar und damit – in der Theorie – langlebiger und unabhängiger von Änderungen.

---

6. Häufig liest man auch »der URI«, eines ist so gültig wie das andere.

Die Unterscheidung URI, URL und URN ist allerdings eigentlich nur noch von historischer Bedeutung. Dafür gibt es mehrere Gründe. Viele Schemata lassen sich nicht eindeutig als URL oder URN spezifizieren, sondern passen für beide Varianten. Die Begriffe URN und URL werden nicht mehr empfohlen, und alle neuen Spezifikationen verwenden den Oberbegriff »URI«.[7] Schließlich haben sich HTTP-URIs in der Praxis auch dort durchgesetzt, wo man eigentlich eher URNs erwartet hätte, z. B. in Namen von XML-Namespaces. Langer Rede kurzer Sinn: Vergessen Sie URN und URL, URI ist allgemeiner und (fast) immer richtig.

Die Zeichen, die in URIs verwendet werden können, sind bewusst auf eine Untermenge des US-ASCII-Zeichensatzes eingeschränkt. Diese Restriktion gilt für IRIs nicht: *Internationalized Resource Identifiers* sind grundsätzlich identisch zu URIs, erlauben jedoch die Verwendung aller Zeichen aus dem Unicode-Zeichensatz [RFC3987]. Damit können URIs auch Sonderzeichen westlicher Sprachen (z. B. Umlaute) enthalten, sich aus dem kyrillischen Alphabet bedienen oder Sprachen unterstützen, in denen von rechts nach links geschrieben wird. Die IRI-Spezifikation enhält darüber hinaus eine Abbildung von IRIs auf URIs. Clients, die IRIs verstehen – z. B. Webbrowser, bei denen IRIs im Eingabefeld für Adressen erlaubt sind –, können diese anhand der Abbildung eindeutig in URIs umwandeln und diese dann gegebenenfalls dereferenzieren.

XRIs sind eine spezielle Form von URIs, die im Rahmen einer OASIS-Spezifikation standardisiert werden. Ziel ist dabei die Trennung von Identifikation und Netzwerklokation. Ob es sich dabei wirklich um ein Problem handelt, ist allerdings umstritten. So hat der entschiedene Einspruch der TAG (Technical Architecture Group) des W3C, der Web-Erfinder Tim Berners-Lee vorsteht, indirekt zu einer (vorläufigen) Ablehnung des XRI-Standards bei OASIS geführt. Wir betrachen XRIs daher im Folgenden nicht näher.

Für das Design von REST-konformen Anwendungen stehen ganz klar HTTP-URIs im Mittelpunkt: Alles, was identifizierungswürdig ist, sollte eine eigene URI bekommen.

4.3.2 Anatomie einer HTTP-URI

Eine HTTP-URI besteht aus einzelnen Komponenten, die durch eines der von der URI-Spezifikation definierten Trennzeichen voneinander separiert werden. Zu den wichtigsten Trennzeichen gehören »:«, »/«, »?« und »#«.

7. Genau genommen ist der Begriff »URL« formal durch keine aktuelle Spezifikation mehr definiert [Bray2003a].

4.3.2.1 Schema und Host

Jede URI beginnt mit einem Schema, gefolgt von einem Doppelpunkt. Für jedes Schema ist definiert, wie Namen darin vergeben werden. Wir betrachten für unsere Zwecke nur die URI-Schemata »http« und »https«; innerhalb dieser Schemata erfolgt die Vergabe von Namen nach den Regeln für HTTP-URIs.

Darin folgt auf das Schema als *Authority* ein Hostname, d. h. der Name eines Rechners, einer Domäne oder einer IP-Adresse, optional gefolgt von einem Port (standardmäßig Port 80 für HTTP und Port 443 für SSL). Optional kann vor dem Namen des Hosts noch ein Benutzername und ein Passwort angegeben werden. Wird eine nach diesem Muster aufgebaute URI dereferenziert, wird eine HTTP-Verbindung zu dem genannten Host und Port aufgebaut (oder eine bereits bestehende genutzt) und der entsprechende Request dorthin versandt.

Einige Beispiel-HTTP-URIs:

- `http://www.example.com/a/b/c`
- `http://user1:secret@www.example.com/a/b/c`
- `https://www.example.com:8443/a/b/c`
- `http://127.0.0.1`[8]`:8080/x/y/z`

Eine URI, die das HTTP-Schema verwendet, muss nicht unbedingt dereferenzierbar sein. Sie sollten jedoch die Regeln der Delegation von Verantwortung respektieren und nur URIs »unterhalb« eines Domain- oder Hostnamens anlegen, wenn Sie dazu auch die entsprechende Autorisierung haben: Auf dieser Idee der Föderation basiert die Skalierbarkeit des HTTP-Namensraumes – innerhalb jeder einzelnen Domäne ist jedes Unternehmen, jede Organisation selbst verantwortlich; für die Vergabe von Domänen selbst wiederum gibt es ebenfalls eine föderierte Vergabestruktur (InterNIC, DENIC usw.). Praktische Erfahrung zeigt jedoch, dass HTTP-URIs, die nicht dereferenzierbar sind, eine schlechte Idee sind – Sie sollten sie vermeiden.

Hinter jedem Internet-Domainnamen verbirgt sich (mindestens) eine IP-Adresse. Auf einem Rechner mit einer IP-Adresse können jedoch unterschiedliche Domainnamen abgebildet werden: Dann haben wir es mit virtuellen, nicht wirklichen Hosts zu tun. Damit solche *Virtual Hosts* funktionieren können, ist die Identifikation des Hosts, der angesprochen werden soll, in HTTP 1.1 verbindlich vorgeschrieben. Dazu wird der Hostname im Host-HTTP-Header übermittelt.

Sieht man von Schema, Hostname und Port ab, verbleiben drei Elemente einer URI: *Pfad*, *Query* und *Fragment*. In den nächsten Abschnitten werden wir uns diese näher ansehen.

---

8. Hier könnte übrigens auch eine IPv6-Adresse verwendet werden, z. B. [fe80:0:0:0:200:f8ff:fe21:67cf]. Das ist unter anderem deswegen interessant, weil die eckigen Klammern (»[»und«]«) in einer URI nur an dieser Stelle gültig sind.

4.3.2.2 Relative und absolute Pfade

Den ersten URI-Bestandteil, der auf den Hostnamen und den optionalen Port folgt, bezeichnet man als »Pfad«. Ähnlich einem Pfad zu einer Datei im Dateisystem werden einzelne Elemente durch Schrägstriche voneinander getrennt.

Für den Client ist nicht erkennbar, welcher Bestandteil des Pfades vom Server verwendet wird, um das zuständige Programm oder die zuständige Programmkomponente zu ermitteln. Sie können also nicht erkennen, ob Anfragen an die URI

```
http://example.com/main/subsegment1/components/3
```

von einer einzigen Anwendung (z. B. einem CGI-Skript) verarbeitet werden, die beim Server als zuständig für »/main« registriert wird, oder ob sich dahinter einzelne Servlets einer Java-Webanwendung verbergen (vielleicht ein Servlet je Subsegment).

Neben absoluten Pfaden, die mit einem »//« beginnen, gibt es auch relative Pfade – ebenfalls analog zu einem Dateisystem. Sie beginnen mit einem einfachen »/« und können »..« und ».« enthalten. Damit lassen sich Ressourcen relativ zueinander adressieren. Haben Sie z. B. die Repräsentation einer Ressource im HTML-Format per HTTP GET von der URI http://example.com/A/BB/1234 geholt, so bezieht sich eine darin enthaltene Verknüpfung zu ../CC/2813 auf die URI http://example.com/A/CC/2813. Die Regeln für kompliziertere Fälle wie ../../A/./BB/./ usw. entsprechen wahrscheinlich Ihren Erwartungen; die URI-Spezifikation definiert sie inkl. aller Sonderfälle recht genau.

Relative URIs haben eine Reihe von Vorteilen. Sie können damit Platz sparen, weil sie eine feststehende, für eine Vielzahl von URIs gleiche Pfadkomponente nicht unzählige Male wiederholen müssen. Ein ganzer Baum von Ressourcen, die sich gegenseitig relativ adressieren, kann als Ganzes verschoben werden. Schließlich kann sich auch das Schema ändern, z. B. von HTTP auf HTTPS, ohne dass die Verknüpfungen davon betroffen wären.

Relative URIs sind daher generell durchaus sinnvoll. Allerdings sollte sich kein Nutzer einer Repräsentation darauf verlassen, an einer bestimmten Stelle ausschließlich absolute oder relative URIs vorzufinden: Zu einer losen Kopplung gehört die Unterstützung beider Varianten.

Die Information darüber, auf welche andere URI sich eine relative URI bezieht, kann sich entweder aus dem Kontext ergeben oder aber durch eine explizit als Basis-URI gekennzeichnete URI explizit ausgewiesen werden. Beispiele für Letzeres sind das »base«-Tag in HTML und das »xml:base«-Attribut für XML. Darüber kann festgelegt werden, auf welche Basis sich alle relativen URIs in einer Repräsentation beziehen.

4.3.2.3 Query-Parameter

Der Pfadanteil einer URI wird durch ein (optionales) »?« von einem (ebenfalls optionalen) weiteren Anteil getrennt, der als Query bezeichnet wird. Ein Beispiel:

```
http://example.com/customers?name=Schultz&city=Rosenheim
```

Der Query-Anteil besteht aus der Zeichenkette name=Schultz&city=Rosenheim, der in diesem Fall zwei Query-Parameter enthält, die durch das Kaufmanns-Und (»&«) verkettet werden. Der Ordnung halber: Weder die REST-Dissertation noch der HTTP- oder URI-Standard definieren Query-Parameter; sie sind jedoch der Standard bei HTML-Formularen, deren Inhalte per GET an den Server übermittelt werden. Wir haben sie trotzdem an dieser Stelle aufgenommen, weil sie zumindest als Konvention häufig auch dann zum Einsatz kommen, wenn HTML keine oder nur eine untergeordnete Rolle spielt.

4.3.2.4 Matrixparameter

Matrixparameter werden relativ selten verwandt, und zwar dann, wenn nicht Schlüssel/Wert-Paare, sondern Indikatoren einer Eigenschaft oder Variante – mit anderen Worten: Boole'sche Werte – ausgedrückt werden sollen. Ein Beispiel:

```
http://example.com/customers?sortby=lastname;descending
```

Hier wird die Sortierreihenfolge durch den Matrixparameter *descending* (»absteigend«) vorgegeben. Aber auch Matrixparameter können Werte ausdrücken. Ein Beispiel aus den Yahoo!-APIs [Yahoo] ist der Zugriff auf eine Untermenge einer Liste:

```
http://social.yahooapis.com/v1/user/6677/connections;start=0;count=20
```

Ob Sie für bestimmte Informationen innerhalb der URI-Pfadanteile, Query- oder Matrixparameter verwenden, ist eine Entwurfsentscheidung innerhalb Ihrer Anwendung – aus REST- und HTTP-Sicht bleibt sie ein Implementierungsdetail.

4.3.2.5 Fragment-ID

Fragment-IDs sind ebenfalls ein optionaler Bestandteil der URI, der auf den Query-Anteil folgt und davon durch eine Raute getrennt wird:

```
http://example.com/documents/13#section12
```

Das Besondere an Fragment-IDs ist, dass das Auflösen – das Dereferenzieren – immer clientseitig erfolgt. Bekanntestes Beispiel für die Verwendung von Fragmenten ist das Zusammenspiel mit dem HTML-Anchor-Element (»<a .../>«). Sehen wir uns als Beispiel ein einfaches HTML-Dokument an:

```
<html>
  <body>
    <p><a name=»intro» />Dies ist die Einleitung</p>
    <p><a name=»detail» />Hier kommt die detaillierte Beschreibung ...</p>
  </body>
</html>
```

Wird die URI – z. B. *http://example.com/document#detail* – von Ihrem Webbrowser dereferenziert, so wird das vollständige Dokument übertragen und erst danach so weit gescrollt, bis das a-Element mit dem Namen »detail« sichtbar ist. Diese clientseitige Auflösung gilt allgemein für alle Arten von URIs; die spezifische Abbildung ist vom Medientyp (im Fall unseres Beispiels HTML) abhängig. Eine Fragment-ID wird also niemals zum Server übertragen, und es ist Sache des Clients, sie korrekt aufzulösen.[9]

4.3.3 URI-Templates

URI-Templates sind recht verbreitet und mittlerweile durch einen offiziellen Standard definiert [RFC6570]. Mit ihrer Hilfe kann man Muster für URIs beschreiben, bestehend aus fixen und variablen Anteilen. Die in der Spezifikation vorgesehenen Mittel sind sehr umfassend, in der Praxis eingesetzt wird jedoch nur eine recht überschaubare Untermenge. So finden Sie häufig eine Darstellung von URI-Mengen in folgender Form:

```
http://example.com/orders/{id}
```

Damit ist die Menge sämtlicher URIs gemeint, die aus dem Präfix *http://example.com/orders/* und einer angehängten ID bestehen.

Eine häufige Verwendung von URI-Templates ist die Dokumentation sehr vieler ähnlicher Ressourcen. Viele »REST-APIs« sind eigentlich URI-APIs: Sie definieren eine Menge von Ressourcenmustern und die Bedeutung der Standard-HTTP-Methoden, wenn man sie auf solche Ressourcen anwendet. Da solche APIs häufig (und berechtigt) als wenig RESTful kritisiert werden, betrachten manche REST-Experten URI-Templates als Anti-Pattern. Wir teilen diese Ansicht nicht, da sie sich sehr gut auch in Antworten auf HTTP-Anfragen einbetten lassen und damit bei JSON, XML oder anderen Formaten die Rolle der Formulare bei HTML einnehmen können.

9. Das hat auch Auswirkungen auf die Langlebigkeit: Wenn Sie sich z. B. auf eine mit JavaScript implementierte Clientlogik verlassen, müssen Sie sicher sein, dass Sie diese entweder so lange am Leben halten, wie Sie die Fragment-ID noch derefenzieren können wollen, oder aber darauf verzichten und zumindest den langlebigen Teil auf der Serverseite auflösen.

4.4 URI-Design

Ein letztes Mal möchten wir betonen, dass das Design von URIs nicht so wichtig ist, wie es am Anfang erscheint. Aus REST-Sicht ist der Einsatz von Hypermedia der Weg, auf dem Systeme über die »richtigen« URIs informiert werden, nicht nur mithilfe der im letzten Abschnitt erwähnten URI-Templates – mehr dazu erfahren Sie in Kapitel 6. Sie sollten auf jeden Fall vermeiden, dass Clients mit String-Operationen URIs zusammensetzen, denn dazu müssen diese intime Kenntnis über Server-Interna haben.

4.4.1 URI-Entwurfsgrundsätze

Trotzdem sind elegante URI-Schemata oft Zeichen einer sinnvollen Ressourcenstruktur. Wenn URIs sinnvoll gestaltet sind, erleichtert dies einem Entwickler, der ein REST-API nutzen möchte, die Arbeit; Endanwender schätzen URIs, die man sich merken kann; auch die Möglichkeit zum »Hacking« von URIs – das manuelle Bearbeiten der URI, z. B. durch Abschneiden der Elemente hinter den einzelnen Schrägstrichen – ist durchaus ein Vorteil. Jakob Nielsen, der sich mit Usability-Aspekten beschäftigt, betrachtet URIs unter anderem deswegen als Elemente des Benutzerschnittstellenentwurfs [Nielsen1999a] Im Folgenden möchten wir aus diesem Grund zuerst den Aufbau von URIs beschreiben und danach Hinweise geben, wie ein sinnvoller Entwurf der URI-Schemata Ihrer Anwendung aussehen kann.

URIs und REST

Die wichtigste Grundregel für das URI-Design beim Entwurf von REST-Anwendungen lautet: Bewerten Sie das Design nicht zu hoch; es sollte sinnvoll sein, aber nicht perfekt (das ist ohnehin nicht zu schaffen). URIs sind vergleichbar mit den Variablen-, Methoden- oder Klassennamen in der Programmierung: Auch hier lohnt es sich, über »gute« Namen nachzudenken. Für Compiler und Ablaufumgebung jedoch sind sie letztendlich unerheblich.

Allgemeines

URIs identifizieren Ressourcen; Ressourcen sind »Dinge«, Substantive, keine Aktionen oder Verben. Wenn Sie ein korrektes Ressourcendesign durchgeführt haben, ergeben sich passende Namen in der Regel von allein. Dennoch möchten wir kurz einige Beispiele für URIs vorstellen, die aufgrund ihrer Struktur oder ihres Namens eine Indikation für ein Problem sein können.

Recht offensichtlich ist die Verwendung von Verben in der URI:

```
http://example.com/customers/create?name=XYZ
```

Hier ist einiges durcheinandergeraten: Das Verb »create« hat in der URI auf den ersten Blick nichts zu suchen, und die Struktur suggeriert, dass hier über die URI die Aktion identifiziert wird, nicht über das HTTP-Verb.

Ein weiteres Beispiel:

```
http://example.com/RequestProcessor?method=build&p1=x&p2=z
```

In diesem Fall sehen wir ein weiteres Muster, das auf ein Problem hinweist: Die Methode wird als Wert eines Parameters übergeben. Hier ist der »Request-Processor« vermutlich ein Gateway, das eine RPC-orientierte Interaktion durch HTTP »tunnelt«.

Ihre URIs sollten Substantive enthalten; wenn Sie sich vorstellen können, dass Sie einen Link darauf einem Kollegen per E-Mail zusenden, ist das ein gutes Zeichen. Bei URIs, die – wie es gedacht ist – Ressourcen identifizieren, können Sie sich darüber hinaus leicht vorstellen, wie die unterschiedlichen HTTP-Methoden wirken: Ein PUT aktualisiert, ein DELETE löscht, ein GET holt Informationen. Ein Beispiel für eine solche URI ist die folgende:

```
http://example.com/countries/049
```

Hierarchie

Eine naheliegende und vergleichsweise offensichtliche Regel für ein transparentes und nachvollziehbares URI-Design ist die Abbildung von hierarchischen Beziehungen auf die Pfadelementstruktur der URI. Ein Beispiel dafür ist die Organisationsstruktur eines Unternehmens. Die Gruppe »Netzwerke« in der Abteilung »Support« der Hauptabteilung »Betrieb« im Vorstandsbereich »IT« könnte über eine URI der Form

```
http://example.com/Organisation/IT/Betrieb/Support/Netzwerke
```

abgebildet werden.[10] Ähnlich wie bei einer Pfadangabe in einem Unix- oder Windows-Dateisystem »sieht« der Anwender oder Programmierer einer solchen URI die Hierarchie regelrecht an. Als Konsequenz daraus, dass Webserver statische Dateien aus einem Dateisystem, das mit Ordnern strukturiert ist, ebenfalls direkt abbilden, erwartet man darüber hinaus, dass auch übergeordnete Elemente sinnvoll sind. In unserem Beispiel könnte ein Endanwender durchaus auf die Idee kommen, den letzten Teil des Pfades (»/Netzwerke«) von Hand zu löschen, falls er etwas zum Support für ein anderes Thema erfahren möchte.

Wie in vielen anderen Situationen beim Design von REST-Anwendungen ist es wichtig, dieses Verhalten zu kennen und sich darauf vorzubereiten, es jedoch selbst (vor allem in den eigenen programmatischen Clients) zu vermeiden. Mit anderen Worten: Wenn Sie der Entwickler des Servers und damit der Designer der

10. Allerdings sollten Sie sich bei genau diesem Beispiel darüber im Klaren sein, dass Sie damit eine langfristig stabile Organisationsstruktur voraussetzen – in vielen Unternehmen keine gute Idee.

URI-Struktur sind, sollten Sie dafür sorgen, dass auch ein GET auf http://example.com/Organisation/IT/Betrieb/Support ein sinnvolles Ergebnis zurückliefert. In Ihrem Client sollten Sie eine solche Annahme jedoch auf keinen Fall treffen. Diese Toleranz gegenüber dem, was Sie als Eingabe von anderen erhalten, bei gleichermaßen striktem Einhalten der Regeln, wenn Sie selber Daten an andere Systeme liefern, trägt fundamental zur Stabilität eines verteilten Systems bei und ist auch bekannt als das Robustheitsprinzip oder auch als das Postel'sche Gesetz[11].

Externe und interne Schlüssel

Wenn Sie eine Listenressource identifizieren möchten, können Sie selbst bestimmen, wie Sie den Namen wählen – die Menge der Konzepte, die Sie auf Listen abbilden, wird in der Regel sowohl begrenzt als auch gut verstanden sein, sodass es nicht schwerfällt, einen Namen zu finden. Abgebildet auf URIs definieren Sie damit vielleicht Ressourcen mit den Namen /customers, /orders oder /products.

Für die Identifikation der einzelnen Primärressourcen, also für jeden einzelnen Kunden, jede Bestellung oder jedes Produkt, müssen Sie jedoch statt eines Namens ein Muster definieren. Dabei stellt sich die Frage, ob Sie einen fachlichen Schlüssel wie zum Beispiel einen Namen, eine Postleitzahl oder eine Steuernummer oder einen technischen Schlüssel, der keine offensichtliche Bedeutung hat, wählen sollten.

Die Frage, ob man als Primärschlüssel fachliche oder technische Schlüssel wählen sollte, ist bereits aus der Datenbankmodellierung bekannt [Ambler2005]. Der größte Vorteil fachlicher Schlüssel ist, dass der Abfragende – sei es ein Endanwender oder der Entwickler einer Anwendung – den Schlüssel wahrscheinlich schon kennt und kein neuer eingeführt werden muss. Allerdings gibt es eine ganze Reihe von Nachteilen: Ändern sich Schlüsselwerte, betrifft dies auf einmal auch die Identität. Technische Schlüssel dagegen können konstant bleiben; die fachlichen Schlüsselattribute können zusätzlich mitgeführt werden. Es gibt allerdings auch Fälle, in denen ein technischer Schlüssel keinen Mehrwert bringt: Es lohnt sich zum Beispiel kaum, einen Schlüssel wie eine Postleitzahl noch einmal hinter einem technischen Schlüssel zu verbergen.

Für das Design von URIs lassen sich diese Erkenntnisse eingeschränkt übertragen. Es ist eine gute Idee, in den URIs nur Schlüssel zu verwenden, die dauerhaft konstant bleiben (siehe auch Abschnitt 4.4.3). Andererseits unterstützen URIs ein Redirect, also eine Umleitung, falls ein Ressourcenumzug notwendig wird. Darüber hinaus kann ein und dieselbe Ressource durchaus über mehrere URIs identifiziert werden, sodass Sie auch mehrere Identifikationswege ermögli-

---

11. Robustness Principle bzw. Postel's Law, nach Jon Postel, der im RFC 793 (dem TCP-RFC) schrieb »Be conservative in what you do; be liberal in what you accept from others« [RFC793].

chen können. Hierbei sollten Sie allerdings die Auswirkungen auf das Caching berücksichtigen (siehe Kapitel 10).

Pro und Contra Query-Parameter

Für den Entwurf von URIs für Filter haben Sie verschiedene Möglichkeiten.

Am naheliegendsten ist die Verwendung von Query-Parametern. Für eine Liste von Kunden unter /customers, die man nach allen Kunden aus Deutschland filtern möchte, könnte eine Beispiel-URI folgendermaßen aussehen:

```
http://example.com/customers/?country=Germany
```

Mehrere Query-Bestandteile werden mit einem Kaufmanns-Und miteinander verkettet:

```
http://example.com/customers/?country=Germany&type=A&year=2009
```

Auch hier erfüllen Sie mit einem solchen URI-Design die Erwartungen, die Nutzer Ihrer Ressourcen an URIs haben: Lässt man den Query-String (die Summe der Query-Parameter) weg, gelangt man zur ungefilterten Liste. Darüber hinaus spricht für diesen Entwurf, dass ein HTML-Formular verwendet werden kann, um eine solche URI zu konstruieren.

Das stärkste Argument gegen Query-Parameter ist mittlerweile historisch: Einige Cache-Implementierungen, allen voran der weitverbreitete Squid [Squid], verweigerten in der Standardkonfiguration das Caching von Inhalten, deren URI ein »?« enthält. Mit der Version 2.7, die seit Mai 2008 verfügbar ist, wurde dies geändert, sodass Sie nur noch in seltenen Fällen damit rechnen müssen, dass das Problem noch besteht.

4.4.2 REST aus Versehen

Mit dem Begriff »Accidentally RESTful« – frei übersetzt: REST-konform aus Versehen – bezeichnet man die Situation, in der man dem Schnittstellenentwurf relativ klar ansehen kann, dass der Designer REST nicht verstanden hat, aber sich zufällig dennoch an die Vorgaben hält [Baker2005]. Das ist in der Regel immer dann der Fall, wenn in der URI ein Methodenname enthalten ist, die aufgerufene Methode aber »safe« im HTTP-Sinne ist.

Am besten lässt sich dies an einem Beispiel zeigen. Vergleichen Sie die beiden folgenden URIs:

- `http://example.com/customerservice?operation=findCustomer&id=1234`
- `http://example.com/customers/1234`

Ganz offensichtlich erkennt man in der ersten URI, dass der Designer »in Operationen denkt«: findCustomer ist die Operation, die aufgerufen wird, 1234 der erste Parameter. Die zweite URI dagegen identifiziert klar eine Ressource – den

Kunden. Man könnte daraus schließen, dass die erste URI nicht REST-konform ist, die zweite dagegen schon.

Tatsächlich jedoch ist eine solche Aussage Unsinn: Die URI ist aus Sicht von REST nur eine ID, völlig unabhängig davon, aus welchen Buchstaben sie zusammengesetzt ist. Wenn Sie sich die URIs vorstellen, die sich für die Abfrage der Daten einiger anderer Kunden ergeben würden, dann stellen Sie fest, dass auch in diesem Entwurf jeder Kunde eine eigene URI bekommt. Sie sieht zwar nicht aus wie die ID einer Ressource, aber das kann uns im Prinzip egal sein.

Es ist aber sehr wahrscheinlich, dass dem Designer des ersten URI-Schemas die REST-Ideen nicht geläufig waren und sich auch andere, ähnliche Muster dort finden. Auch hierzu ein Beispiel:

```
http://example.com/customerservice?operation=deleteCustomer&id=1234
```

Offensichtlich können in diesem Entwurf alle Arten von Operationen über ein GET auf eine entsprechend konstruierte URI aufgerufen werden – auch solche, für die gemäß Spezifikation ein POST, PUT oder DELETE angemessen wäre. Und unterschiedliche Operationen, die auf dieselbe Ressource wirken, werden auf unterschiedliche URIs abgebildet anstatt auf dieselbe.

Das Auftreten von Operationsnamen in URIs ist also ein Warnzeichen, ein »Design Smell«. In den meisten Fällen hat der Designer der Schnittstelle die REST-Prinzipien nicht verstanden oder – in seltenen Fällen – bewusst ignoriert. Einige Operationen können dabei so abgebildet werden, dass die REST-Prinzipien nicht verletzt werden: REST-Konformität aus Versehen.

4.4.3 Stabile URIs

Von Web-Erfinder Tim Berners-Lee stammt der Satz »Cool URIs don't change« – coole URIs ändern sich nicht [BernersLee1998]. URIs, die Sie an die Außenwelt – d. h. Ihre Clients – weitergeben, sind Teil Ihrer APIs. Und genauso wenig wie Sie bei der Entwicklung einer Bibliothek, die von Ihnen unbekannten Benutzern verwendet wird, einfach den Namen einer Operation ändern würden, genauso wenig sollten Sie eine URI, die einmal gültig war, ins Leere laufen lassen.

Das HTTP-Protokoll unterstützt dies durch zwei wesentliche Aspekte. Zum einen können Sie mit einer Umleitung, einem *Redirect*, eine einmal veröffentlichte URI bei der Anfrage auf eine andere umleiten. Dies kann permanent oder optional geschehen, außerdem können Sie den Client auch über mehrere alternative URIs informieren. Zum anderen ist auch der Fall, dass eine URI nicht mehr sinnvoll aufgelöst werden kann, Bestandteil des Protokolls. Dazu können Sie dem Client über den Statuscode »410 Gone« mitteilen, dass eine URI zwar früher einmal existierte, aber nun nicht mehr verfügbar ist. Als letzten Ausweg kann der Server dem Client mitteilt, dass es die angeforderte Ressource nicht gibt (»404 Not Found«).

Eine detaillierte Auflistung der einzelnen HTTP-Statuscodes, die Sie für diesen Zweck verwenden können, finden Sie im Anhang A.

4.5 Zusammenfassung

Ressourcen bilden die zentrale Abstraktion im REST-Architekturstil. Sie sind eindeutig identifizierbar, und die Interaktion mit ihnen erfolgt immer über den Austausch von Repräsentationen. Im Web werden für die Identifikation von Ressourcen URIs verwendet; ein sinnvoller Entwurf der URI-Struktur ist nützlich, aus REST-Sicht aber weniger wichtig, als dies auf den ersten Blick erscheinen mag.

Eine bestehende fachliche Domäne auf einen Schnittstellenentwurf abzubilden, der sich an Ressourcen orientiert, erfordert für jemanden, der in der Vergangenheit klassenorientierte Schnittstellen gewohnt war, ein Umdenken. Kritisch ist dabei, Ressourcen nicht als Konzepte einer Persistenzschicht, sondern als übergreifende, nach außen sichtbare Anwendungskonzepte zu begreifen.

5 Verben

Eine Anzahl von Operationen, die für alle Ressourcen gleichermaßen gültig sind – dies ist die Kernidee der »uniformen« (gleichförmigen) Schnittstelle. Formal legt Fielding für REST fest, dass es eine definierte, begrenzte Menge von Operationen geben muss, nicht aber, um welche genau es sich dabei handelt. Die konkrete Ausprägung von REST in HTTP dagegen definiert eine konkrete Liste von Verben (auch *Methoden* oder *Operationen genannt)*, die von Ressourcen unterstützt werden sollten. Für die Entwicklung von REST/HTTP-Anwendungen spielen diese daher eine zentrale Rolle.

5.1 Standardverben von HTTP 1.1

In der aktuellen Version von HTTP werden insgesamt acht Verben definiert: GET, HEAD, PUT, POST, DELETE, OPTIONS, TRACE und CONNECT. Betrachten wir zunächst die ersten sechs davon genauer.

5.1.1 GET

Die grundlegende und wichtigste Operation ist GET. Gemäß Spezifikation dient GET dazu, die Informationen, die durch die URI identifiziert werden, in Form einer *Entity* (d. h. einer Repräsentation) abzuholen. Die Operation ist als sicher *(safe)* definiert, ebenso wie das eng verwandte HEAD. Außerdem sind GET und HEAD *idempotent* (doch dazu später mehr).

Oft wird behauptet, GET dürfe keine *Seiteneffekte* erzeugen. Das ist – wie viele andere Aussagen über REST, die man häufig hört – weder ganz richtig noch ganz falsch. Ein Seiteneffekt tritt auf, wenn sich auf der Serverseite irgendein Zustand ändert, und dazu zählt rein formal auch schon das Erzeugen eines Eintrags in einer Logdatei. Ein solcher Effekt ist bei einem GET nicht nur üblich, sondern auch durchaus erlaubt. Entscheidend ist, dass der Client keine Zustandsänderung angefordert hat. Der Entwickler des Servercodes oder der Administrator in unserem Beispiel hat sich entschieden, GET-Requests zu protokollieren – für den Client ist das irrelevant. Es wäre absurd, wenn der Betreiber des Servers seinen Nutzern eine Rechnung für den durch Logeinträge in Anspruch genommenen Plattenplatz schicken würde: »Sicher« bedeutet, dass der Nutzer mit dem Aufruf von GET und dem damit verbundenen Lesen von Daten keine Verpflichtung eingeht.

An dieser Stelle lässt sich gut illustrieren, warum man als Architekt einer Webanwendung die Semantik, die in der Spezifikation für die einzelnen HTTP-Verben definiert wird, unbedingt kennen sollte. Betrachten wir als Beispiel eine Webanwendung, die Fotos verwaltet und das Löschen eines Fotos über ein HTTP GET auf eine URI der Form http://example.com/pictures/operation=delete&id=1234 ermöglicht. Um das Löschen aus der HTML-Oberfläche zu ermöglichen, wird ein Link (<a href=... />) in die Seite aufgenommen: Das Verfolgen einer Verknüpfung führt nun zum Löschen einer Ressource. Ein Benutzer, der den Link benutzt, rechnet möglicherweise damit, weil er den Text lesen kann. Eine Suchmaschine jedoch geht davon aus, dass sie Links gefahrlos folgen darf – schließlich ist dies gemäß Spezifikation sicher. Traurig, wenn der hilfreiche Google-Crawler die Ressourcen löscht, über deren Indexierung die Betreiber der Foto-Community glücklich gewesen wären ...[1] Dieses Muster werden wir noch häufiger sehen: Die HTTP-Spezifikation definiert ein Verhalten, das Clients, Server und Intermediaries (also z. B. Proxy- oder Gateway-Knoten) im Web erwarten. Ob Sie sich an diese Erwartungen halten oder nicht, ist letztlich Ihre Entscheidung – ein Verstoß gegen die Spielregeln kann jedoch dazu führen, dass Sie Vorteile des Web nicht nutzen können oder dass sogar direkte Nachteile entstehen.

GET ist das Arbeitspferd des World Wide Web. Auch wenn genaue Zahlen nicht zu ermitteln sind, kann man annehmen, dass mehr als 95% aller Interaktionen im WWW lesenden Charakter haben – unabhängig davon, ob sich dahinter eine einfache Datei, ein Zugriff auf ein Content-Management-System (CMS) oder eine komplexe Anwendung verbirgt. Einer Verknüpfung zu folgen bedeutet, über HTTP ein GET an den Server zu senden, in dessen Hoheitsbereich die URI liegt, die man auflösen möchte. Bei unternehmensinternen Anwendungen mag der Anteil der Leseoperationen vielleicht geringer sein. Aber ob es nun 95, 85 oder 80% sind: Auf jeden Fall werden Informationen zu einem erheblich größeren Teil gelesen, als sie verändert, gelöscht oder um neue Informationen ergänzt werden.

Konsequenterweise ist GET die Operation, für die das gesamte Web optimiert ist. Ein Beispiel dafür ist das sogenannte bedingte GET (Conditional GET). Ein Client kann dem Server bei einem GET-Request über einem Header mitteilen, in welchen Fällen er eine Darstellung der Ressource überhaupt haben möchte. Mit dem If-Modified-Since-Header zum Beispiel teilt der Aufrufer mit, dass er

1. Man mag hier einwenden, dass ein solcher Link in der Regel nur für authentifizierte Benutzer und damit nicht für Google & Co. sichtbar ist. Aber selbst dann können Werkzeuge wie der Google Web Accelerator oder Browser-Plug-ins, die im Kontext der Benutzersitzung laufen, den gleichen Effekt haben (siehe auch [Fried2005]).

nur dann an einer Repräsentation interessiert ist, wenn diese sich seit einem definierten Datum geändert hat (in aller Regel ist dies das Datum, zu dem er sie zum letzten Mal abgeholt hat). Hat sie sich seitdem nicht geändert, antwortet der Server mit dem Ergebniscode 304 »Not Modified«. Allein über diese eine Optimierung lassen sich überflüssige Datentransfers in gewaltigem Umfang vermeiden; ein Polling – d. h. eine periodisch wiederholte Abfrage eines Status – wird auf einmal zu einer durchaus tolerablen Methode, Informationen über Änderungen zu verteilen. Mit dem Thema Caching und bedingten Anfragen beschäftigen wir uns im Detail in Kapitel 10.

Keine Operation, keine Methode, ist so universell verbreitet, so allgegenwärtig wie GET. Wenn Sie in der Fernsehwerbung, auf einem Plakat oder in Ihrer Tageszeitung eine URL lesen, wissen Sie (und auch Normalbürger, die ein Buch wie dieses sicher nie lesen würden), was Sie damit tun können: sie in die Adresszeile Ihres Webbrowsers einfügen und Enter drücken (und den Browser damit zum Absenden eines HTTP GET veranlassen). Auch wenn dies so nicht in der Spezifikation steht, gehört die Unterstützung von GET für ausnahmslos jede URI eigentlich zum guten Ton. Sie sollten sich angewöhnen, bei GET für jede Ihrer Ressourcen immer ein sinnvolles Ergebnis zurückzuliefern, und sei es auch nur eine aussagekräftige Fehlermeldung.[2]

5.1.2 HEAD

HEAD ist GET sehr ähnlich, mit einem entscheidenden Unterschied: Es wird keine Repräsentation der Ressource, auf die HEAD angewandt wird, zurückgeliefert, sondern nur die Metadaten (d. h. vor allem die Header). Über HEAD kann sich ein Client also über die Metadaten informieren, ohne die eigentlichen Daten transferieren zu müssen. Dies ist z. B. sinnvoll, um die Existenz einer Ressource zu prüfen, um sicherzustellen, dass die Länge der Repräsentation im verarbeitbaren Rahmen liegt, oder um den Zeitpunkt der letzten Änderung herauszufinden. Die Spezifikation schreibt vor, dass beim HEAD exakt die gleichen Metadaten zurückgeliefert werden müssen wie bei einem GET auf die gleiche URI.

Für die Implementierung von HEAD haben Sie bei der Entwicklung Ihres Servers zwei Optionen: Entweder führen Sie die gleiche Logik aus wie bei der Behandlung eines GET, verwerfen jedoch die bereits ermittelten Daten, anstatt Sie an den Client zu senden. Da das in aller Regel ineffizient ist, sollten Sie besser die zweite Option wählen und nur die für die Berechnung der Metadaten notwendige Verarbeitung durchführen, d. h. GET und HEAD unterschiedlich behan-

2. Um die Transparenz Ihres Systems zu maximieren, empfiehlt sich eine Plaintext- und/oder eine HTML-Repräsentation zu unterstützen – Sie erleichtern damit sich und anderen die Fehlersuche und machen Ihre Ressource noch ein Stück weit mehr zum Teil des WWW. Mehr dazu finden Sie in Kapitel 7.

deln. Diese Sonderbehandlung einzelner Methoden werden wir noch häufiger thematisieren: Die Kenntnis von HTTP-Protokoll und REST-Prinzipien ermöglicht es Ihnen, bestimmte Anfragen in Ihren Anwendungen so zu behandeln, dass der Ressourcenverbrauch deutlich sinkt und Performance und Durchsatz steigen.

5.1.3 PUT

Mit PUT wird eine bestehende Ressource aktualisiert oder, falls sie noch nicht vorhanden ist, erzeugt. Ein PUT wirkt sich direkt auf die Ressource aus, deren URI Ziel des Requests ist. Damit ist PUT die inverse Operation zu GET. Zur Übermittlung der Informationen über den gewünschten Zustand der Ressource verwendet der Client den sogenannten *Entity Body* der HTTP-Nachricht und informiert den Server im Content-Type-Header über das Format, in dem er die Informationen übermittelt. Ein HTTP-Client erwartet dabei, dass die Ressource *sinngemäß* mit den Informationen angelegt oder aktualisiert wird, die er übermittelt hat. Das klingt sehr weich; gemeint ist damit, dass der Server nicht alle Daten berücksichtigen muss und einige davon ändern, ignorieren oder durch neue ergänzen darf.

Eine besondere Eigenschaft, die PUT mit GET, HEAD und DELETE gemeinsam hat, ist die Idempotenz. Das ist eigentlich ein mathematischer Begriff, der eine Klasse von Funktionen definiert, die das gleiche Resultat liefern, wenn man sie auf sich selbst anwendet (d. h., bei denen $f(x) = f(f(x))$ ist). In der Literatur zu verteilten Systemen wird diese Definition ein wenig aufgeweicht: Eine Operation ist dann idempotent, wenn ein mehrmaliges Aufrufen die gleichen Seiteneffekte bewirkt wie ein einmaliges.

Was zunächst sehr theoretisch klingt, ist ein wesentliches Element einer stabilen Gesamtarchitektur: Nehmen wir an, Ihr Client sendet eine Anfrage, bekommt aber keine Antwort. Ist nun die Anfrage nicht angekommen, d. h., hat auf dem Server vielleicht gar keine Verarbeitung stattgefunden? Oder ist die Anfrage korrekt verarbeitet worden und nur die Antwort verloren gegangen? Will man diese beiden Fälle unterscheiden, ist eine aufwendige, wechselseitige Bestätigungskette notwendig. HTTP setzt mit PUT und den anderen idempotenten Methoden stattdessen darauf, dass es der Client im Zweifelsfall noch einmal versucht, und liefert die dafür notwendige Garantie: Weil die Spezifikation definiert, dass diese Operationen idempotent sind, darf der Client bei diesen (und nur diesen) so verfahren. Ähnlich wie bei GET ist es auch hier Aufgabe des Serverdesigners (also wahrscheinlich Ihre!), die Methoden korrekt – also hier: spezifikationskonform – zu implementieren und nicht gegen die Erwartungen des Clients zu verstoßen.

5.1.4 POST

Die Methode POST hat zwei Bedeutungen, eine enge und eine erweiterte. Im engeren Sinne bedeutet POST das Anlegen einer neuen Ressource unter einer vom Server bestimmten URI. Im weiteren Sinne wird POST für alle die Zwecke eingesetzt, in denen keine der anderen Methoden passt, d. h. immer dann, wenn eine beliebige Verarbeitung angestoßen werden soll.

Sowohl POST als auch PUT können damit für das Anlegen neuer Ressourcen verwendet werden. Im Gegensatz zu einem PUT gibt der Client bei einem POST jedoch nicht die URI der Ressource an, die er neu anlegen möchte, sondern die URI der für das Anlegen zuständigen Ressource. Häufig handelt es sich dabei um *Listenressourcen*, denen ein neues Element zugeordnet werden soll (siehe Abschnitt 4.2.3). Das Neuanlegen von Ressourcen über POST ist ein Standardmuster, für das auch ein passender HTTP-Statuscode existiert: »201 Created«. Mit dieser Antwort informiert der Server den Client darüber, dass die Ressource korrekt angelegt werden konnte. Die URI wird damit nicht vom Client, sondern vom Server bestimmt und über einen Location-Header dem Client bekannt gegeben.

Die zweite Bedeutung von POST ist sehr viel allgemeiner: Im Prinzip kann POST benutzt – mancher würde sagen: missbraucht – werden, um beliebige Funktionalitäten anzustoßen. Welche Funktionalität genau das ist, wird dabei in den übermittelten Daten codiert. Es wird damit zum letzten Ausweg – alles, was man nicht anders abbilden kann, wird auf POST abgebildet. Dies entspricht nicht dem Sinne des Erfinders[3], wird in der Praxis aber dennoch häufig benötigt.

Ebenso wie durch GET lassen sich auch durch POST beliebige Operationen »tunneln«. Im Falle von POST ist dies jedoch nicht ganz so dramatisch, da die HTTP-Spezifikation über die Semantik von POST ohnehin keine Garantien liefert: Weder kann eine Antwort gecacht werden, noch ist die Operation idempotent oder sicher. Bildet man Aktionen auf POST ab, die besser mithilfe einer anderen HTTP-Methode aufgerufen worden wären, verstößt man nicht explizit gegen eine Vorschrift und handelt sich die damit verbundenen Nachteile ein, sondern man nutzt stattdessen die Vorteile der anderen Methoden nicht. Man könnte die Fehlnutzung von GET mit Verlust, den Missbrauch von POST mit entgangenem Gewinn vergleichen.

5.1.5 DELETE

Wie zu erwarten ist DELETE für das Löschen der Ressource zuständig, deren URI im Request angegeben wird. Die Methode ist idempotent, weil der Effekt eines mehrmaligen Löschens der gleiche wie der eines einmaligen Löschens ist.

3. Im wahrsten Sinne des Wortes, siehe [Fielding2000].

Da Ressourcen nur eine äußere Sicht auf eine Anwendung darstellen, kann man sich das Löschen per DELETE als logisches Löschen vorstellen: Es ist durchaus denkbar und üblich, in der internen Datenrepräsentation – der Persistenzschicht – nur ein entsprechendes Attribut zu setzen (z. B. »storniert«). Für den Client ist dies unerheblich; das von außen sichtbare Verhalten zeigt, dass die Ressource nicht mehr existiert.

5.1.6 OPTIONS

Die OPTIONS-Methode hat eine Sonderrolle: Sie liefert Metadaten über eine Ressource, unter anderem im Allow-Header über die Methoden, die eine Ressource unterstützt. OPTIONS ist idempotent und sicher; wenn nicht explizite Cache-Header gesetzt sind, darf das Resultat vom Client nicht gecacht werden. Die Implementierung eines Servers sollte OPTIONS unterstützen, ein Client sollte sich jedoch nicht darauf verlassen.

5.1.7 TRACE und CONNECT

Der Vollständigkeit halber möchten wir die Methoden TRACE und CONNECT noch erwähnen: TRACE dient zur Diagnose von HTTP-Verbindungen, in denen möglicherweise eine Reihe von Intermediaries Nachrichten filtern und verändern. Gemäß Spezifikation sendet der Server eine Kopie der Nachricht, ergänzt um eine Reihe von Via-Headern. In der Praxis wird sie kaum unterstützt und daher praktisch nie verwendet. CONNECT dient zur Initiierung einer Ende-zu-Ende-Verbindung bei der Verwendung von SSL durch einen Proxy.

5.2 HTTP-Verben in der Praxis

In der folgenden Tabelle finden Sie die HTTP-Methoden noch einmal im Überblick, zusammen mit einer Charakterisierung anhand der Eigenschaften, die durch die Spezifikation vorgegeben werden. Sicher bezeichnet dabei die Abwesenheit unerwünschter Seiteneffekte, Idempotenz die Möglichkeit zur Wiederholung im Zweifelsfall. Die nächsten beiden Spalten geben an, ob die Ressource, auf die die Methode »wirkt«, durch die URI identifiziert wird, und ob das Ergebnis gecacht bzw. aus einem Cache gelesen werden kann. (Das »O« bei der OPTIONS-Methode bedeutet, dass zwar gecacht werden kann, dies jedoch nicht die Voreinstellung ist und explizit angezeigt werden muss.) Die Spalte »sichtbare Semantik« schließlich zeigt an, ob die Infrastruktur Kenntnis von der Semantik der Methode haben kann.

An der Tabelle können Sie erkennen, dass es nahezu keine Garantien bei »POST« gibt – genau aus diesem Grund kann sie als Notlösung für all die Fälle dienen, in denen man bewusst gegen die REST-Restriktionen verstoßen möchte.

Auf der anderen Seite ist sie damit auch die am wenigsten nützliche Methode, die am wenigstens Transparenz über das durch sie angestoßene Verhalten liefert.

5.3 Tricks für PUT und DELETE

5.3.1 HTML-Formulare

In diesem Buch liegt unser Hauptaugenmerk auf der Kommunikation zwischen Anwendungssystemen. Dennoch werden Sie häufig mit der Anforderung konfrontiert, Ressourcen sowohl über den Browser als auch über ein API verfügbar zu machen. Unglücklicherweise gibt es dabei ein Problem: HTML-Formulare unterstützen nur GET und POST, nicht aber PUT und DELETE.

HTML ist ein ebenso wichtiger Bestandteil des WWW wie HTTP und URIs. Es ist deswegen nicht verwunderlich, dass HTML in vielerlei Hinsicht perfekt zu REST passt. Es erstaunt daher umso mehr, dass ausgerechnet HTML nicht alle HTTP-Methoden unterstützt, sondern künstlich auf GET und POST begrenzt. Zukünftige HTML-Versionen versprechen Abhilfe, die Verfügbarkeit liegt allerdings zum Zeitpunkt, zu dem wir diese Zeilen schreiben, noch in ferner Zukunft [formHTTP, formJSON].

Wenn Sie die Semantik Ihrer Ressourcen in der Praxis korrekt auf PUT und DELETE abbilden wollen, müssen Sie deshalb eine Lösung finden, mit der Sie diese Einschränkung umgehen können. Dazu stehen Ihnen zwei Varianten zur Verfügung: die Nutzung eines versteckten Formularfelds oder der Einsatz von Ajax.

Methode	sicher	idempotent	identifizierbare Ressource	Cache-fähig	sichtbare Semantik
GET	X	X	X	X	X
HEAD	X	X	X	X	X
PUT		X	X		X
POST					
OPTIONS	X	X		O	X
DELETE		X	X		X

Tab. 5–1 *HTTP-Methoden und ihre Eigenschaften (nach [Fielding2004])*

Versteckte Formularfelder

Sehen wir uns die Struktur eines einfachen HTML-Formulars kurz an:

```
<form action='/items/1' method=POST>
  <input type='text' name='name'  value='old value'/>
  <input type='submit' value='Update item'/>
</form>
```

Der Wert des Attributes »method« bestimmt, ob die Inhalte des Formulars per POST an den Server übermittelt werden oder ob daraus eine URI konstruiert und darauf ein GET durchgeführt wird. In unserem Fall führt ein Ändern des Wertes und ein Klick des Buttons »Update item« zu folgendem Request:

```
POST /items/1 HTTP/1.1
User-Agent: Mozilla/5.0 (Macintosh; U; Intel Mac OS X 10_5_6; en-us)
AppleWebKit/525.27.1 (KHTML, like Gecko) Version/3.2.1 Safari/525.27.1
Content-Type: application/x-www-form-urlencoded
Referer: http://localhost:4567/items/1
Accept: text/xml,application/xml,text/html;q=0.9,text/plain;q=0.8,*/*;q=0.5

Content-Length: 26
Connection: keep-alive
Host: localhost:4567
name=new+value
```

Es gibt leider keine Möglichkeit, über den Formularmechanismus dem Browser beizubringen, ein PUT zu verwenden. Aber wir können ein weiteres Feld in unser Formular aufnehmen:

```
<input type='hidden' name='_method' value='PUT'>
```

Natürlich übermittelt der Browser die Daten immer noch in Form eines POST-Requests, die Logik auf der Serverseite – idealerweise gekapselt in einem Framework – kann aber dafür sorgen, dass eine solche Anfrage an die gleiche Funktion weitergeleitet wird wie ein »echter« PUT-Request. Analog dazu lässt sich mit DELETE verfahren. Für den Entwickler des Servers bedeutet das, dass er seine Logik so implementieren kann, als wäre die HTML-Welt in Ordnung. Dieser Workaround wird in verschiedenen Frameworks für die Entwicklung von Webanwendungen unterstützt, unter anderem auch von Ruby on Rails.

Ajax

Über Ajax (Asynchronous JavaScript and XML [Ajax]), das in der Praxis weder asynchron sein noch etwas mit XML zu tun haben muss, können Sie aus JavaScript HTTP-Anfragen an den Server senden. Dazu verwendet man ein JavaScript-API, das XmlHttpRequest-Objekt. Dabei gibt es (zumindest in aktuellen Browsern) keine Begrenzung auf GET und POST, in jedem Fall werden PUT und DELETE überall unterstützt.

Modifizieren wir dazu unser Beispiel: Anstelle des versteckten Formularparameters definieren wir eine JavaScript-Funktion[4], die wir als Eventhandler für die Freigabe des Formulars registrieren:

4. In diesem Beispiel verwenden wir die JavaScript-Bibliothek JQuery [JQuery], andere Bibliotheken wie Prototype [Prototype] oder die direkte Nutzung von JavaScript und XmlHttpRequest wären ebenso möglich.

```
<form id="item_form" action='/items/1' method='POST'>
  <input type='text'name='name'  value='old value'/>
  <input type='submit' value='Update item'/>
</form>
<script type="text/javascript">

  $(document).ready(function() {
     var form = $('#item_form');
     form.submit(function() {
        var action = form.attr("action");
        var serializedForm = form.serialize();
        $.ajax({
           type: "PUT",
           url: action,
           data: serializedForm
        });
        return false;
     });
  });
</script>
```

Für JavaScript-Unkundige eine kurze Erklärung: Das Formular unterscheidet sich kaum vom vorherigen, allerdings verzichten wir auf das versteckte Formularfeld. Neu hinzugekommen ist ein id-Attribut, das dem Formular einen Namen gibt. Diesen Namen verwenden wir weiter unten, um eine JavaScript-Funktion zu registrieren, die beim Klick auf »Update item« aufgerufen wird. In dieser senden wir mithilfe eines Ajax-Aufrufs die Daten aus dem Formular an die dort mit dem Attribut »action« spezifizierte URI.

Vor- und Nachteile

Beide Varianten, das »hidden field« und der Ajax-Aufruf, sind nicht optimal. Vorteil der ersten Variante ist, dass Sie auf den Einsatz von JavaScript nicht angewiesen sind. Der Hauptnachteil ist, dass die Infrastruktur nur einen HTTP-POST-Request »sieht« und nichts von der eigentlichen Absicht erfährt, da diese im Formularfeld versteckt ist. Bei der Ajax-Variante ist es genau andersherum: Sie benötigen nun zwingend JavaScript, dafür aber wird ein »echter« PUT-Request versandt.

Sie können beide Varianten kombinieren, sollten in der Praxis allerdings abwägen, ob sich die Mühe lohnt – in der Regel ist der Einsatz des versteckten Formularfelds das geringere Übel, es sei denn, Ihre Benutzeroberfläche ist auf JavaScript ohnehin angewiesen.

5.3.2 Firewalls und eingeschränkte Clients

Eine weitere Restriktion für die Verwendung von PUT und DELETE ergibt sich aus der Standardkonfiguration einiger Firewallprodukte und anderer Intermediary-Knoten, die zwar GET- und POST-Anfragen passieren lassen, PUT und DELETE (und auch weitere Methoden) jedoch blockieren. Diese Einschränkung stammt aus der Zeit, in der man PUT und DELETE auf statische Webseiten bezog, und mag zu diesem Zeitpunkt sinnvoll gewesen sein; heute ist ein POST in der Regel genauso sicherheitsrelevant.

Der *richtige* Weg ist, dafür zu sorgen, dass die Methoden in den Intermediaries, die Ihre Anfragen auf ihrem Weg zum endgültigen Zielserver passieren, freigeschaltet sind. Es gibt jedoch mindestens zwei Situationen, in denen dies nicht so einfach ist, wie es sich anhört: Zum einen sind Sie als Anbieter einer öffentlichen Schnittstellen gar nicht in der Position, in die Infrastruktur Ihrer Benutzer einzugreifen oder diesen über Gebühr Auflagen zu machen. Zum anderen kann es selbst bei unternehmensinternen Anwendungen an sozialen Aspekten scheitern, typisches Beispiel: Eine progressive Gruppe in einem Großunternehmen möchte einen externen Dienst nutzen, aber die zentrale IT-Administration, die schon fast aus Pflicht konservativ sein muss, lässt sich nicht so einfach überzeugen.

Für diese Situation gibt es einen ähnlichen Workaround wie für die Begrenzung bei HTTP-Formularen: Sie verwenden ein HTTP POST und »tunneln« das eigentliche Verb durch einen Nebenkanal – in diesem Fall durch einen HTTP-Header. Diese Lösung wurde vor allem dadurch bekannt, dass Google sie für die GData-APIs [GData] einsetzt. Für Fälle, in denen PUT- bzw. DELETE-Requests irgendwo auf dem Weg zwischen Client und Server ungewollt blockiert werden, wird stattdessen ein Header gesetzt[5]:

```
X-HTTP-Method-Override: PUT
```

Auch in diesem Fall wird die POST-Anfrage vom Server wie ein PUT interpretiert; analog ist dies auch mit DELETE möglich. Und ähnlich wie bei den HTML-Tricks sollten Sie auch diese Variante durchaus kritisch betrachten: Natürlich ist es ärgerlich, wenn ein Administrator eine Firewall aus Unkenntnis falsch konfiguriert hat. Aber wer sagt Ihnen, dass das der Grund ist? Vielleicht wollte jemand ganz explizit genau diese Art von Zugriff blockieren – warum haben Sie das Recht, diese Einschränkung durch ein Verstecken der eigentlichen Intention zu umgehen?

Auch hier sollten Sie daher gut überlegen, wie Sie vorgehen. Falls Sie ein Server-API entwickeln, schadet es nicht, den oben beschriebenen oder einen äquivalenten Header korrekt zu interpretieren – die Entwickler der Clients können dann selbst entscheiden, ob sie ihn nutzen oder nicht. Als Cliententwickler sollten Sie grundsätzlich zunächst versuchen, Ihre Partner in der Systemadministration von den Vorteilen einer expliziten Protokollnutzung zu überzeugen.

Anders ist die Situation, wenn Sie einen Zugriff auf Ihre Dienste auch Clients ermöglichen wollen, die PUT-und DELETE-Requests schlicht nicht erzeugen

5. Header, die mit dem Präfix »X-« beginnen, können Sie frei definieren; ansonsten müssen Sie den offiziellen und in [RFC3864] dokumentierten Weg gehen.

können. Das gilt z. B. für Java ME, die eingeschränkte Java-Umgebung für mobile Geräte – hier können Sie nur GET, HEAD und POST als Methoden verwenden.[6] Für diesen Fall müssen Sie einen Workaround wie den des zusätzlichen Headers vorsehen.

5.4 Definition eigener Methoden

Reichen Ihnen die von HTTP definierten und in den gängigen Werkzeugen und Plattformen unterstützten Verben nicht aus, können Sie eigene definieren. Das sollte allerdings die absolute Ausnahme sein – in aller Regel werden die wenigen Vorteile durch die Nachteile mehr als aufgewogen. Betrachten wir diese Vor- und Nachteile genauer.

Zunächst einmal kann es vorkommen, dass eine Operation von einer Vielzahl von Ressourcen unterstützt wird und überall die gleiche Semantik hat. Ein Beispiel wäre eine Operation CHECKOUT[7]: Sie ist potenziell für jede Ressource gültig und würde daher durchaus den REST-Prinzipien entsprechen. Gleichzeitig vermeiden Sie durch die Definition eines eigenen Verbs das »Überladen« einer anderen Operation. Die Absicht, die Sie mit Ihrer Operation verfolgen, wird damit auch auf der Protokollebene explizit. Sie könnten dadurch z. B. die Sicherheitsmechanismen des Apache-Webservers nutzen, um bestimmten Nutzern den Zugriff zu erlauben und ihn anderen zu verwehren.

Der große Nachteil ist jedoch, dass nur die Clients, die die von Ihnen neu definierte Operation kennen, mit Ihrer Anwendung zusammenarbeiten können. Sie haben damit einen der größten Vorteile des Einsatzes von RESTful HTTP zunichte gemacht, weil das Ökosystem von potenziellen Partnern, die mit den Ressourcen kommunizieren können, deutlich kleiner ist. Wie groß das Ökosystem ist, hängt von dem Geltungsbereich Ihrer Vereinbarung ab: Falls Sie für die komplette IT-Landschaft eines Großunternehmens verantwortlich sind, können Sie sich einen Sonderweg vielleicht eher erlauben – obwohl auch in diesem Fall die mangelnde Unterstützung durch Standardsoftware ein Problem sein kann.

5.4.1 WebDAV

WebDAV (»Web-byased Distributed Authoring and Versioning« [WebDAV]) ist ein Beispiel für ein Protokoll, das HTTP mit einem Satz eigener Verben und Header (und einer XML-basierten Syntax für die Darstellung von Metadaten) erweitert. Es dient zur gemeinsamen Bearbeitung von Dateien, die von einem WebDAV-

6. Dafür gibt es selbst bei sehr viel Fantasie keinen einzigen plausiblen Grund, aber das ändert leider nichts daran.
7. Im Sinne eines Versionskontrollsystems: Die Methode könnte eine Ressource für eine exklusive Bearbeitung durch einen Client sperren und in dieser Zeit anderen Clients ausschließlich das Lesen erlauben.

fähigen Server verwaltet werden, und wird zum Beispiel von Microsoft Exchange, dem Versionskontrollsystem Subversion und diversen Clients (z. B. dem Explorer unter Windows oder dem Finder auf Mac OS X) unterstützt.

Die folgende Tabelle gibt eine Übersicht über die wichtigsten WebDAV-Methoden[8]:

WebDAV-Methode	Bedeutung
PROPFIND	Liefert Eigenschaften (Properties) und deren Werte für eine Ressource zurück
PROPPATCH	Ändert oder entfernt Eigenschaften
MKCOL	Legt eine neue Collection-Ressource (analog zu einem Ordner/Verzeichnis) an
COPY	Kopiert eine Collection, Ressource oder Eigenschaft(en)
MOVE	Verschiebt eine Collection oder Eigenschaft(en)
LOCK	Sperrt eine Ressource
UNLOCK	Entsperrt eine Ressource
VERSION-CONTROL	Erzeugt eine Ressource unter Versionskontrolle
REPORT	Liefert Informationen über die Metadaten einer Ressource
CHECKOUT	Muss aufgerufen werden, bevor eine unter Versionskontrolle stehende Ressource modifiziert werden kann
CHECKIN	Erzeugt eine neue Version einer Ressource
UNCHECKOUT	Macht ein CHECKOUT rückgängig
UPDATE	Setzt eine Ressource auf eine andere Version
LABEL	Gibt einer Version einen Namen
MERGE	Konsolidiert zwei Versionen einer Ressource

Tab. 5–2 *WebDAV-Methoden*

Die Designer des WebDAV-Protokolls haben sich entschieden, den Erweiterungsmechanismus von HTTP zu nutzen. Entspricht das Ergebnis den REST-Prinzipien? Grundsätzlich ja, allerdings gibt es einen wesentlichen Kritikpunkt: Ressourcenversionen, die unter der Kontrolle eines WebDAV-konformen Servers stehen, sind weniger sichtbar, als sie es bei der Abbildung auf die Standard-HTTP-Methoden wären. So können weder die Metadaten noch eine andere als die aktuelle Version einer Ressource über ein GET abgefragt werden, wodurch die Möglichkeit zur Integration in das Standard-HTTP-Ökosystem deutlich eingeschränkt wird. Das klingt zunächst recht abstrakt, aber wenn Sie schon einmal Subversion benutzt haben, haben Sie sich vielleicht darüber geärgert, dass Sie niemandem einen Link auf eine bestimmte Version per Mail zusenden können.

8. Als Summe aus den Methoden, die im Basis-WebDAV-Standard [RFC4918] und in den Erweiterungen für Versionierung [RFC3253] definiert werden.

Bereits im letzten Abschnitt haben wir davon abgeraten, die Menge von Standardverben um eigene zu erweiteren. Wenn Sie sich aber dennoch dafür entscheiden, ist WebDAV ein gutes Vorbild. Bei der Diskussion von AtomPub in Kapitel 8 werden wir erfahren, wie ein Entwurf aussehen kann, der sich mit einer ähnlichen Thematik beschäftigt, aber auf eigene Verben verzichtet.

5.4.2 Partial Updates und PATCH

Die richtige HTTP-Methode für das Aktualisieren einer Ressource ist PUT. Diese Methode ist jedoch so definiert, dass der übertragene Inhalt eine vollständige Repräsentation des Ressourcenstatus sein soll – mit anderen Worten: Bei einem PUT wird der *gesamte* Inhalt übertragen.

Der Server kann zwar Teile davon ignorieren oder interpretieren, er kann aber nicht daraus, dass Sie einzelne Elemente weglassen, darauf schließen, dass Sie diese unverändert lassen möchten. Nehmen wir an, Sie erhalten als Ergebnis eines HTTP GET folgendes XML-Dokument:

```
<?xml version="1.0" encoding="UTF-8"?>
<person>
   <last>Doe</last>
   <first>John</first>
</person>
```

Nun senden Sie eine Aktualisierung via PUT:

```
<?xml version="1.0" encoding="UTF-8"?>
<person>
   <first>Jack</first>
</person>
```

Was ist Ihre Erwartungshaltung? Haben Sie nun nur den Vornamen geändert oder auch den Nachnamen auf »Leer« gesetzt? In diesem Fall ist die erste Option die wahrscheinlichere, verlassen können wir uns darauf jedoch nicht. Alternativ könnten wir ein eigenes Format erfinden, in dem wir die gewünschten Änderungen beschreiben:

```
<?xml version="1.0" encoding="UTF-8"?>
<patch>
   <change xpath='/first'>Jack</change>
</patch>
```

Aber wenn dieses Fragment per PUT versandt wird, ist die vordefinierte Semantik »ersetze den Zustand der Ressourcen mit dem in dieser Repräsentation beschriebenen«. Der Server müsste sich also je nach Content-Type anders verhalten – womit die Methode nicht mehr klar aussagt, welche Semantik vorliegt. Es gibt noch ein weiteres Argument gegen PUT für eine teilweise Aktualisierung *(Partial Update)*. Dazu sehen wir uns noch ein leicht modifiziertes Beispiel an:

```
<?xml version="1.0" encoding="UTF-8"?>
<patch>
  <add path='/first'><element name="middle">Q.</element></add>
</patch>
```

In unserem Format soll damit ausgedrückt werden, dass ein neues Element hinzugefügt werden soll. Aber was passiert, wenn wir vom Server keine Antwort erhalten, uns auf die Idempotenz-Garantie von PUT verlassen und es einfach noch einmal versuchen? Wie kann der Server entscheiden, ob wir wirklich ein weiteres Element hinzufügen wollten oder es nach einem Fehlschlag noch einmal versuchen?

Die einzig sinnvolle Lösung für ein teilweises Update im Rahmen der vorgegebenen HTTP-Verben ist ein POST, da es hier keine Semantik gibt, gegen die wir verstoßen könnten. An dieser Stelle setzt ein neu standardisiertes Verb an: PATCH [RFC5789]. Diese weder »sichere« noch idempotente Methode würde definiert als Aktion, bei der die übertragenen Daten ein zur Ressource passendes Format für den Ausdruck der Änderungen verwenden würden.

Solange das Verb noch nicht verfügbar ist, gibt es zwei denkbare Lösungen.

Die erste Lösung besteht darin, die Änderungen per POST zu übertragen. Ob Sie dabei ein generisches Format verwenden, das die Unterschiede ausdrückt, oder ein für Ihre Anwendung spezifisches, hängt vor allem davon ab, welches Format Sie für die vollständige Übertragung verwenden: Wenn Ihre Ressource eine rein textuelle Repräsentation hat (und auch darüber geändert werden kann), kommen Sie möglicherweise mit einem textbasierten Diff-Format aus, wie es das Standard-Unix-Werkzeug diff produziert. Für XML können Sie XSLT oder XQuery verwenden; für JSON finden Sie eine elegante Lösung unter [Sayre 2007].

Ein weiterer Lösungsansatz besteht darin, die Ressource in mehrere untergeordnete Ressourcen aufzuteilen, die wiederum einzeln aktualisiert werden können. Diese können sich untereinander überlappen; Sie müssen dann im Rahmen Ihrer Serverimplementierung dafür sorgen, dass sich die Änderungen auf alle indirekt betroffenen Ressourcen ebenfalls auswirken.

5.4.3 Multi-Request-Verarbeitung

Häufig müssen Sie zur Erledigung einer Aufgabe eine ganze Reihe von Ressourcen auf einmal bearbeiten. Die naive Lösung – die allerdings oft genug völlig ausreichend ist –, besteht darin, die einzelnen Requests nacheinander vom Client aus zum Server zu senden.

Es liegt auf der Hand, dass dieser Ansatz gerade bei sehr großen Datenmengen nicht immer praktikabel ist, denn zur Verarbeitungszeit für jeden einzelnen Request auf der Serverseite müssen Sie noch die Netzwerklatenz hinzurechnen. Ein einfacher – und der aus meiner Sicht beste – Weg ist es, für diesen Fall auf der

Serverseite eine eigene Ressource zu genau diesem Zweck anzulegen. Sie können damit die Durchführung ihres Verarbeitungslaufs als eine Neuanlage einer Ressource betrachten, über deren Status Sie sich während und auch noch nach der Verarbeitung per HTTP GET informieren können. Voraussetzung dafür ist, dass Sie die gewünschte Semantik sinnvoll auf eine solche Ressource abbilden können.

Betrachten wir als Beispiel eine Listenressource für Kunden unter /customers, die Sie nach dem in Abschnitt 4.2.3 beschriebenen Muster modelliert haben und der Sie demnach per POST neue Kunden hinzufügen können. Einzelne Kunden aktualisieren Sie über ein PUT. Falls eine zusätzliche Anforderung darin besteht, dass mehrere Kunden – sagen wir, einige Tausend – gleichzeitig aktualisiert werden sollen, ist das Senden einzelner Requests sehr ineffizient. In diesem Fall könnten Sie eine neue Ressource für den Zweck des Batch-Updates definieren (/customers/batchupdate) und mehrere Änderungen auf einmal per POST übermitteln:

```
POST /customers/batchupdate HTTP/1.1
Content-Type: application/vnd.mycompany.multi-customer-update+xml
Accept: text/plain
Content-Length: ...
Connection: keep-alive
Host: example.com

<?xml version="1.0" encoding="UTF-8"?>
<multi-update>
    <customer id='/customers/1234'>
      <name='XYZ' />
    </customer>
    <customer id='/customers/7362'>
      <name='ABC' />
    </customer>
    <customer id='/customers/1111'>
      <name='ZZZ' />
    </customer>
    <!-- ... -->
    <customer id='/customers/4321'>
      <name='KLF' />
    </customer>
</multi-update>
```

Sie haben damit eine sehr spezifisch auf Ihren Anwendungsfall zugeschnittene Lösung gewählt – und in der Regel ist dies der beste Weg.

Der Vollständigkeit halber möchten wir jedoch einen alternativen Ansatz nicht unerwähnt lassen, der versucht, das Problem generisch zu lösen. Dazu sendet der Client eine MIME-Multipart-Nachricht und verwendet den Content-Type multipart/mixed. Eine solche Nachricht besteht aus mehreren Teilen, von denen wiederum jeder einzelne einen eigenen Medientyp haben kann – in unserem Fall application/http:

```
Content-Type: multipart/mixed; boundary=msg

--msg
Content-Type: application/http;version=1.1
Content-Transfer-Encoding: binary
POST /customers HTTP/1.1
Host: example.com
Content-Type: application/ vnd.mycompany.customer+xml

<?xml version="1.0" encoding="UTF-8"?>
<customer>...</customer>

--msg
Content-Type: application/http;version=1.1
Content-Transfer-Encoding: binary

PUT /customers/7362 HTTP/1.1
Host: example.com
Content-Type: application/vnd.mycompany.customer+xml

<customer>
  <name='ABC' />
</customer>
--msg--
```

Die Nachricht besteht somit aus einer Reihe einzelner HTTP-Requests, die Sie in einem Block an den Server übermitteln. Ziel könnte auch in diesem Fall eine Ressource sein, die speziell für diesen Fall zur Verfügung gestellt wird.

Ähnlich wie bei der Verwendung von POST für ein Partial Update stellt sich auch hier die Frage, mit welchem Verb ein solcher Batchauftrag an den Server übermittelt werden sollte. Und auch hier lässt sich argumentieren, dass POST keine gute Wahl ist, sondern ein spezifisches Verb eingeführt werden sollte. Konsequenterweise gab es dafür auch einen entsprechenden Standardisierungsvorschlag, der das Verb BATCH für diesen Zweck vorsieht – er hat jedoch keine Akzeptanz gefunden.

5.5 LINK und UNLINK

Wir werden uns erst in Abschnitt 6.9 mit sogenannten Link-Headern beschäftigen, die Verknüpfungen zwischen beliebigen Ressourcen unabhängig vom Repräsentationsformat darstellen können. Dennoch möchten wir der Konsistenz wegen die im Moment noch in der Standardisierung befindlichen HTTP-Verben LINK und UNLINK zumindest erwähnen. Diese Verben können Sie verwenden, wenn Sie diese Links per HTTP setzen oder entfernen möchten. Diese Verben haben noch keine große Verbreitung, aber mit der zunehmenden Relevanz von Link-Headern ist damit zu rechnen, dass sich das in naher Zukunft ändert. Mehr Informationen finden Sie in aktuellen RFC-Draft [HTTPLink].

5.6 Zusammenfassung

In diesem Kapitel haben wir Verben (Methoden) betrachtet, die ein zentraler Bestandteil des REST-Konzepts sind und von allen Ressourcen, die in einer spezifischen Ausprägung des Architekturstils enthalten sind, gleichermaßen unterstützt werden sollten. Im HTTP-Umfeld sind dies die Standardmethoden aus der HTTP-Spezifikation, allen voran GET, HEAD, PUT, POST und DELETE.

Für den Entwurf Ihrer REST-Anwendungen gilt als Faustregel, dass Sie mit diesen Verben auskommen sollten. Die Verwendung von POST mit einer anderen Semantik als dem Anlegen neuer Ressourcen sollte dabei die Ausnahme sein. Auch wenn die Definition neuer Verben kein Regelfall ist, sollten Sie auch diese Möglichkeit des HTTP-Protokolls kennen, entsprechende Standardisierungen beobachten und sich im Zweifelsfall dieser Option bedienen.

Wir haben damit drei der wesentlichen Elemente von REST betrachtet: Ressourcen, Identifikation und Standardmethoden. Im nächsten Kapitel widmen wir uns dem wichtigsten Aspekt, der das Web erst zum Web macht: Hypermedia.

6 Hypermedia

Das World Wide Web verdankt seinen Namen der Grundidee, Informationen miteinander zu einem weltumspannenden Netz zu verknüpfen. Die Idee von Hyper*text* – miteinander nicht linear verbundenen, textuellen Informationen – hat sich in Richtung Hypermedia weiterentwickelt und umfasst damit neben Text auch Grafiken, Videos und andere Multimediaformate.

Dieses Konzept ist heute allgemein bekannt. Vor 25 Jahren wäre der Plan, Informationen weltweit ohne Abhängigkeit von einzelnen Herstellern oder Anbietern kooperativ miteinander zu verbinden, bestenfalls mit einem milden Lächeln bedacht worden. Heute bestreitet niemand mehr, dass das Web tatsächlich erhebliche gesellschaftliche Veränderungen mit sich gebracht hat.

Aber während uns im interaktiven Umgang mit dem Web, also immer dann, wenn ein Mensch über seinen Webbrowser unmittelbar mit dem WWW interagiert, nichts natürlicher erscheint als der Hypermedia-Aspekt, ist dies in der Kommunikation zwischen »Webservices« immer noch die Ausnahme. Diesen Namen haben sie jedoch erst verdient, wenn sie Hypermedia tatsächlich ausnutzen.

Ein entscheidendes Prinzip des Architekturstils REST ist daher genau dieser Hypermedia-Aspekt, von Fielding etwas sperrig benannt als »Hypermedia as the engine of application state« – frei übersetzt: Hypermedia als Motor des Anwendungsstatus. In diesem Kapitel werden wir uns zunächst damit beschäftigen, wie diese Einschränkung vom populärsten Clientprogramm des Web, dem Webbrowser, umgesetzt wird. Danach werden wir die Prinzipien auf andere Clientanwendungen übertragen.

Eine Anmerkung vorab: Wenn Sie HTML in- und auswendig kennen, brauchen Sie ein wenig Geduld – wir werden Altbekanntes neu betrachten, indem wir die Terminologie und das Gedankenmodell von REST darauf anwenden.

6.1 Hypermedia im Browser

Die offensichtlichste Art von Verknüpfungen, die von Ihrem Browser ausgewertet werden, sind Anchor-Elemente (<a href=...>) in HTML. Ein Text, in dem einzelne Passagen in ein Anchor-Element platziert werden, erlaubt Ihnen die Navigation zu einer anderen Seite. Da die Browser das Format HTML »kennen«, können sie dieses geeignet darstellen. Insbesondere ist für den Benutzer ersichtlich, dass er einem Link einfach folgen kann – unerwünschte Seiteneffekte erwartet er nicht.

Was zunächst trivial erscheint, ist bei näherer Betrachtung durchaus außergewöhnlich: Der Server teilt dem Client – in unserem Fall also dem Browser – dynamisch mit, welchen Links er folgen kann. Bei zwei aufeinanderfolgenden Aufrufen der gleichen Seite können die Menge und Ziel dieser Verknüpfungen völlig anders sein, zum Beispiel abhängig vom Status eines Geschäftsobjektes, das der Server verwaltet. Der Client wird nicht spezifisch für eine bestimmte Anwendung entwickelt, sondern unterstützt jedes Szenario, das sich auf eine solche Art der Navigation in HTML abbilden lässt.

Die Verknüpfungen, die über HTML-Anchor-Elemente erstellt werden, sind jedoch nicht der einzige vom Browser umgesetzte Hypermedia-Aspekt: Sie bilden den Fall ab, in dem der Client lesend auf Informationen zugreift. Dementsprechend konsequent ist die Verbindung von <a>-Element und HTTP GET: Die Definition von GET ist nicht umsonst »safe«[1], sondern unterstützt genau diesen lesenden Zugriff, über den sich der Client durch die Anwendung(en) bewegen kann. Darüber hinaus bietet HTML dem Browser eine weitere Möglichkeit: den Zugriff über Formulare, das HTML <form>-Element.

Über ein HTML-Formular kann der Browser die vom Endanwender eingegebenen Daten verwenden, um entweder eine neue URI zu konstruieren und abzurufen (HTTP GET) oder aber Daten an eine serverseitige Ressource zu senden (HTTP POST). Das Eingabeformular selbst wiederum ist Teil der Daten, die der Server an den Client übermittelt. Ob ein GET oder ein POST verwendet wird, entscheidet das Attribut »action« in der <form>-Definition. Ein Browser sendet Daten per POST in einem standardisierten Format (application/x-www-formurlencoded) an eine bestimmte URI oder erstellt Query-Parameter für eine URI, die per GET abgefragt wird. Mit anderen Worten: Der Server teilt dem Client mit, nach welchem Rezept er eine URI konstruieren darf, anstatt diese in den übermittelten Daten hart zu codieren.

Die folgenden Beispiele zeigen jeweils die Darstellungen eines Formulars, das dazugehörige HTML und den HTTP-Request, den der Browser an den Server sendet. Zunächst ein Formular zur Abfrage von Daten:

```
<form action="/orders/" method="get">
  <label for="state">State</label>
  <select name="state">
   <option value="received">received</option>
   <option value="accepted">accepted</option>
   <option value="rejected">rejected</option>
```

1. Siehe Abschnitt 5.1.1.

```
        <option value="cancelled">cancelled</option>
        <option value="fulfilled">fulfilled</option>

    </select>
    <input type="submit" />
</form>
```

In der HTML-Darstellung finden Sie das Formular in Form des Textes »State«, der Drop-down-Liste und des Buttons wieder:

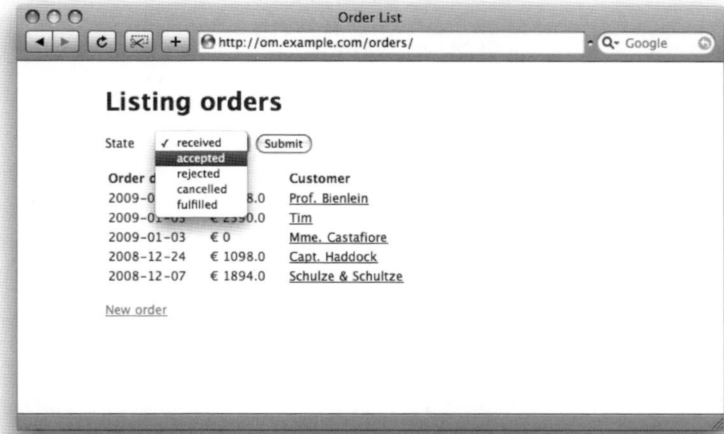

Abb. 6–1 *Formulardarstellung im Browserfenster*

Bei einem »Submit« wird eine neue Ressource angefordert (alle Bestellungen im Status »accepted«), also ein HTTP-GET-Request auf http://om.example.com/orders/?state=accepted durchgeführt: Die URI der neu abzurufenden Ressource wird ermittelt, indem der Wert des Formularattributes »action« mit den aus dem Formular erzeugten Query-Parametern verkettet wird.

Im Gegensatz dazu wird im nächsten Beispiel eine neue Ressource angelegt. Zunächst das HTML-Formular:

```
<form action="/orders" class="new_order" id="new_order" method="post">
   <p>
    <label for="order_customer">Customer</label><br />
    <input id="order_customer" name="order[customer]"
           size="30" type="text" />
   </p>
   <p>
    <label for="order_billing_address">Billing address</label><br />
    <input id="order_billing_address"
         name="order[billing_address]"
         size="30" type="text" />
   </p>
   <p>
```

```
    <label for="order_shipping_address">Shipping address</label><br />
    <input id="order_shipping_address"
        name="order[shipping_address]"
        size="30" type="text" />
  </p>
  <p>
    <input id="order_submit"
        name="commit" type="submit" value="Submit order" />

  </p>
</form>
```

In der Browserdarstellung sieht dieses Formular (das übrigens auch die Repräsentation einer Ressource ist, nämlich der Ressource »Formular für die Neuanlage«) wie erwartet schlicht aus:

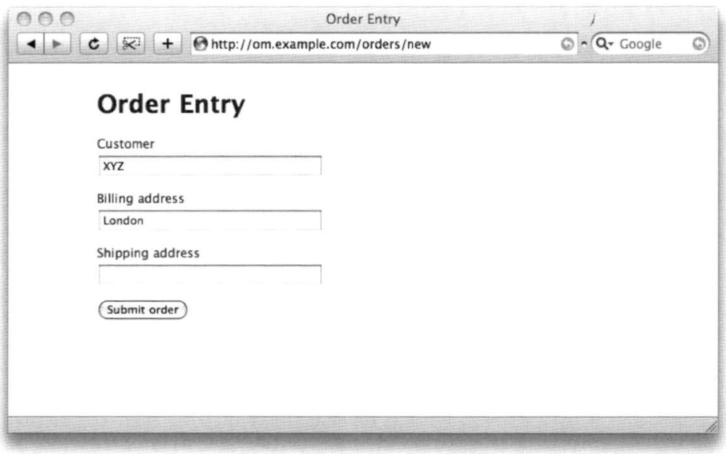

Abb. 6–2 *Bestellformularansicht*

Beim Betätigen des »Submit order«-Buttons werden die Daten per POST an die durch das action-Attribut definierte Ressource übermittelt[2]:

```
POST /orders HTTP/1.1
Host: om.example.com
Content-Type: application/x-www-form-urlencoded
Content-Length: 86
order%5Bcustomer%5D=XYZ&order%5Bbilling_address%5D=London&order%5Bshipping_ad
dress%5D=
```

Der Vollständigkeit halber möchten wir Ihnen auch die Antwort nicht vorenthalten, die so oder so ähnlich in den meisten Webanwendungen zurückgeliefert wird:

2. Die Codierungen %5B und %5D stehen dabei für die eckigen Klammern (»[« und »]«).

```
HTTP/1.1 303 See Other
Connection: close
Date: Sun, 25 Jan 2009 12:13:41 GMT
X-Runtime: 50
Location: http://om.example.com/orders/1054583389
Content-Type: text/html; charset=utf-8
Cache-Control: no-cache
Content-Length: 105

<html><body>You are being
  <a href="http://om.example.com/orders/1054583389">redirected</a>.
</body></html>
```

Wie Sie sehen, wird der Client umgeleitet: Der Browser fordert daraufhin per GET eine Repräsentation der neu angelegten Ressource an. Grund dafür ist, dass ein Refresh nach einem GET vom Browser ohne weiteren Kommentar durchgeführt werden kann. Dieses Muster wird daher allgemein »Redirect after POST« genannt und gehört in Webanwendungen zum guten Stil.

6.2 HATEOAS und das »Human Web«

Betrachten wir nun noch einmal Fieldings Wortwahl zu »hypermedia as the engine of application state«, abgekürzt HATEOAS[3], in Verbindung mit den anderen REST-Prinzipien – angewandt auf das »Human Web«, also die Interaktion, die ein Endanwender mithilfe seines Browsers mit diversen Webservern durchführt.

Der Client (also der Browser) interagiert mit Ressourcen über Repräsentationen. So erhält er als Reaktion auf einen GET-Request an eine durch eine URI identifizierte Ressource eine HTML-Repräsentation zurück. Die Antwortnachricht ist dabei so selbstbeschreibend, dass der Client sie ohne Kenntnis des spezifischen Servers verarbeiten kann – er »weiß« nicht, ob Sie gerade nach spannenden Bildern suchen oder ein Buch bestellen. Die Inhalte der Repräsentation geben den Rahmen für die nächsten möglichen Aktionen des Clients vor: Er kann den Links folgen oder eines der möglicherweise enthaltenen Formulare verwenden, um neu eine Repräsentation einer Ressource anzufordern oder eine eigene Repräsentation an den Server zu übermitteln. Auch dabei enthält die Nachricht die notwendigen Metadaten und ist damit selbstbeschreibend.

Der Client bewegt sich damit durch eine Menge von Seiten; welche dies sein können, wird vom Server vorgegeben und damit begrenzt; welche konkret angefordert werden, entscheidet der Client (bzw. dessen Benutzer). Zu jedem Zeitpunkt haben die Ressourcen des Servers einen definierten Status. Gleichzeitig stellt der Browser eine bestimmte Seite mit den darin enthaltenen Links und For-

3. Wenn Sie das für die absurdeste Abkürzung aller Zeiten halten, können wir Ihnen nicht glaubhaft widersprechen.

mularen dar. Betrachtet man den Applikationsstatus als Kombination aus Client- und Ressourcenstatus, so wird dessen Beziehung zu Hypermedia klar: Die Applikation bewegt sich von einem Status zum nächsten auf Basis von Hypermedia-Informationen.

Wenn Sie Webanwendungen konform zu den REST-Prinzipien entwickeln, haben diese damit folgende Eigenschaften:

- Verknüpfungen (Links) bestimmen die Möglichkeiten des Clients: Im Rahmen einer Webanwendung wird dem Benutzer nicht zugemutet, eine in der Seite enthaltene ID manuell nach den Regeln einer Bedienungsanleitung »von Hand« zu einer neuen URI in der Adresszeile zusammenzusetzen. Stattdessen wird direkt ein Link eingebettet. Wie die darin enthaltene URI syntaktisch aufgebaut ist, interessiert den Client nicht.
- Der Client benötigt keine externe Beschreibung, um eine spezifische Website benutzen zu können. Die notwendigen Metainformationen werden ihm zusammen mit den Daten in einer Repräsentation geliefert (z. B. in Form eines HTML-Formulars).
- Der Server verwendet ein Format, das der Client versteht. Dieses Format nutzt Hypermedia, um unterschiedliche Situationen abzubilden und möglichst viele verschiedene Anwendungsfälle einheitlich zu bedienen.
- Der Anwendungsstatus ergibt sich aus der im Client vorhandenen Ressourcenrepräsentation und dem serverseitigen Ressourcenstatus, nicht aus Sitzungsinformationen.

Natürlich gibt es eine ganze Reihe von Webanwendungen, die gegen eines oder mehrere dieser Prinzipien verstoßen. Bestes Beispiel sind Anwendungen, die den Applikationsstatus vollständig in eine *Benutzersession* legen: Dabei sieht der Endanwender in seiner Adresszeile eine einzelne URI, die sich während der Arbeit mit der Anwendung nie ändert. Alle Anfragen – auch lesende – werden per POST zum Server übertragen. Was sich wie ein rein technischer Unterschied anhört, hat jedoch auch für den Endanwender eine ganze Reihe von negativen Konsequenzen: So wird bei einem Refresh, also einer Aktualisierung der Seite, vom Browser ein Warnhinweis mit der Rückfrage angezeigt, ob man die Daten wirklich noch einmal senden will. Die »Back«- und »Forward«-Aktionen des Browsers funktionieren nicht wie erwartet, es kann kein Lesezeichen gesetzt und keine Verknüpfung per E-Mail versandt werden (bzw. sie führt immer zur Startseite der Anwendung). Suchmaschinen können die Inhalte nicht indizieren, und eine programmatische Interaktion mit der Anwendung wird massiv erschwert.

Für den Menschen als Nutzer gedachte Webanwendungen sind daher *besser*, wenn sie sich an die REST-Prinzipien und vor allem an den HATEOAS-Constraint halten. Wie sieht es aber mit anderen Clients aus? Gelten die gleichen Regeln auch für die Anwendung-zu-Anwendung-Kommunikation? Die rhetorisch gestellte Frage legt schon nahe, dass die Antwort »ja« lautet – sehen wir uns im Folgenden die Gründe näher an.

6.3 Hypermedia in der Anwendung-zu-Anwendung-Kommunikation

Die Vorteile, die sich ganz allgemein aus der Umsetzung der Hypermedia-Anforderungen ergeben, lassen sich wie folgt zusammenfassen:

- Entkopplung von Client und Server: Da der Server einen erheblichen Anteil der Informationen als Daten zur Laufzeit übermittelt, muss der Client in einer Vielzahl von Fällen nicht angepasst werden, wenn sich serverseitige Änderungen ergeben.
- Transparenz von Änderungen an der Ressourcenverteilung: Für einen Client, der Links folgt, bleiben Änderungen am Ressourcenmodell transparent – er »weiß« nicht, auf welches System der Link zeigt, sondern folgt ihm ohne Kenntnis der konkreten Serverinfrastruktur.
- Serverseitig steuerbarer Anwendungsfluss: Der Server kann dem Client mitteilen, welche Aktionen als Nächstes möglich bzw. nicht möglich sind; der Client kann sich dynamisch danach richten.
- Reduktion von separaten Metadaten: Die Beschreibung dessen, was mit bestimmten Ressourcen bzw. deren Repräsentationen getan werden kann, ist nicht Teil einer externen (menschen- oder maschinenlesbaren) Dokumentation, sondern Bestandteil der Ressourcenrepräsentation selbst. Sie kann sich dadurch für ähnliche, aber in Status oder Version unterschiedliche Ressourcen ebenfalls feingranular unterscheiden.

All diese Vorteile sind auch und gerade dann wünschenswert, wenn zwei Anwendungen miteinander kommunizieren. Und genauer betrachtet ist die Zweiteilung in das browserbasierte Web auf der einen und die Anwendung-zu-Anwendung-Kommunikation auf der anderen Seite ziemlicher Unsinn: Der Browser ist schließlich auch eine Anwendung! Was für eine Rolle spielt die Tatsache, dass ein Mensch mit dem Client interagiert, für die Client/Server-Kommunikation? Eine äußerst geringe – schließlich ist zum einen wünschenswert, dass jede serverseitige Aktion auf das Bedürfnis eines Menschen zurückgeht, zum anderen sind es in der Regel genau die an der Benutzeroberfläche sichtbaren Aktionen, die man per API zugänglich machen und automatisieren möchte.

In den nächsten Abschnitten möchten wir Ihnen zeigen, wie Sie Hypermedia auch in Anwendungen einsetzen können, bei denen der Browser keine oder zumindest keine primäre Rolle spielt. Betrachten Sie die Interaktion zwischen Browser und einem beliebigen Webserver als Vorbild für Ihre eigenen Anwendungen: In aller Regel nutzen Sie REST umso besser aus, je mehr Ähnlichkeiten die Interaktionen Ihrer Systeme mit denen des »Human Web« haben.

6.4 Ressourcenverknüpfung

Einen ersten, recht offensichtlichen Schritt zur Verknüpfung von Ressourcen haben Sie in unserem OrderManager-Beispiel bereits gesehen: Wir verbinden die Listen- und Primärressourcen unter- und miteinander. So enthält die Liste aller Bestellungen in jeder Order einen Link (»href«) auf die URI der Bestellung selbst, eine stornierte Bestellung verweist auf die Stornierung, die Stornierung auf die Bestellung(en). Die Bestellungen selbst verweisen auf den Kunden, der bestellt hat, die Bestellpositionen auf das bestellte Produkt. Schließlich können Sie eine Repräsentation mit der Ressource verknüpfen, die sie repräsentiert. So enthielt im OrderManager-Beispiel die JSON-Repräsentation einer Bestellung einen Link auf die Bestellung selbst.

Diese Form von Hypermedia ist die intuitivste – sie orientiert sich in weiten Teilen an Ihrem konzeptionellen Objektmodell, Beziehungen zwischen Ihren Objekten werden unmittelbar und in der Regel bidirektional in Verknüpfungen umgesetzt. Auch für Subressourcen sind Verknüpfungen sinnvoll: Zwar ergibt sich eine implizite Beziehung zwischen den hypothetischen Ressourcen

```
http://example.com/orders/4711
```

und einer Subressource für die Lieferadresse

```
http://example.com/orders/4711/shipping-address
```

aber auf diese sollte sich der Client nicht verlassen. Stattdessen sollte in der Repräsentation der Bestellung eine Verknüpfung zur Subressource enthalten sein.

6.5 Einstiegspunkte

In aller Regel verfügt Ihr System über eine Reihe zentraler Einstiegspunkte, typischerweise eine Handvoll Listenressourcen, manchmal einige wenige Primärressourcen. In unserem OrderManager-Beispiel sind die Listen der Bestellungen und der Reports zentral; Sie können sich wahrscheinlich leicht vorstellen, dass es in einer realistischeren Anwendung einige mehr gebe. Auch wenn es zunächst reizvoll erscheint, sollten Sie diese URIs nicht veröffentlichen. Stattdessen empfiehlt es sich, eine einzige URI als Startpunkt zu definieren und von dort aus weiter zu verzweigen. Unser OrderManager zum Beispiel könnte die URI http://om.example.com als Startseite identifizieren. Ruft man sie aus dem Browser heraus ab, wird eine HTML-Darstellung angezeigt:

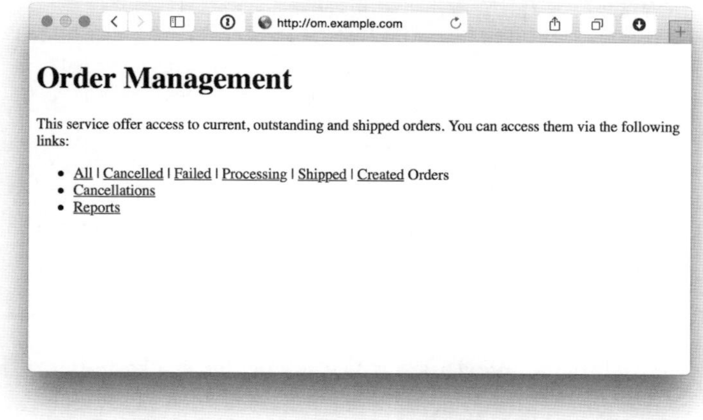

Abb. 6–3 *Übersichtsseite des OrderManagers (HTML)*

Fordert man eine JSON-Repräsentation der gleichen Ressource an, erhält man die Einstiegspunkte als Einträge eines »links«-Objekts[4] zurück:

```
{
    "links": {
        "all": "http://om.example.com/orders",
        "processing": "http://om.example.com/orders?state=processing",
        "shipped": "http://om.example.com/orders?state=shipped",
        "failed": "http: //om.example.com/orders?state=failed",
        "cancelled": "http: //om.example.com/orders?state=cancelled",
        "created": "http: //om.example.com/orders?state=created",
        "cancellations": "http: //om.example.com/cancellations",
        "reports": "http: //om.example.com/reports"
    }
}
```

Sie können den Client nun so implementieren, dass er zwar die Einstiegs-URI kennt (oder vielleicht über eine statische Konfigurationsdatei davon erfährt), die anderen Links aber auf Basis des Namens, also des Schlüssels im JSON-Objekt (z.B »all«), dynamisch extrahiert. Nehmen wir an, Sie entscheiden sich zu einem späteren Zeitpunkt, bereits ausgelieferte Bestellungen in einem anderen System zu verwalten, das zudem auch noch eine andere URI-Struktur voraussetzt. Sie könnten Ihr Servicedokument auf der Serverseite dann wie folgt anpassen:

```
{
    "links": {
        "all": "http://om.example.com/orders",
        "processing": "http://om.example.com/orders?state=processing",
```

4. Das Format ist hier irrelevant, wir werden später noch übliche Formate zum Darstellen von Links betrachten..

```
            "shipped": "http://example.com/archiveMgr/procurement/orders",
            "failed": "http: //om.example.com/orders?state=failed",
            "cancelled": "http: //om.example.com/orders?state=cancelled",
            "created": "http: //om.example.com/orders?state=created",
            "cancellations": "http: //om.example.com/cancellations",
            "reports": "http: //om.example.com/reports"
        }
    }
```

Wenn Ihr Client davon ausgeht, dass die URI immer /orders?state=shipped ist, müssen Sie ihn anpassen (oder zumindest neu konfigurieren). Verwendet er stattdessen die URI, die er unter dem Schlüssel »shipped« findet, passt er sich dynamisch der neuen Struktur an.

Noch offensichtlicher wird dieser Vorteil in der nächsthöheren Ebene. In unserem Szenario gibt es neben dem OrderManager auch noch eine Reihe weiterer Systeme, sodass wir das gleiche Prinzip noch einmal anwenden und als Resultat eines GET-Zugriffs auf http://example.com vielleicht Folgendes zurückgeben können:

```
    {
        "links": {
            "ordermanagement": "http://om.example.com",
            "partners": "http://crm.example.com",
            "products": "http://prod.example.com"
        }
    }
```

Die Grundidee ist die gleiche: Begrenzen Sie die Anzahl der URIs, zu denen Ihre Clients eine harte Abhängigkeit haben müssen, und setzen Sie stattdessen auf Verknüpfungen.

6.6 Aktionsrelationen

Bislang haben wir uns mit der Abbildung mehr oder weniger statischer Beziehungen beschäftigt. Natürlich können sich Beziehungen ändern, zum Beispiel wenn ein Kunde einem anderen Sachbearbeiter zugeordnet wird und sich daraufhin der Link zum Sachbearbeiter beim Kunden ändert sowie die Liste der Kunden, für die der Sachbearbeiter zuständig ist. Sie sind aber statisch in dem Sinne, dass sie eine statische Modellbeziehung widerspiegeln – eine Relation, die so oder so ähnlich wahrscheinlich auch in irgendeinem darunter liegenden Datenbanksystem abgelegt ist.

Aber es gibt auch eine andere Art von Verknüpfung, die sich auf sehr viel dynamischere Aspekte bezieht. So können Sie eine bereits abgeschlossene Bestellung nicht mehr stornieren oder ändern, einem Sachbearbeiter, der nicht mehr im Unternehmen beschäftigt ist, keinen Kunden mehr zuordnen, ein Produkt nur mit passenden anderen kombinieren usw. In allen diesen Fällen bestimmt der Status, in dem sich die Ressource(n) und möglicherweise auch der Client befinden, welche Aktionen als Nächstes möglich sind.

In einer Webbenutzeroberfläche finden Sie diesen Zusammenhang in Verknüpfungen auf Folgeseiten oder Formularen, die abhängig vom Status im einen Fall vorhanden sind, im anderen nicht. Dieses Prinzip können Sie wiederum auf die Kommunikation zwischen Anwendungen übertragen: Auch hier können Sie die Navigation zu Aktionen, die Sie REST-typisch auf Ressourcen abbilden, per Hypermedia steuern.

Betrachten wir auch dazu wieder unser OrderManager-Beispiel. Wir haben dort die Stornierung einer Bestellung über ein Stornierungsdokument ermöglicht, das per HTTP POST an die URI der Bestellung gesandt wird. Möglich ist dies aber nur für Bestellungen, die noch stornierbar sind. Wir können dies auf einen Link abbilden, der den Client über die Möglichkeit zur Stornierung informiert:

```
{
   ...
    "links": {
        "cancel": "http://om.example.com/orders/1054583384",
        ...
    }
}
```

Aus dem Fehlen eines solchen Eintrags wiederum kann der Client schließen, dass eine Stornierung nicht möglich ist.

Die Steuerung des Kontrollflusses des Clients durch die vom Server übermittelten Daten ist eines der mächtigsten Konzepte des Web. Der Browser nutzt dies hervorragend aus, und es ist naheliegend, dessen Erfolg und die Möglichkeiten zur Wiederverwendung auf diesen Aspekt zurückzuführen. Dementsprechend sollten Sie auch in Ihren Anwendungen alles daran setzen, diesen Aspekt zu maximieren. Links sind billig – erzeugen Sie lieber zu viele als zu wenig.

6.7 Darstellung von Links und das <link>-Element

Wir haben Links schon diverse Male verwendet. Ihre ursprüngliche Form finden wir in der HTML-Spezifikation; mit dem zunehmenden Einsatz von RESTful HTTP für andere Zwecke bekommen sie eine immer größere Bedeutung.

Unabhängig davon, welches konkrete Repräsentationsformat Sie einsetzen, sind Verknüpfungen notwendige Voraussetzung für Hypermedia. Die Verfolgung von Links wiederum ist zu einem gewissen Grad unabhängig von einem konkreten Format. In XML-basierten Formaten wird zur Verknüpfung meist ein <link>-Element verwendet. Ein Einstiegsdokument in einem XML-basierten Format könnte wie folgt auf das Ordersystem verweisen:

```
<link rel="ordermanagement" href="http://om.example.com" />
```

Dabei spielt das »rel«-Attribut die gleiche Rolle wie in den bisherigen Beispielen die Schlüssel im »links«-JSON-Objekt und identifiziert daher den Link unabhängig von der konkreten URI. Betrachten wir nun einen Client, der sich ausschließlich mit den Bestellaspekten unserer hypothetischen Anwendungslandschaft beschäftigt. Aus unserer Beispiel-Servicebeschreibung könnte er den Link zum Beispiel mit folgendem XPath-Ausdruck extrahieren:

```
//link[@rel='ordermanagement']/@href
```

(Wenn Sie XPath nicht kennen, können Sie es sich stark vereinfacht als eine Art SQL für XML vorstellen.) Der Ausdruck selektiert das <link>-Element, bei dem das Attribut »rel« auf »ordermanagement« gesetzt ist, und extrahiert den Wert des »href«-Attributs. Das Ergebnis wäre in diesem Fall wie erwartet »http://om.example.com«.

Das Besondere an diesem Vorgehen ist, dass der Code, der diesen Ausdruck verwendet, nur eine minimale Abhängigkeit zum konkreten Format des Servicedokuments hat. Er ist überall anwendbar, wo in ein XML-Format ein <link>-Element eingebettet ist, das die passenden Inhalte hat.

Das Potenzial, das diese Art der Verknüpfung von Ressourcen bietet, ist noch lange nicht erschlossen – die Idee, ein generisches <link>-Element zu verwenden, ist im Wesentlichen seit der Standardisierung von Atom Syndication Format (siehe Abschnitt 7.7) und Atom Publishing Protocol (siehe Kapitel 8) verbreitet.

Aktuell ist das <link>-Element nicht übergreifend eindeutig spezifiziert, unterschiedliche Standards aus dem Webumfeld nutzen es allerdings ähnlich. In HTML 4 und XHTML dürfen <link>-Elemente nur im <header>-Bereich vorkommen. Neben den bereits verwendeten »rel« und »href« sind eine Reihe weiterer Attribute definiert:

Attribut	Bedeutung
charset	Zeichensatz der verknüpften Ressource
href	URI der verknüpften Ressource
hreflang	Sprachcode
type	Medientyp
rel	Vorwärtsverweis
rev	Rückwärtsverweis
media	Medientyp, für den die Ressource verwendet werden soll (z. B. »print«)

Tab. 6–1 *Attribute des link-Elements in HTML/XHTML*

Die Werte der »rel«- bzw. »rev«-Attribute bestimmen, welche Bedeutung die Verknüpfung hat. In HTML ist die Menge der möglichen Werte vordefiniert. Einige davon, wie »glossary«, »copyright«, »stylesheet« oder »chapter«, sind für unsere

Zwecke irrelevant, einige andere sind aber auch für eine programmatische Nutzung geeignet:

Wert	Bedeutung des href-Attributs
alternate	Eine weitere, alternative Version der Ressource
start	Das erste Element einer Liste
next	Das nächste Element einer Liste
prev	Das vorhergehende Element einer Liste; Synonym zu »previous«

Tab. 6–2 *Mögliche Werte für rel/rev in (X)HTML (Auszug)*

Ein Beispiel für einen möglichen Einsatz dieser bereits vordefinierten Linktypen ist die Paginierung von Ergebnislisten, also das schrittweise Ausliefern von Teilergebnissen (siehe auch Abschnitt 4.2.3.2). In einer CORBA-, RMI- oder SOAP/WSDL-Architektur würden Sie für diesen Zweck ein Iterator-Muster einsetzen. In einer REST-Architektur verwenden Sie Hyperlinks, und idealerweise setzen Sie dabei auf die bereits definierte Semantik der Link-Header. Liefert Ihr Server also zum Beispiel die Liste sämtlicher Bestellungen in einzelnen Seiten von jeweils 20 Elementen zurück, würde die dritte Seite vielleicht unter

```
http://om.example.com/orders/?page=3
```

zurückgeliefert und würde folgende Links beinhalten:

```
<orders xmlns="http://example.com/schemas/ordermanagement"
        xml:base="http://om.example.com">
  <link rel="prev" href="/orders/?page=2" />
  <link rel="next" href="/orders/?page=4" />
  <!-- ... -->
</orders>
```

Das Atom Syndication Format, mit dem wir uns später noch näher befassen werden, definiert für sein <link>-Element ebenfalls eine Menge von Werten, die das rel-Attribut annehmen kann:

Wert	Bedeutung des rel-Attributs
alternate	Eine alternative Version (analog zu HTML)
related	Eine Ressource mit einer nicht näher spezifizierten Beziehung
self	Die »eigene« URI selbst
enclosure	Eine möglicherweise sehr große, verknüpfte Ressource (z. B. eine Videodatei)
via	Eine »Quell«-Ressource

Tab. 6–3 *Mögliche Werte für das rel-Attribut in Atom*

Den Wert »self« können wir auch für unser OrderManager-Beispiel verwenden:

```
<orders xmlns="http://example.com/schemas/ordermanagement"
        xml:base="http://om.example.com">
  <link rel="self" href="/orders/?page=3" />
  <!-- ... -->
</orders>
```

Wenn Sie über die Einsatzmöglichkeiten des <link>-Elements nachdenken, ist offensichtlich, dass zum einen der Wertebereich potenziell unendlich groß ist, zum anderen Namenskollisionen kaum vermieden werden können. So könnten Sie in einer Ihrer Applikationen ein <link rel="publisher"> verwenden und damit den Verlag eines Artikels meinen, während jemand anderes in einer anderen Applikation den gleichen Namen zur Kennzeichnung eines Eventproduzenten verwendet. Im Atom-Standard wird daher vorgegeben, dass neue Namen nicht einfach beliebig erfunden werden dürfen, sondern zentral registriert werden müssen – und zwar bei der offiziellen Registrierungsstelle *Internet Assigned Numbers Authority (IANA)*, die auch für die Verwaltung von TCP/IP-Portnummern oder MIME-Medientypen zuständig ist.

6.8 Standardisierung von Link-Relationen

Link-Relationen sind mittlerweile auch für die Verwendung mit anderen Formaten standardisiert. Da es sehr mühselig gewesen wäre, für jedes beliebige Format zu definieren, wie genau das dort erfolgen soll, hat der Autor des RFC zu einem Trick gegriffen und dies im Rahmen von HTTP-Headern getan [RFC5988]. Ein solcher *Link-Header* erlaubt die Verknüpfung von Ressourcen, ohne dass ein besonderes Repräsentationsformat vorausgesetzt ist. In unserem OrderManager-Beispiel könnten wir die <link>-Elemente in der Antwort auf ein HTTP GET des Clients auf

```
http://om.example.com/orders/?page=3
```

wie folgt abbilden:

```
HTTP/1.1 200 OK
Link: <http://om.example.com/orders/?page=2>; rel="prev"
Link: <http://om.example.com/orders/?page=4>; rel="next"
Content-Type: application/xml; charset=utf-8
Content-Length: ...

<?xml version="1.0" encoding="UTF-8"?>
<orders ... />
```

Auch wenn das Format ein anderes ist, entspricht die Semantik des rel-Parameters der des rel-Attributes in HTML und Atom. Anstatt nun eine dritte Liste von möglichen Werten für diesen Parameter zu definieren, wird eine elegante Mischung von zentralem und dezentralem Vorgehen unterstützt. Dazu wird zunächst definiert, dass eine einheitliche Liste von Link-Relationen bei der IANA gepflegt werden soll, mit dem Ziel, diese für unterschiedliche Formate nutzen zu können [IANALinks]. Außerdem können die Relationen als URI definiert werden. Die folgenden Beispiele wären damit gültige Link-Relationen:

```
Link: <http://example.com>; rel="prev"
Link: <http://example.com>; rel="self"
Link: <http://om.example.com>; rel="http://example.com/rels/ordermanager"
```

Durch den Einsatz von URIs wird die Definition von Namensbereichen möglich. Dadurch können Kollisionen minimiert werden. Aus Gründen der Konsistenz wird definiert, dass relative URIs immer relativ zu einer Basis-URI der IANA aufgelöst werden. Damit sind die folgenden beiden Link-Header äquivalent:

```
Link: <http://xyz.com>; rel="prev"
Link: <http://xyz.com>; rel="http://www.iana.org/assignments/relation/prev"
```

6.9 Zusammenfassung

Unabhängig vom konkreten Format, das Sie einsetzen, ist die Verknüpfung von Ressourcen per Links ein zentrales Element einer REST-konformen Anwendung. Sie können noch so viele Ressourcen definieren, diese mit URIs klar identifizieren und die HTTP-Verben korrekt verwenden – wenn Hypermedia keine zentrale Rolle für die Interaktion Ihrer Clients und Server spielt, ist Ihre Anwendung nicht RESTful.

Roy Fielding selbst liefert eine Liste von Kriterien, anhand derer Sie prüfen können, ob ein Design genügend stark Hypertext-getrieben ist, um sich »RESTful« nennen zu dürfen [Fielding2008]:

- Keine Abhängigkeit von einem spezifischen Kommunikationsprotokoll, d. h., die Anwendung muss theoretisch nicht nur mit http-URIs, sondern auch mit ftp- oder file-URIs funktionieren (in den Grenzen, in denen diese Protokolle die benötigte Funktionalität unterstützen).
- Bestehende, bereits definierte Kommunikationsprotokolle dürfen durch das API nicht geändert werden (ein PUT bleibt ein PUT, ein GET ein GET usw.).
- Der Fokus liegt auf der Definition neuer Medientypen oder der Spezifikation von Relationen in bestehenden Formaten.
- Es werden keine fixen Ressourcennamen oder Hierarchien vorausgesetzt, der Server kann die Strukturen der URIs ändern, ohne dass der Client angepasst werden muss.

- Ressourcen selbst sind nicht getypt, sondern nur die Repräsentationen – ein Medientyp kann nicht auf einmal etwas anderes bedeuten, wenn er von einer bestimmten Ressource (oder einer Ressource eines bestimmten Typs) geliefert wird.
- Kein Wissen über spezifische URIs mit Ausnahme des Einstiegspunktes, alle anderen URIs werden dynamisch »entdeckt«.

Betrachten wir unseren OrderManager unter diesen Gesichtspunkten noch einmal kritisch. In einigen Punkten schneiden wir gut ab: Die URI-Strukturen sind zwar dokumentiert, ein Client kann die URIs aber dynamisch entdecken und sich damit von der konkreten Struktur entkoppeln. Wir können dies noch verbessern, indem wir ein Beschreibungsdokument wie in Abschnitt 6.5 definieren.

Das größte Problem unserer ersten OderManager-Iteration jedoch lässt sich auf einen zunächst harmlos wirkenden HTTP-Header reduzieren – und zwar diesen:

```
Content-Type: application/json
```

Wieso schieben wir einem harmlosen Header die Schuld an der mangelnden REST-Konformität unseres OrderManagers zu? Das ist natürlich nicht wörtlich gemeint, ist aber im Kern korrekt: Durch die Angabe des Medientyps als application/json haben wir nur eine sehr allgemeine Aussage getroffen: Unsere Daten entsprechen syntaktisch dem JSON-Format. Anders formuliert: Wir verwenden die JSON-Datenstrukturen wie Arrays, Objekte, Strings und Zahlen. Die eigentliche Semantik jedoch verbirgt sich in unseren JSON-Daten selbst. Die HTTP-Nachricht ist damit nicht mehr selbstbeschreibend.

Stattdessen müssen wir entweder einen Medientyp wählen, für den eine definierte Erweiterungssemantik existiert, oder wir müssen einen eigenen Medientyp erfinden und *in dessen Definition* die Semantik unseres Protokolls beschreiben. Dazu befassen wir uns im nächsten Kapitel mit typischen Repräsentationsformaten.

7 Repräsentationsformate

Ressourcen und Repräsentationen sind wie zwei Seiten derselben Medaille – diese Dualität haben wir bereits in Kapitel 4 ausführlich diskutiert. Wie genau sehen aber Repräsentationen von Ressourcen technisch aus? Wie steht es mit der Hypermedia-Unterstützung jenseits von HTML? Welche Alternativen haben wir hier als Entwickler und Architekten, welche Vorteile gewinnen wir durch die Entscheidung für ein bestimmtes Repräsentationsformat und welche Nachteile handeln wir uns vielleicht andererseits ein? Darum soll es in diesem Kapitel gehen.

7.1 Formate, Medientypen und Content Negotiation

Die Repräsentationen von Ressourcen, die beim Zugriff auf die URIs ausgetauscht werden, können unterschiedliche Formate haben. Der Client gibt als Teil der Anfrage in einem »Accept«-Header an, welche Typen von Inhalten (*Media Types*) er akzeptiert. Am besten sehen wir das an einem GET-Request:

```
GET /someURI HTTP/1.1
Host: example.com
Accept: image/gif, image/x-xbitmap, image/png, */*;q=0.1
Accept-Encoding: bzip2, gzip, deflate, identity
Accept-Charset: utf-8, iso-8859-1, macintosh, windows-1252, *
Accept-Language: en;q=0.99, de;q=0.94
```

Die Parameter bei den Accept-Headern für Format, Codierung, Zeichensatz und Sprache wie z. B. »q=0.94« geben an, wie die Alternativen untereinander zu gewichten sind.

Antworten sowie Anfragen, die einen Inhalt transportieren (wie PUT und POST), geben mithilfe des Content-Type-Headers an, welcher Repräsentationstyp tatsächlich gewählt wurde. Antworten auf einen GET-Request haben wir schon gesehen:

```
HTTP/1.1 200 OK
Date: Thu, 13 Oct 2005 22:38:17 GMT
Server: Apache/2.0.52 (Unix)
```

```
Content-Length: 34026
Content-Type: application/xml

<?xml version="1.0" standalone="yes" ?>
...
</xml>
```

Die Typen werden dabei nach RFC 2046 [RFC2046] codiert, für JSON z. B. kommt hierbei entweder »application/json« oder ein dem eingesetzten Format zugeordneter, idealerweise offiziell bei der IANA registrierter Medientyp zum Einsatz.[1]

Die Entwicklung von REST-Anwendungen besteht zu einem erheblichen Teil aus der Auswahl und detaillierten Festlegung der Nutzung von Repräsentationstypen. Über die Mechanismen zur Aushandlung der unterstützten MIME-Types – die Content Negotiation – können die Kommunikationspartner sich dynamisch auf eine geeignete Repräsentation einigen.

Je allgemeingültiger das Format Ihrer Repräsentationen ist, desto mehr potenzielle Clients können damit etwas anfangen. Dem steht entgegen, dass ein allgemeingültiges Format weniger spezifisch auf Ihre konkreten Anforderungen zugeschnitten ist.

Ob Sie ein eigenes Format erfinden oder auf ein Standardformat setzen, ist also eine typische Entwurfsentscheidung, bei der Sie die Vor- und Nachteile gegeneinander abwägen müssen. Erfreulicherweise bietet REST Ihnen die Möglichkeit, das eine zu tun, ohne das andere zu lassen: Sie können für Ihre Ressourcen durchaus sowohl ein standardisiertes als auch ein spezifisches Format anbieten.

Aber auch wenn Sie sich für ein standardisiertes Format entscheiden, müssen Sie Ihre spezifischen Anforderungen geeignet darauf abbilden. In den folgenden Abschnitten werden wir uns deshalb mit den populärsten Standardformaten für RESTful HTTP beschäftigen.

7.2 JSON

Wenn Sie schon die erste oder zweite Auflage dieses Buches kennen, ist es Ihnen sicher sofort aufgefallen: Anstelle von XML haben wir für unser OrderManager-Beispiel in dieser Auflage die JavaScript Object Notation (JSON) [RFC7159] verwendet. Wir haben die Frage nach dem am besten geeigneten Repräsentationsformat innerhalb des Autorenteams lange diskutiert und uns letztlich dafür entschieden, dem allgemeinen Trend zu folgen und dieses Mal JSON den Vorzug zu geben[2].

---

1. Die IANA veröffentlicht eine Liste der offiziell registrierten Medientypen im Web [IANAMIME]. Die Registrierung neuer Typen steht prinzipiell jedem Anwender oder Hersteller offen, der dazu erforderliche offizielle (und bewusst etwas steinige) Weg ist unter [RFC4288] dokumentiert.
2. Das bedeutet aber nicht, dass XML weniger geeignet ist. Dazu später mehr.

JSON stammt zwar ursprünglich aus dem JavaScript-Umfeld, wird aber mittlerweile in praktisch jeder Programmierumgebung unterstützt. JSON wird häufig mit XML verglichen, verfolgt allerdings andere Ziele: Der Fokus liegt ausschließlich auf Datenstrukturen, nicht auf Textdokumenten. Darüber hinaus unterstützt JSON weder Namensräume noch eine standardisierte schemabasierte Validierung[3]. Dafür ist JSON allerdings auch deutlich einfacher, wie die Beispiele in Kapitel 3 sicherlich gezeigt haben.

JSON ist natürlich besonders in JavaScript, aber auch in anderen dynamischen Programmiersprachen sehr einfach zu verarbeiten. Auch für .NET und die JVM existieren entsprechende Bibliotheken. Für JSON gibt es auch einen offiziellen Medientyp: »application/json«, standardisiert in [RFC4627]. Ähnlich wie z. B. »application/xml« sagt er aber wenig über die Bedeutung der Inhalte aus, Sie können also aus dem Medientyp nicht auf die Semantik schließen. Darüber hinaus gibt es in JSON selbst keine standardisierte Darstellung von Links, was primär daran liegt, dass für Links kein spezieller Datentyp in JavaScript existiert.

Aus diesem Grund haben sich in jüngerer Zeit eine Reihe auf JSON basierender Repräsentationsformate mit besonderem Schwerpunkt auf der Unterstützung von Hypermedia-Elementen entwickelt, deren Autoren sich zum Ziel gesetzt haben, hier Abhilfe zu schaffen. Wir werden uns in den folgenden Abschnitten einige der zurzeit »heißesten« Kandidaten etwas genauer ansehen.

7.2.1 HAL

HAL (Hypermedia Application Language) [HAL] ist das älteste der JSON-basierten Hypermedia-Formate. Autor Mike Kelly hat das Format ursprünglich 2011 als universelles Hypermedia-Format für XML[4] und JSON vorgeschlagen, letztendlich aber nur die JSON-Variante weiter ausspezifiziert, die mittlerweile eine hohe Stabilität erreicht hat.

Der wichtigste Bestandteil der Spezifikation ist ein JSON-Property namens »_links«. Der Name beginnt nicht aus Zufall mit einem Unterstrich: Dadurch sollen Kollisionen mit schon existierenden Namen vermieden werden, was die Anreicherung bestehender JSON-Dokumentformate und -Dokumente mit Links erleichtert. Innerhalb des »_links«-Properties können mit Relationen klassifizierte Verknüpfungen untergebracht werden. Darüber hinaus spezifiziert HAL mit dem »_embedded«-Property, wie die Repräsentationen verknüpfter Ressourcen eingebettet werden können, wenn so die Anzahl von Client/Server-Interaktionen minimiert werden soll.

---

3. Sie können jedoch JSON Schema [JSONSchema] nutzen, für das auch in einigen Programmiersprachen Validatoren existieren.
4. Der aktuelle Internet-Draft zu HAL [Kelly2013] von Oktober 2013 nennt das Format inzwischen »JSON Hypertext Application Language« und enthält keine Referenz auf XML mehr.

»CURIE« ist die Abkürzung für »Compact URI Expression« und Teil der RDFa-Spezifikation. Mit einer CURIE können Sie den Vorteil der Eindeutigkeit von URIs erreichen, ohne dabei jedes Mal dieselbe Zeichenkette schreiben oder lesen zu müssen. Dazu wird ein Präfix mit einer URI verknüpft und danach als Abkürzung verwendet. Wenn Sie mit Namespaces und »QNames« in XML vertraut sind: CURIEs sind ungefähr das Gleiche, allerdings syntaktisch weniger restriktiv, weil der Name, den Sie nach dem Präfix definieren, kein gültiger XML-Elementname sein muss. HAL benutzt CURIEs für Link-Relationen, um die Namen von Attributen eindeutig und trotzdem lesbar zu halten.

Das folgende Beispiel für eine Collection von Bestellungen aus der HAL-Dokumentation illustriert die wesentlichen Features des Formats:

```
{
      "currentlyProcessing": 14,
      "shippedToday": 20,
      "_links": {
        "self": { "href": "/orders" },
        "next": { "href": "/orders?page=2" },
        "curies": [{ "name": "ea",
                "href": "http://example.com/docs/rels/{rel}",
                "templated": true }],
        "ea:admin": [{
             "href": "/admins/2",
             "title": "Fred"
        }, {
             "href": "/admins/5",
             "title": "Kate"
        }],
        "ea:find": {
             "href": "/orders{?id}",
             "templated": true
        },
    },
    "_embedded": {
        "ea:order": [{
             "_links": {
                  "self": { "href": "/orders/123" },
                  "ea:basket": { "href": "/baskets/98712" },
                  "ea:customer": { "href": "/customers/7809" }
             },
             "total": 30.00,
             "currency": "USD",
             "status": "shipped"
        }, {
             "_links": {
                  "self": { "href": "/orders/124" },
                  "ea:basket": { "href": "/baskets/97213" },
                  "ea:customer": { "href": "/customers/12369" }
             },
             "total": 20.00,
```

```
                "currency": "USD",
                "status": "processing"
            }]
        }
    }
```

Nach den Beispielattributen (»currentlyProcessing«, »shippedToday«) finden Sie unter »self« und »next« die üblichen Links auf die Ressource selbst und ihren logischen Nachfolger. Im »curies«-Array wird nur ein Präfix (»ea«) definiert. Eine Besonderheit von CURIEs in HAL ist, dass diese einen Template-Parameter enthalten können. Dieser ist aber auf den Wert »rel« beschränkt, was für den Anwendungsfall ausreicht: So kann der Wert der Link-Relation nicht nur am Ende, sondern auch an anderer Stelle in die URI eingesetzt werden. Was recht theoretisch klingt, wird an einem Beispiel klarer: Wird in der nächsten Zeile »ea:admin« verwendet, setzt ein konformer HAL-Parser den Wert »admin« in den Parameter »rel« ein, expandiert die Schablone also zu *»http://example.com/docs/rels/admin«*. Für die unter »ea:admin« in einem Array aufgelisteten Links gilt übrigens dieselbe Relation. So werden wiederum Redundanzen vermieden.

In den eigentlichen Links lassen sich nicht nur feste Links, sondern – konform zur Spezifikation für URI-Templates – auch Schablonen für die Konstruktion von URIs unterbringen. Die Relation »ea:find« demonstriert das anhand einer Schablone, die (vermutlich) eine Suche nach der ID ermöglicht. Dazu müssten wir die Dokumentation der Link-Relation zurate ziehen. Guter Stil ist es, wenn sich diese hinter der URI »http://example.com/docs/rels/find« befindet.

Unter »_embedded« schließlich finden wir eingebettete Ressourcen, in diesem Fall eine Liste mit zwei Bestellungen, deren interne Struktur wiederum beliebiges JSON, garniert mit einem »_links«- und potenziell weiteren geschachtelten »_embedded«-Elementen sein kann. Die aktuelle Version der Spezifikation enthält hierzu sogar eine Beschreibung, wie ein Server oder Intermediary eine verknüpfte Ressource automatisiert einbetten kann (das sog. »Hypertext Cache Pattern«).

Der größte Nachteil von HAL besteht darin, dass es bei HAL (zumindest in der derzeitigen Version) keine Möglichkeit gibt, Links mit zusätzlichen Informationen über mögliche Aktionen (wie beispielsweise den darauf erlaubten HTTP-Operationen oder den bei POST- bzw. PUT-Requests zu sendenden Daten) zu annotieren. Diese bewusste Entscheidung des Autors hält das Format einerseits einfach, erfordert aber andererseits mehr Wissen auf der Seite des Clients, der solche Informationen der Dokumentation zu den Link-Relationen entnehmen muss.[5]

5. Wie Sie in Kapitel 14 sehen werden, haben wir uns für dieses Buch entschieden, HAL wegen seiner Schlichtheit dennoch zu verwenden und einfach selbst um ein entsprechendes Attribut zu erweitern. Das können Sie in Ihren eigenen Anwendungen natürlich auch jederzeit tun – die meisten JSON-Parser ignorieren unbekannte Attribute einfach, sodass auch ein erweitertes Dokument weiterhin HAL-konform ist und von generischen HAL-Clients verstanden wird.

Für HAL gibt es diverse Bibliotheken, die es erlauben, vergleichsweise einfach auf die spezifikationskonform gestalteten Links zuzugreifen. Darüber hinaus erlaubt Kellys Open-Source-HAL-Browser [HALBrowser], ein beliebiges HAL-API interaktiv zu untersuchen.

Der MIME-Type für HAL lautet »application/hal+json«.

7.2.2 Collection+JSON

Mike Amundsen, wie Mike Kelly ebenfalls eine bekannte Größe in der REST-Community, hat mit Collection+JSON [CollectionJSON] einen etwas anderen Weg beschritten. Zwar gibt es auch dort keine explizite Möglichkeit, Aktionen auszudrücken, aber dafür kann sich ein Client bei einem JSON-Dokument, das diesem Format entspricht, auf eine deutlich rigidere Struktur verlassen. Dokumente enthalten – wie der Name des Formats schon nahelegt – eine Liste von Einträgen, wobei darin natürlich auch nur ein einzelnes Element enthalten sein kann. Die Interaktion eines Clients mit Ressourcen, die Collection+JSON als Repräsentation liefern, folgt dann einer klar definierten Semantik. So können Elemente hinzugefügt, entfernt, aktualisiert und gelesen sowie Suchabfragen ausgeführt werden. Welche HTTP-Verben dazu jeweils zu verwenden sind, ergibt sich implizit aus dem Kontext bzw. ist in der Spezifikation beschrieben.

Um den Client darüber zu informieren, welche Daten zum Erzeugen oder Schreiben bzw. Ändern eines Elements übermittelt werden müssen, kann die Repräsentation einer Collection optional ein sogenanntes Template enthalten. Abhängig vom aktuellen Anwendungszustand kann dieses Template durchaus bei verschiedenen Interaktionen strukturell und inhaltlich immer wieder unterschiedlich aussehen oder etwa bestimmte Attribute mit Werten vorbelegen. Dadurch ist dieser Mechanismus recht flexibel.

Etwas Ähnliches gilt für Queries: Auch dafür kann die Repräsentation der Collection eine Vorlage in Form eines URI-Templates enthalten. Der Client muss dann nur noch die Query-Parameter aus dem Template mit Werten belegen und einen GET-Request auf die URI ausführen.

Das folgende Beispiel zeigt den Aufbau eines Collection+JSON-Dokuments:

```
{ "collection" :
  {
    "version" : "1.0",
    "href" : "http://example.org/friends/",

    "links" : [
      {"rel" : "feed", "href" : "http://example.org/friends/rss"}
    ],

    "items" : [
      {
        "href" : "http://example.org/friends/jdoe",
```

```
      "data" : [
        {"name" : "full-name", "value" : "J. Doe", "prompt" : "Full Name"},
        {"name" : "email", "value" : "jdoe@example.org", "prompt" : "Email"}
      ],
      "links" : [
        {"rel" : "blog", "href" : "http://examples.org/blogs/jdoe",
              "prompt" : "Blog"},
        {"rel" : "avatar", "href" : "http://examples.org/images/jdoe",
              "prompt" : "Avatar", "render" : "image"}
      ]
    },

    {
      "href" : "http://example.org/friends/msmith",
      "data" : [
        {"name" : "full-name", "value" : "M. Smith", "prompt" : "Full Name"},
        {"name" : "email", "value" : "msmith@example.org", "prompt" : "Email"}
      ],
      "links" : [
        {"rel" : "blog", "href" : "http://examples.org/blogs/msmith",
              "prompt" : "Blog"},
        {"rel" : "avatar", "href" : "http://examples.org/images/msmith",
              "prompt" : "Avatar", "render" : "image"}
      ]
    },

    {
      "href" : "http://example.org/friends/rwilliams",
      "data" : [
        {"name" : "full-name", "value" : "R. Williams",
              "prompt" : "Full Name"},
        {"name" : "email", "value" : "rwilliams@example.org",
              "prompt" : "Email"}
      ],
      "links" : [
        {"rel" : "blog", "href" : "http://examples.org/blogs/rwilliams",
              "prompt" : "Blog"},
        {"rel" : "avatar", "href" : "http://examples.org/images/rwilliams",
              "prompt" : "Avatar", "render" : "image"}
      ]
    }
  ],

  "queries" : [
    {"rel" : "search", "href" : "http://example.org/friends/search",
              "prompt" : "Search",
      "data" : [
        {"name" : "search", "value" : ""}
      ]
    }
  ],

  "template" : {
```

```
        "data" : [
          {"name" : "full-name", "value" : "", "prompt" : "Full Name"},
          {"name" : "email", "value" : "", "prompt" : "Email"},
          {"name" : "blog", "value" : "", "prompt" : "Blog"},
          {"name" : "avatar", "value" : "", "prompt" : "Avatar"}
        ]
      }
    }
  }
```

Der Vorteil dieser im Vergleich z. B. zu HAL sehr rigiden Struktur: Die Interaktion mit Collection-Ressourcen geschieht unabhängig von Art und Struktur ihrer jeweiligen Elemente für die Grundoperationen Create, Read, Update und Delete (CRUD) immer auf die gleiche Art und Weise und lässt sich in einem Client leicht generisch implementieren. Die Interaktion mit den Elementen selbst dagegen setzt, ähnlich wie bei HAL, clientseitiges Wissen über die Semantik der darin eventuell enthaltenen Links voraus.

Der MIME-Type für Collection+JSON lautet »application/vnd.collection+json«.

7.2.3 SIREN

SIREN [Siren], das dritte und gleichzeitig auch neueste und komplexeste der JSON-basierten Repräsentationsformate, die wir uns hier näher ansehen wollen, bietet bei einer mit HAL vergleichbaren Flexibilität sehr viele Möglichkeiten, Informationen über die Semantik von Objekten und Links maschinenlesbar als Teil der Repräsentation zu »verpacken« und kommt dadurch – zumindest in der Theorie – mit weniger Dokumentation aus.

Der Autor von SIREN, Kevin Swiber, hat die erste Version der Spezifikation (v0.6.0) im Februar 2014 veröffentlicht und seitdem eine Vielzahl von Kommentaren und Verbesserungsvorschlägen aus der Community eingearbeitet. Zum Zeitpunkt der Entstehung dieser dritten Auflage des vorliegenden Buches (Januar 2015) ist die Version 0.6.1 aktuell und vieles weiterhin im Fluss, sodass SIREN das Prädikat »stabil« (noch) nicht uneingeschränkt verdient. Andererseits enthält die Spezifikation einige interessante Ansätze, die es uns trotzdem sinnvoll erscheinen ließen, darauf kurz einzugehen.

Die Kernidee von SIREN besteht darin, dass ein SIREN-Dokument den aktuellen Zustand eines (in der Regel fachlichen) Objekts (»Entity«) einschließlich eventuell damit eng verbundener Subobjekte enthält. Subobjekte können dabei entweder eingebettet oder aber durch Links mit entsprechenden Link-Relationen referenziert sein. SIREN ist damit etwas allgemeiner als Collection+JSON (denn auch Collections können Objekte mit den einzelnen Elementen der Collection als Subobjekte sein), aber etwas spezifischer als HAL. Zusätzlich zum Konzept der Link-Relationen gibt es außerdem bei SIREN noch einen weiteren Weg, um Informationen über die Semantik zu transportieren: Entities können durch das Attribut »class« mit einem oder mehreren Klassennamen annotiert sein, die ähnlich wie Mix-ins in manchen Programmiersprachen verschiedene Aspekte ausdrücken. So könnte z. B. ein Eintrag in einer Collection von Aufträgen sowohl die Klasse »list-item« haben (weil es sich ja generisch um ein Element einer Collection handelt) als auch die Klasse »order« (weil das Element ja spezifisch ein Auftrag ist). Der Vorteil dabei: Auch ein Client, der keinerlei Wissen über die Semantik von Aufträgen hat, könnte z. B. die Einträge der Collection sinnvoll anzeigen, wenn er generisch mit Collections umgehen kann.

Besonders interessant, insbesondere im Vergleich zu HAL und Collection+JSON, ist bei SIREN aber das Konzept der »Actions«. Jede Entity kann eine Liste von Actions beinhalten, die im jeweiligen Zustand der Entity gerade möglich sind und durch den Client ausgelöst werden können. Dazu enthält jede Action neben dem entsprechenden Hyperlink auch noch Informationen über das zu verwendende HTTP-Verb sowie gegebenenfalls eine Beschreibung der Eingabedaten, die beim Request zu senden sind. Grundsätzlich ist dieser Mechanismus vergleichbar mit den Templates bei Collection+JSON, ist aber allgemeiner gedacht: Während Templates dazu dienen, Elemente zu einer Collection hinzuzufügen oder bestehende Elemente zu ändern, können mit Actions beliebige Aktionen ausgelöst werden (die sich nicht unbedingt im geänderten Zustand einer Collection-Ressource niederschlagen).

Das folgende Beispiel ist die SIREN-Version des HAL-Dokuments, das wir in Abschnitt 7.2.1 besprochen haben:

```
{
  "class": "orders",
  "properties": {
    "currentlyProcessing": 14,
    "shippedToday": 20
  },
  "entities": [
    {
      "class": "order list-item",
      "rel": "order",
      "properties": {
        "total": 30.00,
        "currency": "USD",
        "status": "shipped"
      },
      "entities": [
        { "rel": "basket", "href": "/baskets/98712" },
        { "rel": "customer", "href": "/customers/7809" }
      ],
      "links": [{ "rel": "self", "href": "/orders/123" }]
    },
    {
      "class": "order list-item",
```

```
        "rel": "order",
        "properties": {
          "total": 20.00,
          "currency": "USD",
          "status": "processing"
        },
        "entities": [
          { "rel": "basket", "href": "/baskets/98713" },
          { "rel": "customer", "href": "/customers/12369" }
        ],
        "links": [{ "rel": "self", "href": "/orders/124" }]
      }
    ],
    "actions": [{
        "class": "find-order",
        "href": "/orders",
        "fields": [{ "name": "id", "type": "number" }]
    }],
    "links": [
      { "rel": "self", "href": "/orders" },
      { "rel": "next", "href": "/orders?page=2" }
    ]
  }
```

Für SIREN wird der MIME-Type »application/vnd.siren+json« verwendet.

7.2.4 Fazit

Oft können Sie an der Art der JSON-Repräsentation den technischen Hintergrund des Spezifikationsautors erkennen: Wird aus dem Inhalt ein Objekt in einer statisch typisierten Programmiersprache befüllt, können oft nur solche Attribute verarbeitet werden, mit denen der Entwickler gerechnet hat. Wird dagegen eine dynamisch typisierte Sprache verwendet, wird aus einem JSON-Objekt ein assoziatives Array (eine Hashmap). Finden Sie also eine explizite Schüssel/Wert-Abbildung im JSON vor, liegt nahe, dass der Autor eher in einer statisch getypten Umgebung zu Hause ist. Andersherum gilt: Wenn Sie selbst eine dynamische Verarbeitung von JSON-Daten durchführen können, heißt das noch lange nicht, dass Sie das von Ihren Nutzern ebenfalls erwarten können. Gerade an den Stellen, an denen Sie darauf besonders viel Wert legen – z. B. bei Links –, empfiehlt sich daher die explizite Variante.

Generell lässt sich sagen, dass die Welt im Bereich der JSON-Formate derzeit noch stark im Fluss ist. Neben den hier vorgestellten gibt es noch eine ganze Reihe weiterer Kandidaten, die, abhängig von Ihren Anforderungen und Ihrem persönlichen Geschmack, auch einen Blick wert sein könnten, z. B. JSON-LD [JSONLD], Hydra [Hydra], Mason [Mason] und UBER [UBER].

Wenn Sie sich zwischen HAL, Collection+JSON und SIREN entscheiden möchten, können wir Ihnen vielleicht mit den folgenden Tipps weiterhelfen:

- Wenn Sie ein bestehendes JSON-basiertes Repräsentationsformat um Hypermedia-Elemente erweitern möchten, ist HAL eine gute Wahl.
- Wenn die Logik Ihrer Anwendung oder das API überwiegend aus CRUD-Operationen auf Collections von Elementen besteht, ist Collection+JSON der natürliche Kandidat.
- Wenn Sie intensiv mit Hypermedia-Elementen arbeiten möchten, um eine größtmögliche Entkopplung zwischen Client und Server zu erreichen, könnte das im Vergleich zu HAL und Collection+JSON mächtigere und flexiblere Action-Konzept von SIREN gut passen.

7.3 XML

Auch wenn JSON-basierte Repräsentationsformate – vor allem was die Verbreitung bei öffentlichen Web-APIs betrifft – heute klar die Nase vorn haben, gehört XML dennoch nicht zum alten Eisen. Gerade dann, wenn Sie sich in einem Umfeld bewegen, wo XML generell das Format der Wahl ist und möglicherweise bereits eine umfangreiche Tool-Unterstützung dafür existiert, ist XML weiterhin eine absolut legitime und vernünftige Wahl. Gegenüber JSON bietet XML zum Beispiel den Vorteil einer standardisierten Schemasprache (XML Schema) sowie die Möglichkeit, Dokumente gegen ein solches Schema zu validieren.

In vielen Situationen sind Sie mit dem Einsatz von XML daher gut beraten, wenn Sie einen Rahmen für die Definition eines eigenen Formats benötigen.

Eine allgemeine Kenntnis von XML setzen wir voraus; für unser Thema sind aber zwei Aspekte besonders relevant: Namespaces und Medientypen.

Namespaces identifizieren einen Namensraum, in dem ein bestimmter Satz von XML-Element- und Attributnamen Gültigkeit hat. Namespaces haben Sie in unseren Beispielen bereits gesehen:

```
<?xml version="1.0" encoding="UTF-8"?>
<orders xmlns="http://example.com/schemas/ordermanagement">
  <order href="/orders/442820205">
    <customer>
      ...
    </customer>
  </order>
</orders>
```

Listing 7–1 *XML-Namespace*

Namespace-Namen sind URIs. Dabei muss es sich nicht zwingend um HTTP-URIs handeln, die eine per GET zugängliche Ressource identifizieren – aber es ist eine sehr sinnvolle Konvention, die den Umgang mit XML-Vokabularen erleichtert [nsdoc]. Die Ressource, die durch diese URI identifiziert wird, ist die Beschreibung des XML-Formats. Wenn Sie nach einem passenden Format für diese Beschreibung suchen, können wir Ihnen z. B. RDDL (siehe Abschnitt 12.4.4) nahelegen.

Für XML definiert die IANA den Medientyp »application/xml« (näher beschrieben in [RFC7303]). Sie können diesen verwenden, sagen damit aber sehr wenig über das tatsächliche Format aus – ein Client, der eine Antwort von einem Server erhält, bei dem der Content-Type auf »application/xml« gesetzt ist, kann aus dieser Information nur darauf schließen, dass die Informationen in XML-Syntax dargestellt sind, nicht jedoch, welches XML-Vokabular Sie in Ihrer XML-Repräsentation verwenden.

Es empfiehlt sich daher, für benutzerdefinierte XML-Formate einen eigenen Medientyp zu verwenden, der spezifischer ist. Für offizielle, bei der IANA registrierte Formate wird dazu ein Medientypbezeichner wie

```
application/<specific-name>+xml
```

verwendet, also zum Beispiel für das Atom-Format (s.u.):

```
application/atom+xml
```

Für unternehmensspezifische und andere proprietäre Formate können Sie den herstellerspezifischen Bereich benutzen, gekennzeichnet durch das Präfix »vnd« (für »Vendor«). Ein Beispiel für einen solchen Medientyp wäre damit der folgende:

```
application/vnd.mycompany.orderformat+xml
```

Benutzerdefiniert oder standardisiert?

Gerade bei der Verwendung von XML sollten Sie kritisch hinterfragen, ob es überhaupt nötig ist, ein eigenes Vokabular zu definieren. Das ist durchaus kein triviales Unterfangen, und tatsächlich gibt es häufig ein standardisiertes Vokabular, das Sie verwenden können. Anstelle eines selbst erfundenen Formats etwa für Bestellungen könnten Sie z. B. die UBL (Universal Business Language [UBL]) einsetzen: Diese standardisiert Dokumente wie Bestellungen, Stornierungen, Lieferscheine, Angebote usw.

Darüber hinaus gibt es bestehende XML-basierte Formate von eher technischem Charakter. Mit einigen davon werden wir uns in den nächsten Abschnitten beschäftigen.

7.4 HTML/XHTML

Eine grundsätzliche Einführung in HTML [HTML5] über die bereits in Kapitel 6 beschriebenen Formulare hinaus möchten wir Ihnen (und uns) bewusst ersparen. Auch auf eine detaillierte Unterscheidung zwischen HTML und XHTML

[XHTML] werden wir verzichten. Stattdessen sehen wir uns einige wichtige Aspekte gezielt an, die einen Bezug zu REST und HTTP haben.

Das HTML-Format ermöglicht damit dem Browser, beliebige Anwendungen zu unterstützen – der Fluss durch die Geschäftslogik wird dabei vollständig dynamisch durch die vom Server eingebetteten Links vorgegeben. Für eine Anwendung, die REST-Prinzipien folgt, ist HTML bzw. XHTML damit das sinnvollste Format für die Darstellung von Ressourcen im Browser. HTML ist ein Beispiel für ein Format, dessen Entwickler sich auf die vordefinierte Semantik der HTTP-Methoden verlassen haben: Nirgendwo wird der Hypermedia-Constraint so perfekt umgesetzt wie in HTML. Je ähnlicher ein für einen REST-Service eingesetztes Format HTML ist, umso wahrscheinlicher ist es, dass es das Attribut »RESTful« verdient.

Wenn aber HTML ein so sinnvolles Format ist, warum verwenden wir es dann nicht einfach für unsere Services? Was spricht dagegen, als Resultat einer Abfrage nach einem spezifischen Kunden eine HTML-Seite zurückzuliefern, in der die Informationen über den Kunden enthalten sind?

Das (vermeintlich schlüssige) Hauptargument gegen diese Vorgehensweise ist die Vermischung von Form und Inhalt. Diesem Argument liegt allerdings eine mittlerweile nicht mehr gerechtfertigte negative Vorstellung von HTML zugrunde. Sehen wir uns dazu zunächst eine sehr einfache Darstellung eines Kunden in XML-Form an:

```
<?xml version="1.0" encoding="UTF-8"?>
<customer xmlns='http://example.com/schemas/crm'>
   <id>4711</id>
   <name>Schulze Systems AG</name>
   <city>Ratingen</city>
   <country>Germany</country>
</customer>
```

Die gleichen Informationen lassen sich auch auf Standard-HTML5 abbilden:

```
<!DOCTYPE html>
<html>
    <head>
       <title>Customer Info</title>
       <meta http-equiv="Content-Type" content="text/html; charset=UTF-8">
    </head>
    <body>
    <div class="customer">
      <span class="id">4711</span>
      <span class="name">Schulze Systems AG</span>
      <span class="city">Ratingen</span>
      <span class="country">Germany</span>
    </div>
    </body>
</html>
```

Auf den ersten Blick mag man über den gewachsenen Umfang erschrecken. Es gibt jedoch mildernde Umstände: Zum einen entsteht der Overhead durch die Trivialität des Beispiels – bei einer größeren Struktur ändert sich das Verhältnis deutlich. An der Möglichkeit zur programmatischen Verarbeitung ändert sich grundsätzlich zunächst nichts.

Zum anderen hat die HTML-Darstellung diverse Vorteile. So kann das Dokument im Browser dargestellt werden, wobei über ein assoziiertes CSS-Stylesheet eine Formatierung hinzugefügt werden kann. Dazu ergänzen wir im Head-Bereich einen entsprechenden Verweis im <head />-Element, übrigens mit dem bereits erwähnten <link>-Element und der passenden, in HTML vordefinierten Link-Relation:

```
<link rel="StyleSheet" href="style.css" type="text/css">
```

Im Stylesheet definieren wir eine Darstellungsform:

```
div.customer {
   border: 1px Solid Black;
   padding: 3px 3px 3px 3px;
   width: 150px;
   text-align: center;
}

span.id {
   font-size: small;
}

span.name {
   font-weight: bold;
   display: block;
}
```

Als Ergebnis erhalten wir folgende Darstellung:

4711
Schulze Systems AG
Ratingen Germany

Wir möchten Sie damit weder von der Mächtigkeit von HTML und CSS im Allgemeinen noch unseren Designfähigkeiten im Besonderen überzeugen, sondern verdeutlichen, dass die Verwendung von HTML als Repräsentationsformat nicht nur Nachteile, sondern auch Vorteile hat.

Hauptnachteil ist die Notwendigkeit zur Abbildung spezifischer Aspekte auf die allgemeinen Strukturen von HTML. Eine programmatische Verarbeitung ist auch weiterhin möglich, erfordert allerdings geeignete Mittel (z. B. einen Zugriff per XPath statt durch ein XML-Databinding). Da HTML ein nicht unbedingt schlankes Format ist, erhöht sich häufig die Dokumentgröße. Schließlich sagt der

MIME-Type (text/html[6]) nichts über die Inhalte aus, die Sie z. B. in <div>- und <span>-Elementen untergebracht haben.

Dem stehen als Vorteile die Verfügbarkeit des gesamten HTML-Ökosystems gegenüber: Ihr Dokument kann vom Browser dargestellt werden, darin enthaltene Links werden visualisiert, Sie können auf bestehende HTML-Elemente zurückgreifen, CSS verwenden, um unterschiedliche Darstellungen für Bildschirm und Drucker zu erzeugen, und sparen sich unter Umständen die Definition eines separaten Formats für Benutzerinterface und API.

Ob HTML das sinnvollste Format für Ihre Anforderungen ist oder nicht, hängt stark von den Rahmenbedingungen ab. In jedem Fall sollten Sie zumindest erwägen, ob Sie auf ein eigenes Format verzichten und mit der eigentlichen *Lingua franca* des Web – HTML, nicht XML – auskommen können.

7.5 Textformate

Mittlerweile haben sich viele Architekten an die sprichwörtlichen Kanonen, mit denen man auf Spatzen schießt, gewöhnt: Datenaustausch ohne XML-Format inklusive modularisierter XML-Schema-Definition erscheint kaum noch denkbar.

Aber manchmal ist die Komplexität nicht gerechtfertigt und eine einfache Textrepräsentation anstelle eines komplexeren Formats ist völlig ausreichend.

7.5.1 Plaintext

Der einfachste und zusammen mit HTML am meisten akzeptierte Medientyp ist einfacher Text (text/plain) [RFC2046]. Über den optionalen Parameter *charset* kann eine Zeichencodierung angegeben werden. Sogar die Unterstützung für Fragment-Identifier ist definiert [RFC5147].

Auf den ersten Blick erscheint die Verwendung eines so einfachen Datentyps fast schon archaisch. Aber das ist nicht gerechtfertigt – viele Informationen bestehen aus einfachem Text, und es gibt überhaupt keinen Grund, diesen unnötig aufzublähen. Einfacher Text ist insbesondere für »atomare«, d. h. aus einem einzigen Datenelement bestehende Ressourcen geeignet. In diesem Falle erfolgt die Strukturierung durch den Schnitt der Ressourcen, eine Segmentierung des Inhalts selbst bringt keinen weiteren Mehrwert. Ist eine Formatierung eines textuellen Inhalts möglich, aber nicht unbedingt notwendig, kann »text/plain« als zusätzliche Option neben einem mächtigeren Medientyp wie XML unterstützt werden.

6. Die Frage, ob der richtige bzw. bestmögliche MIME-Type »text/html« oder »application/xhtml+xml« sein soll, ist komplizierter zu beantworten, als man denkt [Pilgrim2003a].

7.5.2 URI-Listen

Der Medientyp »text/uri-list« [RFC2483] beschreibt ein denkbar einfaches Format für eine Liste von URIs: pro Zeile eine URI, getrennt durch einen <CR><LF>-Zeilenumbruch, optional ergänzt durch Kommentarzeilen mit einem »#« am Zeilenanfang.

Ein Beispiel: Ein Dienst, der in einer große Online-Community das Auftreten von Spam-Kommentaren verhindern soll, benötigt eine Liste der in einem definierten Zeitraum neu erstellten Beiträge (vielleicht um diese auf eine Anzahl parallel angestoßener, automatischer Prozesse mit einer potenziellen manuellen Nachbearbeitung zu verteilen). Er fragt diese ab mit einem GET-Request auf eine für den Zeitraum spezifische Ressource:

```
GET /postings/2015/02/15/1900-2000 HTTP 1.1
Host: example.com
Accept: text/uri-list
```

Als Ergebnis erhält er eine einfache Liste von URIs zurück[7]:

```
HTTP/1.1 200 OK
Date: Mon, 16 Feb 2015 19:30:23 GMT
Expires: Sun, 17-Jan-2038 19:14:07 GMT
Content-Type: text/uri-list; charset=utf-8
Content-Length: ...
http://example.com/foruml/postings/1232
http://example.com/forum2/postings/4522
http://example.com/forum3/postings/1212
http://example.com/forum4/postings/8827
```

Der größte Vorteil dieses Formats ist, dass es extrem leicht zu verarbeiten ist. Sobald Sie mehr Informationen als nur URIs übermitteln müssen, ist ein anderes Format sinnvoller.

7.6 CSV

In die Kategorie »weniger ist mehr« fällt auch das CSV-Format (Comma Separated Value): Auch wenn es in Bezug auf Internationalisierungsansprüche und hierarchische, verschachtelte Datenstrukturen oft nicht ausreicht, ist dieses Format enorm verbreitet. Nahezu jede kommerzielle Anwendung und viele Individuallösungen setzen auf ein einfaches, zeilenorientiertes Format, um Daten zu importieren oder zu exportieren. Darüber hinaus ist gerade im Business-Umfeld Excel als Werkzeug zur Bearbeitung tabellarischer Daten nahezu universell verfügbar.

7. Der »Expires«-Header ist hier auf das im Standard-32-Bit-Unix-Format größtmögliche Datum gesetzt – mit anderen Worten: Diese Version der Ressource ist für immer gültig. Das ist sinnvoll, weil nach 20 Uhr am 15.02.2015 keine neuen Postings mehr hinzukommen können. Mehr zu diesen Aspekten finden Sie in Kapitel 10.

Es gibt keine formale Spezifikation für das CSV-Format. Wenn Sie jedoch einen standardisierten Medientyp verwenden wollen, sollten Sie sich an die im RFC 7111 [RFC7111] definierte Variante halten. Diese ist recht interoperabel und definiert den Medientyp »text/csv« mit zwei optionalen Parametern: charset und header. Über den charset-Parameter können Sie die Zeichensatzcodierung definieren. Der header-Parameter kann die Werte »present« oder »absent« annehmen und gibt darüber an, ob eine Kopfzeile vorhanden ist oder nicht. Im Folgenden sehen Sie einen Beispielrequest und die Antwort:

```
curl -i -H 'Accept: text/csv' http://om.example.com/orders

HTTP/1.1 200 OK
Date: Tue, 17 Feb 2015 13:08:27 GMT
ETag: "db81d6e9dfb4b2526cc7bce19cc2a44a"
X-Runtime: 28
Content-Type: text/csv; charset=utf-8; header=present
Content-Length: 610

date,customer,total,ref
2015-01-03,http://crm.example.com/4123,2590.0, http://om.example.com/orders/44
2015-01-03,http://crm.example.com/8560,0, http://om.example.com/orders/10
2015-12-24,http://crm.example.com/421,1098.0, http://om.example.com/orders/99
2015-12-07,http://crm.example.com/4311,1894.0, http://om.example.com/orders/95
```

Aus eigener Erfahrung können wir berichten, dass das CSV-Format früher oder später Ärger macht – insbesondere, wenn die gewählte Zeichensatzcodierung von einem beteiligten System nicht unterstützt wird, Kommata oder Anführungszeichen in Feldinhalten nicht korrekt dargestellt werden oder jemand mehrzeilige Feldinhalte liefert. Für die Anwender eines Systems ist CSV dennoch ein angenehmes Format. Sie sollten sich überlegen, ob Sie CSV insbesondere für Ihre Listenressourcen zumindest lesend zur Verfügung stellen.

7.7 RSS und Atom

RSS (je nach Quelle Abkürzung für »Rich Site Summary«, »RDF Site Summary« oder »Really Simple Syndication«) ist ein XML-Format, in dem Informationen über Änderungen an einer Website an interessierte Parteien übermittelt werden können. Besondere Verbreitung hat es durch das Phänomen von Weblogs gefunden: Ausnahmslos jeder Blogdienst und jede Blogging-Software stellt einen RSS-Feed für die neu veröffentlichten Inhalte zur Verfügung.

Die populärste Version von RSS ist 2.0, die von Dave Winer, einem der Weblog-Pioniere, definiert wurde [RSS]. Trotz seiner enormen Verbreitung ist RSS kein Standard mit besonders hoher Qualität. In Verbindung mit einem gewissen Unwillen Winers, diesen Zustand zu ändern, ist im Rahmen einer Community-Initiative unter dem Namen *Atom Syndication Format* [RFC4287] ein ebenfalls XML-basierter Nachfolger entstanden, der mittlerweile den Status eines offiziellen IETF-Standards hat. Wir werden uns daher auf Atom konzentrieren, die allgemeinen Aussagen lassen sich jedoch auch auf den Einsatz von RSS übertragen.

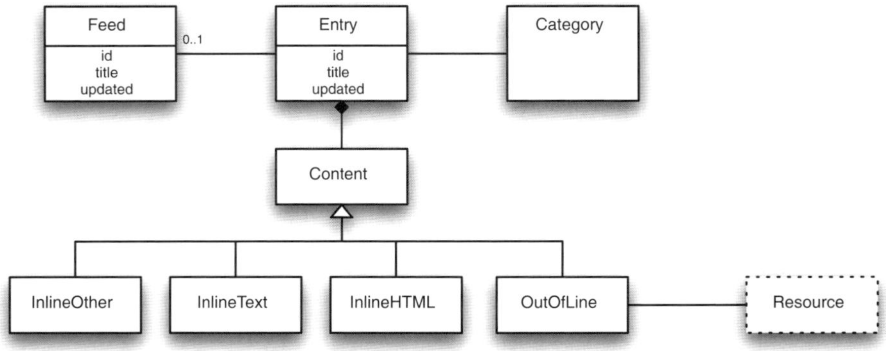

Abb. 7–1 *Das Atom-Modell*

Auf den ersten Blick scheint Atom nur für den ursprünglichen Zweck geeignet zu sein – Notifikationen über Aktualisierungen an öffentlich zugänglichen Websites, wie Blogs, Nachrichtenportalen usw. Das Informationsmodell von Atom ist jedoch sehr allgemein und daher auch in anderen Kontexten einsetzbar.

Das Wurzelelement, ein *Feed*, enthält Informationen über den Autor, den Titel und das Datum der letzten Aktualisierung sowie eine Reihe von einzelnen Einträgen *(Entries)*, von denen jeder wiederum ein Ereignis beschreibt. Im Fall eines Weblogs referenziert jeder Eintrag einen neuen oder aktualisierten Blogbeitrag, bei einer Foto-Website vielleicht ein neu hinzugefügtes Bild, bei einem Portal eine neue Nachricht.

Das Modell lässt sich jedoch auf jedes Szenario übertragen, in dem mehrere interessierte Parteien über eine zeitlich geordnete Folge von Änderungen an beliebigen Ressourcen informiert werden sollen. Das ist ein außerordentlich allgemeines Einsatzgebiet – und tatsächlich »passt« Atom sehr häufig.

So können Sie zum Beispiel Informationen über neu eingegangene Bestellungen, neu angelegte Kunden oder Bestellstornierungen als »Feed« zur Verfügung stellen. Diesen Feed können interessierte Anwender in ihrem Newsreader als Quelle hinzufügen und sich so über die sie interessierenden Ereignisse informieren. Aber damit ist nur ein Teil des Potenzials ausgeschöpft: Auch Anwendungen können Feeds auswerten, um darauf geeignet zu reagieren.

Ein Beispiel: Nehmen wir an, in Ihrem Unternehmen wird durch ein geeignetes System eine Marketingkampagne gestartet, bei der eine bestimmte Kundengruppe ein Informationsschreiben über eine besondere Rabattaktion erhält. Zur Überwachung der Effektivität dieser Kampagne soll ausgewertet werden, welche dieser Kunden in den zwei Wochen nach der Aktion eine Bestellung durchführen. Dazu kann das auswertende System den Feed »Bestellungen« abonnieren, den das Bestellsystem zur Verfügung stellt. Das Bestellsystem agiert dabei als »Event Publisher«, das Kampagnensystem als »Event Subscriber«.

In einer typischen Messaging-Architektur müssten beide Systeme dazu an ein MOM-System (Message-oriented Middleware) angeschlossen sein. Bei der Verwendung von REST, HTTP und Atom genügt auf der Consumer-Seite die Möglichkeit, ein HTTP GET abzusetzen und das Standardformat Atom Syndication oder RSS zu parsen. Auf der Provider-Seite kann das Erstellen eines Feeds auf das Schreiben einer Datei in ein Verzeichnis reduziert werden, auf das der Webserver Zugriff hat.

Dies mag zunächst verschwenderisch klingen, denn es handelt sich um Polling: Der Client muss periodisch anfragen, ob es neue Ereignisse gibt, an denen er interessiert ist. Tatsächlich skaliert diese Lösung in Verbindung mit einem Conditional GET (siehe Kapitel 10) aber außerordentlich gut und ist immer dann eine gute Wahl, wenn es keine »Echtzeit«-Anforderungen gibt.[8]

Für Atom ist im Standard ein eigener MIME-Type definiert, »application/atomxml«. Im dazugehörenden Protokoll, AtomPub, wird dieser noch um einen optionalen Parameter mit dem Namen »type« erweitert. Dieser kann den Wert »entry« oder »feed« annehmen und erlaubt so eine unterschiedliche Behandlung einzelner Einträge und ganzer Feeds, ohne dass dazu vorher der Inhalt verarbeitet werden muss. Für Atom existieren darüber hinaus Erweiterungen, die eine Unterstützung für *Paging* [RFC5005] und *Threads* [RFC4685] definieren.

Wir werden uns in Kapitel 8 noch näher mit Atom und dem Protokoll AtomPub beschäftigen.

7.8 Binäre Formate

Für eine Vielzahl von Informationen existieren Standardformate, die wir hier nicht im Detail erläutern möchten. Beispiele sind Druckformate wie PDF oder PostScript, Bildformate wie JPEG, GIF oder PNG, Archive im TAR-, JAR- oder ZIP-Format oder Audio- und Videodateien. Wenn Sie Erfahrungen mit der SOAP/WSDL-basierten Webservices-Welt gemacht haben, sollten Sie sich allerdings noch einmal bewusst machen, dass Sie im Gegensatz dazu bei REST und HTTP auf all diese Standardformate zurückgreifen können: Es gibt keine Notwendigkeit, alles in einen XML-Umschlag hineinzuzwängen.

---

8. Was auch immer man unter »Echtzeit« verstehen mag; hier gehen die Meinungen stark auseinander. Über wirkliche »Hard Realtime«-Systeme reden wir im Kontext von HTTP ohnehin nicht.

7.9 Microformats

Sie werden nicht immer ein passendes, allgemein akzeptiertes Datenformat finden, das sich für Ihre Zwecke eignet, und die Entwicklung eines neuen XML-basierten Standardformats kann Jahre dauern. So hat zum Beispiel die Standardisierung des Atom Syndication Format fast drei Jahre in Anspruch genommen. Auf der anderen Seite haben wir schon gesehen, dass das fröhliche Erfinden eigener Formate den Nachteil hat, dass wir spezifisches Wissen beim Client voraussetzen.

Dieses Dilemma versucht die Microformats-Community [microformats] zu lösen. Microformats sind strukturierte Darstellungsformen für häufig verwendete Daten wie z. B. Kalendereinträge, Adressdaten oder auch Produktbeschreibungen. Das Besondere dabei ist, dass das Format in HTML oder XHTML eingebettet wird. Das Ergebnis ist eine Repräsentation, die sowohl von einem Standardbrowser als auch von anderen Clients verarbeitet werden kann.

Einige Beispiele für Microformats finden Sie in der folgenden Tabelle:

Format	Beschreibung
hCard	Repräsentiert natürliche oder juristische Personen oder Organisationseinheiten
hCalendar	Stellt einen iCalendar-kompatiblen Weg zur Darstellung von Terminen bzw. allgemein Ereignissen mit Zeitbezug dar
hProduct	Dient der Codierung von Produktinformationen
rel=»license»	Beschreibt eine standardisierte Form zur Festlegung einer Nutzungslizenz für Inhalte

Tab. 7–1 *Beispiele für Microformats*

Sehen wir uns exemplarisch das hCard-Format näher an. Der folgende Code ist gleichzeitig ein gültiges HTML-Fragment und eine hCard-konforme Darstellung von Kontaktinformationen:

```
<div id="hcard- Stefan-Tilkov" class="vcard">
   <a class="url fn n" href="http://www.innoq.com/blog/st/">
      <span class="given-name">Stefan</span>
      <span class="additional-name"></span>
      <span class="family-name">Tilkov</span>
   </a>
   <div class="org">innoQ Deutschland GmbH</div>
   <a class="email" href="mailto:stefan.tilkov@innoq.com">
      stefan.tilkov@innoq.com</a>
   <div class="adr">
      <div class="street-address">Krischerstr. 100</div>
      <span class="locality">Monheim am Rhein</span>
      <span class="postal-code">40789</span>
      <span class="country-name">Germany</span>
```

```
        </div>
        <div class="tel">+49 170 471 2625</div>
        <a class="url" href="aim:goim?screenname=stefantilkov">AIM</a>
    </div>
```

Listing 7–2 *Beispiel für das hCard-Microformat*

hCards im Besonderen und Microformats im Allgemeinen sind eine Verallgemeinerung des Ansatzes, HTML um maschinenlesbare Informationen anzureichern. Von einem Microformat spricht man in der Regel nur, wenn sich die Community auf ein bestimmtes Format geeinigt hat. Dieser Prozess erfolgt jedoch recht unkompliziert und ohne ein offizielles Standardisierungsgremium wie das W3C oder die IETF. Man kann Microformats daher als Mittelweg zwischen benutzerdefinierten Formaten, offiziellen Standards und der Wiederverwendung eines generischen Rahmens betrachten.

Eine etwas neuere Entwicklung in diesem Bereich ist die von Google, Yahoo, Microsoft und Yandex gestartete Initiative schema.org [schemaorg], deren Ziel es ist, einheitliche Vokabulare für die Anreicherung von HTML-Dokumenten mit Metadaten, die deren Semantik beschreiben, zu definieren.

7.10 RDF

RDF, das Resource Description Framework [RDF], ist Teil einer großen Vision – des *Semantic Web*. Das Kernkonzept von RDF sind Aussagen in Form von Tripeln, also Mengen von jeweils drei Werten – Subjekt, Prädikat und Objekt. Ein Beispiel für ein solches Tripel ist { "Stefan Tilkov", »"ist Autor von", "REST und HTTP" } oder { "HTTP", "wird definiert durch", "RFC 2616" }. Ein RDF-Dokument besteht aus einer ungeordneten Menge solcher Tripel. RDF setzt also im Gegensatz zur Baumstruktur von XML auf ein Graphenmodell aus Knoten (Subjekte und Objekte), die durch gerichtete Kanten (die Prädikate) miteinander verbunden sind.

Der Zusammenhang zum Web ergibt sich daraus, dass alle drei Elemente einer RDF-Aussage URIs sein müssen (im Falle von Subjekt und Prädikat) bzw. können (im Falle des Objektes, dabei kann es sich auch um einen einfachen Wert handeln). Das folgende Beispiel zeigt ein RDF-Statement in einer gebräuchlichen (wenn auch nicht offiziell standardisierten) Syntax namens Turtle [Turtle]:

```
@prefix om:  <http://example.com/ordermanagement#> .
@prefix p:  <http://example.com/products#> .

<http://om.example.com/orders#4711>
   om:date  "2015-03-31";
   om:amount 1450;
   p:product <http://prod.example.com/products/2421> .
```

Listing 7–3 *Teil einer Bestellung in RDF/Turtle*

Diese Syntax wird gewählt, weil die äquivalente (und standardisierte) XML-Darstellung zumindest bei größeren Dokumenten schwieriger lesbar ist:

```
<?xml version="1.0"?>
<rdf:RDF xmlns:p="http://example.com/products#"
xmlns:rdf="http://www.w3.org/1999/02/22-rdf-syntax-ns#"
xmlns:om="http://example.com/ordermanagement#">
   <rdf:Description rdf:about="http://om.example.com/orders#4711">
      <om:date>2015-03-31</om:date>
      <om:amount rdf:datatype="http://www.w3.org/2001/XMLSchema#integer">
         1450</om:amount>
      <p:product rdf:resource="http://prod.example.com/products/2421" />
   </rdf:Description>
</rdf:RDF>
```

Listing 7–4 *Teil einer Bestellung in RDF/XML (MIME-Type application/rdf+xml)*

Jede beliebige Information lässt sich in RDF-Tripeln ausdrücken. Das ist zunächst einmal nicht wirklich revolutionär – das Gleiche gilt zum Beispiel auch für SQL. Aber durch die Verwendung von URIs als Identifikationskonzept ergibt sich ein föderierter und globaler Informationsraum: Informationen, die von unterschiedlichen Parteien und sogar nach unterschiedlichen Schemata gepflegt werden, lassen sich miteinander verknüpfen. Auch RDF-Statements selbst können durch eine URI eindeutig identifiziert werden und damit wiederum in anderen Aussagen verwendet werden. Einige Vokabulare sind bereits vordefiniert und können referenziert und verwendet werden; am bekanntesten ist Dublin Core [Dublin], ein Standard, in dem Konzepte wie Datum, Autor, Kontributor, Titel oder Beschreibung vordefiniert werden. Darüber hinaus gibt es für die Definition von Klassifizierungen und andere Metadaten unterschiedlichster Art eine Reihe weiterer Modelle, die ebenfalls RDF-basiert sind (wie z. B. RDF Schema [RDF-Schema] oder OWL [OWL2]). Für Daten in RDF-Form existiert eine Reihe von Werkzeugen, die auch in föderierten Szenarien komplexe logische Auswertungen ermöglichen.

RDF hat das Potenzial, nicht nur das ultimative Datenformat, sondern auch das ultimative Datenmodell zu sein. Die Skepsis, die Sie beim Lesen dieser Behauptung wahrscheinlich verspüren, ist gleichzeitig auch das größte Problem von RDF und dem Semantic Web allgemein: Bislang fehlt der wirkliche Durchbruch, die Killerapplikation, die einen genügend großen Anreiz erzeugt, Vorbehalte gegen die tatsächliche oder vermeintliche Komplexität zu überwinden und RDF in großem Stil attraktiv zu machen.[9]

RDF-Skeptiker verweisen darauf, dass sich jedes individuelle Problem einfacher mit einem spezifischen Datenmodell und einer darauf zugeschnittenen, evtl. XML-basierten Syntax lösen lässt. RDF-Verfechter bestreiten das nicht, verwei-

9. Die Initiative »Linking Open Data« hat sich zum Ziel gesetzt, das zumindest für den lesenden Zugriff auf Informationen zu ändern.

sen aber auf den Nutzen, der sich durch die Standardisierung und Harmonisierung ergibt. Letztere Behauptung ist nicht von der Hand zu weisen und passt auch sehr gut zum REST-Ansatz: Schließlich wird auch dort der Wert in der Vereinheitlichung der Schnittstelle gesehen, und RDF hat eine ähnliche Rolle für die Daten.

Ob Sie RDF als Repräsentationsformat einsetzen sollten oder nicht, hängt damit nicht nur von technischen, sondern auch von politischen Aspekten ab – Sie können viel Potenzial erwarten, müssen aber auch mit einiger Skepsis rechnen. Hinter RDF, OWL und dem Semantic Web verbirgt sich sehr viel mehr, als wir in diesem Kapitel unterbringen können; eine gute Referenz ist [Allemang2008]. Eine Diskussion des Für und Wider von RDF als Format finden Sie in [Pilgrim2003b] und [Mazzocchi2004].

7.11 Zusammenfassung

Es gibt keine »richtige« oder »falsche« Entscheidung in Bezug auf das Format, das Sie für Ihre Ressourcenrepräsentationen wählen. Sie müssen sich entscheiden, ob Sie ein bestehendes, weitverbreitetes Format auswählen, das möglichst allgemeingültig ist, oder sich für die Entwicklung eines eigenen Formats entscheiden, das zwar spezifisch auf Ihre Bedürfnisse zugeschnitten, aber kaum bekannt ist. Und diese Entscheidung ist nicht binär, schwarz oder weiß: Sie können sich die unterschiedlichen Optionen grob auf einer Skala vorstellen, wie in der nächsten Abbildung dargestellt:

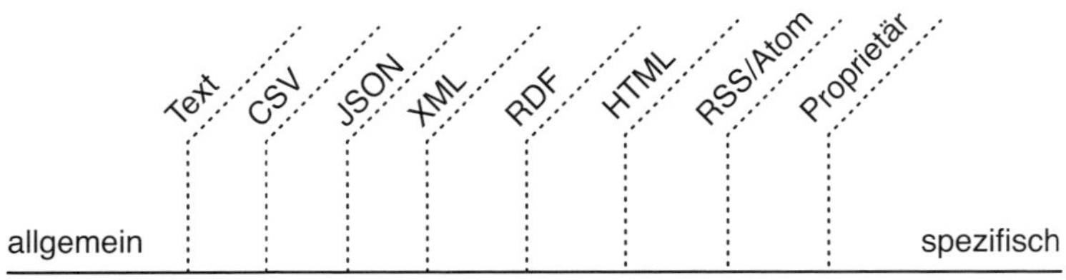

***Abb. 7–2** Allgemeine und spezifische Formate*

Auch wenn Sie sich für ein standardisiertes Format entscheiden, ist Ihre Arbeit damit möglicherweise noch nicht beendet. Mit XML haben Sie sich nur für eine Syntax, mit RDF für ein sehr allgemeines konzeptionelles Modell, mit Atom für ein recht konkretes Applikationsmodell entschieden. In allen Fällen werden Sie jedoch anwendungsspezifische Elemente auf diese allgemeinen Formate abbilden müssen.

Unter Umständen hat Ihnen jemand diese Arbeit bereits abgenommen – vielleicht finden Sie ein Format, das Ihrer Applikationssemantik entspricht, auf einem technischen Standardformat wie JSON oder XML beruht und eine relevante Verbreitung hat.

Generell gilt: Je allgemeingültiger Ihr Format ist, umso mehr profitieren Sie von vorhandener Infrastruktur und von den Lösungen, die andere für bestehende Probleme bereits gefunden haben. Gleichzeitig müssen Sie bewerten, wie aufwendig die Darstellung Ihrer spezifischen Informationen im gewählten Format ist: Wie gut ein bestimmtes Format zu Ihren fachlichen Anforderungen passt, müssen Sie als Grundlage für Ihre Entwurfsentscheidungen selbst bewerten.

8 Fallstudie: AtomPub

Das Atom Publishing Protocol [RFC5023], kurz AtomPub, ist ein REST-konformes Standardprotokoll, das ursprünglich im Kontext der Verwaltung von Weblog-Einträgen entstanden ist und später auf die Veröffentlichung und Bearbeitung beliebiger Webressourcen erweitert wurde. Wie kein anderes Protokoll setzt AtomPub die Prinzipien von REST praktisch um, auch wenn der Begriff REST in der Spezifikation nicht ein einziges Mal auftaucht. Für unsere Zwecke ist das aus zwei Gründen interessant: Zum einen kann in vielen Fällen auf die Definition eigener Mechanismen verzichtet und stattdessen einfach AtomPub eingesetzt werden, gegebenenfalls mit minimalen Erweiterungen. Zum anderen ist AtomPub hervorragend als Anschauungsobjekt geeignet: Viele der in den vorangegangenen Kapiteln vorgestellten Prinzipien und Muster lassen sich anhand von AtomPub praktisch demonstrieren.

8.1 Historie

Ungefähr im Jahr 2000 begannen Weblogs, im Web veröffentlichte, persönliche Journale, langsam aber sicher ihre Transformation von einem exotischen Hobby zu einem mittlerweile in TV-Nachrichtensendungen selbstverständlich erwähnten Teil des Web. Neben dem typischen Format – umgekehrt chronologisch aufgelistete, kurze Beiträge – gehörte von Anfang an zu einem Weblog auch ein Newsfeed im RSS-Format[1]. Aus dem RSS-»Standard« entstand das bereits in Abschnitt 7.7 erwähnte Atom Syndication Format, kurz Atom.

Ein RSS- bzw. ein Atom-Feed wird von den Lesern eines Weblogs (oder einer beliebigen anderen Informationsquelle) »abonniert«. Für den Ersteller der Einträge selbst gab es jedoch ebenfalls den Wunsch nach einer Standardisierung: Diverse Blogdienste unterstützten den Einsatz von Desktop- bzw. Offline-Clients, um Weblog-Einträge zu erstellen und zu bearbeiten. Dabei kochten die großen Anbieter ihre eigenen Süppchen und boten unterschiedliche APIs zu ihrem System

1. Oder genauer gesagt: in einem von mehreren RSS-Formaten, da die verschiedenen Versionen untereinander nicht wirklich kompatibel sind bzw. waren.

an, die von solchen Clients benutzt werden konnten. Die meisten davon basierten auf XML-RPC, einem Vorläufer von SOAP (der sich auch ähnlich wenig um die Architektur des Web scherte).

Die Atom-Gemeinde, frisch motiviert durch die Erfolge bei der Standardisierung des Syndication-Formats, gab sich daher ein weiteres Ziel: die Definition eines standardisierten, allgemeingültigen APIs zur Verwaltung von Einträgen in Weblogs und anderen Informationssystemen. Die Standardisierung begann und endete 2007, knapp zwei Jahre nach der Formalisierung von Atom, mit der Standardisierung von AtomPub. Ebenso wenig wie Atom Syndication auf die Domäne Weblogs begrenzt ist, ist AtomPub darauf festgelegt – es ist als Protokoll für eine Vielzahl von Anwendungsfällen geeignet.

Bei der Standardisierung von Atom und AtomPub arbeiteten fast alle mit, die in der Webstandardisierungsgemeinde einen Namen haben. Dabei ergab sich durch die fachliche Domäne – die Standardisierung von Weblog-APIs – ein zusätzlicher, verstärkender Effekt: Viele der Mitglieder der Arbeitsgruppen waren und sind selbst populäre Blogger, die somit nicht nur Gutes taten, sondern auch fleißig darüber redeten. Viele dieser Personen[2] sind ebenfalls Web- und REST-Verfechter, sodass es nicht verwundert, dass Atom und AtomPub häufig als »REST-Musterschüler« bezeichnet werden.

Von einem der Vorgänger von AtomPub, dem MetaWebLog API, wurde eine ebenso einfache wie geniale Idee übernommen: das Format der Einträge im Newsfeed auch für die Gegenrichtung, also für die Übermittlung der Einträge von einem Client zu einem Server, zu verwenden. Diesem Gedanken folgt auch AtomPub und baut auf dem Atom Syndication Format auf: Zur Verwaltung von Webressourcen werden Daten in Form von Atom-*Entry*-Dokumenten ausgetauscht.

8.2 Discovery und Metadaten

Wie es sich für eine REST-Anwendung gehört, ist AtomPub sehr stark Hypermedia-orientiert. Einstiegspunkt zu einem AtomPub-Server ist deshalb ein Dokument, das als Repräsentation einer Ressource zurückgeliefert wird – ein AtomPub-Client kann also mit einer einzigen URI starten und von dort aus weitere Funktionalität und weitere Daten dynamisch »entdecken«.

Zu diesem Zweck definiert AtomPub ein sogenanntes Servicedokument im XML-Format. Ist dem Client die URI eines solchen Dokumentes bekannt, kann er es wie zu erwarten per HTTP GET abfragen. Innerhalb des Servicedokumentes gibt es zwei weitere Konstrukte:

2. Zum Beispiel XML-Miterfinder Tim Bray, Sam Ruby (Co-Editor der HTML5-Spezifikation und Co-Autor von »RESTful Webservices«), der Leiter der HTTP-Arbeitsgruppe, Mark Nottingham, und nicht zuletzt Roy T. Fielding selbst.

- Collections: Dahinter verbergen sich Sammlungen von zusammengehörenden (bzw. zusammen gruppierten) Einträgen. In der Terminologie von Abschnitt 4.2.3 sind dies also Listenressourcen.
- Workspaces: Arbeitsbereiche gruppieren eine oder mehrere logisch zusammengehörende Collections.

Ein Servicedokument kann mehrere Workspaces enthalten, die ihrerseits wiederum mehrere Collections zusammenfassen. Im folgenden Beispiel (leicht modifiziert aus einem Beispiel in der Spezifikation) wird ein Atom-Servicedokument für eine einfache Anwendung dargestellt:

```
<?xml version="1.0" encoding='utf-8'?>
<service xmlns="http://www.w3.org/2007/app"
         xmlns:atom="http://www.w3.org/2005/Atom">
  <workspace>
    <atom:title>Personal Site</atom:title>
    <collection href="http://example.com/blog/entries" >
        <atom:title>Blog Entries</atom:title>
        <accept>application/atom+xml;type=entry</accept>
        <categories href="http://example.com/categories/default.cat" />
    </collection>
    <collection href="http://example.com/blog/pictures" >
        <atom:title>Pictures</atom:title>
        <accept>image/png</accept>
        <accept>image/jpeg</accept>
        <accept>image/gif</accept>
     </collection>
  </workspace>
</service>
```

Listing 8–1 *Beispiel für ein Atom-Servicedokument*

Über dieses Dokument »erfährt« der Client von einem Workspace und den darin enthaltenen Collections. Dazu muss er zunächst einmal wissen, dass es sich um ein Atom-Servicedokument handelt. Dies geschieht über den Medientyp 'application/atomsvc+xml', den der Server als Content-Type angibt.

Ein generischer Atom-Client kann dem Benutzer nun die Workspaces (in unserem Fall nur einen einzelnen) anzeigen. Für die beiden innerhalb dieses Workspace beschriebenen Collections können aus den Metadaten folgende Schlüsse gezogen werden:

- Ihre URIs sind die in den href-Attributen genannten, ein menschenlesbarer Titel findet sich im jeweiligen <atom:title>-Element.
- Die Collections verwalten Atom-Einträge bzw. Bilder im PNG-, JPG- und GIF-Format.
- Eine Beschreibung der für die erste Collection akzeptablen Kategorien lässt sich über die URI abfragen, die im href-Attribut des <categories>-Elements steht.

Das ist noch nicht sehr viel, aber schon erheblich mehr, als man beim Zugriff auf eine beliebige Ressource üblicherweise vorher erfahren kann. Interessant ist allerdings die Erweiterungsmöglichkeit: Sowohl Atom als auch AtomPub definieren XML-Vokabulare, die eine Erweiterung mit zwei Mechanismen unterstützen. Zum einen ist im Standard definiert, dass neue Elemente in diesen Vokabularen selbst von standardkonformen Prozessoren ignoriert werden müssen. So können neue Versionen des Standards definiert werden, ohne dass bestehende Implementierungen zwingend zu aktualisieren sind. Gleichzeitig ist es überall dort, wo es nicht explizit verboten ist, möglich, Elemente aus anderen XML-Namespaces einzubetten. So können einem Client über ein Atom-Servicedokument zusätzliche Informationen mitgeteilt werden. Ein Beispiel dafür finden Sie im folgenden Listing an den hervorgehobenen Stellen:

```
<?xml version="1.0" encoding='utf-8'?>
<service xmlns="http://www.w3.org/2007/app"
         xmlns:atom="http://www.w3.org/2005/Atom"
         xmlns:ext="http://example.com/app-ext" >
    <workspace>
    <atom:title>Personal Site</atom:title>
    <ext:public>true</ext:public>
    <collection href="http://example.com/blog/entries" >
        <atom:title>Blog Entries</atom:title>
        <accept>application/atom+xml;type=entry</accept>
        <categories href="http://example.com/categories/default.cat" />
        <ext:supports-query>true</ext:supports-query>
    </collection>
    <collection href="http://example.com/blog/pictures" >
        <atom:title>Pictures</atom:title>
        <accept>image/png</accept>
        <accept>image/jpeg</accept>
        <accept>image/gif</accept>
        <ext:supports-thumbnails>true</ext:supports-thumbnails>
    </collection>
  </workspace>
</service>
```

Listing 8–2 *Atom-Servicedokument mit Erweiterungen*

Die Erweiterungen aus dem mit »ext« abgekürzten Namespace sind an dieser Stelle frei erfunden – ob ein Client diese oder andere Erweiterungen versteht, hängt von deren Gültigkeitsbereich oder evtl. sogar einer Standardisierung ab. Aber auch wenn diese Erweiterungselemente verwendet werden, kann ein generischer AtomPub-Client, der sie nicht kennt, das Servicedokument immer noch interpretieren. Darin liegt eine besondere Stärke von AtomPub (und nicht durch Zufall auch eine Parallele zum Einsatz der »uniformen« Schnittstelle bei REST allgemein).

Eines der Elemente aus dem Servicedokument (und das zweite von AtomPub standardisierte Format) bezieht sich auf Kategorien. Eine Kategorisierung von

Einträgen erfolgt nach dem Prinzip erweiterbarer Schemata. Dies ist bereits im Atom Syndication Format definiert: So kann ein einzelner Eintrag in einem Feed in zwei Schemata unterschiedlich kategorisiert sein:

```
<atom:category scheme="http://example.com/categories/material" term="wood"/>
<atom:category scheme="http://example.com/categories/colors" term="black"/>
```

Listing 8–3 *Beispiel für Kategorisierung in Atom*

Atom definiert dazu ein Format für Category-Dokumente, in denen die möglichen Werte für eine Kategorie beschrieben werden können:

```
<?xml version="1.0" ?>
<app:categories
        xmlns:app="http://www.w3.org/2007/app"
        xmlns:atom="http://www.w3.org/2005/Atom"
        fixed="yes" scheme="http://example.com/categories/material">
    <atom:category term="wood" />
    <atom:category term="steel" />
    <atom:category term="plastic" />
    <atom:category term="stone" />
    <atom:category term="cloth" />
</app:categories>
```

Listing 8–4 *Atom-Kategorien*

Das Attribut »fixed« gibt dabei an, ob die Liste verbindlich ist oder vom Client dynamisch erweitert werden darf. Category-Dokumente haben den Medientyp »application/atomcat+xml«.

8.3 Ressourcentypen

AtomPub-Collections können zwei verschiedene Arten von Elementen enthalten: »normale« Einträge im Sinne von Atom Syndication (»Member Entries«) und Medieneinträge, die auf Ressourcen in einem anderen Format verweisen (»Media Link Entries«). Die einzelnen Atom-Entry-Elemente enthalten demnach entweder die vollständigen Daten »inline« oder nur Metadaten, die eine in einem anderen Format abgelegte Ressource beschreiben. Für Collections selbst wird das Atom-Feed-Format eingesetzt.

Ein HTTP GET auf eine der Collections, die im Servicedokument aufgelistet sind, liefert also ein Atom-Feed-Element (Medientyp: application/atom+xml; type=feed) zurück. In diesem wiederum kann ein Verweis auf die Collection enthalten sein. Da Atom Syndication genauso wie AtomPub Elemente aus anderen Namespaces zulässt, ist diese Ergänzung möglich, obwohl Atom bereits zwei Jahre vor AtomPub finalisiert war. Sehen wir uns auch dazu ein Beispiel an:

```
<?xml version="1.0" encoding="utf-8"?>
<feed xmlns="http://www.w3.org/2005/Atom"
         xmlns:app="http://www.w3.org/2007/app">

<title>Example Feed</title>
  ...
  <app:collection href="http://example.com/blog/entries" >
    <title>Blog Entries</title>
    ...
  </app:collection>  ...
</feed>
```

Listing 8–5 *Atom-Feed mit <app:collection>-Element*

In dieser Liste finden Sie einige Einträge, die nur Text enthalten; einige andere verweisen auf Inhalte (in diesem Fall Bilder), deren Codierung im Atom-Format keinen Sinn machen würde. Jeder dieser Einträge kann dabei ein oder mehrere <link>-Elemente enthalten, deren Bedeutung durch den Atom- oder AtomPub-Standard definiert wird. Für Listen, die zu groß sind, als dass sie in einer einzigen Response übertragen werden können, werden außerdem entsprechende Relationen für die Paginierung definiert:

Beispiel	Bedeutung von href
<link rel="edit" href="http://example.com/edit/123.atom"/>	Die Ressource kann unter dieser URI per AtomPub (als Atom Entry) editiert werden
<link rel="edit-media" href="http://example.com/edit/pic.png" />	Die Ressource ist unter dieser URI abgelegt und kann per PUT und DELETE modifiziert/gelöscht werden
<link rel="first" href="http://example.com/entries/1" />	Diese URI identifiziert die »erste Seite« der Liste
<link rel="next" href="http://example.org/entries/3" />	… nächste …
<link rel="prev" href="http://example.org/entries/2" />	… vorherige …
<link rel="last" href="http://example.org/entries/99" />	… und letzte Seite

Tab. 8–1 *Atom- und AtomPub-Link-Relationen*

Auf Basis der Informationen aus dem Servicedokument und den in den einzelnen Collections und deren Elementen enthaltenen Links kann ein generischer Atom-Client Ressourcen identifizieren, mit denen er interagieren kann. Wie diese Interaktion abläuft, definiert das AtomPub-Protokoll wie folgt:

- Jede <app:collection> in einem Servicedokument erlaubt es, per POST neue Ressourcen darin anzulegen. Die <accept>-Elemente geben dabei die erlaubten Formate vor. Ist keines vorhanden, dürfen nur Atom-Entry-Dokumente gesandt werden. Der Server legt die entsprechende Ressource an und liefert im Location-Header die URI zurück. Wird etwas anderes als ein Atom-Entry-Dokument angelegt – zum Beispiel ein Bild –, erzeugt der Server zwei Ressourcen: eine für den Inhalt selbst und eine für einen Metadateneintrag im Atom-Format (dessen URI zurückgeliefert wird).

- Einzelne Ressourcen können unabhängig von ihrem Typ mit PUT aktualisiert und mit DELETE gelöscht werden. Bei einem DELETE eines Media-Link-Elementes wird auch die dazugehörige (verknüpfte) Ressource gelöscht.

8.4 REST und Atom/AtomPub

Betrachten wir noch einmal die Grundprinzipien von RESTful HTTP und deren Anwendung in Atom und AtomPub.

- Jeder Eintrag, jede referenzierte Medienressource, die Liste von Einträgen sowie jede einzelne Seite (eine Untermenge von Einträgen) ist über eine eindeutige URI identifiziert.
- Client und Server interagieren über den Austausch von Repräsentationen. Das darunter liegende Speichermodell und andere Implementierungsdetails sind irrelevant.
- Ressourcen sind miteinander verknüpft, und zwar nicht nur die Ressourcen, die die eigentliche Fachlichkeit repräsentieren, sondern auch die beschreibenden Metadaten (Servicedokument mit Kategorien, Feeds mit Entries, Metadaten einzelner Einträge mit den Medienressourcen, die sie beschreiben).
- Die Aktionen, die ein Client durchführen kann, werden über die in den ausgetauschten Repräsentationen enthaltenen Links definiert. Enthält ein einzelner Atom-Eintrag zum Beispiel ein <link rel='edit' href='...'/>-Element, kann der Client daraus schließen, dass der Eintrag editierbar ist.
- Die Medientypen (application/atomsvc, atomcat, atom) definieren das Verhalten, auf das sich der Client verlassen kann – und das in öffentlich standardisierter Form. Ein Client, der konform zu dieser Spezifikation implementiert ist, kann mit allen AtomPub-Servern sinnvoll interagieren.
- Schließlich sind die Formate so entworfen, dass sie für aktuell nicht standardisierte Szenarien ergänzt werden können und sich im Standard selbst ebenfalls abwärtskompatibel weiterentwickeln können. Dieser letzte Punkt ist zwar nicht unbedingt REST-spezifisch, deswegen aber nicht weniger wichtig.

8.5 Zusammenfassung

AtomPub ist ein Standard für eine überschaubare und vielen Entwicklern bekannte Domäne. Die Spezifikation selbst ist nicht zu kompliziert und gut lesbar. Sie eignet sich daher perfekt als Vorlage für eigene Entwürfe, die ebenfalls den REST-Prinzipien folgen sollen. Besonders der Einsatz von Hypermedia ist bei Atom und AtomPub sehr gut gelungen. Da der primäre (wenn auch nicht der einzige) Einsatzbereich die Bearbeitung von menschenlesbaren Texten ist, ergänzt dies ideal die Verknüpfung mit beliebigen anderen, statischen und dynamischen Ressourcen in den Inhalten selbst.

Anstatt ein eigenes REST-konformes Protokoll zu entwerfen, das »so ähnlich« wie AtomPub funktioniert, ist in vielen Fällen der *Einsatz* von Atom/AtomPub die bessere Wahl. Ähnlich wie bei der Argumentation für RESTful HTTP selbst gilt auch hier, dass Sie von dem bereits bestehenden Ökosystem profitieren können. So unterstützt mittlerweile jeder Newsreader das Atom Syndication Format, Offline-Werkzeuge zum Editieren von Webinhalten können AtomPub als Protokoll verwenden, diverse Bibliotheken und Server implementieren es serverseitig.

Ob AtomPub in Ihrem konkreten Szenario sinnvoll ist oder nicht, hängt von den Rahmenbedingungen ab. Eine einfache Antwort lässt sich im Vorhinein also kaum geben. Die folgenden Punkte sind jedoch Indikatoren dafür, dass AtomPub eine gute Wahl für Sie sein könnte:

- Die Primärressourcen haben die Attribute Autor, Erstellungsdatum und eine menschenlesbare Zusammenfassung.
- Zu den einzelnen Ressourcen ist ein beschreibender, ggf. formatierter Text sinnvoll.
- Die individuellen Ressourcen haben eine Größe, bei der die Verwendung von XML kein Problem darstellt.
- Es gibt Primärressourcen, die eine binäre Standardrepräsentation und zusätzliche Metadaten haben.

Häufig ist Atom eine gute Wahl, aber mindestens ebenso häufig sind die konkreten Anforderungen mit deutlich einfacheren Mitteln umsetzbar oder aber erfordern ein aufwendigeres Interaktionsprotokoll, das sich nur schwer auf AtomPub abbilden lässt. Im letzteren Fall kann eine Mischlösung sinnvoll sein: Eine solche werden wir Ihnen in Kapitel 14 als Iteration 2 unseres OrderManager-Beispiels vorstellen.

9 Sitzungen und Skalierbarkeit

Bei jeder Form der Kommunikation zwischen verteilten Systemen steht man vor der Frage, ob jede einzelne Anfrage eines Clients für sich genommen von einem Server verarbeitet werden kann oder stattdessen ein Sitzungskonzept – eine *Session* – benötigt wird. Bei den meisten Technologien wird diese Entscheidung zwar dem Architekten überlassen; aber ob CORBA, DCOM oder EJB: Generell enthalten Entwurfsmuster und *Best Practices* die Empfehlung, die Kommunikation möglichst statuslos zu gestalten.

Der folgende Pseudocode zeigt eine Folge von Aufrufen eines Clients, die eine statusbehaftete Kommunikation voraussetzt:

```
server = connect(username, password)
shopService = server.getShoppingService()
shopService.createShoppingCart()
shopService.addItem(10, product1)
shopService.addItem(20, product2)
shopService.addItem(5, product3)
shopService.checkout()
server.logout()
```

Listing 9–1 *Pseudocode für eine sitzungsorientierte Einkaufstour*

Wahrscheinlich haben Sie sich schon beim Lesen gefragt, warum man etwas auf diese Art implementieren sollte, denn Informationen, die wir eigentlich explizit erwarten würden, sind hier sehr versteckt – nämlich der Warenkorb, zu dem wir unsere Waren hinzufügen. Eine Aktion wie

```
shopService.addItem(20, product2)
```

kann nur verarbeitet werden, wenn der Server für den Client einen Kontext (sprich: eine Sitzung) angelegt hat, denn sonst ist nicht definiert, welchem Warenkorb etwas hinzugefügt werden soll. Die einzelnen Aufrufe setzen voraus, dass bestimmte andere Aufrufe vorher (und in der Regel in einer bestimmten Reihenfolge) erfolgt sind.

Auch wenn Sie nicht RESTful HTTP, sondern beispielsweise CORBA einsetzen, würden Sie eine solche Kommunikation in der Regel vermeiden und stattdessen ungefähr wie folgt realisieren:

```
shopService = server.getShoppingService(username, password)
cart = shopService.createShoppingCart(username, password)
shopService.addItem(username, password, cart, 10, product1)
shopService.addItem(username, password, cart, 20, product2)
shopService.addItem(username, password, cart, 5, product3)
shopService.checkout(username, password, cart)
```

Listing 9–2 *Statuslose Variante der Einkaufstour*

Jeder einzelne Request enthält nun alle Daten, die der Server braucht, um ihn zu verarbeiten – die Notwendigkeit eines Kontexts entfällt. Gelegentlich wird diese Aussage fälschlich so interpretiert, als ob der Server sich nichts merken dürfe. Das ist nicht gemeint; natürlich wird der Server typischerweise eine ganze Menge von Daten verwalten. Diese sind jedoch nicht clientabhängig und auch nicht transient nur im Speicher vorhanden, sondern im Sinne von Ressourcenstatus persistent und identifizierbar. Daraus ergibt sich eine Reihe von Vorteilen:

- Die Kommunikation ist explizit: Jede einzelne Nachricht kann nicht nur vom Server, sondern auch von Systemmanagement-Werkzeugen oder auch einem Administrator für sich allein interpretiert werden, ohne dass dabei vorangegangene Nachrichten berücksichtigt werden müssen.
- In einer Architektur, in der mehrere Serverprozesse für die Verarbeitung von Requests zur Verfügung stehen, müssen aufeinanderfolgende Nachrichten nicht zwingend vom gleichen Serverprozess abgearbeitet werden.
- Die vom Server benötigten Systemressourcen sind geringer, was insbesondere bei einer großen Anzahl von Clients entscheidend sein kann.

Natürlich hat dieser Ansatz auch Nachteile. Welche dies sind, hängt von der Art und Weise ab, in der die statusbehaftete Kommunikation vermieden wird. Dazu haben Sie zwei Möglichkeiten: serverseitigen (Ressourcen-)Status oder Clientstatus – beide werden wir uns gleich näher ansehen. Zunächst aber wenden wir uns dem Mechanismus zu, der in Webanwendungen die größte Verbreitung hat: Cookies.

9.1 Cookies

Cookies wurden ursprünglich erfunden, um den statuslosen Charakter von HTTP – und damit eines der Grundprinzipien von REST – zu umgehen und das Konzept einer Benutzersitzung einzuführen. Der Cookie-Mechanismus ist sehr einfach und wird von jedem Browser unterstützt. Der Server erzeugt als Teil seiner Antwort einen Header mit dem Namen »Set-Cookie«, in dem eine Liste von

Schlüssel/Wert-Paaren gesetzt wird; der Client übermittelt diese Werte bei jeder Anfrage an den gleichen Server und Pfad in einem Cookie-Header.

Dieser Mechanismus wird in Webanwendungen in der Regel verwendet, um eine im Hauptspeicher vorgehaltene, benutzerspezifische Datenstruktur zu identifizieren, typischerweise eine Hashtabelle. Für jeden einzelnen Benutzer – ob angemeldet oder nicht – gibt es damit eine Menge von Schlüssel/Wert-Paaren, in denen der Server Informationen zwischenspeichert.

Warum sollte man so etwas tun? Das klassische Beispiel ist genau der Warenkorb des Onlinebestellprozesses: Die Argumentation ist, dass erst das Umwandeln eines Warenkorbs in eine Bestellung es rechtfertigt, Informationen dauerhaft (persistent) anzulegen. Solange der Anwender noch nicht bestellt, kann der Warenkorb im Speicher gehalten werden. Diese Argumentation ist allerdings nicht wirklich schlüssig: Aus Gründen der Skalierbarkeit werden Sie in aller Regel sicherstellen wollen, dass nicht alle Anfragen vom gleichen Serverprozess beantwortet werden müssen. Haben Sie sitzungsbezogene Daten im Hauptspeicher abgelegt, müssen Sie diese nun zwischen den einzelnen Serverprozessen synchronisieren. Die Tatsache, dass einige Webframeworks bzw. Webserver anbieten, dies über die relationale Datenbank zu tun, führt die Begründung vollständig ad absurdum.

Wir haben schon mehrfach angesprochen, dass die statuslose Natur des HTTP-Protokolls kein Versehen und auch kein Mangel, sondern eine bewusste Entwurfsentscheidung war. Folgerichtig ergeben sich aus dem Einsatz von Sessions, die über Cookies identifiziert werden, eine Reihe von Problemen:

- Im Server vorgehaltene, transiente Sessioninformationen verhindern eine freie Verteilung von Requests auf die verfügbaren Serverprozesse; Sie müssen entweder für eine Replikation der Sessions sorgen oder sicherstellen, dass die Requests eines Clients in einer Sitzung vom gleichen Prozess verarbeitet werden.
- Beim Herunterfahren oder beim Absturz des Serverprozesses gehen sessionbezogene Daten verloren, wenn sie nicht persistiert werden.
- Die Auswirkung eines einzelnen Requests ist nicht mehr nur vom Request und dem Ressourcenstatus abhängig, sondern von den vorangegangenen Anfragen.
- Ein Client muss zunächst eine Reihe von Schritten »als Vorarbeit« verrichten, bevor er seine eigentliche Abfrage durchführen kann.

Bei genauerer Betrachtung dieser Argumente werden Sie feststellen, dass sie sich nicht so sehr gegen Cookies, sondern gegen die übliche Praxis richten, Cookies zur Identifikation einer Session zu verwenden (indem im Cookie die ID einer Session abgelegt wird).

Cookies können aber auch »stateless« verwendet werden, also ohne den Bezug zu einer Session. In diesem Fall wird die Skalierbarkeit des Systems nicht beeinflusst. Je nach Anwendungsfall besteht allerdings immer noch der Nachteil, dass zwei ansonsten gleichlautende Anfragen je nach Inhalt des Cookies unterschiedlich beantwortet werden – die Interaktion ist damit deutlich weniger explizit, als es in einer REST/HTTP-Anwendung wünschenswert ist.

Für die Interaktion zwischen Anwendungen über HTTP sind Cookies weniger geeignet und daher auch ein selten verwendeter Mechanismus. Wenn Sie es können, sollten Sie Cookies aber auch in Ihren Webanwendungen vermeiden. Einen Weg, Sitzungsinformationen anders umzusetzen, betrachten wir im nächsten Abschnitt. Den zweiten großen Einsatzbereich von Cookies – die Authentifizierung – sehen wir uns in Kapitel 11 näher an.

9.2 Ressourcen- und Clientstatus

Sie können statusbehaftete Kommunikation in einer REST-Anwendung vermeiden, indem Sie den Status entweder in einen Ressourcen- oder Clientstatus umwandeln. Welcher der beiden Wege der sinnvollere ist, hängt (wie so häufig) ganz von Ihren Anforderungen ab. Sehen wir uns am Beispiel des Warenkorbs zunächst den Unterschied an.

Wenn Sie den Status clientseitig verwalten, muss der Client ihn bei jeder Interaktion mit dem Server erneut übertragen und der Server ihn in der Antwort als Teil der Repräsentation wieder zurückliefern. Der Server führt seine Geschäftslogik (im Fall des Warenkorbs vielleicht eine Prüfung von Kombinationsmöglichkeiten, die Berechnung des Gesamtpreises oder das Erzeugen von Vorschlägen) auf Basis der Daten aus, die er in der Anfrage übermittelt bekommt.

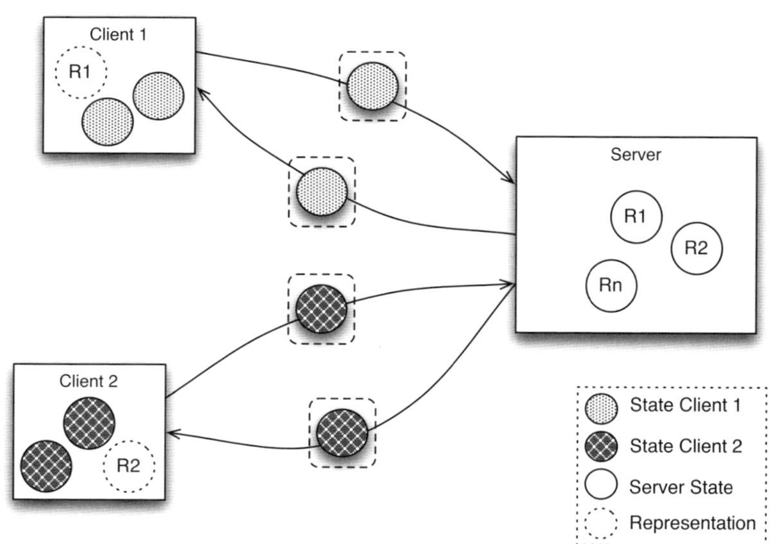

Abb. 9–1 *Kommunikationsstatus als Clientstatus*

Informationen im Client zu halten, anstatt sie in einer Serversession abzulegen, hat jedoch nicht nur Vorteile, sondern auch Nachteile:

- Die Menge der in den einzelnen Anfragen und Antworten übertragenen Daten steigt.
- Der Status der Clients ist für den Server nicht sichtbar, wenn diese Informationen dezentral gehalten werden.

Alternativ können Sie den Sitzungsstatus auch in einen Ressourcenstatus konvertieren. In unserem Beispiel bedeutet das, dass wir den Warenkorb zu einer eigenen Ressource erklären:

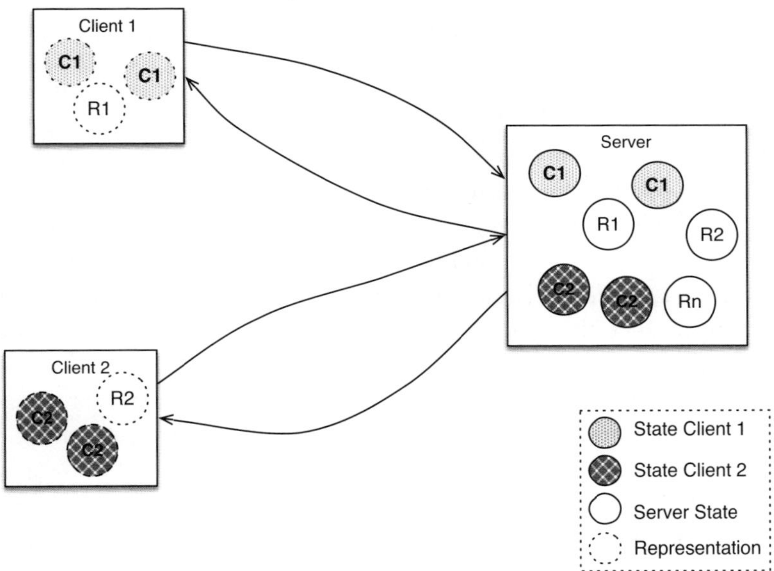

Abb. 9–2 *Kommunikationsstatus als Ressourcenstatus*

Wenn Sie die beiden Varianten vergleichen, werden Sie feststellen, dass die Unterscheidung nicht so schwarz-weiß ist, wie sie auf den ersten Blick erscheint. In beiden Fällen gibt es sowohl server- als auch clientseitigen Status. Bei keiner der beiden Varianten aber gibt es kommunikationsrelevante Informationen, die der Server verwaltet, ohne dass diese auch Ressourcen wären – anders formuliert: Wenn Serverstatus, dann in Form von Ressourcen. Der Client arbeitet – wie bei allen Ressourcen – mit Repräsentationen; dazu zählen nun auch diejenigen, die den Clientstatus repräsentieren.

Der wesentliche Nachteil dieses Ansatzes ist, dass der Server zusätzliche Ressourcen verwalten muss. Dazu zählt möglicherweise auch das Entfernen von einmal angelegten Ressourcen, auf die der Client in einer definierten Zeitspanne nicht mehr zugegriffen hat.

Erfreulicherweise führt die Einführung einer Ressource für die Informationen, die ansonsten in einer Session abgelegt würden, zu weiteren angenehmen Seiteneffekten: Der Status ist nun adressierbar – in unserem Beispiel bedeutet das, dass ein Warenkorb zum Beispiel als Lesezeichen abgelegt und in einer E-Mail oder der Repräsentation einer anderen Ressource verlinkt werden kann. Der Warenkorb als adressierbare Ressource kann außerdem nun auch zwischen unterschiedlichen Clients geteilt werden.

In der Konsequenz führt dieser Ansatz dazu, dass es keine Sitzung mehr gibt bzw. geben muss – und damit eröffnet sich die Möglichkeit einer nahezu unbegrenzten Skalierbarkeit.

9.3 Skalierbarkeit und »Shared Nothing«-Architektur

Bevor wir uns mit der Skalierbarkeit von REST-konformen Anwendungen beschäftigen, sollten wir den Begriff Skalierbarkeit definieren: Sie beschreibt die Eigenschaft eines Systems, steigenden nicht funktionalen Anforderungen mit angemessenen zusätzlichen Mitteln begegnen zu können. Kann die Kapazität des Systems mit der doppelten Menge an Systemressourcen um den Faktor x, mit der vierfachen um den Faktor $2x$ erhöht werden, spricht man von linearer Skalierbarkeit. In den meisten Fällen ist der Skalierbarkeit eine Grenze gesetzt – steigen die Anforderungen über eine gewisse Schwelle, muss das System grundlegend geändert werden.

In den letzten Jahren gibt es einen generellen Trend weg von immer mächtigeren, großen und teuren Serversystemen hin zu einer größeren Anzahl kleinerer, einfacherer und günstigerer Systeme. Erweitert man ein einzelnes System, zum Beispiel durch den Einbau weiterer CPUs oder Hauptspeicher, spricht man von vertikaler Skalierung *(»scale up«)*; für das Hinzufügen weiterer Rechnerknoten wird der Begriff horizontale Skalierung *(»scale out«)* verwendet. Durch die immer größere Bedeutung von Virtualisierungstechnologien verschwimmt die Grenze zwischen diesen beiden Modellen zwar wieder ein wenig. Dennoch ist eine Tendenz hin zu einem Ansatz zu beobachten, der sich »Shared Nothing«-Architektur nennt.

Grundlage dieses Modells ist die Erkenntnis, dass das Haupthindernis für eine hohe (idealerweise lineare) Skalierbarkeit die Anzahl der gemeinsam verwendeten Systemressourcen ist: Der Zugriff darauf muss koordiniert werden und begrenzt damit die Skalierungseffekte, die sich durch das Hinzufügen weiterer Hardware erreichen lassen. Eine idealisierte (und recht unrealistische) Architektur, in der sich unterschiedliche Gruppen von Clients überhaupt nichts teilen, und die Erweiterung der Kapazität sind in der folgenden Abbildung dargestellt:

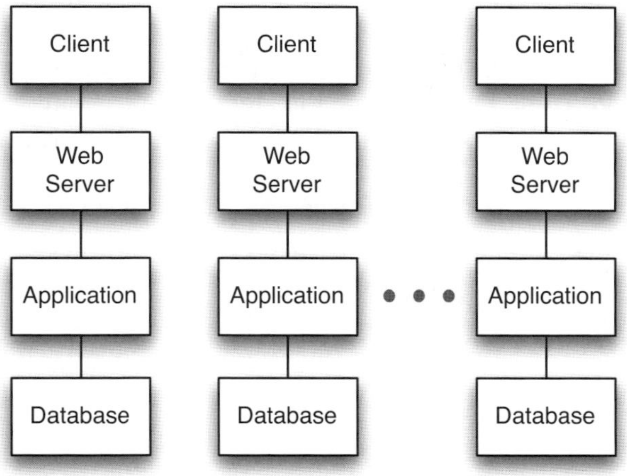

Abb. 9–3 *Idealisierte »Shared Nothing«-Architektur*

Etwas realistischer ist folgende Variante, bei der es zum einen eine vorgeschaltete Lastverteilung, zum anderen eine gemeinsame Datenbank gibt:

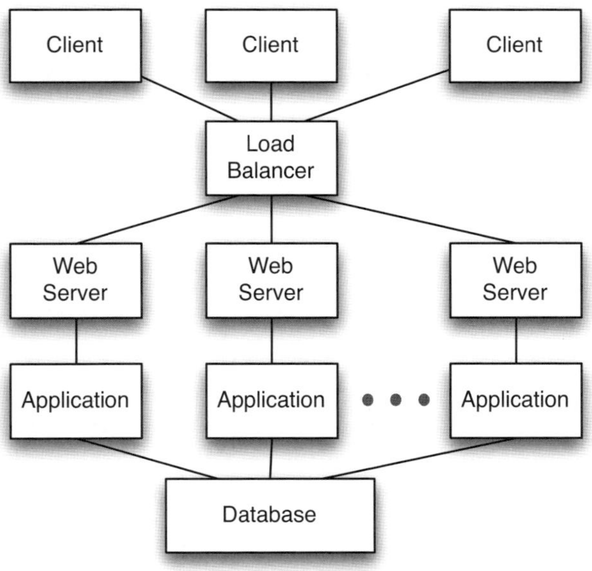

Abb. 9–4 *Architektur mit wenigen gemeinsamen Elementen*

Eine solche Architektur ist in vielen Situationen die richtige Wahl: Sowohl *Load Balancer* als auch relationale Datenbanksysteme sind heute hochskalierbar und der notwendige Ressourcenbedarf sehr gut planbar. Ein REST-konformes System auf HTTP-Basis unterstützt einen solchen Shared-Nothing-Ansatz durch die statuslose Kommunikation sehr gut.

9.4 Zusammenfassung

Der Verzicht auf Sitzungsstatus ist ein in allen verteilten Systemarchitekturen angestrebtes Ziel. Diese Einschränkung ist Teil der Einschränkungen des REST-Architekturstils, weil dadurch erwünschte Eigenschaften – Sichtbarkeit, Skalierbarkeit und Ausfallsicherheit – verbessert werden.

Durch ein weiteres REST- und HTTP-Konzept wird neben der Skalierbarkeit auch die Performance deutlich erhöht. Dieses Konzept ist das Caching, mit dem wir uns im nächsten Kapitel beschäftigen.

10 Caching

GET is one of the most optimized pieces of distributed systems plumbing in the world.
– Don Box, Webservices-Guru und SOAP-Miterfinder

Die Unterstützung von Caching und das *conditional GET* sind zentrale Voraussetzung für die Skalierbarkeit der Webarchitektur: Nichts ist effizienter als Anfragen, die gar nicht erst gestellt werden. Bereits seit HTTP 1.0 gibt es daher Mechanismen, die diese Anforderung effizient umsetzen, und Caching wird auch in Fieldings Dissertation als wesentliches Element des REST-Stils definiert.

Die HTTP-Spezifikation definiert dazu zwei Modelle. Im Expirationsmodell liefert der Server in den Metadaten – also in HTTP-Headern – Informationen über die Gültigkeitsdauer einer Antwort. Innerhalb dieses Zeitraums kann der Client oder ein zwischen Client und Server angesiedelter externer Cache die Antwort für zukünftige Anfragen wiederverwenden, ohne den Server erneut kontaktieren zu müssen: Die Client/Server-Interaktion wird so komplett vermieden. Im Validierungsmodell fragt der Client (oder ein Cache) beim Server an, ob eine bereits vorhandene – gecachte – Antwort wiederverwendet werden kann: So wird zwar nicht die Interaktion selbst, aber unter Umständen die Übertragung der Daten vermieden. Beide Modelle lassen sich kombinieren: Ein Cache kann eine gemäß Ablaufdatum nicht mehr gültige Kopie validieren.

10.1 Expirationsmodell

Betrachten wir zunächst das Expirationsmodell. Ein Client fordert von einem Server die Repräsentation einer Ressource per GET an. Der Server liefert die Repräsentation zurück und setzt einen Header, der angibt, wie lange die Antwort gültig ist, in diesem Fall 60 Sekunden:

```
curl -i http://example.com/orders/

HTTP/1.1 200 OK
Cache-Control: max-age=60
Connection: Keep-Alive
```

```
Allow: HEAD, GET, POST
Date: Sun, 22 Feb 2009 09:57:32 GMT
Content-Type: text/html; charset=utf-8
Etag: "f0c78b3bc6bac6df9b36061d72827f77"
Content-Length: 1953

...
```

Der Server teilt dem Client dadurch mit, dass es sich innerhalb von 60 Sekunden nach dieser Anfrage nicht lohnt, die Repräsentation erneut abzufragen – es würde nur das gleiche Ergebnis zurückgeliefert. Der Client kann die Antwort also innerhalb dieses Zeitraums weiterverwenden. Anstelle des »max-age«-Wertes im »Cache-Control«-Header kann auch ein »Expires«-Header verwendet werden. Dieser gibt einen absoluten Zeitpunkt an – sozusagen ein Mindesthaltbarkeitsdatum für die Ressource:

```
Expires: Sun, 22 Feb 2009 11:57:32 GMT
```

In beiden Fällen lässt sich die Anzahl der Anfragen, die der Server verarbeiten muss, drastisch reduzieren. Gleiches gilt für die Wartezeiten im Client: Kann dieser die Anfrage aus seinem lokalen Cache bedienen, eventuell aus dem Hauptspeicher, wird sie um mehrere Größenordnungen schneller beantwortet. Noch offensichtlicher wird der Effekt beim Einsatz eines Cache-Servers, der zwischen dem eigentlichen Server (in HTTP-Terminologie: »Origin Server«) und den Clients sitzt. Dabei kann eine Vielzahl von Anfragen vom Cache beantwortet werden, ohne dass das Backend involviert werden muss.

Allerdings muss sich der Client nun mit einer unter Umständen nicht mehr ganz aktuellen Antwort zufriedengeben. Dies erscheint im Umfeld von Enterprise-Anwendungen zunächst völlig inakzeptabel. Wie so häufig allerdings lohnt es sich, die reflexartige Reaktion zu hinterfragen: Wirklich aktuell ist eine Antwort bei einer verteilten Anwendung ohnehin nie, insbesondere dann nicht, wenn Antworten eine Interaktion mit mehreren Systemen erfordern oder Datenbanken repliziert werden. Für viele Anfragen ist eine Gültigkeit von zumindest 5, 10 oder 30 Sekunden völlig akzeptabel. Ob sich das lohnt, hängt von der potenziellen Anzahl der Anfragen ab. In vielen Fällen ergibt sich die Gültigkeitsdauer bzw. das Ablaufdatum auch aus anderen Randbedingungen: Werden Daten mit einem anderen System zum Beispiel nur einmal am Tag ausgetauscht, etwa in einem nächtlichen Batchlauf, wissen Sie als Entwickler der Serveranwendung, dass sich eine erneute Anfrage bis zum nächsten Datenabgleich nicht lohnt.

Viele Antworten sind aber nicht nur einige Sekunden, Minuten oder Stunden, sondern unendlich gültig. Das gilt für alle Ressourcen, die einen klaren Zeitbezug haben, der in der Vergangenheit liegt, ebenso wie für solche, die sich aufgrund ihres Status nicht mehr ändern können. Einige Beispiele: Die Ressource für alle Bestellungen, die am 21.2.2009 zwischen 10 und 11 Uhr eingegangen sind; die Bestellung 4711, die bereits abgeschlossen ist und sich daher nicht mehr ändern kann; die Umsatzstatistik für 2007 nach Veröffentlichung des Jahresabschlusses des Unternehmens. In solchen Fällen ist es vollkommen unsinnig, den Server mit immer neuen Anfragen zu belasten, die doch immer das gleiche Ergebnis zurückliefern.

Als Entwickler einer REST-Anwendung müssen Sie auf Basis der fachlichen Anforderungen und der nicht funktionalen Rahmenbedingungen entscheiden, ob und welche Gültigkeit Sie für Ihre Ressourcen angeben. Wenn Sie diesem Ansatz folgen und der Haupzugriffsweg auf Ihre Dienste das RESTful-HTTP-Interface ist, können Sie sich die Implementierung eines anwendungsspezifischen Cache sparen.

10.2 Validierungsmodell

Das Expirationsmodell ist sehr einfach, sowohl für denjenigen, der den Server implementiert, als auch für den Nutzer des Dienstes. In vielen Fällen ist es jedoch nicht ausreichend, da im Vorhinein schwer zu entscheiden sein kann, wie lange oder bis wann eine Ressource gültig ist. Für diese Fälle bietet HTTP als Alternative ein Validierungsmodell.

Bei dieser Variante entscheidet sich erst bei einem erneuten Zugriff, ob die gecachte Repräsentation einer Ressource noch gültig ist oder nicht – die Abfrage erfolgt als *bedingt*. Eine Möglichkeit dazu ist die Angabe eines Datums, seit dem sich die Ressource verändert haben muss, um für den Client interessant zu sein:

```
GET /orders/ HTTP/1.1
Host: example.com
If-Modified-Since: Sun, 22 Feb 2009 10:03:39 GMT
```

Der Server antwortet darauf entweder mit der vollständigen Repräsentation oder aber mit einer kurzen Information, dass sich nichts verändert hat:

```
HTTP/1.1 304 Not Modified
Cache-Control: private, max-age=0, must-revalidate
Date: Sun, 22 Feb 2009 10:54:23 GMT
Content-Type: text/html; charset=utf-8
Etag: "635cef4f49602b621b129e8fb27e11f8"
```

Es findet also eine Client/Server-Interaktion statt, allerdings ohne eine überflüssige erneute Übertragung der Daten.

Alternativ zur Validierung auf Basis eines Modifikationszeitpunkts kann der Client den Server auch fragen, ob eine lokal verfügbare Kopie der Repräsentation einer Ressource identisch zur aktuellen ist. Die Daten dazu zum Server zu übertragen wäre eine unlogische und verschwenderische Lösung. Stattdessen liefert der Server als Teil der initialen Antwort ein Entity-Tag *(ETag)*, einen Hashwert, der sich bei jeder Änderung an den Daten ebenfalls ändert; der Client kann diesen Wert als Teil einer bedingten Abfrage an den Server senden:

```
GET /orders/ HTTP/1.1
Host: example.com
If-None-Match: "635cef4f49602b621b129e8fb27e11f8"
```

Auch hier antwortet der Server entweder mit einer aktualisierten Repräsentation (und einem neuen ETag) oder einem »304 Not Modified«. (Wichtig: Wenn Sie den ETag-Mechanismus zur Unterstützung des Cachings verwenden, müssen Sie damit rechnen, dass Clients auch bedingte PUT-, POST- oder DELETE-Requests senden – siehe dazu Abschnitt 13.4.)

Die Bedenken, dass ein Client mit möglicherweise nicht mehr aktuellen Daten arbeitet, greifen beim Validierungsmodell nicht. Dafür findet jedoch in jedem Fall eine Kommunikation zwischen Client und Server statt.

Die Konsequenzen hängen dabei stark von der serverseitigen Implementierung ab. Wenn die Anwendung die vollständige Antwort ermittelt – z. B. durch diverse Datenbankzugriffe und komplexe Verarbeitungslogik – wird beim Validierungsmodell »nur« die übertragene Datenmenge reduziert. Ist es jedoch möglich, das (logische) Datum der letzten Modifikation oder ein ETag schneller zu ermitteln als die komplette Antwort, kann auch die Last auf dem Server deutlich reduziert werden. In diesem Fall spricht man von »Deep ETags«.

Dies ist im Rahmen einer generischen Lösung, also zum Beispiel in einem Webframework oder einem vorgeschalteten Proxy-Server, nicht möglich, da dazu anwendungsspezifisches Wissen notwendig ist. Es ist also Ihre Aufgabe als Entwickler einer REST-Anwendung, sich darüber Gedanken zu machen.

Sehen wir uns dazu zwei Beispiele an. Im ersten Fall liefert ein Finanzsystem Analyseinformationen über Bewegungen an den weltweiten Börsen. Die Daten, aus denen diese Informationen berechnet werden, bezieht es von diversen nachgelagerten Systemen, die ihre Informationen aktiv (also in einem »Push«-Modell) übermitteln. Ressourcenrepräsentationen werden dynamisch auf Basis der vorliegenden Daten berechnet und an die anfragenden Clients zurückgemeldet. Dabei wird vom eingesetzten Webframework automatisch ein Zeitstempel in den »Date«-Header gesetzt. Soll eine bedingte Anfrage eines Clients beantwortet werden, bei der dieser einen »If-Modified-Since«-Header gesetzt hat, kann das System überprüfen, ob von einem der nachgelagerten Systeme seit diesem Zeitpunkt überhaupt Daten geliefert wurden. Ist dies nicht der Fall, kann direkt der Statuscode »304 Not Modified« zurückgemeldet werden, ohne dass irgendeine Berechnung stattfinden muss.

Im zweiten Beispiel liefert der Server auf Anfrage des Clients eine komplexe Repräsentation einer Kundenakte zurück, die diverse Informationen über den Kunden aggregiert. Die Erstellung der Repräsentation besteht dabei aus zwei nachgelagerten Schritten: der Zusammenstellung der notwendigen Informationen und der anschließenden layoutkonformen Aufbereitung. Der Informationsgehalt hängt nur vom ersten Schritt ab; der Server kann also auf dieser Basis ein ETag berechnen und dieses mit dem vom Client übermittelten vergleichen. Ist es identisch, kann der Layoutprozess übersprungen und ebenfalls der Statuscode 304 zurückgegeben werden. (In diesem speziellen Fall ist es möglicherweise ratsam, das ETag als »weak« zu kennzeichnen; mehr dazu in Abschnitt 10.5.)

Die beiden Modelle – Expiration und Validierung – können miteinander kombiniert werden: Anstatt dass ein Client oder ein Cache nach Ablauf des Gültigkeitszeitraums die Ressource neu anfordert, kann er eine bedingte Anfrage stellen und die Gültigkeit seiner lokalen Kopie verlängern. Eine einfache grafische Darstellung des Caching-Verhaltens liefert Ryan Tomayko in [Tomayko2008].

10.3 Cache-Topologien

Ein Cache kann als Bestandteil eines Clients implementiert sein; in diesem Fall liegt der Hauptnutzen in der Reduktion von Anfragen, die ein und derselbe Client an die gleichen Ressourcen stellt: Verschiedene Clients, die auf dieselben Ressourcen zugreifen, haben jeweils ihre eigene Kopie. Bei gemeinsam genutzten (geteilten oder »shared«) Caches greifen unterschiedliche Clients auf einen dem Server vorgelagerten, separaten Dienst zu. Daraus ergibt sich eine Reihe von unterschiedlichen Topologien für Caching im HTTP-Umfeld, die wir uns im Folgenden genauer ansehen.

Bei einem rein clientseitigen Caching werten die Clients die Cache-relevanten Header aus, die der Server ihnen übermittelt, bedienen sich aus ihrem lokalen Cache und stellen bedingte Anfragen. Spezifisch auf den Client zugeschnittene Repräsentationen können dabei ebenso gecacht werden wie verschlüsselte Daten. Der Nutzen hängt davon ab, wie häufig ein und derselbe Client wiederholt auf dieselbe Ressource zugreift (und natürlich davon, wie häufig sich die Daten ändern – aber das gilt für jede Topologie). Ein solcher clientseitiger, »privater« Cache ist in jeden Webbrowser eingebaut und standardmäßig aktiviert.

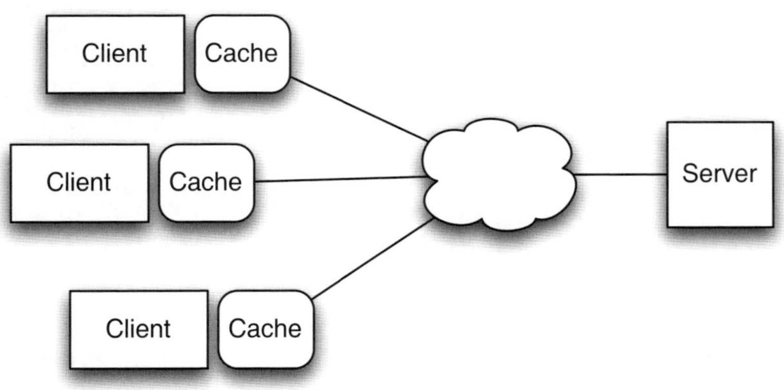

Abb. 10–1 *Rein clientseitiges Caching*

Mehrere Clients können sich einen Cache teilen; Anfragen werden bei Vorhandensein einer (noch) gültigen Antwort daraus bedient. Gecacht werden können dabei Antworten, die für alle Clients gleich sind (also ohne personalisierte Inhalte). Besonders vorteilhaft ist diese Topologie, wenn unterschiedliche Clients auf die gleichen Ressourcen zugreifen. Der Shared Cache selbst kann gecachte Repräsentationen beim jeweils angesprochenen Server validieren. Ein solches Modell ist vor allem in Unternehmen anzutreffen, die sämtliche Anfragen aus dem internen Firmennetz durch einen Proxy-Server leiten, der Caching implementiert. Beispiele für solche Server sind Squid oder Varnish (siehe Anhang C.3). Da der clientseitige Shared Cache aus historischer Sicht das erste breit unterstützte Modell war, bezeichnet man diese Topologie gemeinhin auch einfach nur als »Proxy-Cache«.

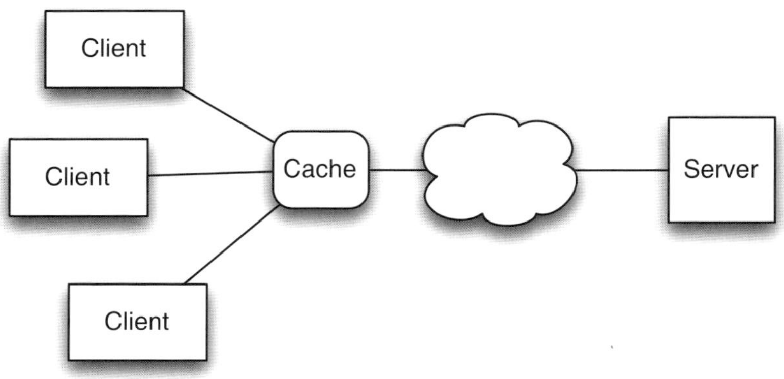

Abb. 10–2 *Clientseitiger Shared Cache*

Ein Cache kann auch auf der Serverseite angesiedelt werden. Sämtliche Anfragen an den Server laufen damit durch einen zentralen Cache; gecachte Antworten werden aus dem Cache bedient und der eigentliche Server (das Backend) damit entlastet. Dabei können sowohl personalisierte als auch übergreifend gültige Inhalte zwischengespreichert werden. Dieses Modell nennt man auch »Reverse Proxy Cache«, um den Unterschied zum clientseitigen Shared Cache deutlich zu machen.

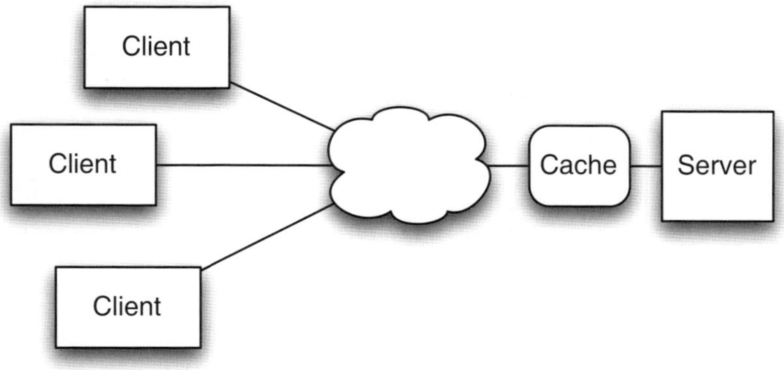

Abb. 10–3 *Server-Cache*

Die folgende Abbildung zeigt eine zufällig zusammengestellte, komplexe Cache-Topologie als Kombination aus den hier beschriebenen Möglichkeiten:

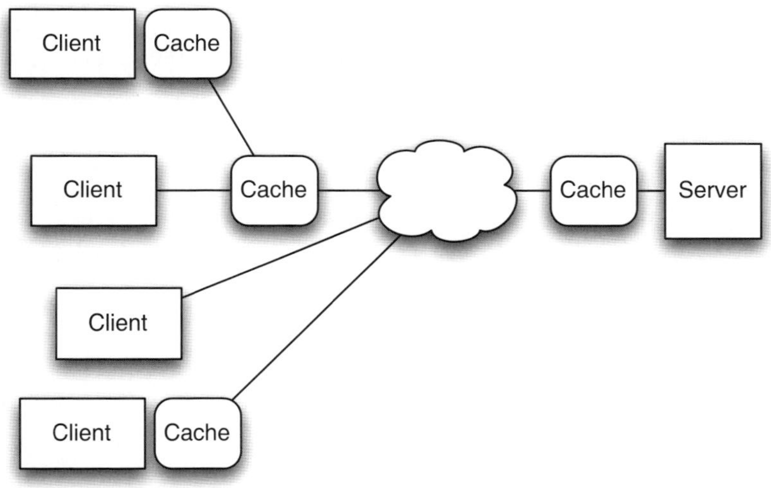

Abb. 10–4 *Kombination*

Anhand dieser Kombination lässt sich der größte Vorteil von Caching in HTTP illustrieren: Jede dieser Topologien lässt sich vollständig unabhängig von der Implementierung der Clients und Server aufsetzen, solange diese sich an die Cache-Vorgaben des HTTP-Protokolls halten. Ob Sie eine öffentlich zugängliche Webanwendung implementieren oder ein Enterprise-Szenario unterstützen müssen, ob die Clients Webbrowser oder andere Anwendungen sind: Wenn Sie die Cache-relevanten Header korrekt und effizient füllen bzw. auswerten, profitieren Sie am meisten von der darauf optimierten Webarchitektur.

10.4 Caching und Header

Clients und Server können das Caching beeinflussen, indem sie dafür relevante HTTP-Header verwenden. Der wichtigste dieser Header ist »Cache-Control«, der von Client und Server verwendet werden kann (den vom Server gesetzten Parameter »max-age« haben wir schon gesehen). Im Folgenden finden Sie eine Übersicht der wichtigsten Cache-Control-Parameter und anderer Caching-relevanter Header, getrennt nach Verwendung in Anfrage und Antwort.

10.4.1 Response-Header

Der wichtigste Header für die Kontrolle des Caching-Verhaltens in HTTP 1.1 ist »Cache-Control«. Über diesen kann der Server dem Client mitteilen, ob eine Antwort gecacht werden darf, und wenn ja, ob dies in einem von mehreren Clients genutzten Cache oder nur im Client selbst erfolgen darf:

Header-Beispiel	Bedeutung
Cache-Control: private, max-age=60	Die Antwort darf nur im Client-Cache gespeichert werden (und ist 60 Sekunden gültig)
Cache-Control: public, max-age=60	Verwendung von Shared Caches ist erlaubt (public ist hier Voreinstellung)
Cache-Control: no-cache	Die gesamte Antwort darf gecacht werden, muss vor der Auslieferung an den Client aber neu validiert werden
Cache-Control: no-cache="Set-Cookie"	Die Antwort darf gecacht werden, mit Ausnahme des genannten Headers

Tab. 10–1 *»Cache-Control«-Header in Serverantworten*

Es gibt eine ganze Reihe weiterer Direktiven, die im »Cache-Control«-Header vom Server als Teil einer Antwort gesetzt werden dürfen:

- Die Direktive »max-age=...« ist uns bereits diverse Male begegnet und gibt an, wie lange eine Antwort gültig ist und von einem Cache ohne erneute Validierung zwischengespeichert werden soll.
- Mit »s-maxage=...« können Sie die über den Expires-Header oder max-age gesetzte Zeit für einen Shared Cache anders festlegen.
- Über »must-revalidate« können Sie erzwingen, dass eine gecachte Antwort auf gar keinen Fall ohne eine erneute Validierung erfolgt, auch wenn ein Cache anders konfiguriert ist oder der Client die »max-stale«-Direktive (s.u.) verwendet.
- »proxy-revalidate« funktioniert wie »must-revalidate«, bezieht sich allerdings nur auf gemeinsam genutzte Caches.

- Mit »no-store« (verwendbar sowohl in der Anfrage als auch der Antwort) signalisiert der Sender, dass die in der Nachricht enthaltenen Daten nicht zwischengespeichert werden sollen, was z. B. für vertrauliche Informationen sinnvoll sein kann.

Neben den bereits erwähnten »Date«-, »Expires«- und »ETag«-Headern ist außerdem noch der »Vary«-Header Caching-relevant. So könnten Sie zum Beispiel aus Ihrem Server abhängig vom Typ des Clients unterschiedliche Inhalte ausliefern und diese durch einen »Vary«-Header bekannt geben:

```
Vary: User-Agent
```

Für einen Cache bedeutet das, dass er einem Client, der den User-Agent-Header auf »A« setzt, keine gecachte Repräsentation senden darf, die für User-Agent »B« zurückgeliefert wurde.

10.4.2 Request-Header

Der Client kann in seiner Anfrage ebenfalls in Cache-Control-Direktiven definieren, ob und unter welchen Bedingungen er Daten aus Caches akzeptieren möchte:

- »max-age=... « definiert das maximale Alter (in Sekunden), das eine Antwort haben darf. Mit max-age=0 kann ein Client erzwingen, dass alle Caches auf dem Weg zum Server ihre Einträge validieren und gegebenenfalls aktualisieren.
- Über »min-fresh=... « legt der Client fest, wie lange eine Antwort mindestens noch gültig sein muss.
- Mit »max-stale=...« kann der Client angeben, dass er auch mit nicht mehr aktuellen Antworten zufrieden ist.
- Sendet ein Client »Cache-Control: no-cache«, wird die Anfrage auf jeden Fall erneut zum Server geleitet und nicht aus einem Cache bedient.
- Mit »only-if-cached« kann der Client angeben, dass er die Antwort nur dann möchte, wenn sie gecacht ist. Dieser Header wird äußerst selten verwendet.

Zusätzlich kann der Client die bereits beschriebenen »If-Modified-Since«- und »IfNone-Match«-Header verwenden, um konditionale Abfragen zu formulieren.

10.5 Schwache ETags

In unserer Betrachtung von ETags haben wir noch ein Detail ignoriert – die genaue Definition, wann zwei Repräsentationen einer Ressource dasselbe ETag haben sollten. In der HTTP-Spezifikation werden dazu zwei Varianten unterschieden:

Starke *(»strong«)* **ETags** beziehen sich auf die vollständige Repräsentation. Nur wenn zwei Repräsentationen Byte für Byte identisch sind, darf ein Server für sie das gleiche ETag verwenden. Der Grund ist, dass ein Client gecachte Inhalte dann auch bei *Range Requests*, also Zugriffen auf einen Teilbereich der Repräsentation, verwenden darf. Dies würde nicht funktionieren, wenn die Ressourcen zwar logisch gleich, nicht jedoch auf Darstellungsebene 100%ig identisch sind.

Schwache *(»weak«)* ETags identifizieren eine Ressource bzw. deren Repräsentation nur auf logischer Ebene, in der tatsächlichen Darstellung oder Serialisierung kann es leichte Unterschiede geben. Solche ETags erkennen Sie an einem vorangestellten »W/«, wie in folgendem Beispiel:

```
HTTP/1.1 200 OK
Date: Sun, 22 Feb 2009 09:57:32 GMT
Content-Type: text/html; charset=utf-8
Etag: W/"f0c78b3bc6bac6df9b36061d72827f77"
Content-Length: 1953
```

Listing 10–1 *Beispiel für ein »schwaches« ETag*

Schwache ETags sind insbesondere in der Kombination mit *Range Requests*, also Zugriffen auf eine bestimmte Untermenge einer Ressource (siehe Anhang B.3), wichtig: Eine evtl. in einem Cache vorgehaltene Kopie darf für solche Requests nicht verwendet werden.

10.6 Invalidierung

In diesem Kapitel haben wir uns bislang immer nur mit GET-Requests beschäftigt. Was ist jedoch mit den anderen Methoden? Zum Teil können die Antworten ebenfalls gecacht werden, zum Teil haben sie Einfluss auf evtl. im Cache zwischengespeicherte Antworten auf andere Anfragen:

- Antworten auf ein GET oder HEAD sollten eigentlich immer gecacht werden können, wenn der Client dies nicht ausdrücklich anders anfordert oder der Server es explizit anders angibt. Eine Ausnahme bilden aus historischen Gründen GET-Anfragen an URIs mit Query-Parametern, die von HTTP/1.0-Servern beantwortet werden; ansonsten müssen Sie davon ausgehen, dass Ihre Antworten von Clients oder Shared Caches zwischengespeichert werden.
- Antworten auf einen OPTIONS-Request werden nicht gecacht.
- Ein POST, PUT oder DELETE auf eine Ressource invalidiert den Cache, d. h., Caches verwerfen zwischengespeicherte Repräsentationen dieser Ressource.

Solange der Zugriff auf Ihre Ressourcen für die Infrastruktur sichtbar ist, also explizit über ein PUT, POST oder DELETE auf die möglicherweise gecachte Ressource erfolgt, werden Inhalte automatisch invalidiert.

In typischen Anwendungen ergeben sich jedoch aus Änderungen an einer Ressource häufig Seiteneffekte, die zu Änderungen an anderen verbundenen Ressourcen führen. Sie müssen dies bei der Spezifikation Ihrer Cache-Parameter berücksichtigen. Ist der Cache Teil der Installation des Serverbetreibers, können Server und Cache direkt (d. h. über darauf ausgelegte Protokolle) miteinander kommunizieren. So kann der Server Inhalte explizit in den Cache vorladen oder diese invalidieren.

Ein Client, der auf gar keinen Fall mit einem gecachten Inhalt zufrieden ist, kann die Cache-Control-Direktive »max-age« auf 0 setzen: Damit wird der Inhalt beim Server neu angefordert.

10.7 Caching und personalisierte Inhalte

Ein häufiges Gegenargument gegen Caching in Webapplikationen sind personalisierte Inhalte. Tatsächlich scheint ein einziges benutzerspezifisches Element einer HTML-Seite, wie z. B. der Benutzername neben dem »Logout«-Link oder ein »Angemeldet seit ...«, jedwedes Caching unmöglich zu machen.

Für die gesamte Seite ist das korrekt. Allerdings gibt es zwei Mechanismen, über die Caching auch in solchen Fällen genutzt werden kann:

- Zunächst kann in einer Webanwendung ein Teil der Seite über ein JavaScript-Fragment aktualisiert werden: Jeder Client erhält die exakt gleiche Seite, interpretiert dann jedoch das JavaScript, das per Ajax die personalisierten Elemente nachlädt[1].
- Caching-Server wie Squid oder Varnish (siehe Anhang C.3) unterstützen mit *Edge Side Includes (ESI)* einen Mechanismus, über den der letzte Schritt der Seitenaufbereitung durch den Cache erfolgt, der statische (gecachte) und dynamische Elemente miteinander kombinieren kann.

10.8 Caching im Internet

Bei einer Webanwendung im Internet können zwischen Client und Server diverse Cache-Proxies liegen, die mehr oder weniger korrekt implementiert und konfiguriert sind. Anders als bei einer unternehmensinternen Anwendung, bei der Sie möglicherweise sehr viel Kontrolle über Client, Server und Intermediaries haben, sollten Sie sich daher nicht zu sehr auf die Korrektheit verlassen. Nähere Informationen dazu liefert Mark Nottingham in [Nottingham2007] und [Nottingham2006] (ebenso wie ein exzellentes allgemeines Tutorial zum Caching [Nottingham2013]).

1. Das ist natürlich nur dann ROCA-konform, wenn die personalisierten Informationen für die korrekte Funktion der Anwendung nicht unbedingt notwendig sind. Mehr zu ROCA lesen Sie in Kapitel 17.

10.9 Zusammenfassung

Für Ihre REST-Anwendung bietet sich die Gelegenheit, anstelle eines eigenen, anwendungsspezifischen Cache die Cache-Control-Header so zu verwenden, dass die Aufgabe des Cachings an die Infrastruktur delegiert wird. Diese Infrastruktur funktioniert außerordentlich gut, wenn es darum geht, Informationen über Caching effizient zur Verfügung zu stellen.

Aber auch wenn Sie für Ihren spezifischen Anwendungsfall Caching nicht nutzen wollen oder können, müssen Sie die entsprechenden Header korrekt setzen. Sie riskieren sonst, dass Clients mit veralteten Informationen arbeiten. Als generelle Empfehlung jedoch gilt: Sie sollten die Caching-Fähigkeiten ausnutzen – sie sind eines der Hauptargumente für einen REST-konformen Einsatz von HTTP.

11 Sicherheit

Fragen Sie einen Anwender oder einen Repräsentanten einer Fachabteilung im Unternehmen, ob Verschlüsselung, Signaturen und andere Sicherheitsmechanismen erwünscht sind, lautet die Antwort praktisch immer »Ja«. Sie sollten sich und Ihrem Kunden jedoch klarmachen, dass damit auch erhebliche Kosten, sowohl im wörtlichen Sinne (z. B. für Lizenzen, Zertifikate oder zusätzliche Hardware) als auch in Bezug auf Entwicklungs- und Administrationsaufwand sowie die Laufzeit verbunden sind: Ein erster Schritt muss immer eine kritische Betrachtung der tatsächlichen Sicherheitsrisiken sein.

Konform zum Grundgedanken von REST, Ressourcen in den Mittelpunkt zu stellen, bietet HTTP Mechanismen an, mit denen der Zugriff auf einzelne Ressourcen feingranular gesteuert werden kann. Im Gegensatz zu anderen Ansätzen spielen damit die zentralen fachlichen Abstraktionen von vornherein eine wesentliche Rolle bei den technischen Sicherheitsmechanismen.

Im Umfeld von Webservices unterscheidet man zwischen nachrichtenbasierter und transportbasierter Sicherheit. Beim nachrichtenorientierten Ansatz wird die fachliche Nachricht geeignet geschützt (also z. B. verschlüsselt und signiert) und kann dann über einen ungesicherten Transportmechanismus übertragen werden. Bei transportbasierter Sicherheit werden ungesicherte Nachrichten über einen abgesicherten Kanal transportiert. Im REST/HTTP-Umfeld setzt man vorwiegend auf transportbasierte Sicherheit auf Basis von SSL.

11.1 SSL und HTTPS

Die Kommunikation zwischen dem Client und dem Server kann verschlüsselt über HTTPS (HTTP über SSL bzw. TLS[1]) erfolgen – für jeden, der auch nur gelegentlich mit einem Browser im Web unterwegs ist, dürfte dies keine Überraschung darstellen. Eine detaillierte Beschreibung von SSL würde den Rahmen dieses Buches sprengen, und ein Detailverständnis der kryptografischen Verfahren

1. TLS ist der offizielle, standardisierte »Nachfolger« von SSL, standardisiert in [RFC5246]. Für unsere Diskussion sind SSL und TLS Synonyme.

ist für einen Einsatz von SSL/HTTPS auch gar nicht notwendig. Sie sollten sich jedoch einiger Konsequenzen für Ihre REST-Anwendung bewusst sein:

- Bei einer Kommunikation über SSL beweist der Server seine Identität gegenüber dem Client. Dazu muss der Server über ein geeignetes Zertifikat verfügen. In aller Regel sollte dies bei ernsthaften Anwendungen von einer vertrauenswürdigen Zertifizierungsstelle stammen: Nur dann akzeptieren Clients – und zwar sowohl Browser-Clients als auch andere HTTP-Werkzeuge und -Bibliotheken – die Verbindung ohne die Notwendigkeit weiterer Konfigurationen.
- Soll der Client seine Identität gegenüber dem Server ebenfalls beweisen, kann entweder ein SSL-unabhängiger Mechanismus verwendet werden (z. B. eine Authentifizierung über Benutzername/-passwort) oder auch clientseitig mit Zertifikaten gearbeitet werden.
- Ist die Verbindung einmal etabliert, macht SSL das Abhören der Kommunikation durch Intermediäre in der Theorie[2] unmöglich (man spricht vom Verhindern von »Man-in-the-Middle«-Attacken). Dies bezieht sich auch auf Proxy-Caches und andere nützliche Knoten, die Sie durch den Einsatz von SSL quasi lahmlegen.

SSL ist zu Recht der wichtigste und in den meisten Fällen empfehlenswerte Weg, um Daten, die über HTTP ausgetauscht werden, zu verschlüsseln – schließlich werden darüber täglich Finanztransaktionen in Milliardenhöhe abgewickelt, im Onlinebanking, im E-Commerce und im B2B-Umfeld. Aber auch nachrichtenorientierte Sicherheit ist bei REST und HTTP möglich, wenn auch mit Einschränkungen. Damit werden wir uns in Abschnitt 11.12 beschäftigen.

11.2 Authentisierung, Authentifizierung, Autorisierung

Die begriffliche Vielfalt kann auf den ersten Blick etwas verwirren: Ein Client identifiziert sich, z. B. mit einem Benutzernamen, authentisiert sich, z. B. mit einem Passwort, und der Server authentifiziert daraufhin den Client. Den gesamten Vorgang nennt man *Authentifizierung*: das Beweisen, dass jemand (oder etwas) auch tatsächlich derjenige ist, der er zu sein vorgibt. Auf Englisch verwendet man leider sowohl für Authentisierung als auch für Authentifizierung den Begriff »Authentication«. Nachdem die Authentifizierung abgeschlossen wurde,

---

2. Wer in letzter Zeit die Nachrichten verfolgt hat, wird feststellen, dass SSL in der Praxis eben nicht immer sicher ist. Das liegt zum einen daran, dass die Implementierung der kryptografischen Algorithmen Fehler haben kann, wie zum Beispiel im Fall des Heartbleed-Bugs [Heartbleed]. Alternativ können neben technischen Fehlern organisatorische Schwachstellen im Zertifikatssystem, zum Beispiel von Geheimdiensten [ZEIT2013], ausgenutzt werden, um sich so glaubwürdig als der gewünschte Server auszugeben und damit eine »Man-in-the-Middle«-Attacke durchführen zu können.

entscheidet die *Autorisierung* darüber, ob das Recht zur Ausführung einer bestimmten Aktion vorliegt oder nicht.

Im Rahmen des HTTP-Protokolls wird unter dem Begriff »HTTP Authentication« ein Standardmechanismus zur Authentifizierung mit unterschiedlichen Varianten definiert.

11.3 HTTP-Authentifizierung

Bereits seit der Version 1.0 enthält HTTP einen erweiterbaren Mechanismus zur Authentifizierung. Sobald ein Client auf eine Ressource zugreift, die einen anonymen Zugriff nicht zulässt, antwortet der Server mit dem dafür vorgesehenen Statuscode 401 (»Unauthorized«). Das folgende Beispiel zeigt die *Authentication Challenge*, die Antwort auf einen Zugriff auf eine Ressource, für die der Server eine Authentifizierung erwartet:

```
HTTP/1.1 401 Unauthorized
Date: Fri, 27 Feb 2009 13:35:38 GMT
WWW-Authenticate: Basic realm="Private Area"
Content-Length: 450
Content-Type: text/html; charset=iso-8859-1

<!DOCTYPE HTML PUBLIC "-//IETF//DTD HTML 2.0//EN">
<html>
    <head>
       <title>401 Authorization Required</title>
    </head>
    <body>
       <h1>Authorization Required</h1>
       <p>    This server could not verify that you are authorized to access
       the document requested.  Either you supplied the wrong credentials
       (e.g., bad password), or your browser doesn't understand how to supply
       the credentials required.
       </p>
    </body>
</html>
```

Listing 11–1 *Beispiel für eine HTTP Authentication Challenge*

Außer dem Statuscode enthält die Antwort in diesem Beispiel eine menschenlesbare Darstellung, die zum Beispiel beim Zugriff aus einem Browser verwendet werden kann. Wichtiger ist jedoch der »WWW-Authenticate«-Header, der beschreibt, nach welchem Schema der Client sich authentisieren soll, in diesem Fall nach dem »Basic«-Schema. Dies ist das einfachste (und ohne weitere Maßnahmen nicht sonderlich sichere) Authentifizierungsschema im HTTP-Umfeld.

Alle HTTP-Authentifizierungsschemata unterstützen den Parameter *realm* (wörtlich »Königreich«), der den Geltungsbereich der verwendeten Authentisierungsinformationen benennt. Eine Authentication Challenge bedeutet für den Client, dass auf die Ressource nur zugegriffen werden kann, wenn Authentisierungsinformationen mitgesandt werden. Diese müssen zum einen dem Schema entsprechen (in diesem Fall also *Basic*), zum anderen zum Geltungsbereich passen. Für alle Ressourcen, deren URIs mit einem Teilpfad beginnen, für den der Server den Client schon einmal authentifiziert hat, kann der Client die gleichen Authentisierungsinformationen »auf Verdacht« mitsenden. Genau genommen muss er dazu noch nicht einmal vorher eine 401-Antwort erhalten haben – konform zu den REST-Spielregeln wird keine Session aufgebaut, jeder Request kann für sich allein vom Server verarbeitet werden.

Die standardisierten Authentifizierungsschemata für HTTP sind Basic und Digest. Sehen wir uns zunächst das Basic-Verfahren an.

11.4 HTTP Basic Authentication

Bei diesem einfachen Authentifizierungsschema verwendet der Client einen Benutzernamen und ein Passwort, verkettet beide mit einem Doppelpunkt als Trenner und codiert sie nach dem Base64-Verfahren[3]:

```
base64enc('admin' + ':' + 'secret') → RtaW46c2VjcmV0Cg==
```

Das Ergebnis (»RtaW46c2VjcmV0Cg==«) sendet er nun bei einem zweiten Versuch der Anfrage in einem »Authorization«-Header:

```
GET / HTTP 1.0
Accept: text/html
Authorization: Basic RtaW46c2VjcmV0Cg==
```

Der Server kann nun die Base64-Codierung rückgängig machen, Benutzername und Passwort extrahieren und prüfen, ob diese Informationen gültig sind. Ist er zufrieden, liefert er die Antwort zurück, wenn nicht, sendet er die Authentication Challenge erneut.

Das Basic-Schema ist wie erwähnt bereits Bestandteil von HTTP 1.0; mit HTTP 1.1 wurde ein weiteres Verfahren, *Digest Authentication*, eingeführt und beide wurden gemeinsam in eine separate Spezifikation ausgelagert (RFC 7235[4], siehe [RFC7235]. Der Grund: HTTP Basic Authentication ist ein einfaches, sowohl auf Client- als auch auf Serverseite leicht zu implementierendes und in den meisten Bibliotheken und Werkzeugen bereits enthaltenes Verfahren. Es hat aber diverse Schwächen:

- Das Passwort wird praktisch im Klartext übertragen – die Base64-Codierung ist keine Verschlüsselung, sondern dient ursprünglich eigentlich nur der Übertragung von Texten über Kanäle, die nur einen Basiszeichensatz unterstützen.

---

3. Dabei wird eine Zeichenkette auf ein Standardalphabet aus Buchstaben ohne Umlaute, Ziffern, »+« und »/« abgebildet.
4. Dieser löste im Juni 2014 den bisherigen RFC 2617 ab.

- Die Identität des Servers wird nicht sichergestellt, der Client schickt seinen Benutzernamen und sein Passwort also möglicherweise einem Angreifer.
- »Man-in-the-Middle«-Attacken sind möglich, d. h., die Nachricht kann auf dem Weg vom Client zum Server durch einen Angreifer modifiziert werden.
- Beobachtet ein Angreifer auch nur eine einzige legitime Nachricht, kann er sie ganz oder teilweise noch einmal versenden (Replay-Angriff).

Ohne weitere Sicherheitsmaßnahmen ist HTTP Basic Authentication daher für einen ernsthaften Einsatz praktisch ungeeignet. Eine solche Zusatzmaßnahme ist die Kombination von HTTP Basic und SSL: Die genannten Schwächen werden durch die SSL-Verschlüsselung ausgeglichen, die Authentifizierung erfolgt über einen einfachen und weitverbreiteten Mechanismus.

11.5 Der 80%-Fall: HTTPS + Basic-Auth

Bevor wir uns mit den vielen Alternativen beschäftigen, die es für die Implementierung sicherer REST-Anwendungen gibt, betrachten wir zunächst diesen häufigsten Fall, die Kombination von SSL und HTTP Basic Authentication, näher. In den meisten Fällen können Sie mit diesem Ansatz mit vergleichsweise begrenzten Mitteln, mit sehr geringem Risiko und in kurzer Zeit eine Lösung etablieren, die den Anforderungen gerecht wird.

Im Folgenden gehen wir davon aus, dass Sie Funktionalität über RESTful HTTP zur Verfügung stellen wollen, bei der eine Untermenge der Ressourcen gegen unautorisierten Zugriff geschützt werden muss. Dazu wählen wir eine Lösung, die sicherstellt, dass Sie auch als Nicht-Security-Guru in der Lage sind, die notwendigen Komponenten korrekt zu implementieren bzw. zu konfigurieren:

- Clients setzen Anfragen über eine HTTP-Bibliothek ab, die den Zugriff über SSL sowie das Setzen von Benutzername und Passwort für Basic Authentication unterstützt. Das ist für praktisch jede Bibliothek der Fall. Wenn Sie auf Serverseite ein »echtes« (d. h. von einer offiziellen Stelle ausgestelltes) Zertifikat verwenden, müssen Sie dazu in der Regel auf Clientseite keine besondere Konfiguration vornehmen. Mit der Verwendung von HTTP Basic Authentication und dem Browser als Client beschäftigen wir uns in Abschnitt 11.7 ausführlicher.
- Auf Serverseite überlassen Sie das SSL-Handling und die Prüfung von Benutzername und Passwort einer vorgefertigten Komponente, i.d.R. dem Webserver, den Sie dazu geeignet konfigurieren müssen.
- In Ihrem Servercode kümmern Sie sich nicht um SSL, sondern verlassen sich darauf, dass der vom Server übermittelte Benutzername einen korrekt authentifizierten Benutzer identifiziert.

Die typische Topologie ist in der folgenden Grafik dargestellt:

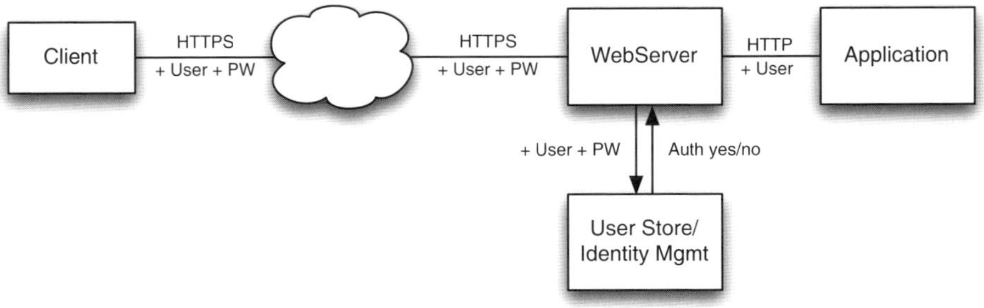

Abb. 11–1 *Typische Topologie für eine externe Security-Implementierung*

Sehen wir uns die Umsetzung mit dem Apache HTTP Server näher an, andere Webserver bieten vergleichbare Optionen.

Der Apache wird über eine Konfigurationsdatei gesteuert, auf Unix-Systemen in der Regel /etc/apache2/httpd.conf. In dieser können diverse sicherheitsrelevante Optionen definiert werden, z. B. über das zu verwendende SSL-Zertifikat. Für unsere Zwecke ist die Möglichkeit interessant, für einen Ressourcenzweig SSL und Authentifizierung zu erzwingen:

```
<Location "/orders">
  SSLRequireSSL
  AuthName "OrderManagement"
  AuthType Basic
  AuthUserFile /etc/apache2/users
  AuthGroupFile /etc/apache2/groups
  Require group internal
</Location>
```

Listing 11–2 *Authentifizerungskonfiguration im Apache HTTP Server (dateibasiert)*

Bei einem Zugriff auf eine Ressource mit einer URI, die mit »/orders« beginnt, sendet der Apache-Server eine passende 401-Antwort mit dem Authentifizierungsschema »Basic« und dem Realm »OrderManagement«. Übermittelt der Client Benutzername und Passwort, prüft der Apache es gegen die in den Dateien /etc/apache2/users und /etc/apache2/groups abgelegten Informationen. Ebenso wie andere Webserver bietet auch der Apache zahlreiche Möglichkeiten, über die eine externe Quelle für Authentifizierungsinformationen eingebunden werden kann, zum Beispiel über LDAP, NTLM, einen direkten Datenbankzugriff oder eine proprietäre Identity-Management-Lösung. Das folgende Beispiel zeigt eine LDAP-Integration:

```
<Location "/orders">
  SSLRequireSSL
  AuthName "OrderManagement"
  AuthType Basic
  AuthLDAPurl ldap://localhost:389/ou=users,dc=domain,dc=country?uid
  Require valid-user
</Location>
```

Listing 11–3 *Authentifizerungskonfiguration im Apache HTTP Server (LDAP)*

Ist der Client erfolgreich authentifiziert worden, leitet der Webserver die HTTP-Anfrage an die eigentliche Anwendung weiter. Diese kann die Information über den Benutzernamen aus einer Umgebungsvariablen oder einem Request-Header extrahieren.

Der wesentliche Vorteil dieses Ansatzes ist, dass Sie sich in der Serverimplementierung nicht um Authentifizierungs- oder Verschlüsselungsthemen kümmern müssen – die Externalisierung dieser Aspekte ermöglicht eine saubere Trennung der Verantwortlichkeiten.

Dieses Vorgehen schützt Ihre Anwendung jedoch nocht nicht vor anderen Sicherheitsproblemen, wie zum Beispiel Cross-Site-Request-Forgery (CSRF) [OWASP2014a]. In diesem Szenario wird ein ungewollter schreibender Zugriff auf die Webanwendung durchgeführt, bei der der Nutzer gerade eingeloggt ist. Der Zugriff wird zum Beispiel durch einen Link in einer E-Mail oder auf einer präparierten Webseite ausgeführt. So können zum Beispiel Passwörter geändert, Bestellungen getätigt oder storniert werden. Lesende Zugriffe sind von diesem Szenario nicht betroffen, da der Angreifer die Antwort des Zugriffs nicht zu Gesicht bekommt. Es gibt jedoch gute Abwehrmaßnahmen [OWASP2014b] und viele moderne Webframeworks bieten Unterstützung für deren Umsetzung [Rails, SpringDocs].[5]

11.6 HTTP Digest Authentication

Ziel des Digest-Verfahrens ist es, die Schwächen der Basic-Authentifizierung zu umgehen. Dazu wird zuallererst sichergestellt, dass das Passwort niemals im Klartext übertragen wird. Stattdessen wird aus den Authentisierungsinformationen mithilfe einer kryptografischen Hashfunktion ein Wert berechnet, der zwei wesentliche Eigenschaften hat: Es ist unmöglich, aus dem Ergebniswert zurück auf die Informationen zu schließen, und für unterschiedliche Informationen entsteht auch ein anderer Ergebniswert. Diesen Ergebniswert nennt man *Digest*. Typische Verfahren zur Berechnung eines solchen Digests sind MD5 und SHA.

5. Ein Bestandteil der Abwehrmaßnahmen gegen CSRF ist, als Reaktion auf einen GET-Request nichts Destruktives zu tun. Das ist aus Sicht von RESTful HTTP zwar selbstverständlich, aber es illustriert sehr schön, dass die Semantik der HTTP-Methoden eben nicht nur theoretisch relevant ist, sondern auch sehr praktische Auswirkungen hat.

Bei HTTP Digest Authentication informiert der Server den Client in der 401Antwort über das Schema, den Geltungsbereich und zusätzlich einen vom Server generierten Wert, eine *nonce*. Dies kann eine beliebige Zahl oder Zeichenkette sein; entscheidend ist, dass der Server jeden Wert nur einmal erzeugt. Das folgende Beispiel zeigt eine hypothetische Antwort auf ein HTTP GET auf /orders:

```
HTTP/1.1 401 Unauthorized
WWW-Authenticate: Digest
                    realm="OrderManagement",
                    nonce="982ae79dca19f3ab74152abc6217bfe1"
```

Den Wert des »nonce«-Parameters verwendet der Client, um eine kryptografische Antwort zu berechnen. Der Server kann das genaue Verfahren durch die Angabe weiterer Parameter steuern; im einfachsten Fall berechnet der Client einen Wert nach folgender Formel (»|« bedeutet Konkatenierung):

```
MD5(MD5(Benutzername | ":" | Realm | ":" Passwort) | ":" | nonce | ":"
MD5(HTTP-Methode | ":" | URI))
```

Der Client verwendet den so berechneten Wert für den response-Parameter des Authorization-Headers in seiner Antwort:

```
Authorization: Digest username="stilkov",
                  realm="OrderManagement",
                  nonce="982ae79dca19f3ab74152abc6217bfe1",
                  uri="/orders",
                  response="265afae62aa9857192adce12c62ef25d"
```

Der Server erhält nun eine Reihe von Informationen im Klartext und zusätzlich ein kryptografisch berechnetes Ergebnis, das die Kenntnis eines Passworts voraussetzt. Er kann damit den gleichen Algorithmus auf der Serverseite anwenden und den Client damit geeignet authentifizieren.

Gegenüber HTTP Basic Authentication hat Digest Authentication deutliche Vorteile:

- Das Passwort kann nicht mitgelesen werden, weil es bei der Authentisierung nicht im Klartext übertragen wird. Allerdings muss das Passwort irgendwann initial auf sicherem Weg festgelegt werden.
- Durch Nonce und Zeitstempel können Replay-Angriffe verhindert werden. HTTP Digest Authentication ist dennoch relativ wenig verbreitet. Dafür gibt es verschiedene Gründe:
- Die Nachrichten selbst sind bei HTTP Digest Authentication immer noch nicht verschlüsselt oder gegen eine Modifikation geschützt.
- »Man-in-the-Middle«-Attacken sind immer noch möglich: Ein Angreifer kann eine Nachricht abfangen, den Inhalt der Repräsentation verändern und sie weiterleiten, ohne dass Client und Server dies bemerken können.

- In der Vergangenheit haben diverse unzureichende und nicht wirklich interoperable Implementierungen in Browsern und Webservern den Einsatz von Digest Authentication zusätzlich erschwert.
- Auch Digest Authentication schützt nicht vor CSRF-Angriffen (siehe Abschnitt 11.5).

11.7 Browser-Integration und Cookies

HTTP Basic Authentication über SSL ist für sehr viele Situationen eine gute Wahl. Dies gilt auch für Anwendungen, bei denen sowohl programmatisch als auch über den Browser auf die Ressourcen zugegriffen wird: Browser unterstützen Basic (wie auch Digest) Authentication, indem beim Zugriff dem Benutzer ein Dialog zur Eingabe von Benutzernamen und Passwort präsentiert wird.

Dennoch verwenden die meisten Webanwendungen in ihrer Benutzerschnittstelle keine HTTP-Authentifizierung. Dafür gibt es eine Reihe von Gründen:

- Browser bieten keine Möglichkeit an, sich nach einer erfolgreichen Anmeldung wieder abzumelden – sie senden die Authentifizierungsinformationen bei jedem Request erneut mit. Das ist ein Problem, wenn die Nutzung der Anwendung auch an öffentlichen Orten erfolgt.
- Der Dialog, der zur Eingabe von Benutzername und Passwort vom Browser angezeigt wird, ist relativ schmucklos. In Webanwendungen möchte man jedoch häufig einen Link zur Registrierung, für das Rücksetzen des Passworts usw. mit einblenden.
- In Webanwendungen möchte man Benutzern die Möglichkeit zur Anmeldung bieten können, auch wenn sie für die aktuell angezeigte Seite gar nicht unbedingt notwendig ist, um so zum Beispiel personalisierte Ansichten bereitstellen zu können.

Diese Probleme wären von Browserherstellern leicht zu beheben – aber selbst wenn sie das heute umsetzten, würde eine nennenswerte Verbreitung noch einige Jahre dauern. Der übliche Weg zur Übermittlung von Authentifizierungs- bzw. Benutzerinformationen in Webanwendungen mit Browser-Frontend sind deshalb Cookies (siehe Abschnitt 9.1). Dem Benutzer wird ein HTML-Formular präsentiert, in das er Benutzername und Passwort eingibt. Dieses wird per HTTPS zum Server übertragen. Dort wird der Benutzer authentifiziert und eine Session erzeugt, die durch einen eindeutigen Schlüssel identifiziert werden kann. Dem Client wird daraufhin per Set-Cookie der Sitzungsschlüssel zurückgeliefert.

Aus REST-Sicht sollten Sie Cookies weitgehend vermeiden. Das ist jedoch aus den bereits genannten Gründen nicht immer möglich. Wenn Sie aber Cookies zur Übermittlung von Authentisierungsinformationen verwenden, können Sie die Auswirkungen zumindest begrenzen:

Zunächst sollten Sie sowohl Cookies als auch HTTP Basic Authentication unterstützen. Damit erlauben Sie programmatischen Clients, den Standard-HTTP-Mechanismus zu verwenden, auch wenn Sie für die Nutzung aus dem Browser einen Workaround benötigen. Sie können zum Beispiel Authentifizierung auch für Atom/RSS-Newsreader nutzen: Diese unterstützen die HTTP-Authentifizierung, aber in der Regel keine Cookies.

Zum anderen sollten Sie trotz Cookies auf benutzerspezifische Sitzungsdaten verzichten und Authentisierungsinformationen stattdessen algorithmisch validieren. Dazu können Sie nach folgendem Verfahren vorgehen:

- Der Server berechnet einen zufälligen, geheimen Wert, zum Beispiel beim Start.
- Beim Zugriff auf geschützte Ressourcen wird ein HTML-Formular zur Eingabe von Benutzername und Passwort angezeigt (natürlich über SSL).
- Der Server prüft die Authentisierungsinformationen, zum Beispiel gegen einen LDAP-Server oder eine proprietäre Lösung.
- Ist die Authentifizierung erfolgreich, generiert er ein »Ticket« oder »Token« nach folgender Formel:
  ```
  ticket = hash(Benutzername | ":" | Server-Secret | ":" Gültigkeitsdauer)
  ```
- Der Server setzt Cookies für Benutzername, Ticket und Gültigkeitsdauer.
- Bei der nächsten Anfrage übermittelt der Browser diese drei Werte in Form von Cookies als Teil der Anfrage.
- Der Server berechnet den Ticket-Wert aus Benutzername und Gültigkeitsdauer erneut und überprüft, ob das Ergebnis das gleiche ist, wie der Wert des vom Client übermittelten Tickets.

Damit dieses Verfahren funktioniert, müssen alle Serverinstanzen nur den für alle Clients identischen geheimen Schlüssel kennen – benutzerbezogene Sitzungsinformationen werden nicht benötigt.

Sie sollten bei der Verwendung von Cookies zur Authentisierung oder anderen sensiblen Informationen darauf achten, dass diese nur bei sicheren Verbindungen, also HTTPS, übertragen werden und nicht mit JavaScript im Browser ausgelesen werden können. Dies erreichen Sie, indem die Attribute »HttpOnly« und »Secure« [RFC6265] bei allen Cookies gesetzt sind.

Des Weiteren ist Ihre Anwendung auch mit dieser Variante der Authentifizierung für CSRF anfällig, weswegen es die in Abschnitt 11.5 erwähnten Abwehrmaßnahmen umzusetzen gilt.

All diese Mechanismen ändern jedoch nichts daran, dass der Einsatz von Cookies für die Authentifizierung nicht standardisiert ist. Damit ein Client mit einem Server interagieren kann, muss er daher dessen ganz spezifisches Authentifizierungsverfahren unterstützen.

11.8 HMAC

Alle bislang genannten Verfahren verlassen sich auf SSL, um die Sicherheit der eigentlichen Nachricht gegen unerwünschte Modifikationen zu gewährleisten und ein Abhören zu verhindern. Besteht die Anforderung aber vor allem in der Verhinderung von unerlaubten Modifikationen und der Authentifizierung, gibt es einen weiteren Weg: HMAC [RFC2104]. Die Abkürzung steht für *Keyed-Hashing for Message Authentication*; dahinter verbirgt sich das Prinzip, die Nachricht um eine Signatur anzureichern, die auf Basis eines sowohl dem Client als auch dem Server bekannten geheimen Schlüssels ermittelt wurde.

Diese Methode verwendet Amazon bei den Amazon Webservices [AWSS3], Google nutzt sie für das Commit Hooks-API von Google Code [googlePostCommit][6]. Das Verfahren ähnelt den bereits beschriebenen:

- Server und Client müssen ein gemeinsames Geheimnis (»Shared Secret«) haben. Bei Amazon ist dies der »AWS Secret Access Key«, der sich für jeden Benutzer unterscheidet; bei Google Code ist es ein Wert, der einmal pro Projekt existiert.
- Der Client konstruiert die vollständige Anfrage, wandelt sie in einen String um und berechnet eine Signatur als Hashwert mit dem Shared Secret als Schlüssel. Der genaue Algorithmus für diese Hashfunktion wird im HMAC-Standard definiert, für diverse Programmiersprachen lassen sich leicht Implementierungen finden. Bei Amazon ist ein Bestandteil der Nachricht, die signiert wird, die Benutzer-ID des Anfragenden (der »AWS Access Key«).
- Die Signatur wird zusammen mit der Anfrage, zum Beispiel in einem HTTP-Header, transportiert. Bei Amazon wird dazu der Authorization-Header mit dem Schema »AWS« (für Amazon Webservices) oder ein Query-Parameter verwendet, Google benutzt einen eigenen Header (»Google-Code-Project-Hosting-Hook-Hmac«).
- Der Server kann die Signatur auf Basis des übermittelten Requests ebenfalls berechnen und mit der vom Client übermittelten vergleichen. Stimmen diese überein, hat der Client bewiesen, im Besitz des gemeinsamen Geheimnisses zu sein.

Mit dem HMAC-Verfahren können Sie sicherstellen, dass eine Nachricht von einer vertrauenswürdigen Stelle stammt und auf dem Weg zu Ihnen nicht modifiziert wurde. Sie schließen somit »Man-in-the-Middle«-Attacken aus, akzeptieren aber, dass die Nachricht mitgelesen werden kann.

---

6. Die übrigens eine Art »Callback-API« ist: Nutzer rufen hier nicht die Dienste von Google auf, sondern Google ruft einen dafür registrierten RESTful-Service auf. Für unsere Beschreibung ist das irrelevant.

11.9 OpenID

Wenn Sie als Anwender im Web auf unterschiedliche Sites zugreifen, die eine Authentifizierung verlangen, kennen Sie das Problem: Jedes Mal werden Sie erneut aufgefordert, sich zu registrieren, Sie müssen sich ein neues Passwort und ggf. einen anderen Benutzernamen merken und sich immer wieder erneut anmelden. Mit der OpenID-Spezifikation [OpenID], die ursprünglich im Kontext des Weblog-Dienstes LiveJournal entstand, soll dieser Prozess vereinfacht werden: Anstatt bei jedem Dienst, den Sie nutzen, eine separate Authentifizierung durchführen zu müssen, kooperieren Dienste über ein offenes, standardisiertes Protokoll mit einem Authentifizierungsservice, bei dem Sie sich zentral einmal registrieren.

Dabei interagieren mehrere Parteien miteinander:

- der Browser des Endanwenders,
- eine Webanwendung, die nur authentifizierten Benutzern den Zugriff erlaubt, und
- der OpenID-Provider, der für die Authentifizierung zuständig ist.

Eine Webanwendung, die OpenID als Authentifizierungsmechanismus unterstützt, fordert den Benutzer zur Eingabe seiner persönlichen OpenID-URI auf. Hat der Benutzer sie eingegeben, ruft die Webanwendung eine Repräsentation dieser URI via HTTP GET ab und durchsucht sie nach der URI des OpenID-Endpoints. Optional kann die Anwendung per Diffie-Hellmann Key Exchange [RFC2631] mit dem OpenID-Provider einen geheimen, gemeinsamen Schlüssel (ein Shared Secret) aushandeln. Mit diesem Schlüssel kann der OpenID-Provider Nachrichten signieren (und die Webanwendung diese überprüfen, ohne erneut mit dem OpenID-Provider kommunizieren müssen).

Die Webanwendung schickt dem Browser des Benutzers nun eine Redirect-Antwort nach folgendem Muster[7]:

```
https://example.com/op?openid.ns=http://specs.openid.net/auth/2.0
   &openid.return_to=http://example.net/webapp&openid.mode=checkid_setup
```

Die einzelnen Query-Parameter haben dabei folgende Bedeutung:

openid.ns	Identifiziert die Version des OpenID-Protokolls (in diesem Fall 2.0)
openid.return_to	URI, auf die nach der Authentifizierung zurückverzweigt wird
openid.mode	Modus: »checkid_setup« für initiale Authentifizierungen, »checkid_immediate« für Folgeauthentifizierungen

Tab. 11–1 *OpenID-Parameter*

7. Zur besseren Lesbarkeit ohne das notwendige URL-Escaping und auf mehrere Zeilen verteilt.

Ziel der Umleitung ist der OpenID-Provider, in diesem Fall example.com, der nun den Benutzer authentifiziert. Der Weg, über den dies geschieht, ist von OpenID nicht vorgegeben – es können Benutzername und Passwort, ein Clientzertifikat, biometrische Verfahren oder beliebige andere Mechanismen verwendet werden. Aus der Return-URI des Requests erfährt der Provider, woher die Anfrage stammt – diese Information kann er dem Benutzer geeignet präsentieren (»Möchten Sie sich wirklich beim Dienst example.net/webapp anmelden?«). Anschließend sendet der OpenID-Provider dem Browser einen Redirect zur Webanwendung. Darin codiert ist auch die Information über den Erfolg des Authentifizierungsversuchs:

```
http://example.net/webapp?openid.ns=http://specs.openid.net/auth/2.0
  &openid.mode=id_res
  &openid.op_endpoint= https://example.com/op
  &openid.response_nonce=2009-02-28Z7271EDAB123
  &openid.return_to=http://example.net/webapp
  &openid.assoc_handle=HASJHDJS7712
  &openid.signed=op_endpoint,return_to,response_nonce,assoc_handle
  &openid.sig=MDA1ODNjMTMzZmQ2NDhmYTBmNTgzOWI0MGQ1YzJjZTI2NDdiNjU5Ngo=
```

Die Webanwendung kann nun überprüfen, ob die Authentifizierung erfolgreich war, und dazu die Informationen entweder durch den gemeinsamen Schlüssel oder durch eine erneute Interaktion mit dem OpenID-Provider verifizieren.

Ob Sie für eine öffentlich zugängliche Webanwendung Ihren Benutzern die Erstellung eines weiteren Benutzerkontos ersparen wollen oder unternehmensintern ein standardisiertes Verfahren für die Anmeldung etablieren wollen: OpenID ist auf jeden Fall eine genauere Evaluation wert.

11.10 OAuth

Die OAuth-Spezifikation in Version 1.0 [RFC5849] ist ebenso wie OpenID als Antwort auf ein Problem entstanden, mit dem sich zunächst die Web-2.0-Gemeinde plagte, das aber allgemeiner ist: die Übertragung von Rechten an eine andere Anwendung. Ein Beispiel: Damit Sie etwas über ein Web-UI in ein Weblog einstellen können, müssen Sie sich vorher mit Benutzernamen und Passwort authentifizieren. Wenn Sie nun einem anderen Dienst das Recht einräumen wollen, einmal am Tag automatisch etwas in das Weblog einzutragen, müssen Sie diesem Ihren Benutzernamen und das Passwort mitteilen. Das ist offensichtlich inakzeptabel: Sie wollen nur eine ganz spezifische, sehr eingeschränkte Autorisierung erteilen – in unserem Fall das Erstellen eines Beitrags in einer ganz spezifischen Kategorie, nicht aber das Bearbeiten oder gar Löschen von Beiträgen in anderen Kategorien.

Dieses Problem wird durch OAuth adressiert. Inzwischen gibt es neben dem OAuth-1.0-Protokoll auch das OAuth 2.0 Authorization Framework [RFC6749], das jedoch nicht als kompatibler Nachfolger zu OAuth 1.0 zu sehen ist. Beide Varianten werden heute verwendet, weswegen wir uns im Folgenden die Gemeinsamkeiten und Unterschiede beider Versionen ansehen werden.

11.10.1 OAuth 1.0

Bei der Aufgabe, die OAuth versucht zu lösen, nämlich die (temporäre) Übertragung von Rechten an eine andere Anwendung, sind drei Parteien involviert:

- der Serviceprovider, der Ressourcen zur Verfügung stellt, die geschützt werden sollen,
- der Consumer, der diese Ressourcen nutzen will, und
- der Endanwender, der eine Entscheidung darüber trifft, ob ein Consumer auf eine seiner Ressourcen zugreifen darf.

Wir ersparen Ihnen eine detaillierte Erklärung des Verfahrens; dazu verweisen wir auf die hervorragende Dokumentation unter [HammerLahav2007]. Zum grundsätzlichen Ablauf:

1. Der Consumer fordert vom Provider ein temporäres Request-Token an.
2. Der Consumer sendet dem Browser des Endanwenders einen Redirect auf eine URI des Serviceproviders, die das temporäre Request-Token codiert.
3. Der Serviceprovider lässt sich vom Endanwender bestätigen, dass dieser den Zugriff auf die geschützte Ressource durch den Consumer erlauben möchte, und liefert als Resultat einen Verifizierungscode zurück.
4. Es erfolgt ein erneuter Redirect auf den Consumer; dabei wird das der Verifizierungscode übermittelt.
5. Der Consumer wandelt nun das temporäre Request-Token mit Hilfe des Verifizierungscodes beim Serviceprovider in ein Authentifizierungs-Token um.
6. Der Consumer kann auf die geschützte Ressource des Serviceproviders zugreifen, wenn er das Authentifizierungs-Token mitsendet.

Dies führt dazu, dass das Authentifizierungs-Token nur dem Consumer und nicht dem Endanwender bekannt ist. Bei OAuth 1.0 sind die einzelnen Aspekte dieses Verfahrens kryptografisch abgesichert, sodass zum Beispiel die Identität von Consumer und Provider sichergestellt und die Tokens nicht fälschbar sind.

11.10.2 OAuth 2.0

Mit dem Ziel, die Entwicklung eines Clients zu vereinfachen, wurde das OAuth 2.0 Authorization Framework [RFC6749] entwickelt. Aus diesem Grund wurden verschiedene Autorisierungsvarianten für verschiedene Anwendungen, zum Beispiel Webanwendungen, Desktop-Anwendungen oder mobile Geräte, spezifiziert. Die Beteiligten am Verfahren unterscheiden sich nur geringfügig von denen in

OAuth 1.0 und auch der grundlegende Ablauf ist im Fall einer Webanwendung sehr ähnlich. Allerdings haben an OAuth 2.0 viele verschiedene Parteien mit unterschiedlichen Zielen mitgewirkt, was dazu führte, dass kein konkretes Protokoll, sondern lediglich ein Framework entstand, das viele Details, wie zum Beispiel die kryptografische Absicherung der einzelnen Schritte, offenlässt. In großen Teilen verlässt man sich auf TLS, wodurch jede naive Implementierung unsicher wäre. Dies führt außerdem dazu, dass verschiedene Implementierungen in der Regel nicht kompatibel zueinander sind.

Im Rahmen von OAuth 2.0 wurden neben der Core-Spezifikation weitere Spezifikationen entwickelt, so wurde zum Beispiel das nicht unumstrittene, aber sehr populäre und lang ersehnte *Bearer-Token*-Verfahren eingeführt. Die Bearer-Token-Methode ist grundsätzlich sehr simpel: Mit jedem Request wird das Token mitgeschickt, im Idealfall in dem dafür vorgesehenen Header (»Authorization«), der auch für die anderen standardisierten HTTP-Authentifizierungsverfahren (Basic und Digest) verwendet wird. Wie genau dies erfolgt, wird in einem separaten RFC, Bearer Token Usage [RFC6750], festgelegt. Im Wesentlichen spezifiziert dieser RFC, dass anstelle von »Basic« der Name »Bearer« verwendet wird, und legt einige Parameter fest (z. B. »realm« und »scope« für die Begrenzung des logischen Gültigkeitsbereichs). Der Hauptgrund für diese Einfachheit liegt darin, dass die Autoren es sich einfach gemacht haben und sämtliche kryptografischen Aspekte abgehandelt werden, indem für den Transport TLS (SSL) verlangt wird. Eine Verwendung von Bearer-Tokens über HTTP anstelle von HTTPS ist daher genauso sträflich, wie sie es bei HTTP Basic Authentication ist.

Interessant ist der Teil der Spezifikation, der Empfehlungen zur Absicherung von Tokens gibt, denn diese sind ganz allgemein und nicht nur für den OAuth- oder Bearer-Fall sinnvoll:

- Schützen Sie Tokens vor dem Zugriff durch Dritte, denn sie sind das Mittel, um Zugriff auf geschützte Ressourcen zu erlangen.
- Verwenden Sie unbedingt TLS (HTTPS) und prüfen Sie die gesamte Zertifikatskette (anders gesagt: Verwenden Sie TLS richtig).
- Sollten die Tokens in Cookies enthalten sein, müssen diese ebenso wie andere Cookies mit sensiblen Informationen mithilfe der Attribute »HttpOnly« und »Secure« abgesichert werden (siehe auch Abschnitt 11.7). Besser noch: Signieren Sie Ihre Cookies bzw. die Tokens darin nicht nur, sondern verschlüsseln Sie sie (unabhängig von HTTPS). Außerdem müssen Sie sich ebenfalls gegen CSRF absichern (siehe auch Abschnitt 11.5 und 11.7).
- Begrenzen Sie die Lebensdauer Ihrer Tokens. Hier müssen Sie einen guten Kompromiss zwischen Sicherheit, Performance und Benutzerfreundlichkeit finden. Natürlich ist es am sichersten, wenn jedes Token nur einmal benutzt werden kann und Sie es nicht kryptografisch, sondern durch eine Kommunikation mit dem ausstellenden Server validieren. Aber das Resultat – den

Benutzer immer wieder mit der Notwendigkeit einer erneuten Authentifizierung/Autorisierung zu belästigen – macht Ihnen wahrscheinlich keine Freunde. Vielleicht sind fünf Minuten eine sinnvolle Schranke, vielleicht 15, vielleicht nur 30 Sekunden: Das wird immer von Ihren konkreten Anforderungen abhängen.

- Verwenden Sie das Scope-Attribut: Wird der Geltungsbereich zu groß, ist es erheblich risikoreicher, sich auf ein Token zu verlassen.
- Des Weiteren haben Bearer-Tokens nichts in einer URL zu suchen, sondern gehören in den Request-Header oder Body, da diese im Browser und auch auf dem Server in der Regel als vertraulich behandelt werden und so das Token zum Beispiel nicht ohne Weiteres aus der History ausgelesen werden kann.

Die bisher am häufigsten verwendete Variante von Bearer-Tokens sind JSON Web Tokens (JWT) [JWT]. JWTs sind signiert und optional auch verschlüsselt.

Eine inzwischen verbreitete Erweiterung von OAuth 2.0 ist OpenID Connect [OIDC], die zusätzlich auch noch Authentifizierung unterstützt. Wir werden hier nicht näher darauf eingehen, aber sollten Sie sich für eine auf OAuth 2.0 basierende Autorisierung entscheiden, ist OpenID Connect sicherlich einen genaueren Blick wert.

Auf den ersten Blick mag es so erscheinen, als wäre OAuth für die Anwendung-zu-Anwendung-Kommunikation irrelevant – schließlich taucht hier der Endanwender und ein Webbrowser auf. Tatsächlich aber ist es auch und gerade in der Kommunikation innerhalb eines verteilten Systems häufig unabdingbar, die Identität des ursprünglich anfordernden Benutzers zu transportieren und eine explizite Autorisierung einzufordern. Die Bestätigung der Zugriffserlaubnis kann dabei durchaus über einen längeren Zeitraum gültig sein, sodass eine ständige Interaktion mit dem Benutzer nicht notwendig ist.

OAuth ist ebenso wie OpenID vor allem interessant, wenn Sie ein öffentliches API für eine Website anbieten, die mit anderen öffentlichen Angeboten kooperieren soll.

11.11 Autorisierung

Autorisierung – die Entscheidung, ob ein bereits authentifizierter Benutzer eine bestimmte Aktion durchführen darf oder nicht – kann grundsätzlich immer zu bestimmten Teilen von der Infrastruktur übernommen werden, bleibt in anderen Bereichen jedoch der Anwendung vorbehalten. So können Sie zum Beispiel über die unternehmensweite Systemumgebung in der Regel steuern, ob jemand eine bestimmte Fat-Client-Anwendung starten darf oder nicht, Entscheidungen über die anwendungsintern möglichen Interaktionen treffen Sie jedoch in der Anwendung selbst. Wie stark die Infrastruktur bei der Autorisierung unterstützen kann, hängt entscheidend davon ab, welche *Sichtbarkeit* die Anwendungskonzepte für diese Infrastruktur haben.

In einer REST-Anwendung sind Ressourcen bzw. deren URIs und die HTTP-Methoden »sichtbare« Konzepte. Sie können deshalb mit unterschiedlichen Werkzeugen Regeln festlegen, die sich auf URIs oder URI-Präfixe beziehen. Ein Beispiel dafür haben wir mit der Require-Direktive des Apache-Servers schon gesehen:

```
Require group internal
```

Damit wird festgelegt, dass der Server den Zugriff nur Benutzern gestattet, die Mitglieder der Gruppe »internal« sind. Diese gruppenorientierte Autorisierung ist zwar recht schwach, sie zeigt jedoch, wie auf Basis von URIs Autorisierungsregeln festgelegt werden können. Mächtigere Apache-Module – zum Beispiel mod_authz_ldap [mod_authz_ldap] – bieten die Möglichkeit, auch Rollenzugehörigkeit in die Entscheidung über die Gewährung des Zugriffs einfließen zu lassen.

11.12 Nachrichtenverschlüsselung und Signatur

Es gibt keinen generischen, standardisierten Mechanismus, um HTTP-Anfragen und -Antworten zu verschlüsseln oder zu signieren.[8] Sie können aber bestehende Mechanismen verwenden, die von Ihren Repräsentationsformaten unterstützt werden: die eingebauten Sicherheitsmechanismen des PDF-Formats, generische PGP-Verschlüsselung und -Signatur für beliebige Inhalte oder XML Encryption [XMLEnc] und XML Digital Signature (XML DSIG) [XMLdsig], wenn Sie XML als Format verwenden.

Bevor Sie auf nachrichtenbasierte Verschlüsselung und Signatur setzen, sollten Sie noch einmal kritisch prüfen, ob transportbasierte Sicherheit auf SSL-Basis nicht vielleicht doch ausreichend ist. Für den Fall, dass Nachrichtenverschlüsselung eine harte Anforderung Ihres Anwendungsszenarios ist, haben Sie im Wesentlichen folgende Optionen:

Wenn Sie XML-Dokumente als Repräsentationen austauschen, können Sie diese mithilfe der XML-Standards XML Encryption und XML Digital Signature verschlüsseln bzw. signieren. Dazu wird das ganze Dokument oder ein Teil davon durch ein XML-Encryption-spezifisches Element ersetzt, das als Attribut den Typ des ursprünglichen Inhalts und als Inhalt die verschlüsselten Informationen enthält. Analog dazu kann eine digitale Signatur für ein ganzes XML-Dokument oder einen Teil erstellt werden.

---

8. Eine theoretische Diskussion, wie eine solche HTTP-basierte Signierungs- und Verschlüsselungsunterstützung aussehen könnte, finden Sie unter [Clark2007]. Sie hat allerdings noch keine praktische Relevanz.

Innerhalb von Atom-Entry- und -Feed-Dokumenten kann gemäß Spezifikation ebenfalls XML-Verschlüsselung und -Signatur verwendet werden.

In beiden Fällen müssen Sie sich allerdings einen eigenen Mechanismus überlegen, wie Sie die sicherheitsbezogenen Metadaten (z. B. das verwendete Verschlüsselungsverfahren) austauschen: Es gibt hierfür keine standardisierten HTTP-Header (also keine Entsprechung zu den WS-Security-SOAP-Headern im WS-*-Umfeld).

11.13 Zusammenfassung

Die Sicherheitsmechanismen von HTTP sind deutlich besser als ihr Ruf. Bestimmte Verfahren, wie zum Beispiel die HTTP Basic Authentication, sollten nur in Verbindung mit SSL verwendet werden. Diese einfache Kombination jedoch stellt das Rückgrat des globalen E-Commerce dar – in vielen Fällen wird sie auch für Ihr Szenario ausreichen.

Die Authentifizierungsmechanismen von HTTP sind erweiterbar; dies machen sich verschiedene Verfahren wie das erwähnte OAuth, aber auch proprietäre Ansätze wie zum Beispiel das von Google noch vor OAuth verwendete Authentifizierungsverfahren für GData, AuthSub [gAuth], zunutze.

Da bei einem REST-konformen Einsatz von HTTP Konzepte der Anwendungsdomäne auf Ressourcen abgebildet werden, sind diese auch in der Infrastruktur sichtbar. Damit ist eine feingranulare Festlegung von Sicherheitsrichtlinien, die Authentifizierung und die Autorisierung auf Ebene einzelner Ressourcen möglich.

12 Dokumentation

Jedes System erfordert eine Dokumentation, damit es von den Beteiligten korrekt verwendet werden kann – daran ändert auch der Einsatz der REST-Prinzipien nichts. Dokumentation richtet sich dabei an Endanwender, die ein System über eine Benutzerschnittstelle nutzen, ebenso wie an die Entwickler von Clientanwendungen, die eine angebotene Funktionalität programmatisch verwenden möchten. Allerdings gibt es einige Besonderheiten, die sich aus der Vereinigung von Dokumenten und dynamischen Diensten in einem einzigen konzeptionellen Modell ergeben:

- Innerhalb der Webarchitektur haben Dokumente – also auch die Dokumente, die Ihre Ressourcen beschreiben – selbst den Status eigenständiger Ressourcen.
- Die Navigation innerhalb der Dokumentation, innerhalb der dynamischen Ressourcen und zwischen diesen beiden Welten (bei denen es sich eigentlich nur um eine handelt) kann durch Hypermedia erfolgen.
- Die Schnittstelle – das Formular – für die Bearbeitung und das Erzeugen von Ressourcen oder eine beliebige Datenverarbeitung kann ebenfalls eine eigene Ressource (oder Teil einer Ressource) sein.

Die Dokumentation von REST-konformen Architekturen ist daher nicht nur deutlich stärker an das aktive System, sondern sogar an dessen individuelle Daten gekoppelt, als Sie dies von anderen Architekturoptionen gewohnt sind. In den folgenden Abschnitten sehen wir uns die Konsequenzen näher an. Auch wenn es dem ersten Satz dieses Kapitels widerspricht, möchten wir jedoch als Allererstes die Notwendigkeit einer klassischen Dokumentation von REST-Schnittstellen infrage stellen[1].

1. Damit ist allerdings nicht gemeint, dass Sie Systemaspekte wie Anforderungen, Architektur, Implementierung usw. nicht mehr dokumentieren müssten. Sorry.

12.1 Selbstbeschreibende Nachrichten

Nehmen wir an, Sie haben nur eine einzige Information – eine HTTP-URI. Was können Sie mit dieser Information anfangen?

1. Sie können den Host-Anteil aus der URI extrahieren und diesem Server eine HTTP-GET- oder HEAD-Anfrage zusenden, ohne negative Konsequenzen befürchten zu müssen (da es sich um »sichere« Operationen handelt, siehe Abschnitt 5.1.1).
2. Als Ergebnis erhalten Sie in den HTTP-Header-Informationen zahlreiche Metadaten, wie das Datum, ein ETag, die Größe des Inhalts, das Encoding usw., vor allem aber den Medientyp (wie z. B. »application/atom+xml«).
3. Wenn es sich um einen offiziell registrierten Medientyp handelt, definiert dieser ein Standardformat. In der Beschreibung dieses Formats finden Sie Informationen darüber, wie es verarbeitet werden kann und – im Falle von Atom, HAL, HTML und anderen auf das Web zugeschnittenen Formaten – wie Sie die darin enthaltenen Hypermedia-Informationen interpretieren können, um weitere Interaktionen mit dem Server durchzuführen.
4. Bei einem XML-Dokument können Sie ggf. über das darin enthaltene »schemaLocation«-Element das passende XML Schema per HTTP GET abholen[2].

Diese Informationsarchitektur erlaubt es, das System (in unserem Fall: das Web) im Nachhinein um neue Medientypen zu erweitern, ohne dass dazu etwas Grundlegendes geändert werden muss. Die Nachrichten, also die HTTP-Methoden- und Header-Informationen sowie der eigentliche Inhalt, sind *selbstbeschreibend*. Eine explizite Dokumentation Ihrer spezifischen Anwendungen erscheint damit überflüssig!

Es gibt allerdings einen Haken an dieser Vorgehensweise: die Standardisierung der Medientypen. Wenn Sie vollständig selbstbeschreibende Nachrichten realisieren wollen, dürfen Sie nur Medientypen verwenden, die allen Beteiligten bekannt sind. Der maximale Benutzerkreis sind alle Benutzer des WWW, auch diejenigen, die in keiner Weise bereit sind, sich spezifisch auf Ihren Dienst einzustellen. Ist das Ihre Zielgruppe, dürfen Sie nur offiziell bei der IANA registrierte Standardformate verwenden (und idealerweise nur solche, die auch entsprechend verbreitet sind). Auch innerhalb dieser Medientypen können Sie für eine maximale Nutzbarkeit Ihres Dienstes nur Elemente verwenden, die standardisiert sind. Das schließt zum Beispiel die Verwendung selbst definierter Link-Relationen[3] aus.

Für Webanwendungen, bei denen ein Mensch involviert ist, unterstützt HTML mit dem Formularansatz ein höchst generisches Format – gewisse Ergonomieeinschränkungen vorausgesetzt lässt sich praktisch jedes Benutzerinterface

---

2. Siehe dazu aber auch die Beschreibung von RDDL weiter unten in Abschnitt 12.4.4.
3. Wie sie z. B. im Atom-Format möglich sind, siehe Abschnitt 7.7.

als HTML-Anwendung umsetzen. Bei der Anwendung-zu-Anwendung-Kommunikation werden Sie in der Praxis jedoch spezifische Anforderungen haben, die mit keinem standardierten Format abgedeckt werden können. Natürlich können Sie sich selbst um die Standardisierung kümmern – aber die ein bis zwei Jahre, die ein solcher Prozess üblicherweise dauert, werden Sie in den meisten Fällen nicht warten können.

Für diese Fälle brauchen Sie andere Ansätze. Aber erfreulicherweise hilft Ihnen REST mit dem Hypermedia-Konzept weiter.

12.2 Hypermedia

Sie können Verknüpfungen zwischen Ressourcen verwenden, um die Ressourcen Ihrer Anwendung mit der Dokumentation zu verbinden. Da die primären Adressaten einer Dokumentation Menschen sind, bietet sich HTML als Medientyp für Ihre Dokumentation an. Von der Dokumentation aus können Sie per Hyperlink auf die Anwendungsressourcen verweisen; gleichzeitig kann eine Anwendungsressource als Teil ihres Inhalts auf die Dokumentation, z. B. in Form eines HTML-Dokuments oder einer JSON- bzw. XML-Schema-Definition, verlinken. Einem potenziellen Benutzer Ihres APIs senden Sie also nur eine einzige URI, von der aus er durch die gesamte Schnittstellendokumentation *und gleichzeitig durch die gesamte Anwendung* navigieren kann.

Sie könnten zum Beispiel eine eigene Link-Relation einführen, die von einer Anwendungsressource zur zugehörigen Dokumentation führt. Wenn die Dokumentation so eng mit Ihrer Anwendung verzahnt ist, führt dies dazu, dass die Dokumentation automatisch versioniert ist und in der Regel besser gepflegt wird.

Da Link-Relationen einen zentralen Bestandteil von Hypermedia-Anwendungen darstellen, sollten Sie auch deren Dokumentation genug Aufmerksamkeit widmen. Da benutzerdefinierte Link-Relationen immer eine URI sein sollten (siehe Abschnitt 4.2 in [RFC5988]), bietet es sich geradezu an, hinter dieser URI auch die zugehörige Dokumentation zur Verfügung zu stellen. Bei Link-Relationen, die templatisierte Links enthalten, ist die Dokumentation der Template-Parameter besonders wichtig.

Die größte Herausforderung ist die Dokumentation der zu übertragenden Daten bei nicht lesenden Zugriffen. Sie ist bei einigen Formaten Teil der Linkdarstellung, wie zum Beispiel in den »action«-Elementen bei SIREN. Allerdings gibt es noch keine standardisierte Lösung.

12.3 HTML als Standardformat

Aber warum sind Anwendungsressourcen überhaupt etwas anderes als Dokumentationsressourcen bzw. Dokumente? Die Liste aller Kunden kann sich selbst dokumentieren, wenn sie neben einem Format für die maschinelle Verarbeitung auch eine menschenlesbare Repräsentation unterstützt. Im Web verwenden Sie dafür am besten HTML. Analog zu einer toString-Methode in der objektorientierten Programmierung in Java, also einer Methode, die von jedem Objekt unterstützt wird, können Sie HTML als ein Standardformat für jede Ressource betrachten. Je nach Accept-Header steuert die Content Negotiation, welches Repräsentationsformat einem Client vom Server übermittelt wird.

Sie machen sich das Leben leichter, wenn Sie auch für die Ressourcen, die Sie primär für eine Nutzung aus anderen Anwendungen vorsehen, eine HTML-Darstellung als Repräsentationsvariante anlegen: Damit schaffen Sie nicht nur einen perfekten Ort für die Dokumentation (oder zumindest einen Link darauf), sondern erleichtern sich und anderen die Fehlersuche enorm.

Ein letzter Hinweis zur Nutzung von HTML: Ebenfalls als Debugging-Hilfe – und deswegen möglicherweise in der Produktivversion deaktiviert – können Sie ein HTML-Formular einbinden, über das Ressourcen geändert, neu angelegt oder Daten zur Verarbeitung übermittelt werden können, selbst wenn Ihre Anwendungsschnittstelle nur für die Nutzung durch andere Programme vorgesehen ist.

12.4 Beschreibungsformate

Die in den vorangegangenen Abschnitten vorgestellten Ansätze kommen ohne eine generische, maschinenlesbare Beschreibungssprache für REST/HTTP-Anwendungen aus. Das heißt aber nicht, dass es solche Alternativen nicht gibt. Im Folgenden stellen wir Ihnen verschiedene Formate für die Beschreibung von Schnittstellen sowie eine weitere für die Beschreibung von Metadaten[4] vor.

12.4.1 WSDL

Zur Beschreibung von Webservices, die über SOAP-Nachrichten angesprochen werden, wird die Webservices Description Language (WSDL) eingesetzt. Von dieser XML-basierten Schnittstellenbeschreibungssprache existieren zwei Versionen: die Version 1.1 [WSDL11], die extrem verbreitet ist und von praktisch allen Werkzeugen unterstützt wird, und die Version 2.0 [WSDL2], die diverse Verbesserungen mit sich bringt, aber praktisch nie verwendet wird.

Bei WSDL 1.1 handelt es sich nur um eine W3C Note – also nicht um einen offiziellen Standard, sondern um eine vom World Wide Web Consortium veröffentlichte Information über den Zwischenstand, der in den Standardisierungsprozess eingeflossen ist. Das Ergebnis dieses Standardisierungsprozesses ist WSDL 2.0. Tatsächlich hat also die inoffizielle Vorabversion immer noch eine erheblich höhere Verbreitung als der offizielle Standard, und es ist fraglich, ob sich daran

4. Ja, wir meinen wirklich die Beschreibung von Metadaten, also Metametadaten.

noch etwas ändert – man kann mit Recht fragen, ob der Mehrwert, den WSDL 2.0 bringt, die Kosten einer solchen Umstellung rechtfertigt.

Das Modell, das WSDL zugrunde liegt, basiert auf Schnittstellen (WSDL 1.1: »portType«, WSDL 2.0: »interface«), die eine Menge von Operationen zusammenfassen. Es entspricht daher konzeptionell dem Ansatz von CORBA, RMI oder DCOM, bei dem für jede einzelne Applikation spezifische Schnittstellen entworfen werden.

Schon aus diesem Grund passt WSDL nicht wirklich zu REST, auch wenn sowohl WSDL 1.1 als auch WSDL 2.0 die Möglichkeit bieten, Nachrichten zu beschreiben, die direkt über HTTP (d. h. ohne SOAP) versandt werden: Das Konzept spezifischer Operationen ist nun mal ein anderes als das der generischen Schnittstelle. Darüber hinaus wird WSDL in der Regel nur genutzt, um XML als »Payload«, d. h. als Nutzdaten, zu beschreiben. Konzepte wie Hypermedia oder Content Negotiation werden ebenfalls nicht unterstützt.

Der Glaube, man könne durch den Einsatz von WSDL zur Beschreibung von REST-Schnittstellen eine Brücke zwischen der Webservices- und der REST-Welt schlagen, führt daher in die Irre. Sie müssen sich entscheiden: Entweder, Sie verwenden das Webservice-Modell mit spezifischen Schnittstellen – dann sollten Sie auch SOAP einsetzen und WSDL so verwenden, wie es eigentlich gedacht ist. Oder Sie setzen auf RESTful HTTP: Dann ist WSDL nicht geeignet, weil es Ihre Schnittstelle nicht beschreiben kann (und falls doch, sollten Sie das Design Ihrer Schnittstelle noch einmal überdenken).

Für Entwickler aus der Java- oder .NET-Welt ist die Idee, dass man auf WSDL (oder etwas Vergleichbares) verzichten kann, schwer verdaulich. Ein wesentlicher Grund dafür ist die Möglichkeit zum bequemen Generieren von Klassen aus einer WSDL-Beschreibung. Bei näherem Hinsehen stellt man jedoch fest, dass das eigentlich Interessante dabei das Generieren von Klassen aus XML Schema ist – was auch ohne WSDL möglich und üblich ist.

12.4.2 WADL

WADL, die *Web Application Description Language* [WADL], ist der Versuch, eine Beschreibungssprache zu definieren, die zu REST und HTTP passt. Sie stammt vom ehemaligen Sun-Mitarbeiter Marc Hadley, der früher auch einer der beiden Leiter der JAX-RS[5]-Arbeitsgruppe war.

WADL soll eine Beschreibung von Ressourcen, von Verben, die sie unterstützen, und von Formaten, die ausgetauscht werden, in maschinenlesbarer Form sein. Die Syntax ist XML. Im Gegensatz zu WSDL und anderen Schnittstellenbeschreibungssprachen ist WADL explizit auf RESTful HTTP zugeschnitten. Es beinhaltet keine Mechanismen, über die davon abstrahiert werden soll. Am ein-

5. JAX-RS, Java API for RESTful Webservices, siehe Anhang C.4.1.

fachsten lässt sich WADL an einem Beispiel illustrieren. Gegeben sei ein REST-Service mit folgender Ressourcenstruktur:

URI-Template	Verb	Anfrageformat(e)	Antwortformat(e)	Beschreibung
/customers	GET	-	application/ vnd. innoq.customers +xml	Lese Liste der Kunden
	POST	application/ vnd. innoq.customer +xml	application/ vnd. innoq.customer +xml	Lege neuen Kunden an
/customers/{id}	GET	-	application/ vnd. innoq.customer +xml	Lese Kunde
	PUT	application/ vnd. innoq.customer +xml	application/ vnd. innoq.customer +xml	Aktualisiere Kunde
	DELETE	-	-	Lösche Kunde

Tab. 12–1 *Beispielressourcen eines REST-Services*

Die Beschreibung in WADL enthält die gleichen Informationen, in diesem Beispiel automatisch generiert aus der Implementierung des Dienstes mithilfe von JAX-RS:

```
<?xml version="1.0" encoding="UTF-8" standalone="yes"?>
<application xmlns="http://research.sun.com/wadl/2006/10">
  <resources base="http://localhost:9090/">
    <resource path="/customers/">
      <method name="GET" id="getAsXml">
        <response>
          <representation mediaType="application/vnd.innoq.
            customers+xml"/>
        </response>
      </method>
      <method name="POST" id="newCustomer">
        <request>
          <representation mediaType="application/vnd.innoq.
            customer+xml"/>
        </request>
        <response>
        <representation mediaType="application/vnd.innoq.customer+xml"/>
        </response>
      </method>
      <method name="GET" id="getAsPlainText">
        <response>
          <representation mediaType="text/plain"/>
        </response>
      </method>
      <resource path="{id}">
      <param xmlns:xs="http://www.w3.org/2001/XMLSchema" type="xs:int"
          style="template" name="id"/>
        <method name="GET" id="get">
          <response>
```

```
            <representation mediaType="application/vnd.innoq.
                  customer+xml"/>
         </response>
      </method>
      <method name="PUT" id="put">
         <request>
         <representation mediaType="application/vnd.innoq.
               customer+xml"/>
         </request>
         <response>
         <representation mediaType="application/vnd.innoq.
               customer+xml"/>
         </response>
      </method>
      <method name="DELETE" id="delete">
         <response>
            <representation mediaType="*/*"/>
         </response>
      </method>
   </resource>
  </resource>
 </resources>
</application>
```

Listing 12–1 *WADL-Beispiel*

WADL unterstützt REST-Prinzipien sehr viel besser als WSDL oder irgendeine andere generische Schnittstellenbeschreibungssprache. Die automatische Generierung von WADL aus der Referenzimplementierung des Java-APIs JAX-RS, Jersey, macht die Nutzung natürlich attraktiv.

WADL enthält einen interessanten Ansatz für das Problem des nicht sprechenden Medientypformates »application/xml«: In einem element-Element kann angegeben werden, welches XML-Wurzelelement in einer Repräsentation enthalten sein soll[6]:

```
<representation mediaType="application/xml" element="o:order">
```

Ein Client, der eine WADL-Beschreibung interpretiert, erhält damit Informationen, die über die Tatsache, dass es sich um XML handelt, hinausgehen.

Auch WADL ist nicht perfekt. Insbesondere stellt sich die grundsätzliche Frage, ob es sinnvoll ist, Ressourcen an einer separaten Stelle zu beschreiben, anstatt die Beschreibung direkt mit den Ressourcen zu verknüpfen bzw. diese sich selbst beschreiben zu lassen. Ein möglicher Ansatz besteht darin, von den Ressourcen einer Anwendung aus auf die WADL-Beschreibungen zu verlinken, mit anderen Worten: Hypermedia einzusetzen. Es bleibt dennoch die Frage, ob dieser Mehrwert allein den Aufwand für eine zusätzliche, maschinenlesbare Beschreibung rechtfertigt. Die größte Schwäche von WADL ist, dass URI(-Muster) und

6. Unter der Annahme, dass das Präfix »o« an einen Namespace gebunden ist.

nicht die Hypermedia-Aspekte dokumentiert werden. In der Dokumentation steht nicht, mithilfe welcher Link-Relation ein Client an den Link für die gewünschte Information oder Zustandsänderung kommt. Wird für die Cliententwicklung eine Dokumentation wie WADL verwendet, so werden sich die URI-Muster später im Quellcode des Clients wiederfinden und somit eine enge Kopplung entstehen, die eigentlich durch Hypermedia vermieden werden sollte.

12.4.3 Swagger, RAML und API Blueprint

In den letzten Jahren sind einige Formate und zugehörige Werkzeuge entstanden, die den Entwicklern dabei helfen sollen, ihre RESTful APIs zu dokumentieren. Wir werden im Folgenden drei der verbreitesten vorstellen. Der Grundgedanke von allen ist, in Form eines Textformats die APIs zu beschreiben und daraus HTML-Dokumentation zu generieren – zum Teil mit interaktiven Anteilen, wie zum Beispiel Formularen.

Swagger [Swagger] ist ein Open-Source-Framework, das aus einem JSON-Format zur Beschreibung von RESTful APIs und aus diversen Werkzeugen, die daraus zum Beispiel eine HTML-Dokumentation generieren können, besteht. Dabei werden zu jedem URI-Muster die unterstützten HTTP-Verben, eine Beschreibung und die Parameter (sowohl Query-Parameter als auch im Pfad enthaltene) festgelegt. Außerdem können die unterstützten Medientypen und die möglichen HTTP-Status, ihre Bedeutung sowie ein optionales JSON-Schema [JSONSchema] für die Antwort angegeben werden. Zu jedem Verb gibt es auch die Möglichkeit, einen entsprechenden Request direkt aus der Dokumentation abzusenden.

```
...
"/pets/{id}": {
  "get": {
   "description": "Returns a user based on a single ID, if the user does not
          have access to the pet",
   "operationId": "findPetById",
   "produces": [
     "application/json",
     "text/html"
   ],
   "parameters": [
    {
      "name": "id",
      "in": "path",
      "description": "ID of pet to fetch",
      "required": true,
      "type": "integer",
      "format": "int64"
    }
   ],
   "responses": {
```

```
        "200": {
          "description": "pet response",
          "schema": {
            "$ref": "#/definitions/pet"
          }
        },
        "default": {
          "description": "unexpected error",
          "schema": {
            "$ref": "#/definitions/errorModel"
          }
        }
      }
    },
    "delete": {
      ...
    }
  }
  ...
```

Listing 12–2 *Ausschnitt aus einem Swagger-JSON-Beispiel [SwaggerExample]*

Für viele Frameworks finden sich Integrationen von Swagger, sodass die Beschreibung nicht manuell erzeugt werden muss und somit leichter aktuell gehalten werden kann. In diesem Fall zieht Swagger die Definitionen der Ressourcen und ihrer Verben aus den Frameworkdefinitionen, im Fall von Spring zum Beispiel aus Annotationen, und es muss nur wenig an Informationen manuell hinzugefügt und gepflegt werden.

Außerdem gibt es noch einen Editor, in dem die API-Beschreibung in YAML erfolgen kann, und einen Codegenerator für Clients.

Die RESTful API Modeling Language (RAML) [RAML] unterstützt einen ähnlichen Ansatz wie Swagger. Der Schwerpunkt liegt aber auf dem API-Design. Die Autoren wollen über das Generieren von Dokumentation hinaus das Teilen von guten Lösungen ermöglichen, um so die Wiederholung von bestimmten Mustern in der Dokumentation zu vermeiden. Außerdem ermöglicht RAML auch die Generierung von Client- und Servercode, zum Beispiel als Mock-Server. RAML setzt als Beschreibungsformat auf YAML und definiert einen eigenen Medientyp »application/raml+yaml«. Für die Beschreibungstexte kann Markdown zur Formatierung genutzt werden. Die Struktur der Beschreibung ist ähnlich zu Swagger, unterstützt aber verschachtelte Ressourcen, zum Beispiel für Listen und ihre Elemente.

```
...
/songs:
  type:
    collection:
      exampleCollection: |
        [
          {
            "songId": "550e8400-e29b-41d4-a716-446655440000",
            "songTitle": "Get Lucky"
          },
          {
            "songId": "550e8400-e29b-41d4-a716-446655440222",
            "songTitle": "Gio sorgio by Morodera"
          }
        ]
      exampleItem: |
        {
          "songId": "550e8400-e29b-41d4-a716-446655440000",
          "songTitle": "Get Lucky"
        }
  get:
    queryParameters:
      songTitle:
        description: "The title of the song to search (it is case insensitive
             and doesn't need to match the whole title)"
        required: true
        minLength: 3
        type: string
        example: "Get L"
  /{songId}:
    type:
      collection-item:
        exampleItem: |
          {
            "songId": "550e8400-e29b-41d4-a716-446655440000",
            "songTitle": "Get Lucky",
            "duration": "6:07",
            "artist": {
              "artistId": "110e8300-e32b-41d4-a716-664400445500"
              "artistName": "Daft Punk"
            },
            "album": {
              "albumId": "183100e3-0e2b-4404-a716-66104d440550",
              "albumName": "Random Access Memories"
            }
          }
...
```

Listing 12–3 *Ausschnitt aus einem RAML-Beispiel [RAMLExample]*

Für RAML gibt es ebenfalls eigenständige Editoren oder auch Plugins für gängige Editoren [RAMLEditor].

API Blueprint [APIBlueprint] ist eine Markdown-basierte Sprache zur Beschreibung von RESTful APIs. Der Fokus liegt auf Entwurf und Dokumentation. Die Struktur der Beschreibung unterscheidet sich nur unwesentlich von Swagger und RAML. Es wird allerdings mehr Prosa geschrieben als bei den anderen beiden Formaten, und man ist schon näher am eigentlichen Dokumentationsformat. API Blueprint ermöglicht ebenfalls die automatische Generierung eines Server-Mocks, um das API von Anfang an testen zu können.

```
...
## Gist [/gists/{id}]
A single Gist object. The Gist resource is the central resource in the Gist Fox
API. It represents one paste - a single text note.

The Gist resource has the following attributes:

- id
- created_at
- description
- content

The states *id* and *created_at* are assigned by the Gist Fox API at the moment
of creation.

+ Parameters
    + id (string) ... ID of the Gist in the form of a hash.

+ Model (application/hal+json)

    HAL+JSON representation of Gist Resource. In addition to representing its
    state in the JSON form it offers affordances in the form of the HTTP Link
    header and HAL links.

    + Headers

            Link: <http:/api.gistfox.com/gists/42>;rel="self",
                  <http:/api.gistfox.com/gists/42/star>;rel="star"

    + Body

            {
                "_links": {
                    "self": { "href": "/gists/42" },
                    "star": { "href": "/gists/42/star" }
                },
                "id": "42",
                "created_at": "2014-04-14T02:15:15Z",
                "description": "Description of Gist",
                "content": "String contents"
            }
```

```
### Retrieve a Single Gist [GET]
+ Response 200

    [Gist][]

### Edit a Gist [PATCH]
...
```

Listing 12–4 *Ausschnitt aus einem API-Blueprint-Beispiel [APIBlueprintExample]*

Auch bei API Blueprint kann man zwischen Plugins für existierende Editoren oder eigenständigen Varianten wählen.

Alle drei Werkzeuge erfüllen ähnliche Anforderungen. Bei der Auswahl müssen Sie entscheiden, welches Ihre Bedürfnisse am besten abdeckt und zum geplanten Vorgehen passt: Wollen Sie die Dokumentation lieber aus dem Code generieren oder die andere Richtung wählen? Allerdings haben alle gemeinsam, dass auch hier URI(-Muster) dokumentiert werden und der Hypermedia-Aspekt komplett außen vor gelassen wird. Wir empfehlen daher, diese Dokumentationswerkzeuge – wenn überhaupt – nur für den internen Gebrauch, also für die Entwicklung des API, und eher nicht für die Entwicklung von Clients.

12.4.4 RDDL

RDDL (Resource Directory Description Language, [RDDL]) ist ein Format zur Beschreibung von XML-Namespaces und hat damit eine andere Rolle: Es wird nicht eine Schnittstelle beschrieben, sondern es werden die notwendigen Informationen zur Verarbeitung eines eigenen XML-Vokabulars zusammengefasst. Das Format hat eine ungewöhnliche Geschichte. Wie bereits in Abschnitt 7.2 diskutiert, können XML-Elemente durch einen Namespace qualifiziert werden, um Kollisionen zwischen den Vokabularen unterschiedlicher Autoren zu vermeiden. Ein Namespace-Name ist definiert als eine URI, allerdings muss diese nicht dereferenzierbar sein, d. h. eine Webressource identifizieren.

Wenn Sie also ein XML Schema spezifizieren, wählen Sie als Namespace-Namen typischerweise eine URI der Form http://example.com/schemas/XYZ. Was aber verbirgt sich hinter dieser URI? Aufgrund des http-Präfixes erwartet ein Anwender, diese URI als Link verwenden, also auch dereferenzieren zu können. Lange Zeit war unklar, welche Form von Dokumentation oder Spezifikation man als Resultat eines HTTP GET auf eine solche URI erwarten konnte.

Zu diesem Zweck definiert die RDDL-Spezifikation eine einfache Erweiterung für XHTML, durch die wohldefinierte Formate durch eine URI identifiziert werden können, hinter der sich ein sowohl menschen- als auch maschinenlesbares Format verbirgt. Diese Erweiterung besteht aus einem Element namens resource, das im XML-Namespace *http://www.rddl.org/* definiert ist.[7]

7. Konsequenterweise wird RDDL selbst mit einem XHTML-Dokument mit eingebetteten RDDL-Ressourcen beschrieben, und dieses Dokument hat die URI http://www.rddl.org.

So könnte eine XML-Repräsentation einer Bestellung zum Beispiel folgendermaßen aussehen:

```
<?xml version="1.0" encoding="UTF-8"?>
<order href="/orders/442820205" xml:base="http://om.example.com"
      xmlns="http://example.com/schemas/ordermanagement">
  <customer>
      <name>Tim</name>
      <link>http://crm.example.com/customers/4123</link>
  </customer>
  <date>2009-01-03T00:00:00+01:00</date>
  <state>cancelled</state>
  ...
</order>
```

Listing 12–5 *XML-Fragment aus einer Bestellung*

Die XML-Elemente in dieser Beispielbestellung sind dem Namespace mit dem Namen http://example.com/schemas/ordermanagement zugeordnet. Ein HTTP GET auf diese URI aus dem Browser könnte uns ein menschenlesbares Dokument zurückliefern:

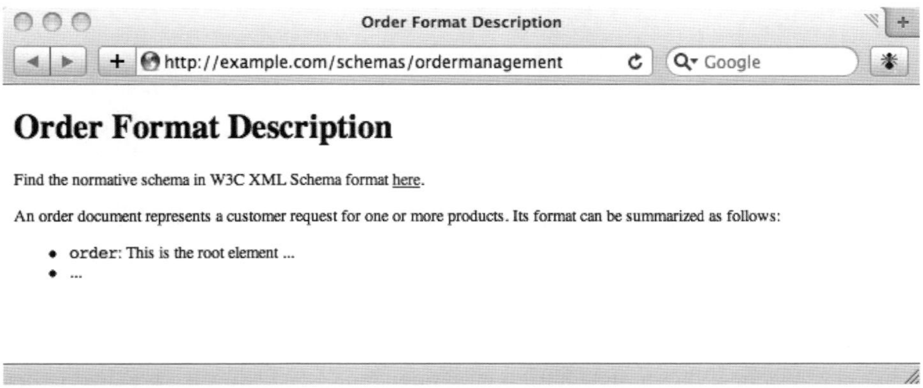

Abb. 12–1 *Beschreibung des Order-Vokabulars im Browser*

Ein Entwickler, der sich über die exakte Struktur informieren will, kann die Beschreibung lesen und der Verknüpfung folgen. Eine der Stärken von XHTML ist seine Erweiterbarkeit mit Elementen aus anderen Namespaces. Dies nutzt die RDDL-Spezifikation, wie Sie an dem in den Quellcode der Seite eingebetteten <rddl:resource>-Element sehen können:

```
<?xml version="1.0"?>
<!DOCTYPE html PUBLIC "-//XML-DEV//DTD XHTML RDDL 1.0//EN"
      "http://www.rddl.org/rddl-xhtml.dtd">
<html xmlns="http://www.w3.org/1999/xhtml"
      xmlns:xlink="http://www.w3.org/1999/xlink"
      xmlns:rddl="http://www.rddl.org/"
      xml:base="http://www.rddl.org/">
   <head>
      <title>Order Format Description</title>
   </head>
   <body>
      <h1>Order Format Description</h1>
      <rddl:resource xmlns:xlink="http://www.w3.org/1999/xlink" id="xsd"
             xlink:title="XML Schema for order"
             xlink:role="http://www.w3.org/2001/XMLSchema"
             xlink:arcrole="http://www.rddl.org/purposes#schema-validation"
             xlink:href="order.xsd">
      <p>Find the normative schema in W3C XML
             Schema format <a href=".">here</a>.
      </p>
      </rddl:resource>
      <p>An order document represents a customer request for one or more
             products. Its format can be summarized as follows:</p>
      <ul>
         <li><code>order</code>: This is the root element ...</li>
         <li>...</li>
      </ul>
   </body>
</html>
```

Listing 12–6 *XHTML mit eingebetteter RDDL-Beschreibung*

Zur Erläuterung: Das <rddl:resource>-Element verweist auf eine Beschreibung, in diesem Fall ein W3C XML Schema. Dies ist nur eines der von RDDL unterstützten Formate: Weitere Beispiele sind RELAX NG, Schematron oder RDF Schema. Welches dieser Formate verwendet wird, ist durch den Wert des xlink:role-Attributs erkennbar. Die Rolle, die das Dokument für die Beschreibung spielt, wird durch das arcrole-Attribut festgelegt – in diesem Fall dient die Beschreibung der Validierung.

RDDL ist ein sehr interessanter und mit geringem Aufwand nutzbarer Ansatz. Allerdings hat es (noch) keinen offiziellen Standardcharakter, und auch die Verfügbarkeit von RDDL-spezifischen Werkzeugen ist gering (bzw. nicht existent). Dem steht entgegen, dass es sich dabei schlicht um XHTML handelt – mit einiger Berechtigung kann man behaupten, dass die Verknüpfung von HTTP, URIs und RDDL eine sehr umfassende Lösung darstellt[8].

8. Auch und gerade im Vergleich zum Beschreibungsstandard in der WS-*-Welt, UDDI [UDDI].

12.5 Zusammenfassung

Bei der Dokumentation von REST-Anwendungen können und sollten Sie sich die Mechanismen des Web zunutze machen: Die Möglichkeit zur Verknüpfung von Dokumenten mit dynamischen Ressourcen passt perfekt zu einer aktiven Dokumentation, die den tatsächlichen Stand wiedergibt und nicht nur eine Vorstellung davon, die bestenfalls an einem bestimmten Zeitpunkt in der Vergangenheit aktuell war. Neben HTML, Hypermedia und selbstbeschreibenden Nachrichten können auch andere Formate wie WADL, Swagger, RAML oder API Blueprint verwendet werden, um Ressourcen und die von ihnen erbrachten Dienste zu beschreiben. Dabei sollten Sie sich allerdings der Schwächen dieser Formate bewusst sein und den Hypermedia-Aspekt nicht aus den Augen verlieren, insbesondere wenn es darum geht, Dokumentation für die Entwicklung von Clients zur Verfügung zu stellen. Mit RDDL schließlich ist eine Mischform aus menschen- und maschinenlesbarer Dokumentation für XML-Vokabulare verfügbar.

13 Erweiterte Anwendungsfälle

Wenn Sie REST und HTTP im Unternehmensumfeld einsetzen wollen, müssen Sie sich früher oder später mit Anwendungsfällen auseinandersetzen, für die andere Ansätze und Technologien – allen voran Webservices auf Basis von SOAP/WSDL/WS-* und Message-oriented-Middleware-(MOM-)Systeme – eine Lösung enthalten. Die wichtigsten Beispiele dafür sind asynchrone Verarbeitung, zuverlässiger Nachrichtenaustausch *(Reliable Messaging)*, Transaktionen und paralleler Zugriff.

13.1 Asynchrone Verarbeitung

In der verteilten Kommunikation kann die Verarbeitung einer Anfrage synchron oder asynchron erfolgen. Letztere ist immer dann sinnvoll, wenn die Verarbeitung durch den Server länger dauert, als der Client auf das Ergebnis warten kann oder zu warten bereit ist.

HTTP ist ein synchrones Request/Response-Protokoll, d. h., zu jeder Anfrage gehört eine Antwort. Dies scheint einer asynchronen Verarbeitung zunächst zu widersprechen – allerdings nur so lange, bis wir eine typische begriffliche Verwirrung aufgelöst haben: Die *Kommunikation* erfolgt bei HTTP synchron, aber es gibt mehrere Ansätze, im REST/HTTP-Umfeld asynchrone *Verarbeitung* durchzuführen.

Einer dieser Wege ist die Verwendung nicht blockierender Aufrufe. Client und Server können sowohl blockierend als auch nicht blockierend implementiert sein. Für den Client gilt das beim Versenden der Anfrage und der Verarbeitung der Antwort, für den Server beim Empfang der Anfrage, deren Verarbeitung sowie dem Versenden der Antwort. Die typischen Mittel zur Implementierung von Client- und Serverapplikationen wie Threads, leichtgewichtige Prozesse oder Non-blocking-I/O interessieren uns im Zusammenhang mit REST und HTTP nur am Rande: Dies ist ein Bestandteil des jeweiligen Programmiermodells (wenn auch ein zentraler) und für die *Kommunikation* zwischen den Systemen irrelevant. Anders formuliert: Ob die jeweilige Gegenseite blockierend oder nicht blockierend implementiert ist, ist für den Client bzw. Server irrelevant.

Die Umsetzung asychroner Verarbeitung durch den Client mithilfe eines separaten Threads ist jedoch keine wirklich befriedigende Lösung. Sie funktioniert zum Beispiel bei einer GUI-Applikation, die während der Verarbeitung einer HTTP-Anfrage durch einen Server weiterhin auf Benutzereingaben reagieren soll, sehr gut; allerdings werden zum einen Ressourcen verbraucht, zum anderen ist durch den Timeout des Kommunikationsprotokolls der Dauer der Verarbeitung eine Grenze gesetzt.

Als Alternative bietet sich daher an, dass der Server die Anfrage zwar entgegennimmt, jedoch nicht die fachliche Antwort als Ergebnis zurückliefert, sondern nur eine Quittierung des Empfangs. Dazu enthält das HTTP-Protokoll einen passenden Statuscode: »202 Accepted«. Damit signalisiert der Server dem Client, dass die Verarbeitung später – also asynchron – stattfindet und dieser die Verbindung nicht offen halten muss.

Um die Begriffe noch einmal gegeneinander abzugrenzen:

- Das Programmiermodell von Client und Server – blockierend oder nicht blockierend, auf Basis von Threads oder mit anderen Mechanismen – ist aus REST-Sicht irrelevant.
- Die Kommunikation erfolgt bei HTTP grundsätzlich in Form eines Request/Response-Nachrichtenaustauschs, also synchron.
- Bei einer asynchronen Verarbeitung von Clientanfragen durch den Server sendet dieser dem Client eine Antwort, die nur die Annahme des Verarbeitungsauftrags signalisiert.

Im Gegensatz dazu erfolgt beim Einsatz von Messaging-Lösungen (MOM-Systeme, JMS, MQ Series, Webservices mit WS-Reliable Messaging usw.) auch die Kommunikation asynchron. Es gibt in aller Regel eine ganze Reihe von Mechanismen, über die bestimmte Eigenschaften wie die Zustellung von Nachrichten höchstens einmal, genau einmal oder nach »best effort«-Semantik, in der richtigen Reihenfolge usw. unterstützt werden. Diese Aspekte sind für eine synchrone Kommunikation, wie sie bei HTTP stattfindet, schlicht irrelevant.

Dennoch erfordert eine mit HTTP umgesetzte asynchrone Verarbeitung in aller Regel[1], dass der Aufrufer zu einem späteren Zeitpunkt über das Ergebnis der Verarbeitung informiert wird. Dazu gibt es im HTTP-Umfeld keinen einheitlichen, standardisierten Weg. Allerdings haben sich zwei mögliche Mechanismen etabliert, um das Ergebnis bereitzustellen: eine aktive Notifikation und ein Polling-Mechanismus.

1. Nämlich immer dann, wenn überhaupt eine Antwort erwartet wird.

13.1.1 Notifikation per HTTP-»Callback«

Die erste Variante besteht darin, dass der Client dem Server als Teil des Requests eine URI übermittelt, die dieser verwendet, um zu einem späteren Zeitpunkt das Ergebnis zu übermitteln. Eine hypothetische Interaktion zur Verarbeitung einer größeren Datenmenge könnte wie folgt aussehen:

```
POST /jobs HTTP/1.1
Host: example.com
Content-Type: application/json
Content-Length: ...

{
   "input-data" : {
      ...
   },
   "notification-url" : "http://client.example.net/callback/1234"
}

HTTP/1.1 202 Accepted
Content-Type: text/plain; charset=utf-8
Content-Length: ...

Job accepted, will notify URI http://client.example.net/callback/1234 when
done.
```

Listing 13–1 *Interaktion für eine asynchrone Verarbeitung*

Ist die Verarbeitung des Jobs abgeschlossen, sendet der Server das Ergebnis zum Beispiel per HTTP PUT (der Idempotenz wegen) an die genannte URI:

```
PUT /callback/1234 HTTP/1.1
Host: client.example.net
Content-Type: application/json
Content-Length: ...

{
   "job-result-data" : {
         ...
   }
}
```

Listing 13–2 *Notifikation über abgeschlossene Verarbeitung*

Wenn Sie mit einer anderen Technologie wie COM, RMI oder CORBA bereits verteilte Systeme realisiert haben, wird Ihnen dieses Muster bekannt vorkommen: *Callbacks* sind keine Erfindung von REST oder HTTP. Und die Lösung bringt auch im REST/HTTP-Umfeld ähnliche Probleme mit sich:

- Der Client muss in der Lage sein, die asynchron eingehende Antwort mit der initialen Anfrage in Verbindung zu bringen (zu korrelieren). Im Beispiel muss dazu die URI für jede noch ausstehende Antwort eindeutig sein.

- Der Client ist nun kein Client mehr, sondern auch ein Server: Er muss in der Lage sein, auf einem vom Server erreichbaren TCP/IP-Port HTTP-Requests entgegenzunehmen. Das ist für eine Serveranwendung unkritisch, für einen Client, der möglicherweise auch noch hinter einer Firewall läuft, unter Umständen unmöglich.

13.1.2 Polling

Als Alternative kann der Client periodisch beim Server anfragen, ob schon ein Resultat der zuvor initiierten Verarbeitung vorliegt. Dazu kann der Server in seiner 202-Antwort zum Beispiel im Location-Header eine URI benennen, die für den Client das Resultat identifiziert:

```
HTTP/1.1 202 Accepted
Location: http://example.com/jobs/6251
Content-Type: text/plain; charset=utf-8
Content-Length: ...

Job accepted, check URI http://example.com/jobs/6251 for results.
```

Listing 13–3 *Beispiel für einen asynchronen Auftrag mit Polling-URI*

Solange die Verarbeitung noch läuft, beantwortet der Server Anfragen nach dem Resultat zum Beispiel mit einem »404 Not Found«. Alternativ kann er auch ein »200 OK« zurückliefern und im Inhalt der Repräsentation Informationen über den Status der Verarbeitung zurückliefern: Je nach Anwendungsfall kann sich dafür ein Format wie Atom oder RSS eignen.

Aus dem Polling-Ansatz ergibt sich eine Reihe von Konsequenzen:

- Der Client muss wiederholt beim Server anfragen, ob ein Ergebnis vorliegt. Dies muss im Client implementiert werden, erzeugt zusätzliche Netzwerklast und führt dazu, dass der Client nicht so früh wie möglich, sondern erst beim nächsten Anfragezeitpunkt vom Ende der Verarbeitung erfährt.
- Der Client muss allerdings nicht die Rolle eines Servers annehmen, da er es stets selbst ist, der die Verbindung initiiert. Er kann deswegen auch problemlos hinter einer Firewall stationiert sein.
- Das Ergebnis der Verarbeitung ist nun selbst eine Ressource, mit allen daraus folgenden Konsequenzen: Der Server kann diese Ressource verlinken, muss aber unter Umständen periodisch nicht mehr benötigte Ergebnisse löschen.

Um das wiederholte Nachfragen beim Server zu vermeiden, kann auch sogenanntes »Long Polling« [LongPolling] verwendet werden. In diesem Fall schickt der Client den Request an den Server und dieser antwortet erst, wenn er ein Ergebnis hat. Das heißt, dass die Verbindung für lange Zeit offen bleibt und damit sowohl auf dem Server als auch auf dem Client Ressourcen in Anspruch nimmt. Dafür bekommt der Client die Antwort so früh wie möglich.

Ein Schritt zur Standardisierung von Long Polling, mit der Erweiterung, dass der Server dem Client auch mehrere Informationen (z. B. Events) mitteilen kann, sind Server-Sent Events (SSE) [SSE]. Ein Vorteil von Server-Sent Events ist, dass moderne Browser diesen Standard unterstützen und sich um die effiziente Verarbeitung der Events und den Wiederaufbau der Verbindung bei Abbrüchen kümmern.

Welcher der beiden Lösungsansätze besser zu Ihren Anforderungen passt, hängt damit von der Gesamttopologie und der notwendigen Aktualität der Clientinformationen ab.

13.2 Zuverlässigkeit

Die Diskussion über Zuverlässigkeit im HTTP-Umfeld wird häufig mit der zuverlässigen Zustellung von Nachrichten bei asynchroner Kommunikation (Reliable Messaging) durcheinander geworfen. Bevor wir uns damit beschäftigen, wie die Fähigkeiten einer Middleware-Lösung mit REST und HTTP verbunden werden können, sollten wir uns darüber klar werden, ob das überhaupt sinnvoll ist. Sehen wir uns zunächst eine einfache Kommunikation über HTTP näher an:

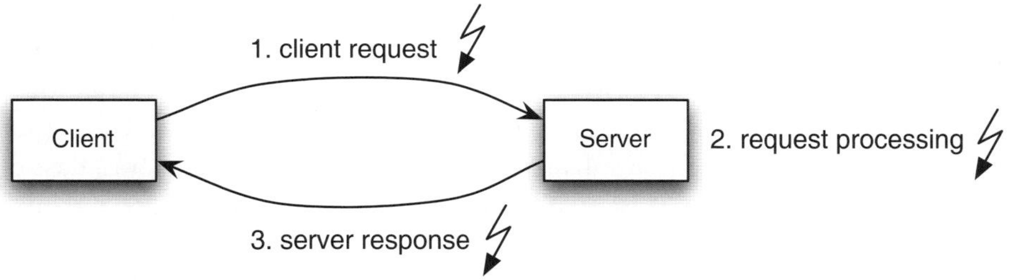

Abb. 13–1 *Fehlerpotenzial in einer Client/Server-Interaktion*

Bei dieser synchronen Kommunikation zwischen Client und Server gibt es drei wesentliche (technische, nicht fachliche) Fehlersituationen:

1. Die vom Client versendete Anfrage erreicht den Server nicht, zum Beispiel wegen eines Netzwerkproblems oder wegen eines Fehlers in der internen Kommunikation zwischen der serverseitigen Infrastruktur und dem Applikationscode.
2. Der Server läuft bei der Verarbeitung der Anfrage in einen nicht behebbaren Fehler (zum Beispiel einen Absturz oder eine Endlosschleife), sodass er dem Client keine Antwort schickt.
3. Der Server sendet eine Antwort, diese erreicht den Client jedoch nicht (wiederum z. B. aufgrund eines Netzwerkproblems).

Wie kann der Client mit diesen Situationen umgehen? Im ersten Fall gibt es zunächst eine Vielzahl von Situationen, in denen das verwendete Kommunikationsprotokoll (im Fall von HTTP das darunter liegende TCP-Protokoll) sicherstellt, dass die einzelnen Bytes, aus denen die HTTP-Nachricht besteht, entweder vollständig und in der richtigen Reihenfolge zugestellt werden oder aber dem Aufrufer ein entsprechender Fehler mitgeteilt wird – der Client weiß also sicher, dass die Nachricht ihr Ziel gar nicht erst erreicht hat. Eine Reihe weiterer Fehlerfälle – zum Beispiel der Zugriff auf eine Ressource, die gar nicht existiert, oder ein Kommunikationsproblem zwischen dem Webserver und einem dahinterliegenden Applikationssystem – führt zu einer entsprechenden HTTP-Antwort (»404 Not Found«, »503 Service Unavailable«). In diesen Fällen liegt zwar ein Problem vor, dies ist für den Client aber transparent (d. h. die Nachrichtenübertragung hat funktioniert, auch wenn die Antwort eine Fehlermeldung ist).

Diese Situationen sind unkritisch, weil der Applikationscode des Clients auf derartige Fälle ohnehin vorbereitet sein muss und »weiß«, wie er reagieren kann – zum Beispiel durch eine erneute Übermittlung der Nachricht.

Kritisch hingegen ist der Fall, in dem der Client keine Antwort bekommt. Der Grund dafür kann entweder sein, dass die Anfrage vollständig verarbeitet wurde, die Antwort aber nicht korrekt erzeugt oder aufgrund eines Kommunikationsproblems nicht an den Client übermittelt werden konnte. Das richtige Verhalten des Clients in diesem Fall wäre möglicherweise, gar nichts zu tun (oder vielleicht bestimmte Daten beim Server abzufragen). Ist der Fehler schon vorher aufgetreten, also in der Verarbeitung der Anfrage, ist das Ergebnis für den Client jedoch das gleiche: Er erhält keine Antwort. Das richtige Verhalten in dieser Situation ist unklar – sendet der Client die Anfrage noch einmal, stößt er eine Verarbeitung unter Umständen ein zweites Mal an. Geht er stillschweigend davon aus, dass die Verarbeitung bereits erfolgt ist, riskiert er, dass sie unter Umständen gar nicht stattgefunden hat.

Diese Unklarheit – ist die Nachricht nun verarbeitet worden oder nicht? – stellt ein wirkliches Problem dar, für das es eine Reihe von Lösungsansätzen gibt.

Middleware-Produkte wie MOM-Systeme oder Webservices-Produkte, die den Standard WS-Reliable Messaging unterstützen, setzen zur Lösung dieses Problems auf eine Trennung zwischen der Anwendung und der Nachrichtenübertragung. Dabei kann die Anwendung entweder programmatisch oder per Konfiguration festlegen, welche Garantien sie von der Middleware erwartet:

- Zuverlässige (einmalige) Zustellung: Jede Nachricht wird genau einmal zugestellt, d. h., es gehen keine Nachrichten verloren und keine Nachricht wird mehr als einmal zugestellt.
- Vermeidung von Wiederholungen: Eine Nachricht wird möglicherweise zugestellt, möglicherweise aber auch nicht; aber in keinem Fall wird eine Nachricht, die bereits erfolgreich ihren Empfänger erreicht hat, ein zweites Mal zugestellt.
- Garantierte Reihenfolge: Nachrichten werden in genau der Reihenfolge zugestellt, in der sie der Client versandt hat.

Dieser Ansatz hat jedoch eine Reihe von Nachteilen: Zunächst einmal muss offensichtlich ein Middleware-Produkt vorhanden sein, und zwar auf beiden Seiten der Konversation. Es gibt zwar erste Standards für die Interoperabilität zwischen unterschiedlichen Implementierungen [AMQP, WSRM], diese sind jedoch noch nicht sehr weit verbreitet. Messaging-orientierte Systeme erfordern darüber hinaus ein komplexeres Programmiermodell – im Gegensatz zum Request/Response-Verfahren muss eine asynchrone Verarbeitung implementiert werden. Am schwersten wiegt jedoch, dass auch diese Systeme nicht verhindern können, dass die Anwendung mit Fehlerfällen richtig umgehen muss: Erhält der Client keine Antwort, muss er anwendungsspezifisch entscheiden, wie damit umzugehen ist. Die Vorstellung, die Behandlung dieses Problems könne komplett der Infrastruktur überlassen werden, bleibt damit eine Illusion.

Eine REST-konforme Lösung des Problems besteht darin, auf die asynchrone Kommunikation zu verzichten und für die verbleibende Problematik (die zuverlässige Nachrichtenzustellung) die unterschiedlichen Eigenschaften der HTTP-Methoden auszunutzen – insbesondere die Idempotenz, mit der wir uns schon in Kapitel 5 beschäftigt haben. Zur Erinnerung: Die HTTP-Methoden GET, HEAD, PUT und DELETE sind idempotent – das heißt, der Client darf sie per Definition ohne negativen Effekt ein zweites Mal aufrufen. Daraus ergibt sich die Verpflichtung für Sie als Entwickler eines RESTful-HTTP-Service, diese Methoden auch nur in solchen Fällen zu verwenden.

Betrachten wir dies in einem konkreten Fall: Ein Client hat im OrderManager-Service eine neue Bestellung angelegt und zu dieser Bestellung würde auch eine Lieferadresse gehören, die als eigene Ressource exponiert wird und die der Client entsprechend über ein GET abfragen kann:

```
curl -i http://om.example.com/orders/953125641/shipping
HTTP/1.1 200 OK
Content-Type: text/plain; charset=utf-8
Content-Length: 19

Bruxelles, Belgium
```

Zur Änderung der Adresse initiiert der Client ein HTTP PUT:

```
curl -i -X PUT \
     -H 'Content-Type: text/plain'\
     http://om.example.com/orders/953125641/shipping \
     -d 'Paris, France'
HTTP/1.1 200 OK
Content-Type: text/plain; charset=utf-8
Content-Length: 14

Paris, France
```

Erhält der Client auf diese HTTP-Anfrage keine Antwort, kann er sich darauf verlassen, dass er sie erneut senden darf, denn der Effekt eines zweifachen Aktualisierens auf den gleichen Wert ist der gleiche, den auch ein einmaliges Aktualisieren hat. Der Client versucht es also einfach erneut, bis er eine Antwort erhält.

Die Verwendung idempotenter Methoden stellt in vielen Fällen eine sehr einfache, performante und vor allem leicht verständliche Methode dar, um mit dem Zuverlässigkeitsproblem in der verteilten Kommunikation umzugehen. Neben der expliziten Kennzeichnung von Methoden, die sicher (»safe«) sind – nämlich GET und HEAD –, ist die explizite Definition der Idempotenzeigenschaft aller HTTP-Methoden außer POST ein weiterer entscheidender Erfolgsfaktor von REST.

Allerdings haben wir damit das Problem noch nicht vollständig gelöst: Wie gehen wir mit einem POST um, das zuverlässig sein soll? Dazu gibt es verschiedene Ansätze. Eine Möglichkeit besteht darin, den Einsatz von HTTP POST für Interaktionen, die *reliable* sein sollen, schlicht zu vermeiden; die andere Möglichkeit ist, auch POST die Idempotenz beizubringen. Betrachten wir zunächst das Vorgehen, das sich ausschließlich auf die standardisierten Eigenschaften des HTTP-Protokolls verlässt.

13.2.1 PUT statt POST

Wenn POST die einzige Methode ist, die nicht idempotent und damit prinzipiell nicht zuverlässig ist, besteht der offensichtlichste Weg darin, Aktionen, die Zuverlässigkeit erfordern, nicht mit POST abzubilden, sondern mit einem der anderen HTTP-Verben.

Sehen wir uns dazu ein Beispiel an: Das Anlegen einer neuen Bestellung. In unserem initialen Entwurf geschieht dies durch ein HTTP POST der Bestelldaten auf eine Listenressource:

```
curl -i -X POST \
     -H 'Accept: application/json' \
     -H 'Content-Type: application/json' http://om.example.com/orders \
     -d '{
          "customer": {
            "href": "http://crm.example.com/customers/0815",
            "description": "Prof. Bienlein"
          },
          "billingAddress": "Bruxelles, Belgium",
          "items": [ {
            "product": {
              "href": "http://prod.example.com/products/352",
              "description": "Laptop X65"
            },
            "quantity": 2,
            "price": "799.0"
          } ]
        }'
```

In der 201-Antwort ist im Location-Header die URI der neu angelegten Bestellung enthalten:

```
HTTP/1.1 201 Created
Location: http://om.example.com/orders/1054583387
Content-Type: application/json; charset=utf-8
Content-Length: ...

{
  ...
}
```

Was soll der Client tun, wenn er keine Antwort erhält? Er könnte die Bestellung ein zweites Mal übermitteln. Allerdings wird mit hoher Wahrscheinlichkeit dadurch eine zweite Bestellung ausgelöst, wenn bei der ersten Bestellung nur die Antwort ihr Ziel nicht erreicht hat. Da der Server bei einem POST keine Garantie über Idempotenz liefert, ist eine erneute Übermittlung also keine Option.

Der Bestellvorgang soll eine neue Bestellung anlegen, die danach über eine eigene URI referenzierbar ist. Dafür kommen nur die HTTP-Methoden POST oder PUT infrage. Wenn POST also wegen der mangelnden Idempotenz ausscheidet – warum verwenden wir dann nicht einfach PUT?

PUT ist für diesen Zweck leider nur fast perfekt geeignet. Zwar kann der Client es gefahrlos ein zweites Mal durchführen, wenn er sich des Erfolgs des ersten Versuchs nicht ganz sicher ist. Allerdings wirkt PUT auf die Ressource, deren URI im Request verwendet wird. Das heißt: Sie müssen sich nun selbst um die Erstellung einer URI kümmern – und das in einer Art und Weise, die sicherstellt, dass es nicht zu Kollisionen mit anderen Clients kommt.

Dazu können Sie ein UUID-Verfahren [RFC4122] anwenden, wie es in allen gängigen Umgebungen als Teil der Programmierumgebung mit mehr oder weniger guter (aber faktisch immer ausreichender) Qualität verfügbar ist. Der Client erzeugt dazu einen eindeutigen 128-Bit-Wert und bildet daraus mithilfe eines vom Server zur Verfügung gestellten URI-Templates zum Beispiel eine URI der folgenden Form:

```
http://example.com/orders/AFDAD7BC-A9E0-4972-99A3-041F4988BEE7
```

Führt der Client ein PUT auf diese URI durch, wird der Server feststellen, dass die Bestellung noch nicht existiert, und sie daher anlegen. Erreicht die Antwort den Client nicht, kann dieser das PUT gefahrlos ein weiteres Mal durchführen – vorausgesetzt, der Server ist korrekt implementiert und aktualisiert die Ressource im Bedarfsfall ohne Murren. Der einzige Nachteil dieses Ansatzes ist, dass sich der Client um die URI-Erzeugung kümmern muss. Das ist nicht wirklich kritisch, wirkt aber etwas unelegant.

13.2.2 POST-PUT-Kombination

Als Alternative kann das Anlegen einer Bestellung auf mehrere Schritte aufgeteilt werden:

1. Der Client legt per POST auf dem Server eine neue Ressource an. Dazu muss er nur die unbedingt notwendigen Daten übermitteln.
2. Der Server liefert ein »201 Created« und die URI der neuen Ressource im Location-Header.
3. Der Client übermittelt die eigentlichen Daten per PUT, die Aktualisierung der Ressource findet also idempotent statt.
4. Der Server verarbeitet die Ressource.

Auf unser Beispiel angewandt besteht der wesentliche Unterschied darin, dass das Anlegen der Bestellung per POST noch keinen Bestellvorgang auslöst – es dient nur dazu, dem Server die Gelegenheit zu geben, eine neue URI zu vergeben. Erhält der Client darauf keine Antwort, kann er den POST-Request noch einmal senden. Das ist zwar nicht idempotent, hat aber auch keine besonderen Konsequenzen. Der eigentliche Bestellvorgang wird ausgelöst, wenn per PUT die Daten übermittelt wurden. Dies gibt dem Client auch die Gelegenheit, die Bestellung in mehreren Schritten zu ergänzen und erst im letzten Schritt die den Verarbeitungsbeginn auslösende Information mitzusenden.

Diese Lösung mag eleganter erscheinen, sie hat jedoch ebenfalls Nachteile:

- Im Vergleich zu einem einzelnen HTTP POST erhöht sich die Anzahl der Netzwerkinteraktionen.
- Der Server muss u.U. periodisch die zwar angelegten, aber nicht verwendeten »leeren« Ressourcen entfernen.

Beide Varianten, sowohl das Anlegen von Ressourcen per PUT als auch die schrittweise Bearbeitung in einer POST/PUT-Kombination, sind gängige Muster und entsprechen den Vorgaben der HTTP-Spezifikation und den REST-Prinzipien. Sie erfordern, dass der Designer der Kommunikationsschnittstelle sich der Eigenschaften des Protokolls bewusst ist – aber das gilt genau genommen für jede verwendete Technologie.

Ein weiteres Beispiel für diese Vorgehensweise finden Sie in [Gregorio2007]; darin zeigt Joe Gregorio einen sehr ähnlichen Weg, um eine Standard-J2EE-Benchmarking-Anwendung (den »DayTrader«) mithilfe von RESTful HTTP zu realisieren.

Der Einsatz von POST in Kombination mit PUT ist der am häufigsten gewählte Lösungsweg für eine zuverlässige Interaktion.

13.2.3 Reliable POST

Mark Nottinghams einfache POST-Once-Exactly-(POE-) Spezifikation [POE] beschreibt einen weiteren Weg, das Problem der mangelnden Idempotenz von POST zu lösen. Dazu sendet der Client als Teil einer Anfrage (z. B. eines HTTP GET) einen Header, der anzeigt, dass er POE versteht:

```
GET /accounts/bob/shopping_basket HTTP/1.1
Host: www.example.com
POE: 1
```

Der Server sendet mit seiner Antwort einen Header namens »POE-Links«, in dem eine Liste von URIs für Ressourcen enthalten ist, die das POE-Prinzip unterstützen:

```
200 OK HTTP/1.1
POE-Links: "/accounts/bob/orders/12345"
...
```

Damit signalisiert der Server, dass ein POST auf eine solche URI dem POE-Prinzip folgt: Das erste POST wird behandelt wie jedes andere auch. Erhält der Client keine Antwort, kann er es noch einmal versuchen. War bereits das erste POST erfolgreich, antwortet der Server auf einen erneuten Versuch mit »405 Method Not Allowed«; ansonsten verarbeitet er die Anfrage und gibt z. B. ein »200 OK« zurück.

Damit kann auf jede POE-Ressource nur ein einziges Mal ein POST durchgeführt werden. Der Server erzeugt diese also dynamisch, spezifisch für einzelne Interaktionen. Ein idealer Anwendungsfall für dieses Muster (der auch ohne zusätzliche Header auskommt) ist ein HTML-UI, in dem ein POST-Formular enthalten ist: Legt der Server als Ziel des Formulars eine für jeden Einzelfall neu erzeugte URI fest, kann er vermeiden, dass ein eifriger Benutzer durch ein mehrfaches Absenden den Server durcheinanderbringt.

Neben dem Ansatz, mit den bestehenden HTTP-Mitteln auszukommen, und dem POST-Once-Exactly-Vorgehen gibt es zwei weitere Bemühungen, das Problem zu lösen. Keine davon hat sich bislang in nennenswertem Umfang durchgesetzt; wir erwähnen sie hier vor allem aus Gründen der Vollständigkeit:

- SOA-Rity [SOARity] ist ein einfacher Ansatz, dessen Ziel es ist, beliebige HTTP-Methoden als idempotent auszuzeichnen. Dazu werden dem Request zwei Header hinzugefügt: eine »Message-ID«, die eine Nachricht eindeutig identifizieren muss, und »MsgCreate«, der das Datum der Nachrichtenerstellung enthält. Ein Server, der SOA-Rity unterstützt, ignoriert einen wiederholten Request und liefert einen SOARITY-Header als Teil seiner Antwort.
- HTTPLR [HTTPLR] standardisiert das in Abschnitt 13.2.1 beschriebene Verfahren durch die Definition sogenannter Message Exchanges, die per POST angelegt werden.

13.3 Transaktionen

Wie schon bei den anderen Anwendungsfällen müssen wir auch bei dem Begriff »Transaktion« zunächst definieren, was wir damit meinen.

13.3.1 Atomare (Datenbank-)Transaktionen

Bei nahezu allen relationalen Datenbanksystemen ist es üblich, eine Reihe von ändernden Interaktionen – also das Hinzufügen neuer und das Aktualisieren oder Ändern bestehender Daten – zusammengefasst in einer Arbeitseinheit, einer *unit of work*, durchzuführen. Eine solche *Datenbanktransaktion* hat dabei in aller Regel eine Reihe von Eigenschaften, für die sich das Akronym »ACID« (für *Atomic, Consistent, Isolated, Durable*) eingebürgert hat: Die Transaktion wird entweder ganz oder gar nicht durchgeführt; sie überführt das System von einem konsistenten Zustand in den nächsten; andere Transaktionen sehen keine Änderungen, die im Rahmen einer noch nicht abgeschlossenen Transaktion durchgeführt wurden; die Änderungen sind nach Transaktionsende von Dauer. Der ACID-Transaktionsbegriff ist nicht auf relationale Datenbanken begrenzt – auch andere Systemkomponenten können Transaktionen mit ACID-Eigenschaften unterstützen.

In einem verteilten System auf Basis von CORBA, RMI oder SOAP/WSDL-Webservices ist es üblich, dass in der Implementierung einer von einem Client bzw. Consumer aufgerufenen Servicemethode transaktional auf Datenbanken und andere Systeme, die Transaktionen unterstützen, zugegriffen wird. Dabei wird die Transaktion typischerweise gestartet, wenn der Server mit der Verarbeitung eines Requests beginnt, und beendet, bevor die Antwort an den Client zurückgeliefert wird.[2]

Der Einsatz von Datenbanktransaktionen bei REST und HTTP unterscheidet sich in dieser Beziehung in keiner Weise: Auch hier ist es üblich und sinnvoll, bei Beginn der Verarbeitung im Server eine Transaktion zu starten und sie vor dem Versenden der Antwort an den Client wieder zu beenden. In diesem Kontext passen Transaktionen und RESTful HTTP perfekt zusammen – oder noch genauer: Sie haben nichts miteinander zu tun, denn die Tatsache, dass die Implementierung einer Ressource intern Datenbanktransaktionen verwendet, ist für den Client völlig unerheblich.

2. Zwar ist es i.d.R. möglich, Transaktionen auch auf dem Client zu starten (zu »demarkieren«), aber das ist auch in diesen Umgebungen eine außerordentlich schlechte Idee.

13.3.2 Verteilte Transaktionen

Das Transaktionskonzept ist nicht auf eine einzelne Datenbank beschränkt. Es ist absolut üblich, in der Implementierung einer von außen (von einem Client) angestoßenen Verarbeitung innerhalb eines Transaktionskontexts mit mehr als einer Datenbank, einem Message-Queueing-System oder anderen Systemkomponenten zu interagieren. In diesem Fall spricht man von verteilten Transaktionen *(distributed transactions)* – diese erfordern eine besondere Behandlung, da über ein standardisiertes Protokoll nun mehrere voneinander unabhängige Systeme koordiniert werden müssen. Das wichtigste Verfahren dafür sind 2-Phase-Commit (2PC)-Transaktionen [2PC].

Geschieht dies innerhalb der Verarbeitung einer Ressourcenanfrage in einer REST-Anwendung, stellt auch eine verteilte Transaktion keinen Konflikt zu REST und HTTP dar.

Anders ist die Situation, wenn die HTTP-Interaktion mit einer REST-Anwendung als Teil einer solchen verteilten Transaktion erfolgen soll: Im Gegensatz zum SOAP/WS-*-Umfeld existiert dafür kein standardisiertes Protokoll, über das ein Transaktionskontext propagiert werden könnte. Bisher existieren lediglich Forschungsarbeiten [Pardon2011, Pardon2014] und Spezifikationsentwürfe [REST-Star].

Es ist allerdings legitim zu hinterfragen, ob verteilte Transaktionen in einer lose gekoppelten Landschaft überhaupt ein sinnvolles Mittel sind: Sie stellen hohe Anforderungen an die Details der einzelnen Partner, sind in der Regel wenig interoperabel und wegen des Prinzips des Sperrens von Ressourcen in Umgebungen, die nicht in einem einzelnen lokalen Netz verteilt sind, oft ein Performance- und Stabilitätsrisiko. Wie auch immer: Nach einem Verfahren zur Integration eines REST-HTTP-Szenarios als Teil einer verteilten 2PC-Transaktion werden Sie vergeblich suchen.

13.3.3 Fachliche Transaktionen

Dennoch ist es möglich, eine *fachliche* Transaktion mit REST und HTTP abzubilden. Dazu bilden Sie die Transaktion selbst auf eine Ressource ab. Das kanonische Beispiel für eine Transaktion ist die Buchung von einem Konto auf ein anderes: Die Reduktion des Saldos im Quellkonto darf nur atomar mit der Erhöhung des Saldos im Zielkonto erfolgen[3].

Sie könnten diese Anforderung über zwei PUT-Interaktionen mit zwei verschiedenen Ressourcen umsetzen, die jeweils ein Konto repräsentieren. Dann stehen Sie allerdings vor dem genannten Transaktionsproblem. Stattdessen model-

3. Allerdings ist dieses »kanonische« Szenario wahrscheinlich in keiner Bank der Welt tatsächlich so umgesetzt.

lieren Sie die Transaktion als Ressource, in unserem Fall als eine Buchung. Da eine Buchung zuverlässig sein soll, verwenden wir ein PUT mit einer UUID:

```
PUT /transfers/F7BE32E1-F52D-4CAE-87E5-1A06D15C5498 HTTP/1.1
Host: example.com
Content-Type: application/xml
Content-Length: ...

<transfer xmlns="...">
    <from>1238112</from>
    <to>82731123</to>
</transfer>
```

Mit diesem Ansatz haben wir die zwei getrennten »Low-Level«-Aktionen in eine »High-Level«-Transaktion umgewandelt.

Damit dieser Ansatz funktioniert, ist allerdings eine Voraussetzung erforderlich: Die betroffenen Ressourcen – in unserem Fall sind das die beiden Konten mit den Nummern »1238112« und »82731123« – müssen unter der Kontrolle des Servers stehen, der die Transaktion verarbeitet. Handelte es sich stattdessen um beliebige Ressourcen auf anderen Systemen, hätten wir das Problem nur verlagert.

Eine transaktionale Verarbeitung in lose gekoppelten, voneinander unabhängigen Systemen bleibt ein Widerspruch in sich – zumindest, wenn wir von ACID-Transaktionen ausgehen. Zwar existiert schon seit längerer Zeit eine Reihe von alternativen Transaktionsmodellen, die zum Beispiel mithilfe von *Kompensationen* versuchen, transaktionale Integrität ohne die für die Erfüllung der ACID-Anforderungen notwendigen Nachteile umzusetzen. Große Verbreitung hat davon bislang keines gefunden – in aller Regel wird statt solcher Transaktionsmodelle eine Lösung auf Applikationsebene gesucht.

13.4 Parallelzugriff und konditionale Verarbeitung

Sehen wir uns zum Abschluss noch den Umgang mit parallel von mehreren Clients bearbeiteten Ressourcen an. Ein Standardproblem bei verteilten Anwendungen ist der konkurrierende Zugriff durch unterschiedliche Clients. Nehmen wir an, zwei Clients versuchen nacheinander, einen Kunden zu aktualisieren. Dazu gibt es drei grundlegende Ansätze:

1. Sie ignorieren das Problem: Wer zuletzt schreibt, gewinnt. Das mag auf den ersten Blick inakzeptabel klingen, ist in vielen Fällen aber eine gute Lösung (zum Beispiel dann, wenn die Daten ohnehin versioniert werden).
2. Sie sperren eine Ressource explizit: Dazu erzeugen Sie beim Sperren eine neue Ressource, die nur von demjenigen geändert werden kann, der das Sperren durchgeführt hat.

3. Sie verwenden eine optimistische Nebenläufigkeitskontrolle[4]: Sie erkennen eine Änderungsoperation, die auf veralteten Informationen beruht und mit der ein Client die Änderungen eines anderen unwissentlich überschreibt.

Für diesen letzten Fall können wir ETag- und Datumsheader verwenden. Das HTTP-Protokoll bietet hierzu den If-Match-Header an. Der Client kann damit dem Server eine Vorbedingung mitteilen, die erfüllt sein muss, damit der Request ausgeführt wird: Das aktuelle ETag der Ressource muss mit dem übermittelten übereinstimmen. In unserem Beispiel führt Client 1 ein GET auf eine Ressource aus und bekommt das ETag A. In der Zwischenzeit wird die Ressource verändert, sodass Client 2 bei einer Anfrage das ETag B erhält. Bei einem darauf folgenden PUT-Request senden beide das jeweils erhaltene ETag in einem If-Match-Header mit. Client 1 würde vom Server ein »412 Precondition Failed« als Antwort erhalten, da das mitgesendete ETag nicht mehr aktuell ist. Die Anfrage von Client 2 hingegen würde erfolgreich durchgeführt werden. Hier das Beispiel für die Aktualisierung eines Kunden, für den wir vorher das ETag "2ee280e77ea055825f6 e78fb55f5401a" erhalten haben:

```
curl  -i http://localhost:3000/customers/1 \
      -H 'If-Match: "2ee280e77ea055825f6e78fb55f5401a"' \
      -H 'Content-Type: application/xml' -X PUT \
      -d '<?xml version="1.0" encoding="UTF-8"?>
<customer xmlns="http://innoq.com/schemas/customers">
   <name>innoQ Deutschland GmbH</name>
   <city>Ratingen</city>
   <country>Germany</country>
</customer>'
```

Dieser Request würde erfolgreich durchgeführt, weil das ETag mit dem If-Match-Header übereinstimmt. Ist dies nicht der Fall, antwortet der Server mit einem »412 Precondition Failed«. Weitere Informationen zum »Lost Update«-Problem finden Sie in [Nielsen1999b].

13.5 Versionierung

Ressourcen und ihre Repräsentationen bleiben nicht konstant: Ändern sich Anforderungen, müssen sich auch IT-Systeme und ihre Schnittstellen anpassen. Bei REST/HTTP-Anwendungen können Sie diesem Problem mit drei unterschiedlichen, sich ergänzenden Strategien begegnen: zusätzliche Ressourcen in Verbindung mit Umleitungen, kompatibel erweiterbare Datenformate und versionsabhängige Repräsentationen.

4. Wir vermeiden den Begriff »Optimistic Locking«, weil dabei nicht gesperrt wird.

13.5.1 Zusätzliche Ressourcen

Neue Anforderungen lassen sich in vielen Fällen auf zusätzliche Ressourcen abbilden. Diese können bereits vorher verfügbare Ressourcen referenzieren. Sie begegnen dem Problem der Versionierung, *indem Sie nicht versionieren.* Dieser Ansatz klingt extrem trivial, ist aber in sehr vielen Fällen eine einfache und sehr gut funktionierende Lösung.

13.5.2 Erweiterbare Datenformate

Der zweite Ansatz ist in keiner Weise REST- oder HTTP-spezifisch: Viele Änderungen lassen sich so abbilden, dass der Empfänger einer Nachricht nicht geändert werden muss, wenn er sich für neu hinzugekommene Informationen nicht interessiert. Dafür ist zum einen eine geeignete Modellierung im Datenformat selbst notwendig: Im Fall von XML können zwar leicht neue Elemente hinzugefügt werden, soll ein neues Nachrichtenformat allerdings auch noch gegen das ursprüngliche Schema erfolgreich validiert werden können, müssen die Stellen, an denen Erweiterungen möglich sind, vorher schon berücksichtigt werden.

Auf der anderen Seite müssen Sie darauf achten, dass sich die Implementierungen Ihrer Clients und Server nicht zu eng an eine Schemaversion binden. Das ist häufig der Fall, wenn Werkzeuge zur Generierung von Zugriffscode verwendet werden: Hier wird unter Umständen eine so enge Bindung von Schema und Code erzeugt, das schon bei einer trivialen Änderung wie zum Beispiel dem Hinzufügen eines einzelnen Elements oder Attributs die Nachricht nicht mehr verarbeitet werden kann, obwohl noch nicht einmal eine Validierung erfolgt. Eine genaue Analyse der Probleme bei der Abbildung von XML auf Java-Objektstrukturen finden Sie in [Loughran2005]. Stattdessen empfiehlt es sich, XML-Nachrichten auch mit XML-Mitteln zu verarbeiten, also mit Technologien wie XPath, XSLT oder den XML-APIs der Programmiersprachen.

Für andere Datenformate für Schnittstellen in einer REST-Architektur gilt: Sie sollten sich an das Postel'sche Gesetz [Postel] halten und bei der Annahme von Nachrichten liberal und tolerant vorgehen, bei der Erstellung von Nachrichten jedoch so konservativ wie möglich sein. Dadurch erhöht sich insgesamt die Stabilität des Systems.[5]

Kombinieren Sie erweiterbare Datenformate und zusätzliche Ressourcen mit Hypermedia, erhalten Sie ein mächtiges Werkzeug, das Ihnen in vielen Fällen eine Versionierung erspart, denn Sie können Links auf neue Ressourcen in die Repräsentation existierender Ressourcen einbauen, ohne bestehende Clients unbrauchbar zu machen [Amundsen2014].

---

5. Man kann auch argumentieren, dass die Toleranz eine Systemlandschaft eher destabilisiert, weil Fehler möglicherweise nicht unmittelbar erkannt werden. Eine (lange) Diskussion des Für und Wider finden Sie in [Bray2003b].

13.5.3 Versionsabhängige Repräsentationen

Sollten die vorherigen Mittel nicht ausreichen, bleibt noch ein HTTP-spezifischer Ansatz: der Einsatz unterschiedlicher Repräsentationen in Verbindung mit Content Negotiation. Durch die Möglichkeit, sowohl bei Request- als auch bei Response-Nachrichten im Content-Type-Header einen Medientyp zu deklarieren und diesen vom Client aus explizit über den Accept-Header anzufordern, kann ein und dieselbe Ressource mehr als eine Version eines Formats unterstützen. Auf Basis eines eigenen Medientyps könnte also z. B. ein älterer Client einen Accept-Header mit dem Wert application/vnd.myformat.v1+xml, ein neuerer mit application/vnd.my-format.v2+xml senden. Der Server antwortet dementsprechend mit dem korrekten Repräsentationsformat. Allerdings sollten Sie vorsichtig sein und es mit neuen Formaten nicht übertreiben, sondern diesen Weg nur gehen, wenn Sie Änderungen vornehmen müssen, die keine Rückwärtskompatiblität mehr ermöglichen [Nottingham2011].

13.6 Zusammenfassung

Für viele erweiterte Anwendungsfälle existieren im REST-Umfeld Muster, die sich die Prinzipien von Ressourcen, Repräsentationen und Hypermedia zunutze machen. Dadurch werden Konzepte, die bei anderen Architekturen von einer Middleware-Schicht versteckt werden, zu gleichberechtigten Ressourcen. Darüber hinaus bietet die Webarchitektur eine Reihe von nur wenig bekannten Mechanismen, die für die Lösung vieler Probleme elegant eingesetzt werden können.

14 Fallstudie: OrderManager, Iteration 2

In Kapitel 3 haben wir eine erste REST-Anwendung beschrieben, die bewusst einfach gehalten war: Viele der Konzepte aus REST und HTTP, die Sie im weiteren Verlauf des Buches kennengelernt haben, kamen dabei noch nicht zum Einsatz. In diesem Kapitel werden wir Ihnen eine fortgeschrittenere Version des OrderManagers vorstellen. Auch diese ist nicht vollständig; wir sind jedoch zuversichtlich, dass sie konkret genug ist, Ihnen als Hilfe beim Entwurf Ihrer eigenen Anwendung zu dienen.

Damit unser Szenario interessanter wird, haben wir das Kontextdiagramm ein wenig überarbeitet. Zunächst haben wir den OrderManager selbst in zwei Komponenten aufgeteilt, die miteinander über eine REST-Schnittstelle interagieren: in *OrderEntry*, den Anteil, der die Bestellungen entgegennimmt, und *Fulfilment*, den Teil, der sich um deren Abwicklung kümmert. Als zusätzliche fachliche Anforderung haben wir die Bereitstellung täglicher Berichte über eingegangene Bestellungen, Gesamtsummen und Statistiken hinzugenommen und einer Komponente *Reporting* übertragen. Zum anderen haben wir zwei weitere externe Komponenten hinzugefügt: *Production*, zuständig für die Erstellung unserer auszuliefernden Güter, und *Mapping*, verantwortlich für die Berechnung der Transportzeit zu einem Kunden.

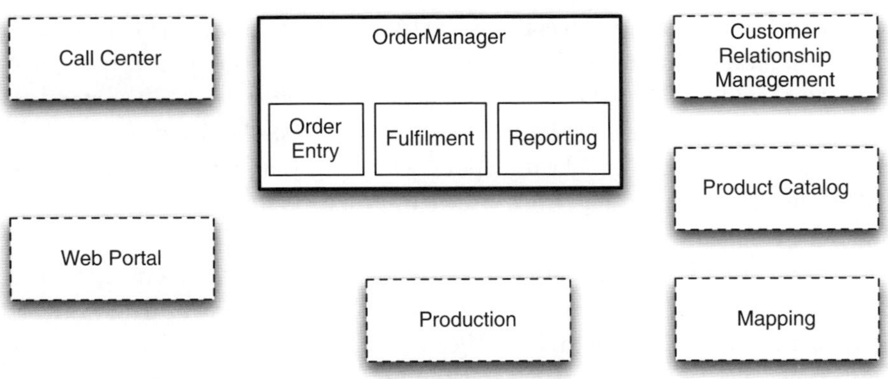

Abb. 14–1 *Kontextdiagramm des OrderManagers, Iteration 2*

Sehen wir uns die einzelnen Komponenten näher an.

14.1 OrderEntry

Das OrderEntry-System enthält im Wesentlichen die fachliche Funktionalität, die wir schon in Iteration 1 betrachtet haben. An der Schnittstelle können wir jedoch mit dem Wissen aus den vorangegangenen Kapiteln einige Verbesserungen vornehmen.

14.1.1 Medientypen

In der ersten Iteration haben wir für unsere Repräsentationen ein anwendungsspezifisches JSON-Format verwendet und dies über den passenden Medientyp »application/json« kenntlich gemacht. Dieser Medientyp ist jedoch so generisch, dass er einem Client nur sehr wenig über das Format verrät – er erfährt zwar, dass es sich um JSON handelt, jedoch nichts über die konkret zu erwartende Struktur.

Wir können diesem Problem auf zwei unterschiedliche Arten begegnen: Entweder wir wählen ein spezifischeres Format und einen passenden Medientyp, zum Beispiel Atom Syndication oder HAL, oder wir definieren unseren eigenen Medientyp (wie in den vorherigen Auflagen), der exakt auf unsere Bedürfnisse passt. Eine weitere wichtige Anforderung ist die Unterstützung von Hypermedia. Beide Varianten sind gute Lösungen, da es heute aber eine Vielzahl an existierenden Hypermedia-Formaten gibt, haben wir uns in dieser Auflage für Iteration 2 aufgrund seiner Einfachheit und Hypermedia-Unterstützung für die JSON-Variante von HAL entschieden. Wir hatten auch schon in Iteration 1 einige Links in unseren Repräsentationen, allerdings ging es hierbei lediglich um einfache Verknüpfungen, wie zum Beispiel zwischen der Bestellung und dem Kunden oder der Stornierung, denen ein Client mit einem HTTP GET folgen kann. Die Links geben dem Client allerdings keine Hinweise darauf, wie er den Anwendungszustand durch die Verwendung von Links ändern könnte, wie es das HATEOAS-Constraint beschreibt. HAL bietet uns die Möglichkeit, Links als Elemente unserer Repräsentationen zu nutzen. Damit werden die Link-Relationen zu einem zentralen Bestandteil des APIs. Wir raten dazu, dabei die bei der IANA standardisierten Link-Relationen zu nutzen, so weit es möglich ist. Bei den meisten Anwendungen wird man jedoch nicht um spezifische Link-Relationen herumkommen. Wir haben uns in diesem Fall für die CURIE-Notation, die HAL optional unterstützt, entschieden.

Außerdem haben wir die in HAL enthaltenen Linkelemente um ein weiteres optionales Attribut »method« erweitert, das – ähnlich wie bei SIREN – das zu verwendende HTTP-Verb enthält. Ist dieses Attribut nicht angegeben, ist ein GET anzunehmen. Mit dieser kleinen Erweiterung muss der Client weniger Wissen über die einzelnen Link-Relationen besitzen.

Außerdem nutzen wir an einigen Stellen eingebettete Ressourcen. So liefert ein GET auf eine Bestellung eine HAL-Repräsentation mit eingebetteten Ressourcen für den Kunden und die Bestellpositionen:

```
curl  -i http://om.example.com/orders/345452334
      -H 'Accept: application/hal+json'

GET /orders/345452334
HTTP/1.1
User-Agent: curl/7.37.1
Host: om.example.com
Accept: application/hal+json

HTTP/1.1 200 OK
Content-Type: application/hal+json
Date: Sun, 11 Jan 2015 16:15:22 GMT
ETag: "312e570008afc9760f0cc4db8b9426504f1b70d2"
Vary: Accept
Content-Length: 1977

{
  "id" : 345452334,
  "date" : "2014-12-20",
  "updated" : "2014-12-20",
  "billingAddress" : "Schloss M??hlenhof",
  "shippingAddress" : "Bruxelles, Belgium",
  "status" : "processing",
  "total" : 398,
  "_links" : {
    "om:ship" : [ {
      "href" : "http://om.example.com/orders/345452334/shipment",
      "templated" : false,
      "method" : "POST"
    } ],
    "curies" : [ {
      "href" : "http://example.com/rels/ordermanager/{rel}",
      "name" : "om",
      "templated" : true
    } ],
    "self" : [ {
      "href" : "http://om.example.com/orders/345452334",
      "templated" : false
    } ],
    "om:shippingDate" : [ {
      "href" : "http://om.example.com/orders/345452334/shippingDate",
      "templated" : false,
      "method" : "PUT"
    } ],
    "om:fail" : [ {
      "href" : "http://om.example.com/orders/345452334/fail",
      "templated" : false,
      "method" : "POST"
    } ]
```

```
    },
    "_embedded" : {
      "om:orderItems" : [ {
        "_links" : {
          "self" : [ {
            "href" : "http://om.example.com/orders/345452334/items",
            "templated" : false
          } ]
        },
        "_embedded" : {
          "item" : [ {
            "quantity" : 2,
            "_links" : {
              "self" : [ {
                "href" : "http://om.example.com/orders/345452334/items/0",
                "templated" : false
              } ]
            },
            "_embedded" : {
              "om:product" : [ {
                "description" : "1250GB HD",
                "price" : 199,
                "_links" : {
                  "self" : [ {
                    "href" : "http://prod.example.com/products/123",
                    "templated" : false
                  } ]
                }
              } ]
            }
          } ]
        }
      } ],
      "om:customer" : [ {
        "description" : "Capt. Haddock",
        "_links" : {
          "self" : [ {
            "href" : "http://crm.example.com/customers/421",
            "templated" : false
          } ]
        }
      } ]
    }
  }
```


Listing 14–1 *Bestellung mit eingebetteten Ressourcen*

14.1.2 Servicedokumentation

Erinnern Sie sich noch an die Beschreibung der Ressourcen und der Methoden? Damit Sie sich das Blättern sparen können, haben wir sie hier noch einmal eingefügt:

q	URI	Methode(n)
Liste aller Bestellungen	/orders	GET, POST
Einzelne Bestellung	/orders/{id}	GET, PUT, POST
Eingegangene Bestellungen	/orders?state=created	GET
Bestellungen in Bearbeitung	/orders?state=processing	GET
Fehlgeschlagene Bestellungen	/orders?state= failed	GET
Stornierte Bestellungen	/orders?state=cancelled	GET
Ausgelieferte Bestellungen	/orders?state=shipped	GET
Stornierungen	/cancellations/	GET, POST
Eine einzelne Stornierung	/cancellations/{id}	GET

Tab. 14–1 *Ressourcen des OrderManagers (OrderEntry)*

Eine solche Beschreibung existiert für viele Dienste, die das Attribut »RESTful« beanspruchen. Aber darin liegt ein Problem: Um den Dienst nutzen zu können, müssen Sie die Struktur der URIs kennen. So besteht zum Beispiel zwischen den URI-Schablonen von Subressourcen oft eine unausgesprochene Beziehung. Ebenso sind die URIs der einzelnen Statusressourcen nach einem ähnlichen Muster aufgebaut: Die URI selbst ist sozusagen ein kleines API. Zudem gibt eine solche Übersicht auch keine Anhaltspunkte dafür, in welchem Zustand einer Ressource welche Operationen unterstützt werden.

In einer idealen REST-Anwendung benötigt der Client jedoch nur eine einzige URI, eine Art Einstiegspunkt – alle anderen Ressourcen entdeckt er dynamisch durch Links. Anstelle einer Beschreibung der URI-Struktur in Prosa erstellen wir daher eine Ressource für ein Servicedokument. Ein HTTP GET auf http://om.example.com liefert diese Beschreibung[1] zurück:

1. Falls Ihnen das entfernt bekannt vorkommt, ist das kein Zufall. Im Prinzip haben Sie das Servicedokument schon in Abschnitt 6.5 gesehen, als wir allgemein über Einstiegspunkte gesprochen haben. Mit dem Wissen aus Kapitel 7 haben wir es jetzt aber als »echtes« HAL-Dokument strukturiert. Alternativ könnte man auch das JSON Home Document als Format für das Servicedokument nutzen [JSONHome].

```
curl  -i http://om.example.com
      -H 'Accept: application/hal+json'

HTTP/1.1 200 OK
Content-Type: application/hal+json
Date: Sun, 11 Jan 2015 16:15:22 GMT
ETag: "bfb459c4e2a62eb9b7a2b42ea51c6b4fadb37842"
Vary: Accept
Content-Length: 1298

{
  "_links" : {
    "om:reports" : [ {
      "href" : "http://om.example.com/reports",
      "templated" : false
    } ],
    "curies" : [ {
      "href" : "http://example.com/rels/ordermanager/{rel}",
      "name" : "om",
      "templated" : true
    } ],
    "self" : [ {
      "href" : "http://om.example.com/",
      "templated" : false
    } ],
    "om:processing" : [ {
      "href" : "http://om.example.com/orders?state=processing",
      "templated" : false
    } ],
    "om:all" : [ {
      "href" : "http://om.example.com/orders",
      "templated" : false
    } ],
    "om:cancellations" : [ {
      "href" : "http://om.example.com/cancellations",
      "templated" : false
    } ],
    "om:shipped" : [ {
      "href" : "http://om.example.com/orders?state=shipped",
      "templated" : false
    } ],
    "om:commited" : [ {
      "href" : "http://om.example.com/orders?state=commited",
      "templated" : false
    } ],
    "om:failed" : [ {
      "href" : "http://om.example.com/orders?state=failed",
      "templated" : false
    } ],
    "om:cancelled" : [ {
      "href" : "http://om.example.com/orders?state=cancelled",
      "templated" : false
    } ],
```

```
      "om:created" : [ {
        "href" : "http://om.example.com/orders?state=created",
        "templated" : false
      } ]
    }
  }
```

Listing 14–2 *Servicedokument für OrderEntry*

Ein Client des OrderManagers fordert nun zunächst dieses Servicedokument an. Um danach z. B. die Liste aller Bestellungen abzufragen, verwendet er den Link mit der Relation»om:all«. Diese Relation ist im Client hartcodiert, nicht jedoch die URI oder auch nur deren Struktur. Daraus folgt, dass ein Client genauso gut mit folgendem Dokument umgehen könnte:

```
  {
    "_links" : {
      "om:reports" : [ {
        "href" : "http://om.example.com/reports",
        "templated" : false
      } ],
      "curies" : [ {
        "href" : "http://example.com/rels/ordermanager/{rel}",
        "name" : "om",
        "templated" : true
      } ],
      "self" : [ {
        "href" : "http://om.example.com/",
        "templated" : false
      } ],
      "om:processing" : [ {
        "href" : "http://om.example.com/orders-in-process",
        "templated" : false
      } ],
      "om:all" : [ {
        "href" : "http://om.example.com/orders",
        "templated" : false
      } ],
      "om:cancellations" : [ {
        "href" : "http://om.example.com/cancellations",
        "templated" : false
      } ],
      "om:shipped" : [ {
        "href" : "http://archive.example.com/orders",
        "templated" : false
      } ],
      "om:commited" : [ {
        "href" : "http://om.example.com/commited-orders",
        "templated" : false
      } ],
```

```
      "om:failed" : [ {
        "href" : "http://archive.example.com/failed-orders",
        "templated" : false
      } ],
      "om:cancelled" : [ {
        "href" : "http://archive.example.com/cancelled-orders",
        "templated" : false
      } ],
      "om:created" : [ {
        "href" : "http://om.example.com/new-orders",
        "templated" : false
      } ]
    }
  }
```

Listing 14–3 *Alternatives Servicedokument*

Der Client »erfährt« also erst zur Laufzeit dynamisch von der tatsächlichen URI-Struktur – oder anders formuliert: Sie ist für ihn völlig irrelevant. Diese Dynamik ist ein wesentliches Kennzeichen einer REST-Anwendung, die den Hypermedia-Aspekt ausnutzt.

In einer größeren, unternehmensweiten oder sogar unternehmensübergreifenden IT-Landschaft können solche miteinander verknüpften Servicedokumente Systeme unterschiedlichster Art verbinden. In unserem Beispiel könnten ähnliche Dokumente auch für das CRM-, das Produktions- und die anderen beteiligten IT-Systeme existieren.

Für das Servicedokument haben wir wie für alle anderen Ressourcen HAL genutzt, da es sich für die Darstellung von Links ideal eignet. Da die Informationen in diesem Dokument sowohl für die maschinelle Auswertung durch programmatische Clients als auch für eine Verwendung durch Anwender von Nutzen sind, wäre aber auch die Verwendung von HTML oder XHTML eine gute Alternative. Die Informationen aus unserem Servicedokument ließen sich wie folgt abbilden:

```
<!DOCTYPE html>

<html>
  <head>
    <meta charset="utf-8" />
    <link rel="stylesheet" href="/assets/stylesheets/order-manager.css">
    <title>Orders</title>
  </head>
  <body>
    <ul class="collections">
      <li>
        <a rel="http://example.com/rels/ordermanager/all" href="/orders">
          all orders</a>
      </li>
      <li>
```

```
      <a rel="http://example.com/rels/ordermanager/created"
         href="/orders?state=created">created orders</a>
    </li>
    <li>
      <a rel="http://example.com/rels/ordermanager/commited"
         href="/orders?state=commited">commited orders</a>
    </li>
    <li>
      <a rel="http://example.com/rels/ordermanager/processing"
         href="/orders?state=processing">processing orders</a>
    </li>
    <li>
      <a rel="http://example.com/rels/ordermanager/shipped"
         href="/orders?state=shipped">shipped orders</a>
    </li>
    <li>
      <a rel="http://example.com/rels/ordermanager/failed"
         href="/orders?state=failed">failed orders</a>
    </li>
    <li>
      <a rel="http://example.com/rels/ordermanager/cancelled"
         href="/orders?state=cancelled">cancelled orders</a>
    </li>
    <li>
      <a rel="http://example.com/rels/ordermanager/cancellations"
         href="/cancellations">cancellations</a>
    </li>
    <li>
      <a rel="http://example.com/rels/ordermanager/reports"
         href="/reports">reports</a>
    </li>
  </ul>
 </body>
</html>
```

Listing 14–4 *Servicedokument in HTML-Darstellung*

14.1.3 Bestellpositionen

Für den primären Anwendungsfall unseres Szenarios ist es ausreichend, wenn das System eine vollständige Bestellung verarbeiten kann, also eine Bestellung inklusive der einzelnen Bestellpositionen. Für eine HTML-Benutzeroberfläche ist es allerdings angenehm, wenn ein Anwender eine Bestellung in mehreren Schritten um einzelne Positionen ergänzen kann. Für diesen Zweck erlauben wir das Hinzufügen, Ändern und Löschen einzelner Bestellpositionen, solange sich die Bestellung im Zustand »created« befindet:

Bestellpositionen	/orders/{id}/items	GET, POST
Einzelne Bestellposition	/orders/{orderid}/items/{itemid}	GET, PUT, DELETE

Tab. 14–2 *URI-Templates für Bestellpositionen*

Wenn Sie einzelne Positionen zu einer Bestellung hinzufügen, kann es zu der Situation kommen, dass Sie ein Produkt ein weiteres Mal hinzufügen. In diesem Fall konsolidiert der OrderManager die neue und die bestehende Position und passt die existierende Position entsprechend an. Die Links zum Hinzufügen bzw. Ändern oder Löschen einzelner Positionen sind im Zustand »created« mit den Link-Relationen »om:create«, »edit«[2] und »om:delete« in der HAL-Repräsentation der Liste der Bestellpositionen bzw. der Bestellposition enthalten (siehe Listing 14–5).

Würde ein Client die Bestellpositionen zu einem Zeitpunkt ändern wollen, zu dem es der Zustand der Bestellung nicht mehr zulässt, so würde er als Antwort »405 Method Not Allowed« erhalten.

14.1.4 Zustandsänderungen

Jede Bestellung befindet sich in einem bestimmten Zustand. Abhängig von diesem bietet sie verschiedene Operationen an. Um das Ganze etwas interessanter zu gestalten, haben wir den Zustandsautomaten für Bestellungen im Vergleich zu Iteration 1 um den Zustand »commited« erweitert (siehe Abb. 14–2). So kann eine Bestellung im Zustand »created« gelöscht und bearbeitet bzw. ihre Positionen können verändert werden. Ist die Bestellung vollständig, kann der Kunde sie wirklich in Auftrag geben, indem er sie in den Zustand »commited« überführt. Im Zustand »commited« kann die Bestellung nur noch storniert oder von der Fulfilment-Komponente übernommen (d. h. in den Zustand »processing« überführt) werden.

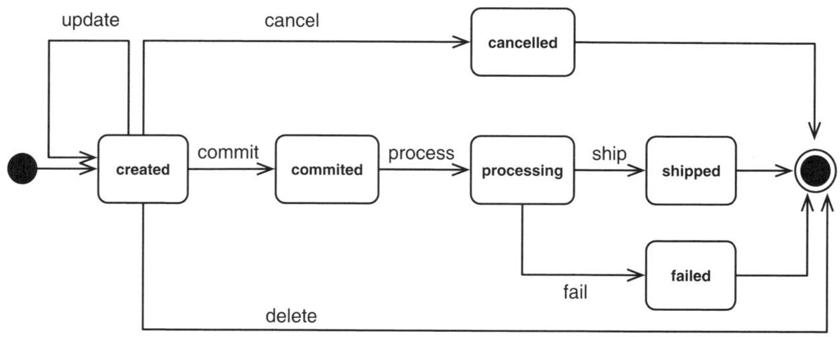

Abb. 14–2 *Zustandsdiagramm für Bestellungen in der Iteration 2*

2. Falls Sie sich gerade fragen, warum »edit« nicht wie die anderen Relationen durch ein Präfix qualifiziert ist: »edit« gehört zu den von der IANA standardisierten Link-Relationen, die wir ja – wo immer es möglich ist – bevorzugt nutzen wollten.

Wir wollen uns nun aber die Links für die Zustandsübergänge, zum Beispiel von »created« nach »commited«, genauer ansehen.

Prinzipiell ist die Änderung des Zustands idempotent und somit läge die Verwendung von PUT nahe. Allerdings erfordert ein PUT auch die Übertragung der gesamten Repräsentation einer Ressource, obwohl wir nur ein Attribut ändern wollen. Somit wäre PATCH eine mögliche Alternative. Allerdings wüsste ein Client an dieser Stelle nicht, welche Übergänge gerade möglich sind. Deshalb haben wir uns dafür entschieden, leere POST-Requests zu nutzen um einen Übergang auszulösen [Fielding2009]. Die Repräsentation einer Bestellung enthält somit Links für alle gültigen Zustandsübergange. Ein Client würde zunächst ein GET auf die Bestellung ausführen und anschließend mit einem POST mit leerem Body den entsprechenden Übergang auslösen:

```
curl  -i http://om.example.com/orders/953127831
      -H 'Accept: application/hal+json'

HTTP/1.1 200 OK
Content-Type: application/hal+json
Date: Sun, 11 Jan 2015 16:15:22 GMT
ETag: "b777c4d8602ae97c182f306776118396d0488611"
Vary: Accept
Content-Length: 2490

{
  "id" : 953127831,
  "date" : "2014-11-22",
  "updated" : "2014-11-22",
  "billingAddress" : "Bruxelles, Belgium",
  "shippingAddress" : "Bruxelles, Belgium",
  "status" : "created",
  "total" : 398,
  "_links" : {
    "om:delete" : [ {
      "href" : "http://om.example.com/orders/953127831",
      "templated" : false,
      "method" : "DELETE"
    } ],
    "curies" : [ {
      "href" : "http://example.com/rels/ordermanager/{rel}",
      "name" : "om",
      "templated" : true
    } ],
    "self" : [ {
      "href" : "http://om.example.com/orders/953127831",
      "templated" : false
    } ],
    "edit" : [ {
      "href" : "http://om.example.com/orders/953127831",
      "templated" : false,
      "method" : "PUT"
    } ],
```

```
    "om:commit" : [ {
      "href" : "http://om.example.com/orders/953127831/commit",
      "templated" : false,
      "method" : "POST"
    } ]
  },
  "_embedded" : {
    "om:orderItems" : [ {
      "_links" : {
        "self" : [ {
          "href" : "http://om.example.com/orders/953127831/items",
          "templated" : false
        } ],
        "om:create" : [ {
          "href" : "http://om.example.com/orders/953127831/items",
          "templated" : false,
          "method" : "POST"
        } ]
      },
      "_embedded" : {
        "item" : [ {
          "quantity" : 2,
          "_links" : {
            "self" : [ {
              "href" : "http://om.example.com/orders/953127831/items/0",
              "templated" : false
            } ],
            "om:delete" : [ {
              "href" : "http://om.example.com/orders/953127831/items/0",
              "templated" : false,
              "method" : "DELETE"
            } ],
            "edit" : [ {
              "href" : "http://om.example.com/orders/953127831/items/0",
              "templated" : false,
              "method" : "PUT"
            } ]
          },
          "_embedded" : {
            "om:product" : [ {
              "description" : "1250GB HD",
              "price" : 199,
              "_links" : {
                "self" : [ {
                  "href" : "http://prod.example.com/products/123",
                  "templated" : false
                } ]
              }
            } ]
          }
        } ]
      }
```

```
    } ],
    "om:customer" : [ {
      "description" : "Schulze & Schultze",
      "_links" : {
        "self" : [ {
          "href" : "http://crm.example.com/customers/4311",
          "templated" : false
        } ]
      }
    } ]
  }
}

curl  -i -X POST
      -H 'Accept: application/hal+json'
      -H 'Content-Type: application/hal+json'
      http://om.example.com/orders/953127831/commit -d ''

HTTP/1.1 200 OK
Content-Type: application/hal+json
Date: Sun, 11 Jan 2015 16:15:24 GMT
ETag: "614c08ef16f3e6acdd1e420bfe5736cd196ae67a"
Vary: Accept
Content-Length: 1833

{
  "id" : 953127831,
  "date" : "2014-11-22",
  "updated" : "2014-11-22",
  "billingAddress" : "Bruxelles, Belgium",
  "shippingAddress" : "Bruxelles, Belgium",
  "status" : "commited",
  "total" : 398,
  "_links" : {
    "curies" : [ {
      "href" : "http://example.com/rels/ordermanager/{rel}",
      "name" : "om",
      "templated" : true
    } ],
    "self" : [ {
      "href" : "http://om.example.com/orders/953127831",
      "templated" : false
    } ],
    "om:process" : [ {
      "href" : "http://om.example.com/orders/953127831/processing",
      "templated" : false,
      "method" : "POST"
    } ],
    "om:cancel" : [ {
      "href" : "http://om.example.com/orders/953127831/cancel",
      "templated" : false,
      "method" : "POST"
    } ]
```

```
    },
    "_embedded" : {
      "om:orderItems" : [ {
        "_links" : {
          "self" : [ {
            "href" : "http://om.example.com/orders/953127831/items",
            "templated" : false
          } ]
        },
        "_embedded" : {
          "item" : [ {
            "quantity" : 2,
            "_links" : {
              "self" : [ {
                "href" : "http://om.example.com/orders/953127831/items/0",
                "templated" : false
              } ]
            },
            "_embedded" : {
              "om:product" : [ {
                "description" : "1250GB HD",
                "price" : 199,
                "_links" : {
                  "self" : [ {
                    "href" : "http://prod.example.com/products/123",
                    "templated" : false
                  } ]
                }
              } ]
            }
          } ]
        }
      } ],
      "om:customer" : [ {
        "description" : "Schulze & Schultze",
        "_links" : {
          "self" : [ {
            "href" : "http://crm.example.com/customers/4311",
            "templated" : false
          } ]
        }
      } ]
    }
  }
```

Listing 14–5 *Änderung des Zustands einer Bestellung von »created« auf »commited«*

Wir sehen, dass nun auch keine Links zum Ändern der Bestellpositionen mehr enthalten sind.

Wie Ihnen vielleicht schon aufgefallen ist, ist die Order-Ressource auf der einen Seite eine Primärressource, da sie einen zentralen fachlichen Aspekt eines Bestellsystems abbildet. Auf der anderen Seite bildet sie aber auch den Bestellprozess ab und fungiert somit auch als Aktivitätsressource. Sie werden häufiger feststellen, dass es zu einem Prozess Ihrer Domäne zugehörige Dokumente gibt, die den jeweiligen Zustand der Prozessinstanz widerspiegeln und sich somit als Kandidat für eine Mischung aus Primär- und Aktivitätsressource anbieten.

14.2 Fulfilment

Unsere Bestellung enthält neben dem Datum, zu dem die Bestellung erfolgt ist, auch ein Lieferdatum. Dieses wird von der Fulfilment-Komponente gesetzt, nachdem sie bei der Produktion einen Auftrag zur Fertigung der einzelnen Bestellpositionen ausgelöst hat.

Wir haben diese Aufteilung in eine separate Komponente gewählt, um das Prinzip der losen Kopplung mit REST illustrieren zu können. Die Fulfilment-Komponente ist eine klassische Servicekomponente, die mit mehreren Systemen interagiert. Auf der einen Seite muss sie auf neu eingegangene Bestellungen reagieren, hat also eine Schnittstelle zur OrderEntry-Komponente. Auf der anderen Seite muss sie dem Produktionssystem neue Aufträge übermitteln. Die Rückmeldungen wiederum muss sie interpretieren und in entsprechende Aktualisierungen der Bestellinformationen umsetzen.

Dieses Szenario erlaubt uns, diverse typische Muster einzusetzen, die beim Entwurf eines REST-basierten Integrationsprojektes zum Einsatz kommen.

14.2.1 Notifikation über neue Bestellungen

Die Fulfilment-Komponente muss über neue Bestellungen aus der OrderEntry-Komponente informiert werden. Dazu publiziert die OrderEntry-Komponente die Bestellungen mit unterschiedlichem Status als Atom-Feed. Diesen Feed fragt die Fulfilment-Komponente ab, um sich über zu bearbeitende Bestellungen zu informieren. Dabei wird vom Server (OrderEntry) ein ETag gesetzt, das der Client (Fulfilment) für eine bedingte GET-Abfrage verwendet. Das folgende Listing zeigt ein Beispiel für einen Request, bei dem neue Daten geliefert werden[3]:

3. Natürlich verwendet die Fulfilment-Komponente nicht curl, sondern eine zur Umgebung passende HTTP-Client-Bibliothek.

```
curl  -i http://om.example.com/orders?state=commited
      -H 'Accept: application/atom+xml'

HTTP/1.1 200 OK
Cache-Control: max-age=60, public
Content-Type: application/atom+xml
Date: Sun, 11 Jan 2015 16:15:24 GMT
ETag: "ffb7f9e0fffe7a50c96b3217aea32c043b18ccbc"
Vary: Accept
Content-Length: 1642

<?xml version="1.0" encoding="UTF-8"?>
<feed xml:lang="en-us" xmlns="http://www.w3.org/2005/Atom"
   xml:base="http://om.example.com/">
   <link type="application/atom+xml" href="/orders?state=commited"
      rel="self" />
   <link type="text/html" href="/orders?state=commited" rel="alternate" />
   <link type="application/hal+json" href="/orders?state=commited"
      rel="alternate" />
   <link href="/orders?state=commited&page=2" rel="next" />
   <id>/orders?state=commited</id>
   <title>Feed for OM order updates</title>
   <updated>2015-01-11T16:15:22Z</updated>

      <entry>
         <id>/orders/953127831</id>
         <published>2014-11-22T19:02:02Z</published>
         <updated>2015-01-11T16:15:22Z</updated>
         <link type="text/html" href="/orders/953127831" rel="alternate" />
         <link type="application/hal+json" href="/orders/953127831"
            rel="alternate" />
         <title>Order from Schulze &amp; Schultze, amount 398</title>
         <summary type="xhtml">
            <div class="order" xmlns="http://www.w3.org/1999/xhtml">
               <p>
                  Order date: <span class="order-date">2014-11-22</span>
               </p>
               <p>
                  Total: <span class="total">398</span>
               </p>
               <p>
                  Customer: <a class="customer"
                     href="http://crm.example.com/customers/4311">
                     Schulze &amp; Schultze</a>
               </p>
               <p>
                  Billing address: <span class="billing">Bruxelles,
                     Belgium</span>
               </p>

               <p>
                  Shipping address: <span class="shipping">Bruxelles,
                     Belgium</span>
               </p>
```

```
            <p>
                State: <span class="state">commited</span>
            </p>
        </div>
    </summary>
    <author>
        <name>OM System</name>
        <email>orders@om.example.com</email>
    </author>
</entry>

</feed>
```

Listing 14–6 *Abfrage nach neuen Bestellungen und Antwort als Atom-Feed*

Innerhalb des Atom-Feeds haben wir die Bestellung im XHTML-Format untergebracht, angereichert mit genügend Informationen, um eine maschinelle Verarbeitung zu ermöglichen. Ein Client kann Detailinformationen über die Bestellung erfahren, indem er einem der Alternate-Links folgt. Dabei kann er sich zwischen einer HAL- und einer HTML-Darstellung entscheiden. Auch für den gesamten Feed gibt es passende Alternate-Links sowie einen Verweis auf das nächste Ergebnissegment (aus Platzgründen haben wir einen Feed mit nur zwei Einträgen dargestellt, realistischer wären vielleicht 20 oder 50 Einträge als Maximum).

Eine erneute Abfrage erfolgt wiederum mit dem ETag des letzten Requests. Hat sich an den Daten nichts geändert, antwortet die OrderEntry-Komponente mit einem »304 Not Modified«-Statuscode:

```
curl  -i http://om.example.com/orders?state=commited
      -H 'Accept: application/atom+xml'
      -H 'If-None-Match: "ffb7f9e0fffe7a50c96b3217aea32c043b18ccbc"'

HTTP/1.1 304 Not Modified
Cache-Control: max-age=60, public
Date: Sun, 11 Jan 2015 16:15:24 GMT
ETag: "ffb7f9e0fffe7a50c96b3217aea32c043b18ccbc"
```

Listing 14–7 *Minimalantwort bei bedingter Abfrage*

14.2.2 Bestellübernahme

Zur Unterstützung der losen Kopplung sind Fulfilment und OrderEntry möglichst autark implementiert. Das Fulfilment verfügt deshalb über eine eigene Datenhaltung für die aktuell in Bearbeitung befindlichen Bestellungen. Für jede neue Bestellung erzeugt die Fulfilment-Komponente einen Eintrag in dieser Datenbank und führt die folgenden Aktionen aus:

1. Ändern des Status der Order-Ressource in der OrderEntry-Komponente von »commited« auf »processing«
2. Erzeugen eines neuen Produktionsauftrags im Production-System
3. Ermitteln des Lieferdatums (Produktionsende + Versanddauer)

Mit dem ersten Schritt übernimmt die Fulfilment-Komponte die Verantwortung für die Verarbeitung. In einer größeren Installation könnten potenziell mehrere Instanzen dieser Komponente parallel Bestellungen verarbeiten. Wir müssen deshalb sicherstellen, dass dieser Übergang sauber erfolgt und es nicht zu Konflikten oder parallelen Verarbeitungen kommt.

Die Fulfilment-Komponente führt nun zunächst ein GET auf eine der im Feed enthaltenen Bestellungen aus:

```
curl  -i http://om.example.com/orders/953127831
      -H 'Accept: application/hal+json'

HTTP/1.1 200 OK
Content-Type: application/hal+json
Date: Sun, 11 Jan 2015 16:15:24 GMT
ETag: "614c08ef16f3e6acdd1e420bfe5736cd196ae67a"
Vary: Accept
Content-Length: 1833

{
  "id" : 953127831,
  "date" : "2014-11-22",
  "updated" : "2014-11-22",
  "billingAddress" : "Bruxelles, Belgium",
  "shippingAddress" : "Bruxelles, Belgium",
  "status" : "commited",
  "total" : 398,
  "_links" : {
    "curies" : [ {
      "href" : "http://example.com/rels/ordermanager/{rel}",
      "name" : "om",
      "templated" : true
    } ],
    "self" : [ {
      "href" : "http://om.example.com/orders/953127831",
      "templated" : false
    } ],
    "om:process" : [ {
      "href" : "http://om.example.com/orders/953127831/processing",
      "templated" : false,
      "method" : "POST"
    } ],
    "om:cancel" : [ {
      "href" : "http://om.example.com/orders/953127831/cancel",
      "templated" : false,
      "method" : "POST"
    } ]
```

```
  },
  "_embedded" : {
    "om:orderItems" : [ {
      "_links" : {
        "self" : [ {
          "href" : "http://om.example.com/orders/953127831/items",
          "templated" : false
        } ]
      },
      "_embedded" : {
        "item" : [ {
          "quantity" : 2,
          "_links" : {
            "self" : [ {
              "href" : "http://om.example.com/orders/953127831/items/0",
              "templated" : false
            } ]
          },
          "_embedded" : {
            "om:product" : [ {
              "description" : "1250GB HD",
              "price" : 199,
              "_links" : {
                "self" : [ {
                  "href" : "http://prod.example.com/products/123",
                  "templated" : false
                } ]
              }
            } ]
          }
        } ]
      }
    } ],
    "om:customer" : [ {
      "description" : "Schulze & Schultze",
      "_links" : {
        "self" : [ {
          "href" : "http://crm.example.com/customers/4311",
          "templated" : false
        } ]
      }
    } ]
  }
}
```

Listing 14–8 *HAL-Darstellung einer Bestellung im Zustand »commited«*

Um die Bestellung zu übernehmen, führt sie ein POST auf den Link mit der Relation »om:process« aus und erhält den Statuscode »200 OK« mit der aktuellen Repräsentation der Bestellung:

```
curl  -i -X POST
      -H 'Accept: application/hal+json'
      -H 'Content-Type: application/hal+json'
      http://om.example.com/orders/953127831/processing -d ''
```

```
HTTP/1.1 200 OK
Content-Type: application/hal+json
Date: Sun, 11 Jan 2015 16:15:26 GMT
ETag: "01b8538ccfb510f527b4e7edd2f9f5b11fa7b15a"
Vary: Accept
Content-Length: 1983
```


```
{
  "id" : 953127831,
  "date" : "2014-11-22",
  "updated" : "2014-11-22",
  "billingAddress" : "Bruxelles, Belgium",
  "shippingAddress" : "Bruxelles, Belgium",
  "status" : "processing",
  "total" : 398,
  "_links" : {
    "om:ship" : [ {
      "href" : "http://om.example.com/orders/953127831/shipment",
      "templated" : false,
      "method" : "POST"
    } ],
    "curies" : [ {
      "href" : "http://example.com/rels/ordermanager/{rel}",
      "name" : "om",
      "templated" : true
    } ],
    "self" : [ {
      "href" : "http://om.example.com/orders/953127831",
      "templated" : false
    } ],
    "om:shippingDate" : [ {
      "href" : "http://om.example.com/orders/953127831/shippingDate",
      "templated" : false,
      "method" : "PUT"
    } ],
    "om:fail" : [ {
      "href" : "http://om.example.com/orders/953127831/fail",
      "templated" : false,
      "method" : "POST"
    } ]
  },
  "_embedded" : {
    "om:orderItems" : [ {
      "_links" : {
        "self" : [ {
          "href" : "http://om.example.com/orders/953127831/items",
          "templated" : false
        } ]
```

```
        },
        "_embedded" : {
          "item" : [ {
            "quantity" : 2,
            "_links" : {
              "self" : [ {
                "href" : "http://om.example.com/orders/953127831/items/0",
                "templated" : false
              } ]
            },
            "_embedded" : {
              "om:product" : [ {
                "description" : "1250GB HD",
                "price" : 199,
                "_links" : {
                  "self" : [ {
                    "href" : "http://prod.example.com/products/123",
                    "templated" : false
                  } ]
                }
              } ]
            }
          } ]
        }
      } ],
      "om:customer" : [ {
        "description" : "Schulze & Schultze",
        "_links" : {
          "self" : [ {
            "href" : "http://crm.example.com/customers/4311",
            "templated" : false
          } ]
        }
      } ]
    }
  }
```


Listing 14–9 *Ergebnis einer Statusänderung*

Durch die Änderung des Status taucht die entsprechende Bestellung in der Liste der Bestellungen im Zustand »commited« nicht mehr auf. Sollte zeitgleich eine andere Instanz der Fulfilment-Komponente den gleichen Request durchführen, so würde sie den Statuscode »409 Conflict« als Antwort erhalten und somit feststellen, dass diese Bestellung schon von einer anderen Instanz bearbeitet wird. Gleiches würde auch passieren, wenn genau in diesem Moment der Kunde die Bestellung stornieren würde. Einen Nachteil hat diese Variante der Zustandsänderung allerdings: Erhält die Fulfilment-Komponente auf den POST-Request aus irgendwelchen Gründen keine Antwort von der OrderEntry-Komponente, so kann sie sich nicht sicher sein, ob ihr Request nicht angekommen ist oder sie lediglich die Antwort nicht erhalten kann. Sollte sie bei einem GET auf die entsprechende

Bestellung feststellen, dass der Zustand auf »processing« geändert worden ist, weiß sie in der momentanen Implementierung nicht sicher, ob die Zustandsänderung durch sie selbst oder durch eine andere Komponente hervorgerufen wurde. Dies lässt sich jedoch sehr einfach umgehen, indem bei der Änderung von »commited« auf »processing« die ID der Fulfilment-Komponente, die die Bearbeitung übernommen hat, gespeichert wird. Dies ist auch in anderen Fällen, z. B. zur Fehlerdiagnose, sicherlich hilfreich.

14.2.3 Produktionsaufträge

Die Fulfilment-Komponente muss für die Bestellungen, deren Verarbeitung sie übernommen hat, entsprechende Produktionsaufträge generieren. Dabei gehen wir davon aus, dass wir jeweils einzelne Aufträge für unterschiedliche Produkte erzeugen müssen[4]. Die Übermittlung von Produktionsaufträgen legt eine Abbildung auf POST nahe: Es werden neue Ressourcen erzeugt. Allerdings wünschen wir uns eine zuverlässige Verarbeitung, sollten also eine idempotente Methode zur Erzeugung von Aufträgen wählen.

Aus diesem Grund gehen wir zweistufig vor: Zunächst lassen wir uns vom Produktionssystem per POST eine neue Ressource für den Auftrag anlegen. Als Resultat erhalten wir den Statuscode »201 Created« und die URI des Auftrags im Location-Header zurück. An diese URI übertragen wir per PUT die relevanten Daten und erzeugen so den eigentlichen Auftrag: Damit haben wir die Neuanlage einer Ressource idempotent abgebildet. Erhält der Client keine Antwort auf das initiale POST zurück, versucht er es einfach erneut und erhält vom Produktionssystem die URI einer neuen Ressource[5]. Schlägt die Erzeugung des eigentlichen Auftrags per PUT fehl, kann der Client die Daten einfach noch einmal übertragen. Hat die erste PUT-Anfrage das Produktionssystem nicht erreicht, aktualisiert es die leere Ressource mit den Daten. Existiert sie bereits, kann es je nach Implementierungsstrategie die neuen Informationen ignorieren, die bestehenden Informationen damit überschreiben oder eine Prüfung durchführen (und das Ergebnis mit einem Statuscode »409 Conflict« signalisieren).

Die Verarbeitung eines Produktionsauftrags ebenfalls im Detail zu beschreiben, würde hier zu weit führen. Aus Sicht der Fulfilment-Komponente ist für unser Szenario vor allem interessant, welches Fertigstellungsdatum zurückgeliefert wird. Das späteste Fertigstellungsdatum der individuellen Produktionsauf-

4. Das ist ein wenig willkürlich, macht unser Szenario aber interessanter. Sie können sich zum Beispiel vorstellen, dass es unterschiedlche Produktionssysteme für verschiedene Produktkategorien gibt, mit denen wir separat kommunzieren.

5. Je nach Verfahren erzeugt der Server bereits leere Einträge, zum Beispiel in einem Datenbanksystem, die er periodisch wieder entfernen muss, wenn in einem definierten Zeitraum kein PUT erfolgt ist. Alternativ kann der Server auch sicherstellen, dass er neue und eindeutige URIs erzeugt und diese dem Client zurückmeldet, ohne sich um deren Persistierung zu kümmern.

träge ist das Fertigstellungsdatum der gesamten Bestellung. Dazu müssen wir allerdings noch die für die Auslieferung benötigte Zeit dazu addieren.

14.2.4 Versandfristen

In einem realistischen System würden wir eine Logistikkomponente oder einen externen Logistikdienstleister einbinden, um einen Versandauftrag zu erzeugen, damit die Ware dem Kunden zugestellt wird. Für unser Szenario machen wir es uns ein wenig leichter und integrieren einen Dienst, der uns eine ungefähre Zeit für die Zustellung einer Ware berechnet. Damit können wir zwar kein exaktes, aber doch ein ungefähres Datum für die Auslieferung berechnen.

Wir verwenden für die Berechnung einen Dienst, der die Route zwischen zwei Adressen und deren Dauer auf HTTP-GET-Abfragen abbildet. Falls sich das für Ihre neu geschulten REST-Empfindungen nach einer RPC-orientierten Schnittstelle anhört, können Sie sich damit behelfen, dass jede der Routen eine eigene Ressource ist, die über eine eigene URI identifiziert wird. Wir verwenden in diesem Fall ein anwendungsspezifisches JSON-Format, um die Informationen zu codieren. Als Resultat auf ein GET auf eine URI der Form

```
http://mapping.example.com?start=xyz&end=zsz
```

liefert der Dienst zum Beispiel folgendes Ergebnis:

```
HTTP/1.1 200
OK Connection: close
Date: Tue, 28 Apr 2009 09:59:32 GMT
ETag: "b1b7f8428a6771768bd8d8a1f325bad8"
Cache-Control: public, max-age=86400
Content-Type: application/json
Content-Length: 145

{
   "src": xyz,
   "end": "zsz",
   "distance": { "length": 400, "unit": "km"},
   "time": { "duration": 3.3, "unit": "hours"}
}
```

Die Caching-Zeit ist bewusst auf einen Tag (86400 Sekunden) eingestellt: Es ist unwahrscheinlich, dass sich die Versanddauer häufiger als in diesem Zeitrahmen ändert. Damit kann eine Vielzahl von Anfragen auf die gleichen Routen aus einem Cache bedient werden.

14.2.5 Lieferdatum

Abschließend muss unsere Fulfilment-Komponente das neu aus Fertigstellungsdatum und Versandzeit berechnete Lieferdatum in die Bestellung eintragen. Für diesen Zweck haben wir das Lieferdatum als eigene Subressource entworfen.

Eine Bestellung im Zustand »processing« enthält, wenn noch kein Lieferdatum gesetzt wurde, einen Link mit der Relation »om:shippingDate« und dem HTTP-Verb PUT zum Setzen des Lieferdatums. Wurde das Lieferdatum gesetzt, wird es als eingebettete Ressource mit entsprechendem »edit«-Link in die Repräsentation der Bestellung eingebunden. Das Fulfilment-System führt also einen PUT-Request der folgenden Form durch:

```
curl  -i -X PUT
      -H 'Accept: application/hal+json'
      -H 'Content-Type: application/hal+json'
      http://om.example.com/orders/953127831/shippingDate -d '{
   "shippingDate": "2015-12-24"
}'

HTTP/1.1 200 OK
Content-Type: application/hal+json
Date: Sun, 11 Jan 2015 16:15:28 GMT
ETag: "be0a36e24143615e66dde4d4990546aa1b49e54c"
Vary: Accept
Content-Length: 570

{
  "shippingDate" : "2015-12-24",
  "_links" : {
    "self" : [ {
      "href" : "http://om.example.com/orders/953127831/shippingDate",
      "templated" : false
    } ],
    "om:order" : [ {
      "href" : "http://om.example.com/orders/953127831",
      "templated" : false
    } ],
    "edit" : [ {
      "href" : "http://om.example.com/orders/953127831/shippingDate",
      "templated" : false,
      "method" : "PUT"
    } ],
    "curies" : [ {
      "href" : "http://example.com/rels/ordermanager/{rel}",
      "name" : "om",
      "templated" : true
    } ]
  }
}
```

Listing 14–10 *PUT-Request zum Setzen des Lieferdatums*

Als Ergebnis wird die Subressource inklusive des »edit«-Links und eines Links zur Bestellung zurückgeliefert.

14.3 Reporting

Schließlich ermöglichen wir in unserer Anwendung noch die Abfrage einer Reihe von Berichten. Ob diese vom OrderManager intern in dem Moment erstellt werden, wenn sie zum ersten Mal benötigt werden, oder ob sie bereits im Hintergrund vorbereitet wurden, bleibt für den Client transparent.

Links bzw. Formulare für Berichte	/reports	GET
Alle Berichte eines Tages	/reports?year={year}&month={month}	GET
Ein spezifischer Bericht	/reports?year={year}}&month={month}&state={state}	GET

Tab. 14–3 *URI-Templates für Reports*

Die Abbildung der Berichte auf Ressourcen, die das Datum als Teil der URI enthalten, ermöglicht dabei eine äußerst interessante Optimierung: Ein Bericht über die abgeschlossenen Bestellungen, die in einem bereits vergangenen Zeitraum liegen, ändert sich nicht mehr – als Cache-Zeit kann daher eine prinzipiell unendliche Dauer eingestellt werden. Für die Darstellung unserer Berichte wählen wir ein vielleicht überraschendes Format: das gute alte kommaseparierte Textformat CSV. Natürlich können Sie auch XML, JSON oder ein selbst definiertes Format benutzen. CSV bietet den Vorteil, dass es sich sehr leicht in Anwendungen wie Microsoft Excel oder diversen Business-Intelligence-Werkzeugen weiterverarbeiten lässt. Mithilfe der HTTP-Metadaten können wir dabei einige der typischen Probleme von CSV abmildern, wie zum Beispiel den undefinierten Zeichensatz. Das folgende Listing zeigt eine Beispielanfrage und -antwort:

```
curl  -i http://om.example.com/reports?year=2014&month=11
      -H 'Accept: text/csv'

HTTP/1.1 200 OK
Content-Type: text/csv; charset=utf-8; header=present
Date: Sun, 11 Jan 2015 16:15:28 GMT
ETag: "5481be8c2142b07ccdc4b01dd95fbfdf4e31cd69»
Content-Length: 166

date,customer,total,ref
2014-11-02,http://crm.example.com/customers/421,598,/orders/953127801
2014-11-22,http://crm.example.com/customers/4311,398,/orders/953127831
```

Listing 14–11 *Bericht im CSV-Format*

Im Fall des Reportings haben wir uns dazu entschieden, die variablen Anteile des Templates in Query-Parametern zu hinterlegen. Für einen Client, der die Link-Templates in einer HAL-Darstellung nutzt, macht dies keinen Unterschied.[6]

```
{
  "_links" : {
    "self" : [ {
```

```
        "href" : "http://om.example.com/reports",
        "templated" : false
      } ],
      "om:reportByMonth" : [ {
        "href" : "http://om.example.com/reports?year={year}&month={month}",
        "templated" : true
      } ],
      "om:reportByMonthAndState" : [ {
        "href" :
"http://om.example.com/reports?year={year}&month={month}&state={state}",
        "templated" : true
      } ],
      "curies" : [ {
        "href" : "http://example.com/rels/ordermanager/{rel}",
        "name" : "om",
        "templated" : true
      } ]
    }
  }
```

Listing 14–12 *Link-Templates für Berichte in HAL-Darstellung*

Diese URI-Struktur bietet uns aber auch die Möglichkeit, entsprechende HTML-Formulare zu erstellen:

```
<form action="/reports" method="GET">
  <select name="month">
    <option value="01"/>01</option>
    <option value="02"/>02</option>
    ...
    <option value="12"/>12</option>
  </select>
  <input type="number" name="year">
  <select name="state">
    <option></option>
    <option value="cancelled"/>cancelled</option>
    <option value="commited"/>commited</option>
    <option value="created"/>created</option>
    <option value="failed"/>failed</option>
    <option value="processing"/>processing</option>
    <option value="shipped"/>shipped</option>
  </select>
  <input type="submit" value="get report"/>
</form>
```

Listing 14–13 *HTML-Formular zur Abfrage eines Berichts*

6. Wir hätten hier uns auch statt für die Variante mit den zwei Links »om:reportByMonth« und »om:reportByMonthAndState« für die Darstellung mit einem Link »om:reportByMonth« mit einem optionalen Query-Parameter »state« entscheiden können. Allerdings müssen die Clients dann diese etwas komplizierteren Templates verarbeiten können.

14.4 Zusammenfassung

Die zweite Iteration unseres OrderManagers verdient das Prädikat »RESTful«: Sie nutzt Hypermedia, um Ressourcen miteinander zu verknüpfen sowie Zustandsänderungen auszulösen und verwendet Caching und ETags, um eine effiziente Verarbeitung zu ermöglichen. Ressourcen können in unterschiedlichen Formaten – je nach den Bedürfnissen des Clients – abgefragt werden. Der Einsatz von Standardformaten wie Atom Syndication, HAL und HTML entkoppelt die Komponenten zusätzlich voneinander.

Natürlich ist die Anwendung auch in ihrer zweiten Iteration noch nicht vollständig. Sie vermittelt aber – so hoffen wir – einen guten Eindruck von den Herausforderungen beim Entwurf einer REST-Anwendung und den Lösungsansätzen, mit denen man diesen begegnet.

15 Architektur und Umsetzung

Für eine Diskussion über die Kernprinzipien des REST-Architekturstils und die Beschreibung der Kerntechnologien des Web ist es irrelevant, welche Implementierungsentscheidungen getroffen werden. Wenn Sie sich für den Einsatz von REST und HTTP entscheiden, beeinflusst dies jedoch die konkrete Gestaltung Ihrer Systeme und Ihrer Systemlandschaft. Deshalb verlassen wir in diesem Kapitel die neutrale Zone und beschäftigen uns konkret mit den Auswirkungen, die sich aus dieser Entscheidung für die Architektur ergeben.

15.1 Architekturebenen

Grenzen wir zunächst unterschiedliche Architekturebenen gegeneinander ab. Auf der einen Seite können wir die Makro- und Mikroebene unterscheiden: Auf der Mikroebene befassen wir uns mit der internen Architektur eines einzelnen, nach außen über eine Schnittstelle kommunizierenden Systems, auf der Makroebene beschäftigen wir uns mit der Gesamtsystemlandschaft, die durch mehrere solche untereinander kommunizierenden Einzelsysteme gebildet wird. Die Makroebene lässt sich aufteilen in die fachliche und technische Gesamtarchitektur. Den Benutzerschnittstellen kommt eine besondere Bedeutung zu, zum einen weil sie sich durch andere Nutzungsprofile als bei der Server-zu-Server-Kommunikation auszeichnen, zum anderen durch den häufig bestehenden Wunsch, durch eine integrierte oder zumindest integriert wirkende Oberfläche die Aufteilung in einzelne Systeme vor dem Anwender zu verbergen. Ein besonders in letzter Zeit immer wichtiger werdender Einsatzbereich ist die unternehmensübergreifende Integration, die in der Regel über externe »Web-APIs« erfolgt.

Wir befassen uns daher im Folgenden mit fünf unterschiedlichen Architektursichten:

- **Die Domänenarchitektur** entsteht, indem entschieden wird, in welche Systeme mit welchen Beziehungen untereinander die Gesamtlandschaft aufgeteilt wird, unabhängig von den Entscheidungen, die für jedes System dann auf Ebene der Softwarearchitektur getroffen werden.

- **Die Softwarearchitektur** bestimmt, in welche Schichten ein einzelnes System strukturiert ist, welche Logik in welcher Schicht angesiedelt wird, welche Stereotypen von Methoden, Klassen, Packages und Komponenten existieren, welche konkreten Instanzen davon es gibt und wie die Abbildung auf die externe Schnittstelle erfolgt.
- **Die Systemarchitektur** beschreibt, wie und über welche Schnittstellen die Systeme technisch miteinander kommunizieren.
- **Die Frontend-Architektur** beschäftigt sich mit der Implementierung von Benutzeroberflächen und deren Integration in die Gesamtlandschaft.
- Als **Web-API-Architektur** bezeichnen wir den Aspekt, der sich mit der Integration und den Zugriffsmöglichkeiten externer Partner befasst.

Die Teilbereiche haben zwar diverse Berührungspunkte, sind aber grundsätzlich voneinander entkoppelt. So können zum Beispiel zwei Systeme, die zusammen mit ihren Kommunikationsmustern im Rahmen der Domänenarchitektur definiert wurden, intern völlig unterschiedliche Softwarearchitekturen verwenden. Die Systemarchitektur wiederum beschäftigt sich vor allem mit nicht funktionalen Aspekten; aus ihrer Sicht ist es von untergeordneter Bedeutung, welche konkrete Systemaufteilung in der Domänenarchitektur als optimal empfunden wurde. Die Frontend-Architektur betrachtet den Aspekt der Integration von Benutzeroberflächen einzelner Systeme und der Systemlandschaft insgesamt; die Web-API-Architektur schließlich nutzt möglicherweise Schnittstellen, die auch intern verwendet werden, ist aber anders in die Systemarchitektur integriert.

Natürlich ist dies nur eine von vielen möglichen Aufteilungen; für unsere Diskussion reicht sie jedoch aus – unser Schwerpunkt liegt schließlich darauf, welche Auswirkungen die Entscheidung für den Einsatz von RESTful HTTP darauf hat.

15.2 Domänenarchitektur

Aus der Definition im vorhergehenden Abschnitt können Sie ableiten, dass wir bei der Domänenarchitektur von der Makroebene sprechen, also von der Architektur der Gesamtlandschaft, nicht von der Architektur eines einzelnen Systems. Was aber ist ein System? Diese Entscheidung hängt stark von der jeweiligen Fachlichkeit ab und ist letztlich eine Frage der Abwägung konkurrierender Aspekte. Zu entscheiden, wann aus einem System besser mehrere Systeme werden sollten – oder andersherum, wann mehrere Systeme sinnvoller zu einem einzelnen zusammengefasst werden – ist Aufgabe der Domänenarchitektur.

Für diesen Abschnitt treffen wir daher einige Annahmen: Als »System« wird eine separat zu installierende, versionierende Anwendung betrachtet, deren interne Implementierung geändert werden kann, ohne dass andere Systeme davon betroffen sind, und als Mittel für die Realisierung der Schnittstellen wurde RESTful HTTP gewählt. Wie gelangen Sie nun zu einem möglichst sinnvollen Systemschnitt, und welche Konsequenzen ergeben sich daraus für die Architektur?

15.2.1 Systemgrenzen und Ressourcen

Das strukturierende Kernkonzept in einer REST-Architektur sind naturgemäß Ressourcen. In der Gesamtsicht ist es in erster Näherung sinnvoll, Systeme über ihre Verantwortlichkeit für bestimmte Ressourcenarten zu definieren. So ist vielleicht das Bestellsystem für Bestellungen, Stornierungen, Lieferscheine und Reklamationen zuständig, das Produktinformationssystem (PIM) für die Artikel und ihre Beschreibung, ein Customer Relationship Management (CRM) für die Kundeninformationen und die Kontakthistorie. Ein System ist damit aus Schnittstellensicht eine Menge von Ressourcen, die über URIs identifiziert werden und sich in Ressourcentypen kategorisieren lassen.

Die Systeme in der Anwendungslandschaft stehen in Abhängigkeiten zueinander, sie bilden einen Abhängigkeitsgraphen: Das Bestellsystem hängt vom PIM ab, das CRM sowohl von PIM als auch vom Bestellsystem, alle Systeme vielleicht von einer zentralen Instanz zur Benutzer- und Rechteverwaltung. Einige Systeme sind sehr grundlegend und hängen von wenigen anderen ab, werden dafür aber von vielen anderen benötigt; im Gegensatz dazu gibt es eine Kategorie von Systemen – ein CRM ist häufig ein gutes Beispiel –, die von vielen anderen abhängen, selbst aber nicht übermäßig häufig von anderen verwendet werden. Die Abhängigkeiten zwischen den Systemen haben wesentlichen Einfluss darauf, wie einfach sich die einzelnen Systeme weiterentwickeln lassen. Wenig verknüpfte Systeme lassen sich offensichtlich leichter verändern oder ersetzen als zentrale, viel verwendete.

Die Summe der Systeme, ihrer Verantwortlichkeiten und ihrer Abhängigkeiten zueinander definieren die Domänenarchitektur.

Die Zerlegung einer Anwendungslandschaft lässt sich grundsätzlich immer durchführen und ist im Wesentlichen nicht von Technologie abhängig. Die Ziele dabei sind im Prinzip ähnlich, ob nun ein Integrationsansatz im Sinne von Enterprise Application Integration (EAI) verfolgt wird, eine serviceorientierte Architektur auf Basis von SOAP/WSDL-Webservices oder ein sonstiger planerischer Ansatz im Zuge einer Enterprise-Architecture-Initiative: Systeme (oder auch »Domänen«, »Applikationen« oder »Geschäftsobjekte«) sollen klare Verantwortlichkeiten im fachlichen Sinne haben und über möglichst klare Schnittstellen kommunizieren.

In der Regel können Sie erwarten, dass Sie bei einer Dekomposition, also einer Zerlegung eines übergeordneten Kontexts, als Ergebnis eine Zahl von Systemen (oder sonstigen Strukturierungselementen) in der magischen Größenordnung fünf bis fünfzehn erhalten. Häufig wird dieser Ansatz dann auf der nächsten Ebene wiederholt und so der Gesamtkontext hierarchisch zerlegt. Diese Aufgabe ist Architekten auf allen Architekturebenen wohlbekannt – wir versuchen, Dinge so lange in kleinere Einheiten aufzuteilen, bis jede davon einzeln verstanden, als Kontext für eine Make-or-Buy-Entscheidung dienen oder bei einer Individualentwicklung im Rahmen eines einzelnen Projektes umgesetzt werden kann.

Auf den ersten Blick ändert sich durch die Festlegung auf RESTful HTTP als Integrationsansatz zunächst sehr wenig. Es lässt sich schlüssig dafür argumentieren, dass Sie grundsätzlich eine Entscheidung für einen einzelnen Integrationsansatz treffen sollten, anstatt beliebig viele zuzulassen, und dieser eine Ansatz kann natürlich auch REST sein. Die Schnittstellen der einzelnen Systeme können Sie dann als »RESTful Webservices« implementieren, und wie schon der Begriff nahelegt, sind die Dienstschnittstellen aus genügend großer Entfernung betrachtet denen sehr ähnlich, die Sie auch beim Einsatz einer anderen Technologie definieren würden.

Aus der Verbindung dieser Vorgehensweise mit dem Einsatz von REST und HTTP ergeben sich schon diverse Vorteile. Aber es wäre schade, wenn Sie sich damit schon zufrieden geben würden: Seine Stärke spielt der Ansatz erst aus, wenn er auch in einem Unternehmenskontext in der Art und Weise verwendet wird, die ihn auch im »öffentlichen« Web so erfolgreich sein lässt. Dazu müssen wir uns näher mit der Rolle von Medientypen befassen.

15.2.2 Medientypen und Kontrakte

In klassischen RPC-ähnlichen und -verwandten Ansätzen verteilter Systeme spielt der *Contract*, der Vertrag, der eine Schnittstelle beschreibt, eine zentrale Rolle. Je nach Detailausprägung bietet ein System eine oder mehrere Schnittstellen an, die jeweils durch einen solchen Vertrag beschrieben werden. Dieser legt fest, welche Operationen es gibt und welche Ein- und Ausgabeparameter sowie Fehlermeldungen für diese Operationen gültig sind. Ein und dieselbe logische Schnittstelle kann von mehreren Servern[1] implementiert werden, sowohl gleichzeitig (dann gibt es mehrere »Endpoints«) oder nacheinander (z. B. durch einen Austausch der Implementierung). Zugrunde liegt die Idee, dass sich alle Parteien – Server, die eine solche Schnittstelle implementieren, und Clients, die sie nutzen – an den Vertrag halten. Wird eine Schnittstelle zu einem Zeitpunkt von mehr als einem Server implementiert, stellt sich die Frage, wie ein Client den »richtigen« Server findet. Dazu wird – insbesondere im SOA-Umfeld – häufig ein Dienst zur Verfügung gestellt, der eine Verzeichnisfunktion hat und zwischen einer logischen Anforderung und einer konkreten Serverinstanz vermittelt.

In einer solchen Architektur gibt es eine dynamische Bindung zwischen dem Client und dem Server (da der »Endpoint« des Servers zur Laufzeit festgelegt werden kann). Aber die Entscheidung darüber, welcher Server welche Schnittstelle implementiert, wird mit einer sehr groben Granularität getroffen. Betrachten wir als Beispiel die Schnittstelle eines hypothetischen Produktmanagementsystems (hier in einer Pseudocode dargestellt):

1. Für die Diskussion in diesem Abschnitt können Sie »Server« mit »Provider« oder »System« gleichsetzen und »Client« mit »Consumer«, wenn Sie SOA-Terminologie gewohnt sind.

```
interface ProductInformation {
   createProduct(productinfo): id
   updateProduct(id, productinfo)
   getProductDetails(id): productinfo
   getRelatedProducts(id): productlist
   findProducts(query): productlist
}
```

Listing 15–1 *Pseudocode für die Schnittstelle eines PIM*

Wenn es sich bei den im Beispiel erwähnten IDs um Identifikationswerte handelt, die ausschließlich der Server selbst auflösen kann, dann ergibt sich daraus eine wesentliche Einschränkung: Erfolgt die Verbindung zwischen Client und Server dynamisch, flexibilisiert das zwar die Architektur, weil z. B. eine Änderung an der Servertopologie in Grenzen abgefangen werden kann. Aber alle Produkte müssen zwingend vom selben Server verwaltet werden – welcher das ist, lässt sich zur Laufzeit ändern, aber eben immer nur für alle Produkte auf einmal.

Natürlich lässt sich nun ein dynamischer Lookup-Mechanismus entwerfen, der über die Registry/Directory-Lösung eine Objekt-ID auf einen Server abbildet. Das hätte jedoch zwei Nachteile: Zum einen müssten Sie das dann für jede Art von Information (Kunden, Aufträge, Bestellungen, ...) erneut durchführen, zum anderen würden Sie einen Flaschenhals erzeugen, weil nun auf einmal zur Laufzeit ständig Ihre Registry mit Lookup-Anfragen bombardiert würde.

Dem Erstellen vieler Directories können Sie begegnen, in dem Sie eine Generalisierung vornehmen: Betrachten Sie einfach alle Informationen gleich und definieren Sie einen Identifikationsmechanismus, der unabhängig von der konkreten Art der Information ist. Um einen Flaschenhals zu vermeiden, müssen Sie die zentrale Registry loswerden, indem Sie den Identifikationsmechanismus auch zum Adressierungsmechanismus machen und eine Möglichkeit schaffen, solche adressierbaren IDs in die Nachrichten einzubetten, die ihre Systeme austauschen. Bevor Sie nun Ihre IDE[2] starten und loslegen, sollten Sie sich bewusst werden, dass genau das der Kern von REST ist!

In einem System, in dem die Kernkonzepte der einzelnen Anwendungen über einen gemeinsamen Mechanismus – die URI – identifiziert werden und diese als Teil der Nachrichten ausgetauscht werden, erfolgt potenziell bei jeder Derefenzierung ein Serverwechsel. Sie können das nachvollziehen, wenn Sie betrachten, wie eine typische Interaktion im Web abläuft: Irgendwo erhalten Sie einen Einstiegspunkt, von dort aus bewegen Sie sich weiter, folgen Hyperlinks und füllen Formulare aus und werden so von einem System zum nächsten geleitet, ohne dass Sie das in der Erreichung Ihres Zieles beeinträchtigt.

Möglich wird diese Interaktion im Web durch das HTML-Format, den HTML-Medientyp, der eben nicht nur eine Codierung von reichhaltig formatierten Texten standardisiert, sondern auch ein Verarbeitungsmodell. Elemente wie

2. Oder Ihre Präsentationssoftware, ganz nach Ihrer Position im Unternehmen.

der Anchor (a), img-Tags oder Formulare enthalten oder referenzieren Ressourcen und sagen etwas darüber aus, was diese bedeuten. Für einen generischen HTML-Client wie den Browser wird es damit möglich, mit mehreren Servern zu interagieren, weil nicht mehr die Servertopologie, sondern die Ressource die Einheit ist, die dynamisch gebunden wird.

Der Kontrakt in einem REST-Umfeld manifestiert sich damit in den Medientypen und den Verarbeitungsmodellen, die diese vorgeben, und nicht in der Schnittstelle eines einzelnen Servers. Clients hängen im Idealfall nur von Medientypen ab und können die konkreten Serverstrukturen vollständig ignorieren.

Die Gestaltung der Schnittstellen zwischen den Systemen wird damit um einen Schritt ergänzt, der jeweils einem der folgenden drei Lösungsansätze folgt: der Auswahl bestehender Medientypen und deren Nutzung so, wie sie sind, die Erweiterung bestehender Medientypen an den Stellen, an denen zusätzliche Semantik benötigt wird, oder die Entwicklung eigener Medientypen, wenn eine solche Erweiterung nicht praktikabel ist.

Was können wir daraus nun für die Domänenarchitektur ableiten? Auch wenn die Aufgabe, eine Anwendungslandschaft in sinnvolle Einheiten aufzuteilen, sich nicht ändert, sollten die Schnittstellen anders gestaltet werden. Anstatt sie von innen heraus, aus der Sicht des Servers und den von ihm gekapselten Ressourcen zu definieren, sollten sie aus Sicht des Verarbeitungsmodells, das Clients und Server in der Interaktion benötigen, erstellt werden.

15.2.3 Identität und Adressierbarkeit

Ein Ansatz zur Minimierung der Abhängigkeiten zwischen Systemen, den wir bereits im fortgeschrittenen OrderManager-Beispiel verwendet haben, ist ein zentrales Einstiegsdokument, über das ein Client die für ihn relevanten Ressourcen entdecken kann. In einer Anwendungslandschaft ist es häufig sinnvoll, sich nicht nur auf ein einzelnes solches Dokument zu verlassen, sondern eine mehrstufige Hierarchie oder allgemeiner: eine vernetzte Struktur von Servicedokumenten zu unterstützen. Die Festlegung auf konkrete URIs wird damit minimiert.

Wie geht man jedoch mit den Beziehungen um, die unvermeidlich zwischen den einzelnen Systemen bestehen? Die Speicherung von konkreten, vollständigen HTTP-URIs anderer Systeme ist das eine Extrem – es wird nur minimales Wissen über das externe System benötigt, allerdings wird eine sehr harte Referenz abgelegt. Wenn sich eine Änderung an einer URI ergibt, muss der Server sicherstellen, dass er bei einem Zugriff auf die ursprüngliche URI mit einem Redirect reagiert. Das andere Extrem ist die Ablage einer ID, die unabhängig von der URI-Struktur ist. In diesem Fall muss eine Möglichkeit geschaffen werden, wie der Client von dieser ID wieder zu einer URI kommt.

Eine auf den ersten Blick naheliegende Lösung ist ein zentraler Lookup-Service, der von einer logischen in eine physische URI übersetzt. Allerdings würde damit bei jedem Zugriff auf eine Ressource ein Zugriff auf das zentrale Directory notwendig, und damit würde genau die Sorte Flaschenhals geschaffen, die wir vermeiden wollen. Wir könnten versuchen, die Aufgabe auf mehrere Lookup-Services zu verteilen. In Kombination mit dem zentralen Einstiegsdokument und der Idee von Medientypen können wir unserem Ziel jedoch näher kommen, indem wir ein Format verwenden, das von unterschiedlichen Diensten unterstützt werden kann und das Sie bereits kennen: URI-Templates [RFC6570], die Syntax für die Definition von Schablonen. Ein Template beschreibt eine URI und die darin enthaltenen variablen Bestandteile, in die der Client dann Werte einsetzen kann. Die URI-Struktur bleibt somit in der Hoheit des Servers, obwohl ein Client die URI konstruiert. Indem wir unsere Servicedokumente mit URI-Templates versehen, kann ein System sich den variablen Informationsteil – im häufigsten Fall eine ID, wie z. B. eine Kundennummer – merken und dynamisch in das passende Template einsetzen.

Der Gedanke von URI-Templates ist im Prinzip ähnlich zu HTML-Formularen, bei denen das Attribut method den Wert GET hat: In diesen Formularen werden die einzelnen Werte, die sich aus dem Ausfüllen der Felder ergeben, Bestandteil der URI, und zwar in Form von Query-Parametern. URI-Templates generalisieren dies: Die variablen Anteile können an beliebiger Stelle in die URI eingefügt werden und aus beliebigen Quellen stammen, nicht nur aus Formularen.

Die Ressourcenidentifikation über URIs und die systemübergreifende Rolle von Medientypen haben einen wesentlichen Einfluss auf die Flexibilität Ihrer Domänenarchitektur – Sie sollen diese daher bewusst und im besten Fall mit der gleichen Sorgfalt gestalten, wie Sie es auch tun würden, wenn Sie einen Standard für den Einsatz im öffentlichen Internet erstellen würden.

15.3 Softwarearchitektur

Für die externe Sicht auf ein System sind die Implementierungsentscheidungen, die für seine Umsetzung getroffen wurden, weitgehend irrelevant. Sie können zwar indirekt Auswirkungen auf von außen beobachtbare Eigenschaften wie Antwortzeiten, Stabilität, Verhalten unter Last oder Verfügbarkeit haben, aber letztendlich interessiert es Sie als Benutzer einer Webanwendung oder als Entwickler eines Clients, der ein Web-API verwendet, höchstens aus berufsbedingter Neugier, mit welchem Betriebssystem, welcher Middleware, Datenbank, Programmiersprache, Framework usw. das System umgesetzt wurde, das Sie verwenden.

Naturgemäß verhält sich das anders, wenn es Ihre Aufgabe ist, ein konkretes System zu implementieren. Für diesen Abschnitt gehen wir davon aus, dass die Systemgrenzen bereits klar festgelegt sind und wir uns nun darum kümmern müssen, wie neue Systeme implementiert oder bestehende in die Gesamtdomänenarchitektur integriert werden, mit anderen Worten: wie genau die REST/HTTP-Schnittstelle in die interne Architektur des Systems integriert wird.

15.3.1 Schichten

In den meisten Fällen verfügen nicht triviale Systeme über eine Schichtenarchitektur, die zum Beispiel wie folgt aussehen könnte:

Abb. 15–1 *Beispielhafte Schichtenarchitektur eines Systems*

In einer solchen Architektur ist die Versuchung auf den ersten Blick groß, die RESTful-HTTP-Schnittstelle auf der Ebene der Persistenz anzusiedeln – schließlich lassen sich das uniforme Interface und seine GET/PUT/POST/DELETE-Verben vergleichsweise einfach auf die Datenbankprimitiven abbilden. Das ist jedoch der falsche Ansatz: Wenn die Anwendung mehr ist als eine reine Datenbank, dann sorgt sie dafür, dass nicht irgendwelche, sondern nur valide Daten ins System gelangen können. Nicht alle Daten, die intern abgelegt werden, sollen in gleicher Weise auch von außen lesbar oder gar änderbar sein. Schließlich bilden Systeme nicht nur simple Datenhaltung und -pflege, sondern auch Prozesslogik ab – nicht alles, was Sie nach außen in Form einer Ressource exponieren, hat eine 1:1-Entsprechung in Ihrer Datenhaltung.

Die Schnittstellenschicht sollte daher – ganz ähnlich wie die UI-Schicht – sehr weit oben angesiedelt sein:

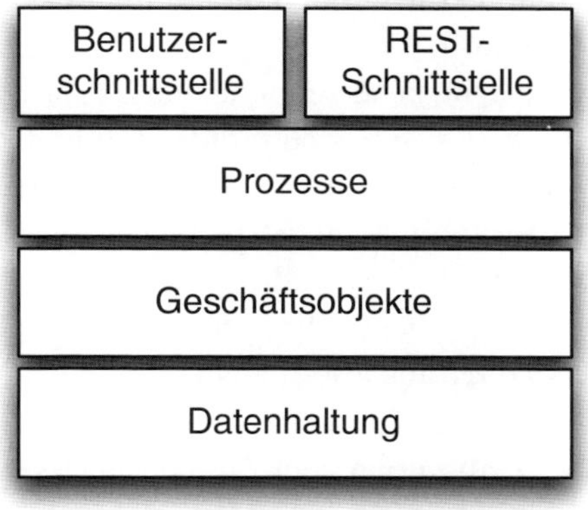

Abb. 15–2 *REST-Schnittstelle im Schichtenmodell*

Nur weil Sie eine andere Art der Schnittstellengestaltung wählen, ändert sich nichts an den Grundregeln guten Designs: Sie sollten die Schichtung Ihrer Anwendung – wie immer sie auch aussehen mag – nicht verletzen, und dazu zählt in aller Regel auch, dass Sie nicht einfach Ihre Persistenzschicht exponieren. Ob eine Aktion von außen über eine Benutzeroberfläche angestoßen wird oder über eine externen Systemen angebotene Schnittstelle: In jedem Fall müssen Sie sicherstellen, dass die Geschäftsregeln eingehalten und Daten validiert werden.

15.3.2 Domänenmodell

Beim Entwurf objektorientierter Systeme ist in den letzten Jahren der Ansatz *Domain Driven Design* [Evans2003] populär geworden, der im Grunde eine Rückbesinnung auf die Wurzeln des OO-Ansatzes ist: Klassen, ihre Methoden und ihre Beziehungen zueinander definieren eine abstrakte Sprache, in der die konkrete Domäne formuliert wird. Zentral ist dabei der Gedanke, dass das Domänenmodell sich auf die dauerhaft gültigen »Wahrheiten« der Domäne fokussieren soll, ohne mit Details über den technischen Kontext belastet zu sein.

Startet man mit einem Domänenmodell, so stellt sich die Frage, wie dieses sinnvoll auf die Schnittstelle zur Außenwelt – in unserem Fall also eine REST-Schnittstelle – abgebildet werden kann. Werkzeuge, die versprechen, eine solche Abbildung vollautomatisch zu erledigen, und das am besten auch noch gleich für eine ganze Reihe unterschiedlicher technologischer Alternativen, erscheinen hier auf den ersten Blick sehr reizvoll – einfach einen kleinen Generator anwerfen, fertig ist die SOAP/WSDL-Schnittstelle; wird ein anderer Ansatz – z. B. REST – populär, wird der Generator einfach mit anderen Einstellungen noch einmal gestartet. So einfach ist die Welt jedoch nicht, auch wenn einige Hersteller das immer noch suggerieren: Die Entscheidung für einen bestimmten Ansatz ist alles andere als ein Implementierungsdetail; sie hat weitreichende Auswirkungen auf die gesamte Domänenarchitektur und damit – zumindest in Grenzen – auch auf die interne Softwarearchitektur.

Der Schlüssel besteht darin, zu akzeptieren, dass es sich bei den Schnittstellen und ihrem Zusammenwirken, wie es sich im Idealfall in den Medientypen manifestiert, um ein eigenes Domänenmodell handelt. Auch hier gibt es eine »ubiquitäre Sprache«, die die Begriffe aus den Elementen der Schnittstellendokumente und ihren Beziehungen erhält. Und auch diese Domäne verdient es, ausformuliert und von technisch irrelevanten Details freigehalten zu werden.

In der Regel ergibt sich daraus also die Notwendigkeit einer Abbildung zwischen dem externen, schnittstellenorientierten Domänenmodell und dem internen, auf die Geschäftslogik ausgerichteten. Und bei allen nur denkbaren Anstrengungen wird diese Abbildung immer ein Prozess sein, der zu großen Teilen manuell stattfindet – aus dem einfachen Grund, dass die Entscheidung, was wie exponiert werden soll, immer menschliche Intelligenz erfordert.[3] Mit anderen Worten: Ein Domänenmodell ist eine gute Idee; es aber automatisiert einfach in das Schnittstellenmodell überführen zu wollen dagegen nicht.

Es gibt ganz allgemein Fälle, in denen man die Entscheidung trifft, eine einzelne Domäne in zwei oder mehr separate Domänen aufzuteilen oder andersherum mehrere zu einer einzelnen zusammenzufassen. Das gilt in diesem Fall auch: Manchmal ist das, was jenseits der Schnittstellendomäne noch an Fachlogik übrigbleibt, so trivial, dass sich eine separate Domäne nicht lohnt. Ein typisches Beispiel sind Systeme, die sehr datenzentriert sind und einfach nur Dinge ohne große Logik persistieren und wieder zur Verfügung stellen: Unter Umständen genügt schlicht die direkte Verwendung einer Datenbank oder die Ablage im Dateisystem. Ein anderes Beispiel sind Wrapper um bestehende Legacy-Systeme, bei denen die vorhandene Logik ohnehin nicht verändert wird.

15.3.3 Nutzung von Diensten

Ob Sie einen reinen Client entwickeln oder einer Ihrer Server selbst die Dienste anderer Server nutzt: In jedem Fall müssen Sie sich auch damit auseinandersetzen, wie Sie die Nutzung externer Dienste in Ihre Systeme integrieren.

In vielen Fällen kann ein Client seine Aufgabe nicht erfüllen, wenn der externe Dienst nicht verfügbar ist. In diesem Fall werden Sie anstelle eines Ergebnisses einen Fehler zurückmelden bzw. protokollieren, sollten aber sicherstellen,

---

3. In der Tat liegt hier eine der grundlegendsten Fehler bei der Diskussion über unterschiedliche Ansätze: Ein Generator, der vollautomatisch weiteren Code erzeugt, schafft keinen zusätzlichen Wert – er kann naturgemäß keine Informationen erzeugen, sondern nur in anderer Form repräsentieren. Aus einer WSDL- oder IDL-Datei Code zu generieren, ist daher kein logischer Mehrwert, sondern eine reine Unterstützung der Bequemlichkeit des Entwicklers. Das muss nicht zwingend etwas Schlechtes sein, aber es relativiert viele Aussagen über den oft nur vermeintlich vorhandenen Wert von Werkzeugen: Die eigentliche, inhaltliche Aufgabe – der Aufruf einer Operation über eine Schnittstelle – wird damit nicht erleichtert.

dass Sie die Nichtverfügbarkeit des externen Systems so früh wie möglich bemerken. Gleichzeitig hat es wenig Sinn, ein nicht verfügbares System immer wieder vergeblich anzusprechen und z. B. auf einen Timeout zu warten – Sie sollten sich »merken«, dass ein System nicht erreicht wurde, und diesen Status vor dem Aufruf abfragen (und ihn kontrolliert periodisch oder nach Feststellen einer Problemlösung wieder zurücksetzen).

In einer Server-zu-Server-Kommunikation ist der häufigere Fall jedoch, dass Sie so weit wie irgend möglich erreichen wollen, dass Ihr System autark und autonom ist und nicht von externen Systemen abhängig ist. Dazu muss die Kopplung reduziert werden, und der häufigste Ansatz dazu ist Redundanz: Die von einem anderen System unbedingt benötigten Informationen werden, soweit sinnvoll, lokal dupliziert. Natürlich entstehen daraus auch wieder Probleme, weil die lokal redundant gehaltenen Daten aktualisiert werden müssen, wenn sie sich im eigentlich dafür zuständigen System ändern. Es gilt also abzuwägen, wie Konsistenz und Verfügbarkeit gegeneinander gewichtet werden.

Diese Diskussion ist weitgehend unabhängig von REST und HTTP und gilt für verteilte Systeme allgemein[4], es gibt jedoch auch eine Reihe von Aspekten, die spezifisch für den Einsatz von RESTful HTTP sind.

Zunächst gilt, dass auch der schönste nach REST-Prinzipien gestaltete Server sein Potenzial nicht entfalten kann, wenn er von seinen Clients sabotiert wird. Wenn URIs vom Client per String-Verkettung erzeugt werden, kann der Server nicht mehr über seine eigenen URIs entscheiden; werden Fehlercodes ignoriert oder falsch interpretiert, wird das System instabil; wird der Client fix gegen die aktuell gültige Schnittstelle implementiert, ohne an den richtigen Stellen dynamisch reagieren zu können, wird das System starr und unflexibel. Ein Client sollte daher grundsätzlich so implementiert werden, als ob der Entwickler des Servers ein gehässiger Halbirrer wäre, der willkürlich und ohne Grund Dinge ändert. Das gilt besonders, wenn Entwickler von Server und Client ein und dieselbe Person sind.

In der internen Implementierung gelten für den Client bzw. für die Clientanteile eines Servers daher ähnliche Regeln wie für den Server selbst: Die Schnittstelle sollte bewusst implementiert und nicht automatisiert generiert werden, die Abbildung auf ein evtl. vorhandenes Domänenmodell sollte explizit erfolgen. Eine Möglichkeit, es den Cliententwicklern leicht zu machen, das Richtige zu tun, ist deshalb die Entwicklung einer Clientbibliothek, und zwar nicht in der Form, wie sie aus einer Schnittstellenbeschreibung generiert werden kann, sondern gezielt und explizit so entwickelt, dass sie die Flexibilität des Servers nicht einschränkt. Das Programmiermodell, das die Clientbibliothek dabei unterstützt, sollte zur Entwicklungsplattform passen, also z. B. in einem OO-Kontext Klassen und Methoden exponieren, die für den Entwickler einfach zu verwenden sind.

4. Für eine Reihe von exzellenten Beispielen, Anti-Patterns und hervorragenden Patterns sei auf [Nygard2007] verwiesen.

Auch für den Test ist eine solche Bibliothek eine hilfreiche Unterstützung. »Unter der Haube« jedoch können Servicedokumente ausgetauscht, Links verfolgt, URI-Templates befüllt und Repräsentationen unterschiedlicher Art genutzt werden.

Natürlich ist dieser Ansatz nur dann hilfreich, wenn Bibliotheken in den Sprachen entwickelt werden, die von Cliententwicklern auch eingesetzt werden, und selbstverständlich schränkt man sich damit unter Umständen zu sehr ein. Die Dokumentation der eigentlichen REST/HTTP-Schnittstelle muss also trotzdem erfolgen, die Nutzung der Bibliothek sollte eine von vielen möglichen Optionen sein, die Dienste des Servers in Anspruch zu nehmen. Dieses Modell verfolgt zum Beispiel Google mit seinen GData APIs [GData]; einen sehr interessanten Erfahrungsbericht zur Unterstützung von Clients findet sich auch in [Richardson2010]. Wir werden uns beim Thema Web-APIs noch einmal mit diesem Punkt beschäftigen.

15.4 Systemarchitektur

In unserem Kontext definieren wir Systemarchitektur nicht als die Architektur eines einzelnen Systems, sondern als die technische Gesamtarchitektur, die sämtliche Systeme miteinander verbindet. Dabei sind die einzelnen Anwendungen, die man in der Domänenarchitektur gefunden hat, ein wesentlicher Teil, aber noch nicht das große Ganze: Zusätzlich müssen Sie sich mit den Querschnittskomponenten beschäftigen, die anwendungsübergreifend Bedeutung haben. Damit wir den Rahmen nicht sprengen, konzentrieren wir uns dabei auf die Aspekte, die von der Entscheidung für REST und HTTP betroffen sind.

15.4.1 Netztopologie

Hat sich ein Entwicklungsteam für die Integration per REST und HTTP entschieden und die Systemschnittstellen entsprechend realisiert, besteht zu Recht die Erwartungshaltung, dass Interaktionen zwischen Systemen auf diesem Weg unkompliziert und schnell erfolgen. Der Betrieb ist jedoch häufig gewohnt, dass HTTP ein Protokoll ist, das nur in der Kommunikation mit der Außenwelt zum Einsatz kommt.

Das kann zu unerwarteten Effekten führen, z. B. dazu, dass Anfragen von einem System an ein anderes über eine für den Austausch mit der Außenwelt etablierte demilitarisierte Zone (DMZ) laufen, auch wenn beide Systeme extrem nah zusammen liegen oder sogar auf dem gleichen Rechnersystem laufen.

Sie müssen im Rahmen der Systemarchitektur daher von vornherein darauf achten, dass HTTP-Requests und Responses – mit Ausnahme der Durchleitung durch einen Cache – einen direkten Weg zu ihrem Ziel nehmen können. Komponenten wie Loadbalancer müssen unter Umständen mehrfach installiert werden, vorausgesetzt, Sie wollen eine Lastverteilung auf Ebene der einzelnen Systeme erreichen.

Mit wenigen anderen Mitteln können Sie eine wunderbar entworfene REST-Anwendung so perfekt sabotieren wie mit einer Netztopologie, die nicht darauf zugeschnitten ist.

15.4.2 Caching

Mit der Bedeutung von Caching für die Skalierung von Webanwendungen haben wir uns in Kapitel 10 schon näher beschäftigt. Eine wesentliche Infrastrukturkomponente im REST-Kontext sind daher Caches, mit denen eine größtmögliche Anzahl von Anfragen ohne Aufwand direkt beantwortet werden kann. In der Gesamtarchitektur gibt es mehrere Stellen, an denen ein Cache-Server wie z. B. Squid [Squid] oder Varnish [Varnish] zum Einsatz kommen kann:

- **Als Forward-Cache auf der Clientseite:**
  Für Anfragen an externe Systeme können sich deutliche Performance-Steigerungen ergeben, wenn diese nicht direkt, sondern über einen Cache-Proxy angesprochen werden.
- **Als Reverse Proxy Cache:**
  Dessen Aufgabe ist es, Zugriffe von außen an mehr als ein Backend-System weiterzuleiten, die Antworten in einen Hauptspeicher- oder Festplatten-Cache zu legen und Anfragen wann immer möglich daraus zu beantworten.
- **Als Teil eines Systems:**
  Unserer Terminologie folgend ist ein Cache, der als Bestandteil eines einzelnen Systems realisiert wird, ein Implementierungsdetail, das zur internen Beschleunigung dient und von außen betrachtet keine größere Rolle spielt.
- **Als Intra-System-Cache:**
  Mit diesem unhandlichen Begriff ist die Variante gemeint, bei der Anfragen zwischen den Systemen potenziell aus einem gemeinsamen Cache beantwortet werden, der Cache damit die Rolle eines internen Vermittlers zwischen Systemen wahrnimmt; von der Topologie her ist ein solcher Cache an der Stelle angesiedelt, an der man in einer »typischen« SOA einen Enterprise Service Bus (ESB) einsetzen würde.

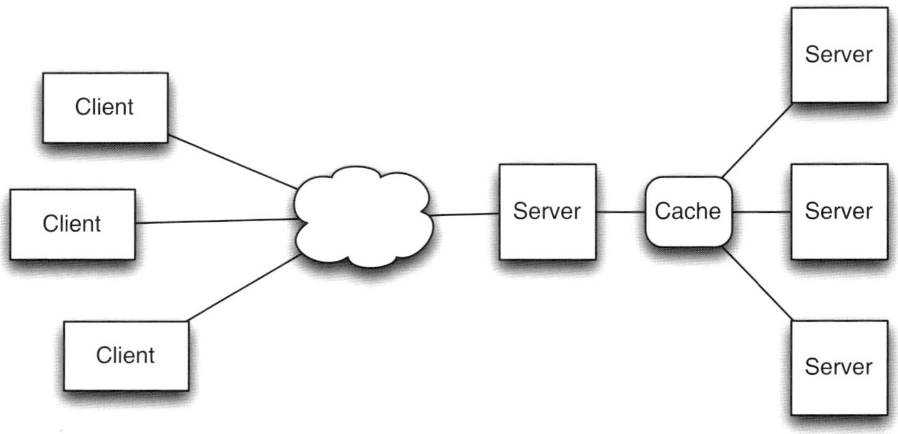

Abb. 15–3 *Intra-Server-Cache-Topologie*

Je nach Funktionsumfang bieten die verschiedenen Cache-Server exzellente Performance in der Größenordnung von mehreren Tausend oder Zehntausend Requests pro Sekunde, stellen Möglichkeiten zur gezielten Invalidierung einzelner Ressourcen zur Verfügung, bieten Clustering und Föderation oder die Möglichkeit, auch veraltete Inhalte aus dem Cache auszuliefern, wenn der Backend-Service nicht verfügbar ist. Die Entscheidung, welchen Cache-Server Sie einsetzen[5] und wie Sie dessen Instanzen in Ihrer Gesamtarchitektur platzieren, hat wesentlichen Einfluss auf die Gesamtperformance und die Last, die Sie verarbeiten können.

In großen Unternehmen ist meist bereits entsprechendes Know-how zur Administration von Cache-Servern vorhanden, weil diese als Forward-Proxy für die Rechner im Unternehmen oder in Verbindung mit der Firmenwebsite schon zum Einsatz kommen; große Webanwendungen verwenden einen Cache mindestens für statische Elemente. Aus rein praktischer Sicht ist es oft notwendig, Entwickler von REST-Services und die Administratoren, die für derartige Server zuständig sind, zusammenzubringen – sie müssen zusammenarbeiten, um die Gesamtarchitektur erfolgreich zu gestalten.

15.4.3 Firewalls

Ein Vorteil des Einsatzes von HTTP anstelle anderer Protokolle ist die Tatsache, dass es eine Vielzahl ausgereifter und weitverbreiteter Lösungen gibt, auf die Sie zurückgreifen können. Dies gilt auch für den Einsatz von Firewalls, die in den letzten Jahren immer weiter optimiert wurden und für HTTP-Traffic eine Vielzahl von Schutzmechanismen enthalten. Wenn Ihre Anwendungssysteme REST-

5. Oder »welche«; niemand sagt, dass Sie nur ein einziges Produkt einsetzen müssen.

konforme HTTP-Schnittstellen exponieren, haben Firewalls eine Chance, Entscheidungen allein auf Ebene der betroffenen HTTP-URIs und der HTTP-Header zu treffen. Es ist nicht notwendig, den »Body« der Nachricht zu interpretieren. Das wird Anbieter sogenannter XML-Gateways, wie sie in den letzten Jahren für SOAP-basierte Webservices entstanden sind, nicht glücklich machen, bietet Endanwendern jedoch entsprechendes Einsparpotenzial.

15.5 Frontend-Architektur

Der Untertitel des Buches – »Entwicklung und Integration nach dem Architekturstil des Web« – weist darauf hin, dass der Aspekt Integration eine wichtige Rolle spielt, und deckt sich daher mit der Wahrnehmung von REST und RESTful HTTP als Alternative für die Realisierung von Anwendung-zu-Anwendung-Kommunikation. REST nur in diesen Kontext einzuordnen, wäre jedoch zu kurz gegriffen – schließlich ist REST keinesfalls als Reaktion auf SOAP-basierte Webservices oder eine andere Integrationstechnologie entstanden, sondern als nachträglich formalisierte theoretische Grundlage des ganzen Web, das zu einem erheblichen Teil aus der benutzerinitiierten Interaktion über den Browser gekennzeichnet ist.

Der Browser selbst ist der bekannteste und am weitesten verbreitete REST-Client, HTML das wichtigste Hypermedia-Format. Mit der Fokussierung auf HTML als deklarative Auszeichnungssprache für Oberflächen und auf das statuslose HTTP-Protokoll und Hypermedia für die Anwendungssteuerung folgt das Web im Großen und Ganzen dem REST-Architekturstil; in Kenntnis der Entstehungsgeschichte ist das nicht weiter verwunderlich. Anwendungsfrontends, die ausschließlich auf HTML basieren, sind jedoch heute wenig akzeptabel: Sie entsprechen nicht den Erwartungen, die Anwender an Ergonomie, Performance und Interaktivität stellen. Es gibt daher zahlreiche Ansätze, »reichere Benutzeroberflächen« zu realisieren – von nativen Anwendungen, insbesondere im mobilen Umfeld, über Alternativen wie Silverlight von Microsoft, Flash/Flex/Air von Adobe bis hin zu JavaFx von Sun/Oracle.

Obwohl deshalb vor gar nicht allzu langer Zeit einige Analysten schon das Ende des Browsers herbeiredeten, hat mittlerweile eine andere Alternative dramatisch an Popularität gewonnen: Die Erweiterung der reinen HTML-UIs, zum einen über JavaScript und Ajax, zum anderen über die Ergänzungen, die aktuell im Rahmen von HTML5 standardisiert werden.

In den nächsten beiden Abschnitten befassen wir uns daher mit der Rolle von Benutzerinteraktionen innerhalb einzelner Systeme sowie über Systemgrenzen hinweg, vor allem auf Basis von HTML- und JavaScript-UIs. Wir haben diesen Teil bewusst nicht in eine der Kategorien Domänenarchitektur oder Systemarchitektur eingeordnet, weil der Systemschnitt für die Endanwender keine Rolle spielen sollte. Diesen Gedanken werden wir etwas später noch einmal aufgreifen.

15.5.1 Benutzerschnittstellen und RESTful-HTTP-Backends

Viele klassische Anwendungsentwickler und -architekten sind es auch bei Nutzung von HTML gewohnt, zwischen Webanwendungen und Websites zu unterscheiden. Grund dafür ist die Annahme, dass dem HTTP-Protokoll etwas fehlt, das man für Anwendungen unbedingt braucht: ein Sitzungskonzept. Wir haben uns mit diesem Aspekt schon in Kapitel 9 beschäftigt, aber es lohnt sich, ihn noch einmal im Kontext von Benutzeroberflächen zu betrachten.

Jede Seite, die im Browser angezeigt wird, entsteht aufgrund einer HTML-Repräsentation einer Ressource im Server. In den Seiten sind Hypermedia-Controls enthalten – also Links oder Formulare –, die vom Endanwender über den Browser verwendet werden, um von einer Seite zur nächsten zu navigieren. Der Ressourcengedanke und die statuslose Kommunikation fordern, dass jede dieser Seiten ihre eigene URI hat und individuell ohne einen vorher aufzubauenden Kontext angesprungen werden kann.

Wie passt dieses seitenorientierte Modell zu einer interaktiven Anwendung mit modernen Oberflächenelementen wie Wizards oder Anwendungsfenstern, die innerhalb der Browserseite hin- und hergeschoben werden können? Wie können grafische Elemente, wie Karten mit mehreren Layern oder interaktive Diagramme, integriert werden?

Ein konkretes Beispiel für die Problematik sind mehrseitige Formulare: Wenn eine Interaktion mit dem Server vom Benutzer das Ausfüllen von 50 Feldern verlangt, ist es wenig ergonomisch, diese Felder alle auf einmal in einer einzelnen Seite zu präsentieren, den Benutzer alle Felder ausfüllen zu lassen und ihn nach dem Absenden der Seite erst ganz am Ende auf Fehler hinzuweisen. Stattdessen teilt man einen solchen Dialog in der Regel in mehrere Teildialoge auf, in Form eines Wizards oder in einen Hauptdialog mit mehreren Unterseiten, die über einzelne Tabs ausgewählt werden.

Die Frage ist, wie und wo man den Zustand der bisherigen Formularausfüllung vorhält, ohne die fachliche Transaktion als abgeschlossen zu betrachten.

Zustandsbehaftete Webframeworks

Eine scheinbar einfache Lösung dazu bieten viele Webframeworks sowohl im Java- als auch im .NET-Umfeld, indem sie eine aufwendige Unterstützung von Sessions implementieren. Dabei werden Sessions mehr oder weniger elegant auf das alles andere als sessionaffine HTTP-Protokoll abgebildet. Beispiele für Webframeworks, die sich zum großen Teil damit auseinandersetzen, sind JSF im Java-Umfeld oder ASP.NET WebForms. Sie sind weit verbreitet, populär und aus REST-Sicht eine Katastrophe: Die Zustandslosigkeit von HTTP wird nicht als Feature, sondern als Makel verstanden, den es vor dem Entwickler zu verstecken gilt.

Dadurch erhöhen diese zustandsbehafteten Frameworks einerseits die Komplexität, anderseits geht mit ihnen der Verlust wesentlicher Vorteile von HTTP, allen voran der horizontalen Skalierbarkeit, einher.

Request-Response-orientierte Frameworks

Den Gegenentwurf liefern Request-Response-orientierte Frameworks wie Ruby on Rails, Django, Play oder ASP.NET MVC. Sie bilden die wesentlichen Elemente von HTTP mehr oder weniger direkt in der jeweiligen Programmiersprache ab und bieten bewusst keine oder nur eine rudimentäre Unterstützung für Sessions.

Wie kann man nun bei Verwendung dieser Frameworks moderne, interaktive Anwedungen erstellen?

JavaScript

Für einige dieser Aspekte ist der Einsatz von JavaScript längst die Standardlösung. Der Server liefert dabei nicht nur eine deklarative Beschreibung einer Seitenstruktur aus, sondern bettet Code ein, der vom Browser ausgeführt wird. Natürlich ist dieses Modell nicht neu, aber drei wesentliche Faktoren begünstigen den Einsatz heute im Vergleich zum State-of-the-Art vor zehn Jahren:

- Die Portabilität von JavaScript hat aufgrund der deutlich gestiegenen Kompatibilität zwischen den Browsern und den mittlerweile zahlreich in hoher Qualität verfügbaren JavaScript-Bibliotheken wie jQuery, Dojo sowie zahlreichen kleineren Bibliotheken und umfangreichen SPA-Frameworks deutlich zugenommen. Im gleichen Maße ist der Aufwand für die Entwicklung JavaScript-basierter Oberflächen dramatisch gesunken.
- Die Aktualisierung einer bereits vollständig dargestellten Seite über einen erneuten Ajax[6]-Aufruf aus JavaScript heraus ermöglicht eine deutlich angenehmere »User Experience« und ist ein normaler Bestandteil moderner Webanwendungen geworden[7].
- Da es mittlerweile eine ganze Reihe von Anwendungen und Websites gibt, die ohne JavaScript nur sehr eingeschränkt oder sogar gar nicht mehr funktionieren, ist es heute äußerst unüblich, dass der Einsatz von JavaScript nicht erlaubt ist, selbst in sonst sehr restriktiven Unternehmen.

In unserem Wizard-Beispiel bietet JavaScript die Möglichkeit, eine solche Aufteilung auf dem Client vorzunehmen: Der Server sendet die komplette Seite mit 50 Feldern, ohne sich irgendeinen Status zu merken. Clientseitig wird aus dem langen Formular dynamisch eine Menge von Unterseiten erzeugt. Beim Ausfüllen

6. »Ajax« steht für »Asynchronous JavaScript and XML«, muss aber nicht zwingend asynchron sein und setzt noch viel weniger XML voraus, klingt aber gut.
7. Auch die Serverfunktionalität, die von den Ajax-Aufrufen genutzt wird, eignet sich perfekt für ein REST-konformes Design.

einzelner Felder kann optional aus dem Client heraus eine HTTP-Interaktion mit dem Server erfolgen, z. B. zum Validieren oder zum Befüllen anderer Felder auf Basis der bereits erfolgten Eingaben. Als Datenformat können Sie dabei wiederum HTML oder auch Alternativen wie XML oder JSON verwenden. Schließlich wird der gesamte Inhalt des Formulars zum Server geschickt und dort abschließend validiert und verarbeitet. Die Anforderungen an den Server und ein evtl. eingesetztes Webframework werden damit deutlich reduziert: Eine Unterstützung von Sessions mit aufwendiger Zustandsverwaltung ist nicht nötig.

Man kann den JavaScript-Einsatz auch übertreiben, indem man gänzlich auf HTML verzichtet und dem Client nur JavaScript-Code sendet, der dann dynamisch ausgewertet wird. Einige Frameworks machen hier auf der Clientseite den gleichen Fehler, der vorher auf der Serverseite lag: Es wird eine einzige URI – die der Anwendung – exponiert, danach findet alles getunnelt darin statt. Ein Beispiel für ein solches Frameworks sind Echo [Echo] oder AngularJS [AngularJS].

Status als Ressource

In einer REST-Applikation ist dies eigentlich die naheliegendste Lösung: Die verschiedenen Seiten des Wizards werden als eigenständige Ressourcen – d. h. HTML-Seiten – modelliert. Der Sitzungsstatus wird dadurch zum Ressourcenstatus (genau wie in Kapitel 9.2 schon betrachtet). Nachteilig ist hier lediglich, dass nach jedem Schritt im Wizard ein Neuladen der gesamten Seite ausgelöst wird.

Die bestmögliche Umsetzung erzielt man aus unserer Sicht mit einer Kombination von geschicktem Ressourcendesign und JavaScript. Ist JavaScript im Browser aktiviert, kann es die Links zur nächsten Wizard-Seite durch Ajax Calls ersetzen. Auf diese Weise folgt die Kommunikation mit dem Server strikt REST-Prinzipien, gleichzeitig kann ein zeitgemäßes UI erreicht werden.

Dieses Vorgehen, bei dem die Anwendung auch ohne JavaScript funktionsfähig bleibt (wenn auch unter Verlust von Komfort), wird als Unobtrusive JavaScript bezeichnet.

Die Kombination von RESTful Server und »richtigem Einsatz« der Frontend-Technologien HTML, CSS und JavaScript hat ein eigenes Kapitel und einen eigenen Namen verdient. Mehr dazu finden Sie deshalb in Kapitel 17.

15.5.2 Sinn und Unsinn von Portalen

Der Einzug von Weboberflächen in die Unternehmens-IT hat vor einigen Jahren dazu geführt, dass Portalprodukte entstanden sind, die Benutzerschnittstellen unterschiedlicher Anwendungen zusammenführen sollen, ähnlich einer EAI-Lösung (Enterprise Application Integration), deren Ziel die Integration im Backend ist. Portale versprechen, den Anwender davor zu bewahren, dass dieser die Integration selbst durchführen muss; darüber hinaus adressieren sie Aspekte wie Personalisierung oder Benutzeridentifikation/Single Sign-on. Schließlich bringen sie in der Regel eine Architektur für Mini-Anwendungen mit, ebenso wie eine Menge bereits vorgefertigter solcher »Portlets«.

Aus Sicht der Webarchitektur sind Portale völlig überflüssig, denn sie lösen ein Problem, das bei Anwendungen nicht besteht, die webkonform realisiert sind. Schließlich benötigen Sie bei der Navigation von Google zu Amazon auch kein Portal, das die Oberflächen beider Dienste für Sie integriert – diese Aufgabe übernimmt Ihr Browser, ebenso wie eine ganze Reihe weiterer Funktionen, die übergreifend für jede Website gelten (Bookmarks, Historie, Integration von Newsfeeds usw.).

Zugegeben: In Ihrem Unternehmenskontext möchten Sie häufig erreichen, dass von verschiedenen Teams erstellte Anwendungen sich ein gemeinsames »Look & Feel« teilen. Auch die Integration von Standardmenüs oder Navigationselementen ist nicht immer abwegig (obwohl sie oft von der zentralen Abteilung deutlich höher gewichtet wird als von den eigentlichen Endanwendern). Aber dieses Ziel lässt sich auch anders erreichen: Indem Sie übergreifend gültige Bilder, HTML-Fragmente, CSS-Stylesheets oder JavaScript-Funktionen als Ressourcen zur Verfügung stellen, können diese in jede beliebige Anwendung im Frontend integriert werden. Positiv daran ist, dass dadurch keinerlei Produktabhängigkeit entsteht; sofern das HTML, das eine Anwendung erzeugt, modifiziert werden kann, ist es ein Leichtes, ein paar weitere Tags mit aufzunehmen. Sie können mit Sicherheit davon ausgehen, dass Ihre Endanwender dankbar dafür sind, wenn Sie das am Portalserver gesparte Geld in die Verbesserung von Ergonomie und Optik investieren.

Generell gilt, dass die Vorteile, die sich durch die Schaffung von individuell adressierbaren, voneinander weitgehend unabhängigen Ressourcen für die unternehmensweite UI-Strategie ergeben, mindestens so groß sind wie im Bereich der Backend-Integration.

15.6 Web-API-Architektur

Als letzte Architekturdimension betrachten wir die Integration externer Partner. Diese erfolgt immer häufiger über »Web-APIs«, wobei dieser Begriff ähnlich weich[8] definiert ist wie »Webservice«.

Die Idee, ein RESTful-HTTP-API für den externen Zugriff auf Dienste anzubieten, wird vor allem aus dem öffentlichen Web getrieben, allen voran von den Social-Media-Plattformen wie Facebook oder Twitter, aber auch von vielen anderen großen Webunternehmen wie Amazon, Google oder eBay. Web-APIs auf Basis von RESTful HTTP werden dabei immer populärer – es sind vor allem Unternehmen, die ihre Wurzeln nicht im Internet haben, die für die Integration

8. Nämlich eigentlich gar nicht.

im B2B-Umfeld SOAP-Webservices oder proprietäre Mechanismen wie z. B. MQ Series verwenden.

Allerdings ist bei Weitem nicht alles REST-konform, was als »REST-API« angepriesen wird. Twitter zum Beispiel eignet sich nur sehr bedingt als Vorbild – hier werden zum Beispiel Methoden auf URIs abgebildet und von Hypermedia ist sehr wenig zu sehen. Wenn Sie selbst ein Web-API entwerfen wollen, sollten Sie sich daher zuallererst einmal an die Grundregeln des Architekturstils halten.

Ist das sichergestellt, gelten für die Umsetzung eines solchen APIs grundsätzlich die gleichen Regeln wie für jede REST-orientierte Server- bzw. Serviceschnittstelle. Darüber hinaus spielen eine Reihe von nicht funktionalen Zusatzfaktoren eine Rolle, die sich vor allem aus der strengeren Trennung zwischen Server- und Cliententwickler ergeben:

- API-Dokumentation:
  Wenn Sie ein API extern zur Verfügung stellen, ist es besonders wichtig, dass Sie es gut dokumentieren. Man erliegt dabei leicht der Versuchung, Dinge zu strikt zu formalisieren, z. B. durch ein extrem detailliertes Schema, das keinen Platz für Ergänzungen lässt. Gerade solche Erweiterungsmöglichkeiten sind jedoch für die Erweiterbarkeit und Änderbarkeit in zukünftigen Versionen essenziell. Die Dokumentation sollte auf jeden Fall die Hypermedia-Aspekte des APIs beschreiben. Dazu gehören Link-Relationen und bei templated Links auch die Bedeutung der Parameter.
- JSON, XML, RDF und andere Standardformate:
  In Ihrem eigenen Interesse sollten Sie – wann immer möglich – auf bestehende Formate zurückgreifen. Am besten ist es, wenn Sie einen offiziellen, bestehenden Medientyp mit all seiner Semantik wiederverwenden können. Ist das nicht der Fall, sollten Sie zumindest ein Standarddatenformat wie JSON oder XML verwenden, um es Ihren Clients möglichst leicht zu machen, Ihre Dienste zu verwenden.
- Dokumentation von Protokoll, Daten, Medientypen:
  Dokumentieren Sie die in Ihrem API verwendeten Medientypen, denn sie sind ein zentraler Bestandteil. Sie sollten nicht der Versuchung erliegen, die Art und Weise, wie Daten ausgetauscht werden, als Implementierungsdetail einer Clientbibliothek zu betrachten. Sie haben in aller Regel keine Ahnung, welche Technologie der Entwickler Ihres Clients einsetzt, insbesondere dann, wenn Ihr API öffentlich im besten Sinne des Wortes ist, also prinzipiell von jedem verwendet werden kann. Das ist besonders relevant im Zusammenhang mit dem nächsten Punkt.
- Clientbibliotheken in unterschiedlichen Sprachen:
  Als Gegenpol zum vorherigen Argument sollten Sie es Ihren Nutzern einfach machen, Ihre Dienste zu nutzen. Daher ist es sinnvoll, zusätzlich zur Beschreibung des Web-APIs auch Bibliotheken, über die dieses verwendet werden

kann, für die wichtigsten Programmiersprachen zur Verfügung zu stellen. Es ist in vielen Fällen eine hervorragende Idee, solche Implementierungen als Open Source zu veröffentlichen – Sie geben der Community damit die Möglichkeit, Ihnen bei der Fehlersuche zu helfen oder auf Basis einer existierenden Implementierung in Programmiersprache X auch die Sprache Y zu unterstützen. Das ist natürlich umso wahrscheinlicher, je nützlicher Ihr Dienst für Normalsterbliche ist (wenn man Open-Source-Enthusiasten als solche bezeichnen kann). Aber auch in Situationen, in denen die Verwendung Ihres APIs aus Standardsoftware heraus denkbar ist, hilft eine öffentlich verfügbare Bibliothek, die Hürde für die Dienstnutzung so niedrig wie möglich zu halten.

- Denial-of-Service-(DoS-)Attacken und andere Angriffe:
  Sobald Sie einen Dienst öffentlich und nicht nur unternehmensintern anbieten, müssen Sie mit DoS-Attacken rechnen, also damit, dass jemand von außen versucht, Ihren Betrieb zu stören oder gar in Ihre Systeme einzudringen. Dabei ist es hilfreich, wenn Sie von vornherein Grenzen festlegen, zum Beispiel für die maximal erlaubte Anzahl an Aufrufen von einem einzelnen Client oder die maximale Datenmenge. Für die Einhaltung dieser Limits müssen Sie entweder selbst sorgen oder auf entsprechende Sicherheitslösungen zurückgreifen. Die Verwendung der Webprotokolle stellt dabei sicher, dass Sie jede Lösung einsetzen können, die für »normalen« Web-Traffic entwickelt wurde.
- Authentifizierung und Autorisierung von Endanwendern:
  Wenn Sie einen Dienst anbieten, der potenziell von End-User-Anwendungen im Namen eines in Ihrem System registrierten Benutzers aufgerufen wird, sollten Sie auf Standardmechanismen setzen, die eine Identität sicher propagieren können und dem Endanwender die Möglichkeit geben, eine Nutzung zu autorisieren. Die sinnvollsten Standards im Webumfeld hierfür sind OAuth [RFC6749] und OpenID [OpenID].
- API-Keys:
  Im Gegensatz zur Identität der Endanwender muss sich in vielen Fällen stattdessen bzw. zusätzlich auch der Nutzer des APIs authentifizieren. Hierfür werden in der Regel API-Keys verwendet. Ein solcher Schlüssel wird in die Nachrichten, die zwischen API-Nutzer und Ihrem Dienst ausgetauscht werden, eingebettet; dafür bietet sich ein HTTP-Authentifizierungsheader an.

Im Web ist es bei Angeboten, die sich an die große Developer-Community richten, mittlerweile üblich, ein REST-API zur Verfügung zu stellen; dabei hat sich JSON als Format weitgehend durchgesetzt. Im Business-to-Business-(B2B-) Umfeld dominiert ganz klar XML, und in der Regel ist es immer noch üblicher, einen Webservice auf SOAP/WSDL-Basis anzubieten. Als Kompromiss gerade in diesem Kontext ist häufig ein REST-API sinnvoll, das XML und XML Schema verwendet.

15.7 Zusammenfassung

In diesem Kapitel haben wir uns mit den Auswirkungen einer Entscheidung für REST auf die Architektur von einzelnen Systemen und Systemlandschaften beschäftigt, die durchaus erheblich sein können. Das gilt in der Anwendungs-, System- und Softwarearchitektur. Im Frontend-Bereich lassen sich durch eine moderne, konsequent weborientierte Architektur Vorteile in der Integration erzielen. Web-APIs als neues Architekturthema unterscheiden sich vor allem in den nicht funktionalen Aspekten wie Schutz vor DoS-Attacken, Dokumentation und dem Vorhalten von Clientbibliotheken.

16 »Enterprise REST«: SOA auf Basis von RESTful HTTP

Es gibt unzählige Definitionen des Begriffs serviceorientierte Architektur (SOA), und zu vielen SOA-Themen existieren mindestens so viele Meinungen, wie es Autoren gibt, die darüber schreiben [Starke2007]. Wenn Sie den Begriff »REST« im Internet recherchieren, finden Sie eine gewaltige Menge von Diskussionen darüber, ob REST nun besser oder schlechter sei als SOAP, Webservices oder SOA.

Im Folgenden werden wir zunächst aus mehreren möglichen Definitionen von SOA eine geeignete auswählen, die ausreichend von den architekturellen und technologischen Details abstrahiert. Danach betrachten wir verschiedene Aspekte, die allgemein als Herausforderungen von SOA-Initiativen gesehen werden, und untersuchen, wie diesen mit REST und RESTful HTTP begegnet werden kann. Schließlich stellen wir einige der wichtigsten Entwurfsentscheidungen aus der SOAP/WSDL-Welt der Architektur des Web gegenüber.

16.1 SOA-Definitionen

Der Begriff »SOA« geht im Gegensatz zu REST nicht auf eine einzelne Person zurück; es fehlt daher eine universell akzeptierte Definition. In den meisten Fällen wird SOA jedoch konform zu einer der folgenden drei Definitionen interpretiert:

SOA als technologieunabhängiges Ziel der Unternehmens-IT

Nach diesem Verständnis ist SOA ein Ansatz, der eine an den Bedürfnissen des Unternehmens ausgerichtete, einer Gesamtarchitektur folgende IT fordert. Im Gegensatz zu individuellen, monolithischen Applikationen sollen einzelne Module – die Services – miteinander agieren, um so die Geschäftsprozesse des Unternehmens zu unterstützen.

Die Integration von Anwendungen ist damit keine im Nachhinein zu leistende Aufgabe, sondern von vornherein Leitmotiv der IT-Strategie: Sie wird zum Normalfall. Aus einer Anwendungs- wird somit eine Servicearchitektur mit klaren Verantwortlichkeiten und möglichst wenig Redundanzen für Funktionen und Daten.

Wenn wir in der weiteren Diskussion den Begriff SOA verwenden, ohne ihn näher zu qualifizieren, ist er im Sinne dieser allgemeinen High-Level-Definition von SOA gemeint. Mit dieser Vorbedingung gibt es keinen Konflikt zwischen SOA und REST.

SOA als technische Architektur

Eine Stufe konkreter kann man SOA als technische Architektur bezeichnen[1]. Dabei ist immer noch eine gewisse Variabilität in Bezug auf die technologische Umsetzung vorhanden, aber es gibt einige gemeinsame Aspekte: Schnittstellen mit formalen Beschreibungen, eine Menge von Operationen mit Ein- und Ausgabeparametern, autonome Services, deren Implementierung von der Schnittstelle getrennt ist, usw. Diese technische Architektur kann man mit verschiedenen Technologien umsetzen, z. B. mit CORBA, DCOM oder SOAP/WSDL-Webservices.

In den nächsten Abschnitten werden wir für SOA nach dieser Definition den Begriff »T-SOA« verwenden. In den vorangegangenen Kapiteln haben Sie erfahren, dass insbesondere der Fokus auf applikationsspezifischen Schnittstellen ein wesentlicher Unterschied zu REST ist: T-SOA und REST sind somit zwei unterschiedliche Architekturstile (wobei es für T-SOA keine formale Definition gibt).

SOA als Architektur von SOAP, WSDL, WS-*

Noch konkreter ist die Definition, die SOA mit Webservices auf Basis von SOAP, WSDL und den WS-*-Standards – bzw. mit deren Architektur – gleichsetzt. Diese Sicht ist vor allem bei den Herstellern von »SOA-Lösungen« verbreitet, die häufig ausschließlich Webservices-Standards unterstützen. Diese Architektur bezeichnen wir im Folgenden als »WS-Architektur«. Man kann sie RESTful HTTP gegenüberstellen, also der Verwendung der Webtechnologien konform zu den REST-Prinzipien.

Die folgende Tabelle grenzt die einzelnen Definitionen noch einmal gegeneinander ab:

High-Level-Strategie für Unternehmens-IT	SOA	
Architekturstil	REST	T-SOA
Konkrete Technologien	HTTP, URI, MIME, HTML, XML, ...	SOAP, WSDL, XML, ..

Tab. 16–1 *SOA-Definitionen, Architekturstile, Technologien*

1. Gelegentlich wird hier auch der Begriff »Architekturstil« verwendet, dies allerdings nicht im Sinne der Architekturstile aus der REST-Dissertation (da es keine formale Auflistung der Constraints gibt, denen eine Architektur dieses Stils unterliegen würde).

SOA, T-SOA, WS-Architektur vs. REST und RESTful HTTP

RESTful HTTP und die WS-Architektur passen nicht zusammen, da letztere bewusst mit der Unabhängigkeit von HTTP als Ziel entworfen wurde (siehe Abschnitt 16.6 weiter unten). T-SOA als abstrakter, technischer Architekturstil ist zwar unabhängig von der WS-Architektur, enthält aber einige Elemente – insbesondere die dienstspezifischen Schnittstellen –, die ebenfalls mit REST im Konflikt stehen. Die High-Level-Definition von SOA jedoch, in deren Zentrum das allgemeine Ziel einer Gesamtarchitektur steht, die einheitlichen Architekturregeln folgt, ist mit REST und RESTful HTTP ebenfalls umsetzbar – und zwar nicht nur genauso gut, sondern sogar besser:

- REST als Architekturstil und HTTP, URIs usw. als eine konkrete Ausprägung werden universell unterstützt, sind interoperabel und praxiserprobt.
- Das Ressourcen- und Identitätskonzept ist universell einsetzbar, unabhängig vom konkreten Anwendungskontext.
- Die Wahrscheinlichkeit einer unvorhergesehenen Wiederverwendung steigt deutlich.
- Die Entkopplung wird durch den höheren Grad der (fachlichen, nicht technischen) Standardisierung erhöht.

Am einfachsten lässt sich der Nutzen von REST/HTTP, unabhängig von sämtlichen technischen Details, für eine unternehmensweite Standardisierung vielleicht an folgendem Beispiel illustrieren. Wenn Sie bei Google eine Suchanfrage starten, wird Ihnen ein Resultat wie das folgende geliefert:

Abb. 16–1 *Ergebnis einer Suche im Web*

Google (und natürlich auch einige beliebige andere Suchmaschinen) kann ein solches Resultat liefern, weil die einzelnen Informationen als individuelle Ressourcen verfügbar sind, eine eigene URI haben, ein Standardformat (HTML, PDF usw.) zurückliefern. Stellen Sie sich nun die typische Situation in einem Unternehmen vor: zahllose Applikationen, jede davon mit ihrer eigenen Benutzeroberfläche, ihrem eigenen API, ihrer eigenen Art und Weise, Informationen zu exponieren. Wäre es nicht erstrebenswert, auch innerhalb des Unternehmens eine Suche genauso effizient wie im Web durchführen zu können? Ist es nicht sogar ein wenig peinlich, dass das nicht möglich ist?

Stellen Sie sich vor, im unternehmensinternen Kontext wäre es möglich, eine Suche nach einer Person durchzuführen und ein Resultat wie das folgende zu erhalten[2]:

Abb. 16–2

Abb. 16–2 *Ergebnis einer Suche in einer RESTful SOA*

Jede der Ressourcen könnte dabei nicht nur eine menschenlesbare Repräsentation zurückliefern, sondern gleichzeitig maschinell nutzbar sein. Zugegeben, dieser Fall illustriert zunächst nur lesende Operationen in Verbindung mit einem Endanwender – aber es ist nicht schwer, sich vorzustellen, welche Vorteile dieses Prinzip auch für die Maschinen-zu-Maschinen-Kommunikation liefert.

In den folgenden Abschnitten werden wir uns mit einigen der typischen Themen aus SOA-Projekten und deren Abbildung in REST beschäftigen.

16.2 Business/IT-Alignment

Eine bessere Ausrichtung von IT und Geschäft – dieses Ziel klingt oberflächlich betrachtet so selbstverständlich, dass man sich fragt, woran sich die IT denn jemals sonst ausgerichtet haben könnte. Tatsächlich gibt es allerdings viele Bereiche, in den die Unternehmens-IT zu einer Last anstatt zu einer Hilfe geworden ist (oder zumindest so empfunden wird).

Für eine flexible, an den Bedürfnissen des Business ausgerichtete IT ist es zunächst einmal wichtig, dass sie aus kleineren, leicht änderbaren Modulen (Sub-

---

2. Selbstverständlich sollten Sie dabei sehr genau abwägen, welchem Personenkreis Sie den Zugriff auf ein solches Suchergebnis erlauben, gerade wenn es sich um personenbezogene Daten handelt. Aber mit Produktinformationen, Regionen, Partnern etc. würde das Beispiel genauso gut funktionieren.

systemen, Komponenten, Services – der Begriff ist nebensächlich) besteht und nicht aus schwergewichtigen, nur aufwendig als Ganzes änderbaren Riesenapplikationen. Zum Business/IT-Alignment gehört aber auch eine Angleichung des Vokabulars: Die zentralen Konzepte des Unternehmenszwecks sollen sich auch in der Sprache der IT wiederfinden.

Bei einem typischen T-SOA-Ansatz finden Sie diese Konzepte in den technischen Diensten und den Daten, die in deren Operationen ausgetauscht werden; in einer REST-konformen SOA sehen Sie sie in den Ressourcen und ihren Verbindungen zueinander.

Zwischen beiden Ansätzen gibt es eine erhebliche Überschneidung: Sowohl bei T-SOA als auch bei REST werden Daten in möglichst standardisierten Formaten ausgetauscht, die definiert werden müssen – sei es durch eine offizielle Standardisierungsorganisation, durch ein unternehmensweit verantwortliches Gremium oder durch die Architekten einer einzelnen Anwendung. Auch die technologischen Ansätze dafür unterscheiden sich nicht: So können in beiden Architekturstilen sowohl W3C XML Schema, andere XML-Schemasprachen oder auch Formate wie JSON eingesetzt werden. Die konkreten Datenformate sollten Konzepte unterstützen, die für das Business Sinn ergeben – Kunden, Bestellungen, Aufträge usw. sind Beispiele für solche Konzepte, die im Rahmen von Nachrichten zwischen unterschiedlichen Systemen in der Gesamtlandschaft transportiert werden. Aus dieser Sicht hat somit weder REST noch T-SOA Vorteile für das Business/IT-Alignment.

Im Rahmen von T-SOA werden darüber hinaus Dienste beschrieben, die an ihren Schnittstellen dienstspezifische Operationen anbieten. Dieser Aspekt fehlt bei REST – stattdessen wird ein fixer Satz von Operationen für alle Ressourcen vordefiniert. Der Dienst und seine Operationen können in einer REST-orientierten SOA nicht als Medium der Kommunikation zwischen IT und Fachbereich dienen – schließlich sind die Operationen immer die gleichen. Stattdessen müssen Sie sich auf die Ressourcen konzentrieren, auf ihre Beziehungen zueinander und auf die wenigen Methoden, die für alle Ressourcen verfügbar sind. Durch die Möglichkeiten zur Integration der Systeme mit ihrer eigenen Dokumentation und zum direkten Zugriff durch Endanwender – über HTML-Schnittstellen, siehe Abschnitt 12.3 – ist dieser vermeintliche Nachteil jedoch problemlos zu verschmerzen, und nach meiner Einschätzung sind Ressourcen für einen Nicht-IT-Mitarbeiter mindestens ebenso verständlich wie Operationen.

16.3 Governance

Vereinfacht gesagt dient »SOA-Governance« als Oberbegriff für die Maßnahmen, Prozesse und Werkzeuge, die für die Durchsetzung der Vorgaben für eine spezifische SOA verwendet werden. Am besten lässt sich dies an den Zielen verdeutlichen, die mit Governance im Rahmen einer SOA verfolgt werden:

- **Transparenz:**
  Eine Voraussetzung für eine erfolgreiche Governance ist, dass man weiß, welche Dienste und Informationen überhaupt im Unternehmen existieren und aus Governance-Sicht relevant sind.
- **Kontrolle:**
  Neue entstehende Dienste sollen den Richtlinien entsprechen, möglicherweise sogar nur in Betrieb gehen dürfen, wenn dies durch eine entsprechende Prüfung bestätigt wurde.
- **Planbarkeit:**
  Der Prozess für die Initialisierung, die Entwicklung und Änderung sowie den Betrieb soll einem definierten Lebenszyklus folgen, damit einzelne Services und deren Auswirkungen auf das Gesamtszenario koordiniert geplant werden können.
- **Evolution:**
  Eine SOA-Landschaft steht nicht still, sondern entwickelt sich kontinuierlich weiter. Dabei soll die Integrität der Gesamtlandschaft nicht gefährdet werden.
- **Laufzeitintegration:**
  SOA-Governance hat nicht nur beschreibenden Charakter, sondern soll sich auch auf die Laufzeitumgebung auswirken.

SOA-Governance ist in großen Teilen technologieunabhängig: Für organisatorische Auswirkungen wie neue Rollen und Verantwortlichkeiten, Gremien, Richtlinien usw. ist es unerheblich, ob T-SOA oder REST, die WS-Architektur oder RESTful HTTP eingesetzt wird.

In aller Regel werden die beteiligten Rollen und die Prozesse, die sie im Rahmen der Governance ausführen, jedoch durch technische Elemente unterstützt. Mit diesen beschäftigen wir uns in den folgenden Abschnitten.

16.3.1 Daten- und Schnittstellenbeschreibungen

Für die Beschreibung von Datenformaten, zum Beispiel XML-Vokabularen, stehen Ihnen bei einer RESTful SOA die üblichen Mittel zur Verfügung: im Falle von XML zum Beispiel die gängigen Schemasprachen. Mit RDDL (siehe Abschnitt 12.4.4) können Sie für XML-Namespaces eine ganze Reihe von Formaten mit einer weborientierten Lösung dokumentieren.

Gerade Standards wie XML Schema unterstützen URIs als Mittel zur Verknüpfung, sowohl was die Verbindung zwischen XML-Dokument und Schema angeht (schemaLocation) als auch für die Verknüpfung zwischen Schemata (include/import). Für die Beschreibung von Datenformaten bietet REST/HTTP damit ein perfekt geeignetes Mittel, das zentralisiert oder föderiert eingesetzt werden kann: Sie können in Ihrem Kontext vorschreiben, dass sämtliche Formatdefinitionen zentral abgelegt werden müssen. Die einzelnen Anwendungen können dann mit Verknüpfungen diese Dokumentation referenzieren. Alternativ können Sie die Dokumentation auch als Teil der Anwendungen betrachten (und gegebenenfalls zentral referenzieren). Und natürlich stehen Ihnen auch beliebige Mischformen offen (inkl. einer Integration extern definierter Formate, z. B. bei W3C oder OASIS).

Für die Beschreibung der Schnittstellen können Sie entweder die Dokumentation mit den aktiven Ressourcen verknüpfen (und andersherum) oder auf eine der in Kapitel 12 vorgestellten Beschreibungssprachen zurückgreifen. Als technische Lösung reicht dabei prinzipiell ein CMS, ein Wiki oder ein einfacher Webserver.

16.3.2 Registry/Repository-Lösungen

Möglicherweise erwarten Sie von Ihrer Infrastruktur jedoch mehr Unterstützung für die Definition und Beschreibung von Daten und Services. In einer SOA auf Basis von Webservices kommen dabei Repository-Produkte (oft auch als SOA-Governance-Produkte bezeichnet) zum Einsatz.

Interessanterweise setzen diverse Governance-Produkte selbst für die Verwaltung von Webservice-Artefakten auf RESTful HTTP als Zugriffsmöglichkeit: Selbst für einen SOAP-basierten Service ist der sinnvollste Mechanismus zum Zugriff auf die WSDL-Datei, durch die er beschrieben wird, ein HTTP GET. Auch in einer WS-Architektur-basierten SOA können Sie daher zumindest für die Metadatenverwaltung RESTful HTTP verwenden. Und auch in einer REST-orientierten SOA können Sie Registry/Repository-Lösungen einsetzen, wenn Sie Ihre Daten mit XML Schema beschreiben.

16.3.3 Discovery

Mit Discovery, zu Deutsch »Entdeckung«, wird in einer SOA der Prozess bezeichnet, nach dem zur Entwicklungs- und Laufzeit Informationen über Services und die zugehörigen Metadaten gefunden werden.

In einer REST-orientierten SOA wird Discovery über Hypermedia realisiert: über den Austausch von Ressourcenrepräsentationen, in denen Verknüpfungen enthalten sind. Im Idealfall benötigt ein Consumer nur eine einzige URI, von der aus er sich zu anderen Ressourcen (und damit Diensten) »weiterhangelt«. Betrachten wir zu diesem abstrakten Konzept noch einmal ein konkretes Beispiel aus der zweiten Iteration unseres OrderManager-Szenarios:

```
<?xml version="1.0" encoding="UTF-8"?>
<serviceDescription xmlns="http://example.com/schemas/ordermanagement"
                    xml:base="http://om.example.com/">
    <link rel="all"          href="/orders/" />
    <link rel="received"     href="/orders/?state=received/" />
    <link rel="accepted"     href="/orders/?state=accepted/" />
    <link rel="rejected"     href="/orders/?state=rejected/" />
```

```
    <link rel="cancelled"      href="/orders/?state=cancelled/" />
    <link rel="fulfilled"      href="/orders/?state=fulfilled/" />
    <link rel="cancellations"  href="/cancellations/" />
    <link rel="reports"        href="/reports/" />
</serviceDescription>
```

Listing 16–1 *Servicedokument für Discovery*

Der Client kann auf Basis dieses Dokuments, das er als Resultat einer HTTP-GET-Anfrage erhält, einen logischen Namen (z. B. »cancelled«) in eine physische Adresse (Basis-URI + Wert des href-Attributs, also http://om.example.com/orders/?state=cancelled/) umsetzen.

Auf ähnliche Art und Weise können dem Client für unterschiedliche Kundensegmente URIs unterschiedlicher Server übermittelt werden, vielleicht noch einmal unterteilt nach Anfangsbuchstaben des Firmennamens (A-E, F-K usw.). Vergleicht man dies mit den Mechanismen aus der WS-Architektur[3], stellt sich heraus, dass der Hypermedia-Mechanismus deutlich einfacher und trotzdem mächtiger ist.

Im Rahmen einer unternehmensweiten SOA auf REST-Basis kommt somit der Beschreibung der Ressourcen durch Hypermedia eine besonders herausgehobene Rolle zu: Darüber wird die Evolution der Service- bzw. Ressourcenlandschaft ohne eine grundsätzliche Notwendigkeit zur Modifikation der Clients ermöglicht.

16.4 Orchestrierung und Choreografie

Mit Orchestrierung bezeichnet man den koordinierten Aufruf mehrerer Serviceoperationen zur Realisierung einer höherwertigen Funktionalität, der durch eine geeignete Laufzeitkomponente (eine *Orchestration Engine*) unterstützt wird. Choreografie dagegen wird (leicht vereinfacht) positioniert als Koordination zwischen kooperierenden Partnern ohne ein zentrales steuerndes Element.[4]

Eine Orchestrierungs-Engine wäre nicht mehr als eine Laufzeitumgebung für Programme, vergleichbar einem Interpreter für eine Skriptsprache, wenn sie nicht noch ein besonderes Merkmal unterstützen würde: den (auch parallelen) Aufruf von Serviceoperationen, die ihr Resultat asynchron und möglicherweise erst nach längerer Zeit zurückmelden. Für die Beschreibung der Orchestrierungen, die von solchen Engines ausgeführt werden, gibt es verschiedene Standards. Der populärste ist WS-BPEL, die Business Process Execution Language [WSBPEL], die auf die Koordination von Webservices ausgelegt ist, die mit WSDL beschrieben sind.

Aktuell gibt es weder für den Architekturstil REST auf konzeptioneller Ebene noch für RESTful HTTP auf technischer Ebene einen akzeptierten Standard oder

3. Z. B. UDDI, einem nahezu absurd komplizierten Standard.
4. Die Analogie: Bei einem Orchester gibt es einen Dirigenten, der den Ton angibt; bei der Choreografie folgen die Tänzer ihren jeweils eigenen Vorgaben und berühren sich nur gelegentlich.

eine Best Practice zu Orchestrierung oder Choreografie. Es gibt einige Forschungsansätze und recht neue Implementierungen in Open-Source-Produkten, nichts davon hat bislang jedoch eine nennenswerte Verbreitung erlangt [JOpera].

Wir sind der Ansicht, dass die Notwendigkeit für eine Orchestrierungsunterstützung stark überbewertet wird und auch in einer T-SOA auf WS-Architektur-Basis nur eine optionale Komponente darstellt. Man kann anderer Meinung sein: In diesem Fall kann REST bzw. RESTful HTTP keinen alternativen Ansatz bieten – außer natürlich der Möglichkeit zur Implementierung der Orchestrierungen mit »normalen« Programmiersprachen, ggf. in Kombination mit einer einbettbaren Prozess-Engine[5].

16.5 Enterprise Service Bus (ESB)

Anders sieht es beim Konzept eines Enterprise Service Bus (ESB) aus. Dieser wird selbst von T-SOA-Verfechtern unterschiedlich bewertet: Die einen sehen ihn als zentrales Element und fordern eine Entscheidung für ein spezifisches ESB-Produkt schon in einer sehr frühen Phase einer SOA-Initiative. Andere sprechen von einem virtuellen ESB als Summe der technischen Entscheidungen, die für die Schnittstellen der Services und der Kommunikation zwischen ihnen getroffen wurde. Wieder andere lehnen das ESB-Konzept grundsätzlich ab und bevorzugen eine »dumme« Infrastruktur mit intelligenten Services an den »Endpoints«.

In einer RESTful-HTTP-Architektur existieren unterschiedliche Alternativen zum ESB-Konzept: Zum einen können im Bereich der Ablaufumgebungen für HTTP-Anwendungen in aller Regel die gleichen Produkte eingesetzt werden wie für den Betrieb von Webservices. Zum anderen existiert gerade für HTTP eine Unzahl von Laufzeitkomponenten, wie Proxy-Server, Gateways, Firewalls oder Cache-Server, die konzeptionell den gleichen Zweck haben wie eine ESB-Laufzeitstruktur: die Anreicherung bzw. Interpretation von Nachrichten, die zwischen Consumer und Provider bzw. Client und Server ausgetauscht werden.

16.6 WSDL, SOAP & WS-*: WS-Architektur

Im Folgenden möchten wir zum Abschluss RESTful HTTP auf der einen und die Architektur SOAP/WSDL-basierter Webservices (»WS-Architektur« in der Terminologie dieses Kapitels) auf der anderen Seite gegenüberstellen.

Transportunabhängigkeit

Es ist ein zentraler Bestandteil der Webservice-Vision, dass Services *transportprotokollunabhängig* sein sollen. Diese vorgebliche Stärke von SOAP/WSDL-Web-

5. Z. B. JBoss jBPM in der Java-Welt.

services kann man jedoch tatsächlich als Schwäche betrachten. Es hört sich hervorragend an, unterschiedliche Transportprotokolle einsetzen zu können: HTTP oder direkt TCP, SMTP und POP3 oder auch das native Transportprotokoll einer JMS-Implementierung. Die Kehrseite ist jedoch, dass man nur den kleinsten gemeinsamen Nenner all dieser Protokolle nutzen kann.

Man kann dies gut an einer Analogie illustrieren: Eine weitverbreitete Möglichkeit zur Ablage von Daten ist ein relationales Datenbanksystem (RDBMS), das SQL als Abfrage- und Datenmanipulationssprache unterstützt. Das ist nur eine von vielen Möglichkeiten, und so könnte man auf die Idee kommen, sich davon entkoppeln zu wollen – Ziel: Datenhaltungsunabhängigkeit. Man kann dazu einen generischen Persistenzmechanismus definieren, der Daten im Dateisystem, in einem RDBMS oder in einem LDAP-Directory ablegen kann. Viele Aspekte sind in diesen unterschiedlichen Implementierungen gleich.

Aber wie geht man mit Abfragen um? Entweder man verzichtet auf die Möglichkeiten der spezifischen Implementierung (z. B. auf SQL-Abfragen bei einem RDBMS) oder man entwickelt große Teile noch einmal auf höherer Abstraktionsebene neu (z. B. durch eine eigene Abfragesprache). Aber neben dem zusätzlichen Aufwand, der in diesem Beispiel gewaltig wäre, kommt noch ein weiterer Aspekt hinzu – man hat die Abhängigkeit von einem RDBMS mit SQL, einem offiziellen Standard, eingetauscht gegen die Abhängigkeit vom eigenen Persistenzlayer.

Genauso steht es um das Verhältnis von Webservices und HTTP: HTTP bietet sehr viel mehr als nur die Möglichkeit zum Transport von Bytes von A nach B; das ist schließlich die Aufgabe des darunterliegenden TCP-Protokolls. HTTP ist ein Applikationsprotokoll, das von Webservices gar nicht ausgenutzt werden *kann*, ohne dass das Prinzip der Protokollunabhängigkeit durchbrochen wird. Letztlich tauscht man bei Einsatz der WS-*-Technologien einen mächtigen, etablierten, standardisierten und erprobten Protokollstack (den des Web) gegen einen anderen aus – und verzichtet dabei auf die zentralen Erfolgselemente wie URIs und Links.

Ressourcen und Repräsentationen

Im Web wird für die Identifikation ein anwendungsübergreifend standardisierter, einheitlicher Mechanismus verwendet – die URI. Generell gilt, dass man lieber zu viel als zu wenig Ressourcen identifizieren sollte. Der Ansatz, individuelle Informationseinheiten mit einer eigenen URI zu versehen, ist daher ein zentrales Konzept in REST.

Im Gegensatz dazu bilden SOAP/WSDL-Webservices, aber auch viele Webanwendungen mit einer HTML-Benutzeroberfläche, ihre Funktionalität auf eine einzelne URI ab. In einer Webanwendung führt das dazu, dass sich die Adresszeile im Browser nie ändert – ein Lesezeichen oder der Versand eines Links per E-Mail scheidet aus. Aber auch Suchmaschinen wie Google (oder äquivalente interne Dienste oder Appliances) können die in der Anwendung enthaltenen Konzepte nicht mehr erkennen. Bei einer REST-konform entworfenen Anwendung kann die Suchmaschine auf die Ressourcen der Anwendung zugreifen (und zwar nur in dem Maße, wie es die Anwendung zulassen möchte). Die Verwendung einer Webservice-Schnittstelle dagegen erfordert Spezialkenntnisse bzw. ein genau dafür codiertes Programm: An solchen Stellen ist das Web »zu Ende«: Der SOAP- und WSDL-Begriff »Endpoint« passt hier sehr gut. Webservices können keine HTTP-URIs für die Identifikation von Ressourcen verwenden – der Grund liegt in der Protokollunabhängigkeit.

Hypermedia

Die Verbindung von identifizierbaren Ressourcen über Verknüpfungen (Links) macht das WWW zu einem Web: In den Repräsentationen von Ressourcen sind Links enthalten, die auf andere Ressourcen zeigen. Ein Client kann diesen Verknüpfungen folgen, und das standardisierte Identifikationsverfahren stellt sicher, dass sich die verknüpften Ressourcen in einem anderen Prozess, auf einem anderen Rechner im lokalen Netz oder auf der anderen Seite der Erde befinden können.

Auch wenn im SOAP- und WSDL-Universum mit dem WS-Addressing-Standard und den darin definierten Endpoint References mittlerweile auch eine Möglichkeit zur Identifikation von Objekten innerhalb einer Anwendung zur Verfügung steht, fehlt ein Konzept zur Verknüpfung. Natürlich könnte man URIs in SOAP-Nachrichten unterbringen – aber sobald sie verwendet (dereferenziert) werden, sind wir wieder in der Web/REST-Welt.

Einheitliche Schnittstelle

Die für einen WS-Anwender ungewohnteste Restriktion des REST-Ansatzes ist die einheitliche (»uniforme«) Schnittstelle. Sie ist eine logische Konsequenz aus dem Anspruch, Anwendungen in ein Web von vernetzten Ressourcen zu transformieren. Die Herausforderung für den Entwickler einer REST-konformen Anwendung besteht vor allem darin, die auf andere Architekturen wie CORBA, RMI, DCOM oder auch Webservices zugeschnittenen Gewohnheiten abzulegen. Es wird nicht für jeden Service eine eigene Schnittstelle entworfen, mit ganz spezifischen Operationen und Datentypen. Stattdessen muss die applikationsspezifische Funktionalität auf die uniforme Schnittstelle abgebildet werden.

Im Gegensatz dazu wird bei SOAP/WSDL – ähnlich wie bei CORBA, DCOM und anderen Vorgängern – für jede Applikation eine neue, eben applikationsspezifische Schnittstelle erfunden. Dementsprechend können auch nur die Systeme diese Schnittstelle nutzen, die explizit dafür entwickelt wurden. Folgt man also dem Ansatz der WS-Architektur, folgt man zwangsläufig *nicht* den Prinzipien von REST. Daraus wiederum resultiert, dass sich die Vorteile der Webarchitektur – Caching, Hypermedia, Sichtbarkeit, selbstbeschreibende Nachrichten usw. – nicht nutzen lassen.

Formale Schnittstellenbeschreibung

Ein weiterer häufig vorgebrachter Einwand: RESTful HTTP fehlt eine Analogie zu WSDL – die Schnittstellen sind nicht formal beschrieben. Das stimmt nur zum Teil: Zum einen besteht eine Webservice-Schnittstellenbeschreibung zu einem erheblichen Anteil aus einer XML-Schema-Definition für die Nachrichteninhalte, und XML Schema ist selbstverständlich auch ohne WSDL und damit in REST-Anwendungen nutzbar. Was WSDL vor allem hinzufügt, ist die Benennung der einzelnen Operationen. Bei RESTful HTTP sind diese mit GET, PUT, POST und DELETE in der HTTP-Spezifikation selbst vorgegeben. Einer der Hauptzwecke einer WSDL – die Generierung von Code – ist für den wesentlichen Teil, die Daten, damit von WSDL unabhängig und auch im REST-Umfeld möglich. (Zweifel am Nutzen der automatischen Generierung von Code für die XML-Verarbeitung sind angebracht, aber das ist ein anderes Thema [Loughran2005].) Zum anderen ist der Zweck der Schnittstellendokumentation auch mit WSDL nur sehr eingeschränkt gelöst: Diese wird in der Regel durch eine Prosadokumentation in Word, HTML oder PDF begleitet, weil die WSDL-Datei allein eben nicht ausreicht, um die Semantik der Schnittstelle zu verstehen. Schon in Kapitel 12 haben Sie gesehen, dass es sich beim REST-Ansatz anbietet, Schnittstellenbeschreibungen im HTML-Format direkt mit den Ressourcen zu verknüpfen.

REST für simple, WS-* für komplexe Fälle?

Nach einer ernsthaften Beschäftigung mit dem REST-Ansatz kommen viele Architekten und Entwickler zu dem Ergebnis, dass sich REST für »einfache« Fälle gut eignet. Für komplexere »Enterprise«-Szenarien aber wird der Einsatz von Webservices und insbesondere den erweiterten Spezifikationen wie WS-Addressing, WS-Reliable Messaging, WS-Security usw. für notwendig gehalten.

Dem lassen sich zwei Argumente entgegensetzen: Zum einen ist die Verbreitung eben dieser fortgeschrittenen WS-Standards in der Praxis äußerst gering: Die wenigsten Unternehmen riskieren die mit WS-Addressing und WS-Reliable Messaging verbundenen Interoperabilitätsprobleme oder akzeptieren den Performance-Nachteil nachrichtenorientierter Verschlüsselung. Zum anderen lassen sich auch fortgeschrittene Anwendungsfälle auf RESTful HTTP abbilden, wie Sie in Kapitel 13 gesehen haben.

Ein wesentliches Entwurfsziel bei der Webservices-Architektur ist die Transportunabhängigkeit. Webservices sollen unabhängig vom eingesetzten Transportprotokoll sein. HTTP ist dabei neben z. B. SMTP/POP, JMS, IIOP, TCP und anderen nur eines von vielen Transportprotokollen. Anhänger der REST-Fraktion verwahren sich zu Recht gegen die Einordnung von HTTP als Transportprotokoll und legen Wert darauf, dass es sich um ein Applikations- bzw. Transferprotokoll handelt, das auf einer anderen logischen Ebene liegt als z. B. TCP.

Natürlich ist es möglich, HTTP als Transportprotokoll zu verwenden – wenn man bereit ist, sämtliche Vorteile des Web aufzugeben.

Das zentrale Element bei REST sind Ressourcen. Zwar erfolgt die Kommunikation mit diesen Ressourcen auch bei REST nachrichtenorientiert, in einem nachrichten- oder RPC-orientierten SOA-Szenario haben Ressourcen und URIs jedoch bestenfalls untergeordnete Bedeutung.

Ein weiterer Unterschied liegt in der Notwendigkeit zur Schnittstellenbeschreibung. REST definiert eine Schnittstelle – und zwar genau eine: die uniforme, d. h. allen Ressourcen gemeinsame.

Letztlich sollte auch ein anderer, eher psychologischer Aspekt nicht unerwähnt bleiben: Verfechter der reinen REST-Lehre halten Webservice-Anhänger häufig für Ignoranten, die den eigentlichen Grund für den Erfolg des Web ignorieren und stattdessen versuchen, genau die Technologien, die dort eben nicht zum Einsatz kommen – wie DCOM oder CORBA –, nun noch einmal nachzubauen (mit dem Unterschied, dass diesmal spitze Klammern verwendet werden und man das Ganze durch Port 80 tunnelt). Webservice-Experten erkennen dagegen in der Regel den Wert der REST-Prinzipien durchaus an. So sind in die aktuellen Spezifikationen zu SOAP und WSDL Elemente eingegangen, die aus dieser Erkenntnis motiviert sind (SOAP 1.2 Web Method Feature, WSDL HTTP Method Selection).[6]

16.7 Zusammenfassung

In diesem Kapitel haben wir uns mit typischen Fragestellungen aus unternehmensweiten SOA-Initiativen beschäftigt und RESTful HTTP dazu in Beziehung gesetzt. Es zeigt sich, dass bei einer Definition von SOA aus High-Level-Sicht die Mechanismen der Webarchitektur hervorragend geeignet sind, um die übergeordneten Ziele zu erreichen. Die Lösungsansätze aus dem REST-Umfeld sind für die meisten typischen Herausforderungen mindestens so mächtig wie die konkurrierenden Lösungen aus dem WS-*-Umfeld, wenn nicht sogar noch mächtiger. Unabhängig davon, welchen Ansatz Sie bevorzugen: Sie kennen nun den architekturellen Unterschied zwischen REST/HTTP auf der einen und SOAP-Webservices auf der anderen Seite und halten ihn – hoffentlich – nicht nur für ein Implementierungsdetail.

6. Daraus können Sie entweder schließen, dass REST/HTTP dem Webservices-Technologiestack so deutlich überlegen ist, dass Konzepte immer nur in einer Richtung übernommen werden, oder aber Sie schlussfolgern, dass die Webservices-Verfechter offener für die Argumente anderer und die REST-Fans ideologischer sind. Oder beides.

17 Weboberflächen mit ROCA

Koautoren dieses Kapitels sind Falk Hoppe und Till Schulte-Coerne.

Wir haben uns bislang mit REST entweder ganz allgemein beschäftigt oder die Verwendung bei der Umsetzung von Schnittstellen für die programmatische Nutzung betont. Aber eine besonders wichtige Kategorie von REST/HTTP-Anwendungen sind die, bei denen der Client ein Webbrowser ist, den ein Mensch verwendet, um die Schnittstelle Ihrer Anwendung zu nutzen. In diesem Kapitel wollen wir uns auf diesen Aspekt konzentrieren und einen Ansatz vorstellen, der zeigt, welche der vielen möglichen Optionen für die Realisierung von Webanwendungen Sie auswählen können, um auch im Frontend-Umfeld das Beste aus dem Web herauszuholen. Dazu möchten wir Ihnen das Konzept »ROCA« (Resource-oriented Client Architecture) [ROCA] vorstellen.

ROCA besteht aus einer Menge von Vorgaben, die zusammengenommen eine von vielen möglichen Arten definieren, wie man Webanwendungen realisieren kann. Dabei ist ROCA weder ein Produkt noch ein Framework, noch wird eine bestimmte Programmiersprache vorausgesetzt. Nach einem Brainstorming wurde von den ROCA-Autoren der Name gewählt und die Prinzipien formuliert, aber in keiner Weise etwas Neues erfunden. Die Motivation für ROCA war vielmehr der Wunsch, einem Ansatz, der ihrer Erfahrung nach in der Praxis viele Vorteile mit sich bringt, einen Namen zu geben und ihn klar zu definieren.

Die wesentlichen Grundpfeiler von ROCA sind die Einhaltung von REST-Prinzipien (natürlich), die Generierung von HTML auf der Serverseite, der Einsatz von *Progressive Enhancement* und *Unobtrusive JavaScript* auf der Clientseite sowie die klare Trennung von Verantwortlichkeiten.

17.1 REST: Nicht nur für Webservices

Häufig wird REST (Representational State Transfer) als alternativer Ansatz für Webservices (anstelle von SOAP, WSDL und WS-*) positioniert. Daraus könnte man schließen, dass sich REST ausschließlich auf die Anwendung-zu-Anwendung-Kommunikation bezieht.

Das greift jedoch erheblich zu kurz: Wie wir bereits mehrfach betont haben, ist REST der Architekturstil des Web – unabhängig davon, ob der Client ein anderer Server, eine spezialisierte native Anwendung oder eben ein Webbrowser ist. Für die Realisierung von Webanwendungen, also von HTTP-Anwendungen, die als wichtigsten Client einen Webbrowser haben, sollte der Serveranteil einer Reihe von Regeln folgen, die sich aus den REST-Constraints ableiten lassen:

- Uniform Resource Identifiers (URIs) haben Bedeutung und identifizieren eine Hauptressource,
- die Kommunikation zwischen Client und Server erfolgt statuslos,
- die Integration von Ressourcen erfolgt über Hypermedia, also Verknüpfungen (Links) und Formulare (Forms).

Dass gerade bei einer reinen Webanwendung URIs zur Identifikation sinnvoller Dinge verwendet werden sollen, sollte eigentlich eine Selbstverständlichkeit sein. Das ist jedoch nicht der Fall: Viele vermeintlich moderne Webanwendungen nutzen eine URI als Adresse der Anwendung selbst. Alles, was danach innerhalb der Anwendung geschieht, verändert die URI nicht, die in der Adresszeile des Browsers angezeigt wird.

An dieser Stelle könnten wir uns darüber auslassen, dass dies dem theoretischen REST-Konzept widerspricht. Es führt aber – ganz ohne Theorie – auch zu einer Reihe für den Endanwender lästiger Seiteneffekte in der Praxis: Auf Inhalte lassen sich keine Lesezeichen setzen, die Zurück- und Vorwärtsschaltflächen des Browsers funktionieren nicht mehr, man kann niemandem einen Link auf ein Objekt innerhalb der Anwendung senden und Seiten nicht in einem neuen Fenster oder Tab öffnen – kurz: Das, was der Benutzer von seinem Browser eigentlich erwarten kann, funktioniert nicht mehr. Im Gegensatz dazu identifiziert beim ROCA-Stil die URI, die der Browser referenziert, ein Geschäftskonzept in der Anwendung.

Daraus folgt auch, dass zu jedem Zeitpunkt klar sein muss, welches Konzept im Mittelpunkt steht, also welche »Hauptressource« auf einer HTML-Seite angezeigt wird. Diese Forderung mag zunächst wie eine Limitation klingen, ist tatsächlich aber ein wesentlicher und gewünschter Effekt. Zwar zeigen viele Webanwendungen Elemente oder Objekte aus verschiedenen Kontexten auf einmal an, in den meisten Fällen jedoch ist das in Wirklichkeit ein Anzeichen für ein Problem, nämlich für den Wunsch, Konzepte aus Desktop-Anwendungen auf das Web zu übertragen.

Damit Browser und der Rest der Webinfrastruktur (wie z. B. Caching- oder Redirect-Unterstützung) so funktionieren, wie es deren Erfinder geplant hatten, und sie den größten Nutzen bringen, muss zumindest ein Konzept klar als das wichtigste identifiziert werden können. Zusätzlich sollten Informationen über Links erreichbar sein, die wiederum – wie wir weiter unten sehen werden – elegant dynamisch in Voransichten aufgelöst werden können. Dies ist symptomatisch für den ROCA-Ansatz, bei dem sich vermeintliche Nachteile der Webinfrastruktur als die Vorteile herausstellen, die sie in Wirklichkeit sind.

Browser und serverseitige Webanwendung müssen statuslos kommunizieren, damit das Prinzip von per URI identifizierten Ressourcen, die als Einsprungpunkt dienen können, auch in der Praxis funktioniert. Auch an dieser Stelle hinterfragt ROCA eine akzeptierte Weisheit, nämlich die, dass die statusbehaftete Verarbeitung ein zentraler Unterschied zwischen Websites auf der einen und Webanwendungen auf der anderen Seite ist. Nach der ROCA-Philosophie gibt es diesen Unterschied nicht; er ist künstlich und ergibt sich zum einen aus dem Versuch, Desktop-Programmiermodelle auf das Web zu übertragen, und zum anderen aus der Geschichte von Webanwendungen, die ursprünglich vollständig ohne die Möglichkeit zur Umsetzung clientseitiger Präsentationslogik auskommen mussten.

Betrachten wir zwei Beispiele, die auf den ersten Blick den Eindruck erwecken, sie seien ohne statusbehaftete Kommunikation nicht realisierbar: einen Bestellprozess mit mehreren Schritten sowie einen »Wizard«, mit dessen Hilfe eine komplexe Erfassung auf mehrere Masken verteilt werden soll.

Im ersten Fall ist ein denkbarer Ansatz, die einzelnen Schritte des Bestellprozesses nicht auf einen Sitzungsstatus im Serverprozess abzubilden, sondern auf eine eigene Ressource, die die Bestellung darstellt und eine eigene URI hat. Mit ihr wird in mehreren Schritten interagiert, bis sie schließlich so weit fortgeschritten ist, dass sie abgeschlossen werden kann. Jeder Request vom Client richtet sich dabei an die per URI identifizierte Bestellung. Das bedeutet natürlich, dass diese auf dem Server entsprechend vorgehalten wird, was zusätzlichen Aufwand erfordert. Dafür ist die Bestellung, in deren Kontext man sich nun mit dem Bestellprozess bewegt, explizit, anstatt sich implizit aus der Kommunikationsbeziehung zu ergeben. So kann der geneigte Kunde nun mehrere Bestellungen in mehreren Fenstern oder Tabs bearbeiten, ein Lesezeichen setzen oder einen Link darauf verschicken. Sie werden erkannt haben, dass sich das OrderManager-Beispiel aus den Kapiteln 3 und 14 an diesem Modell orientiert.

Im anderen Beispiel, dem Wizard, erscheint diese Vorgehensweise nicht sinnvoll – hier ist es für den Server möglicherweise eine überflüssige Belastung, sich die einzelnen Zwischenergebnisse zu merken. In diesem Fall kann durch den geeigneten Einsatz von JavaScript ein vom Server zum Client übermitteltes Formular in mehrere einzelne Seiten aufgeteilt und sukzessive angezeigt werden. Nachdem der Anwender alle Informationen eingegeben hat, wird der komplette Formularinhalt in einem Schritt zum Server übertragen – für den diese Übertragung so aussieht, als hätte es den Wizard-Gedanken nie gegeben.

Welche der beiden Varianten im jeweiligen Szenario die richtige ist, ist eine Frage des Anwendungsentwurfs, in dessen Rahmen entschieden werden muss, welche Granularität die Ressourcen haben sollen. Dass die richtige Antwort hierauf kaum eine einzige Ressource für die gesamte Anwendung sein kann, sollte eigentlich klar sein.

Der nächste Punkt, der Einsatz von Verknüpfungen für die Integration, ist für uns an dieser Stelle nichts Neues mehr. Handelt es sich jedoch beim Client unserer Anwendung um einen Menschen, ist für diesen die Verwendung von Links im Web noch intuitiv und somit einfacher umzusetzen als bei der Entwicklung eines Maschinen-Clients. Gleichzeitig ergibt sich für die lose Kopplung von Komponenten ein perfekt minimalistischer Ansatz: Zwei Systeme, die nicht das Geringste miteinander zu tun haben, können für den Anwender im Dialogfluss miteinander integriert werden, obwohl dadurch nur eine sehr geringe Kopplung erzeugt wird.

Schließlich ist eine Webanwendung, die REST- und ROCA-Prinzipien folgt, nicht weit von einem RESTful Webservice entfernt: Indem man entweder darauf achtet, serverseitig erzeugtes HTML maschinenlesbar zu machen, oder für die Ressourcen alternative Formate (z. B. JSON oder XML) anbietet, kann ein und dieselbe Anwendung auch von anderen Clients als dem Browser verwendet werden.

Dieser letzte Punkt passt zu einer weiteren Säule des ROCA-Stils, die weitreichende Konsequenzen hat: Sämtliche Applikationslogik liegt auf dem Server, der damit dem Prinzip der Trennung von Schnittstelle und Implementierung folgend eine Zugriffsmöglichkeit auf eine gekapselte Menge von Daten und Operationen bietet.

ROCA setzt auf der Serverseite nicht viel mehr voraus, als dass sich der Anwendungsentwurf an REST-Prinzipien hält. Ein beliebiger Client, egal in welcher Technologie implementiert, könnte die Schnittstelle des Servers so nutzen, dass wir die Gesamtarchitektur als RESTful bezeichnen könnten.

Anders sieht es beim Einsatz eines Browser-Clients aus, für den sich aus REST allein noch keine wesentlichen Vorgaben ergeben. An dieser Stelle ergänzen wir mit ROCA die Aspekte, die dafür sorgen, dass sich die Anwendung als Ganzes optimal in die Webinfrastruktur einbettet.

17.2 Clientaspekte von ROCA

Auf der Clientseite stehen im menschenlesbaren Web vor allem drei Technologien im Vordergrund:

- HTML,
- Cascading Style Sheets (CSS),
- JavaScript.

All diese Technologien sind nach einem bestimmten Grundmuster gestrickt: Sie lassen Raum für Erweiterungen. Konkret befolgen sie alle das Prinzip des *Pro-*

gressive Enhancement: Jedes neue Feature wird so implementiert, dass alte Browser weiterhin funktionieren können.

Am besten lässt sich dieser Aspekt am HTML5-Standard verdeutlichen. Dieser enthält unter anderem neue Feldtypen für Formulare (zum Beispiel `<input type=email>`), die so definiert sind, dass ein Browser, der diese neuen Typen nicht kennt, automatisch auf einen sinnvollen Default zurückfällt (`<input type=text>`). Das Fallback-Konzept wurde schon in HTML Version 2[1] vorgesehen und ermöglicht somit erst die neuen Erweiterungen.

Ähnliche Mechanismen greifen auch bei neuen Elementen wie dem <video>-Element. Unterstützt der Browser dieses, blendet er an dieser Stelle das entsprechende Video ein, ignoriert aber in dem Element enthaltene weitere Elemente. Ein Browser, der ein Element nicht kennt, muss dieses gemäß Spezifikation als Inline-Element behandeln. Ohne weitere spezielle Stylesheets wird damit einfach der Inhalt des Elements angezeigt. Im Falle des <video>-Elements könnte (und sollte) dies zum Beispiel ein Flash-Video sein.

Das Prinzip des Progressive Enhancement gilt ebenso für CSS: Ein Browser, der eine CSS-Angabe nicht versteht, wird diese ignorieren. Damit ist es möglich, ein gemeinsames Stylesheet zu verfassen, das einen Inhalt mit ein und demselben Stylesheet in verschiedensten Browsern entsprechend ihren CSS-Fähigkeiten formatiert.

Die Idee, Inhalte so auszuliefern, dass zunächst nur so wenig wie möglich vorausgesetzt und dann abhängig von den Fähigkeiten des Clients ergänzt wird, ist einer der Kerngrundsätze des ROCA-Stils. Dies bedeutet auch, dass alle fachlichen Inhalte so präsentiert werden, dass sie unabhängig von den Fähigkeiten des Clients noch vollständig nutzbar sind. Progressive Enhancement sollte innerhalb des ROCA-Stils so genutzt werden, dass hiervon weitgehend nur Komfort- und Hilfsfunktionen betroffen sind.

Die Verwendung der drei Technologien im Sinne ihres eigentlichen Zwecks bringt eine Trennung von Verantwortlichkeiten in der Entwicklung mit sich. Die Schnittstelle ist dann die Struktur des HTML-Markups und die Gestaltung mit CSS und ergänzende Funktionalität mit JavaScript lassen sich dadurch entkoppelt unabhängig entwickeln. Sollte JavaScript-Funktionalität noch Einfluss auf die Darstellung haben, so können CSS-Klassen als zusätzliche Schnittstelle herangezogen werden.

17.2.1 Semantisches HTML

HTML als Auszeichnungssprache dient in vielen Webframeworks eher als reines Präsentationsformat anstatt als Strukturierungswerkzeug für die auszuliefernden Inhalte. Die semantische Bedeutung der Struktur des Inhalts verliert sich in einer

1. Kein Tippfehler, das gibt es wirklich schon seit Version 2: *http://tools.ietf.org/html/rfc1866#section-8.1.2.1*.

endlosen Schachtelung von <div>-Elementen oder wird durch den Missbrauch von Elementen zur Darstellung verwaschen. Einen ganz extremen Weg gehen üblicherweise Single Page Apps, die auf serverseitiges HTML vollständig verzichten und den Server als reine Datenquelle betrachten, der die Inhalte per JSON an den intelligenten Client liefert (mit Single Page Apps werden wir uns in Abschnitt 17.3 noch näher beschäftigen).

Ähnlich wie »POJO« (Plain Old Java Object) im Java-Umfeld nach den Komplexitätsorgien einiger Frameworks eine Rückbesinnung auf das Simple darstellen, bezeichnet »POSH« (Plain Old Semantic HTML) die Idee, dass sich HTML-Markup hervorragend dazu eignet, Inhalte zu strukturieren – ganz ohne sich um deren Visualisierung zu kümmern.

Hieraus folgt, dass HTML-Elemente, die rein repräsentative Zwecke haben (<font>, <i>, <b>), zugunsten von semantischen Elementen (<h1>, <em>, <strong>) zu vermeiden sind. Sauber strukturierte HTML-Seiten nach diesem Muster laden schneller, sind einfacher zu schreiben, zu verstehen und besser wiederzuverwenden. Darüber hinaus verhilft valides und semantisch sinnvolles Markup zu einem konsistenteren und fehlerärmeren Verhalten in den darüberliegenden Schichten CSS und JavaScript.

Eine maschinelle Verarbeitung von HTML-Inhalten, wie zum Beispiel die Interpretation von zusätzlichen semantischen Informationen durch den Google Crawler, die dann für die strukturierte Anzeige von Suchergebnissen verwendet werden, illustriert das Potenzial von HTML in der Maschine-zu-Maschine-Kommunikation. Zusammen mit dem oben beschriebenen Gedanken, dass eine URI eine Hauptressource identifiziert, ergibt sich ein ganz praktischer Nutzen für alle, die mit einer langsamen Netzverbindung oder ausgeschaltetem JavaScript unterwegs sind: Das Wesentliche – der eigentliche Inhalt – wird als Erstes angezeigt, anstelle eines Rahmens, der den Inhalt erst nachlädt.

17.2.2 CSS

Das zweite Standbein einer sauberen Architektur auf Clientseite bildet eine mittels CSS sauber separierte Präsentationsschicht. Nahezu unabhängig vom strukturellen Format der Daten kann mit CSS eine beliebige Darstellung für den menschlichen Benutzer erstellt werden. Zum Repertoire gehören hier neben den Stärken im Layout auch ausgeprägte Möglichkeiten für Typografie und Satz sowie in modernen Browsern auch neue Fähigkeiten wie Animationen und Zeichnungen. Die Separation der visuellen Darstellung ist eines der Kernkonzepte von ROCA-basierten Webanwendungen, um eine möglichst lose Kopplung zu den konkreten Daten zu schaffen. Änderungen im strukturellen Aufbau sollten möglichst wenig Seiteneffekte zu den implementierten Stilen haben und umgekehrt sollten Änderungen in der visuellen Repräsentation natürlich keine Auswirkungen auf die fachlichen Informationen aufweisen.

Die Kopplung von CSS an HTML-Komponenten erfolgt über CSS-Selektoren wie IDs, Klassen und Attribute. Hierdurch kann sehr feingranular reguliert werden, welche Stile in welchem Kontext eine Anwendung finden. Die Anwendung von Inline-Stilen ist im ROCA-Kontext nur durch die Manipulation aus dem JavaScript heraus erlaubt, wenn JavaScript-Verhaltensweisen Einfluss auf die optische Darstellung von CSS-Komponenten ausüben.

In der Regel sollte dies aber über die Manipulation von Klassen erfolgen und nur bei Ausnahmen durch konkrete Wertemanipulation von Eigenschaften in Inline-Stilen. Ein Beispiel wäre hier die pixelgenaue Positionierung eines Elements zu einem anderen, bei dem die konkreten Koordinaten nicht in einer Klasse abstrahiert werden können.

Neue CSS-Regeln und -Eigenschaften werden ähnlich rückwärtskompatibel erstellt, wie es bei neuen HTML-Elementen der Fall ist, sodass bei der Verwendung von CSS-Eigenschaften davon ausgegangen werden kann, dass in der Regel der Inhalt vollumfänglich erhalten bleibt, auch wenn der Client nur eine Teilmenge der Eigenschaften versteht.

17.2.3 Die Rolle von JavaScript

JavaScript stellt die dritte und aktuell wohl meistbeachtete Säule des menschenlesbaren Web dar. So gut wie jeder aktuell im Umlauf befindliche Browser wird mit seinen JavaScript-Fähigkeiten beworben, insbesondere der Ablaufgeschwindigkeit, zu der in den letzten Jahren ein regelrechtes Wettrüsten zwischen den Anbietern stattgefunden hat (sehr zur Freude von Entwicklern und Anwendern).

Die Verwendung von JavaScript auf dem Client in Verbindung mit einem Server, der Applikationslogik beinhaltet, erzeugt zunächst einmal ein klassisches Client/Server-Szenario. Dies wird aber dadurch erschwert, dass der Entwickler des Servers in der Regel keinerlei Informationen oder Kontrolle über den Client hat. Schlimmer noch: Der Entwickler muss sogar davon ausgehen, dass der Client kompromittierend verwendet wird und genau das tut, was man an dieser Stelle eigentlich nicht will.

Neben dem definitiv nicht ROCA-konformen Ansatz vieler Webframeworks, diese Client/Server-Problematik vor dem Entwickler zu verstecken, gibt es in vielen heute verfügbare Webangeboten die Situation, dass die Problematik einfach weitgehend ignoriert wird. So ist oft zu beobachten, dass die Funktionsfähigkeit (und ggf. schlimmer noch die Sicherheit) des Webangebots vom Client abhängig ist.

Analog wird oft gegen fundamentale Prinzipien der Softwareentwicklung wie die Redundanzfreiheit verstoßen und die gleiche Funktionalität sowohl server- als auch clientseitig implementiert. Daher ist eine zentrale Forderung des ROCA-Ansatzes auch der Verzicht auf die Duplikation von Applikationslogik auf dem Client.

Nimmt man diese Forderung mit der ROCA-Anforderung nach vollständiger serverseitiger Applikationslogik zusammen, so folgt daraus, dass keinerlei Applikationslogik in JavaScript vorliegen darf. Dies wirft in Diskussionen über den ROCA-Stil eigentlich immer die exemplarische Frage nach Validierungen auf: »Wie sollen clientseitige Validierungen, die natürlich Server-Roundtrips und damit Reaktionszeit sparen, umgesetzt werden?«

Zur Beantwortung dieser Frage muss eine wichtige Unterscheidung zwischen zwei Typen von Validierungen gemacht werden: datenbasierte und logikbasierte Validierungen.

Datenbasierte Validierungen sind deklarativ. Beispiele für eine solche Validierung sind die Überprüfung, ob ein Wert für ein Attribut vorhanden ist, oder die Überprüfung des Formates eines Wertes anhand eines regulären Ausdrucks. Dieser reguläre Ausdruck ist ein Datenwert, der an das zu überprüfende Attribut annotiert ist und dadurch auch an ein entsprechendes Eingabefeld annotiert werden kann.

Per JavaScript kann nun eine generalisierte Funktionalität zur Verfügung gestellt werden, die eine Überprüfung für Eingabefelder implementiert, die eine solche Annotation aufweisen. Dieses JavaScript ist vergleichsweise einfach und absolut unabhängig von der eigentlichen Applikationslogik zu implementieren. So ist diese Funktionalität mittlerweile auch Bestandteil von modernen Browsern in Form von HTML5-Attributen wie »pattern« und »required«.

Ob diese Attribute unterstützt werden, kann für ältere Browser mithilfe von JavaScript überprüft werden [Modernizr]. Hier kann dann mit JavaScript eine manuelle Implementierung bereitgestellt werden. Datenbasierte Validierungen sind aus ROCA-Sicht völlig in Ordnung: Sie setzen keine Duplikation von anwendungsspezifischer Logik voraus.

Der andere Validierungstyp sind logikbasierte Validierungen, also vom Entwickler geschriebene Funktionalität, die zur Überprüfung der Korrektheit der Eingaben ausgeführt wird und anwendungsspezifisch ist. Ein Beispiel könnte eine Überprüfung darauf sein, dass ein bestimmtes Eingabefeld ausgefüllt sein muss, wenn ein anderes Feld ausgefüllt ist.

Solche Validierungen nehmen üblicherweise über kurz oder lang mehr und mehr Komplexität an. Genau dies ist auch der Grund, warum eine Duplikation solcher Logik generell keine gute Idee ist: Die Wahrscheinlichkeit, dass die serverseitige Implementierung der Validierung nicht mehr mit der clientseitigen übereinstimmt, ist im Falle der Verwendung einer anderen Programmiersprache als JavaScript auf dem Server von vornherein nicht zu vernachlässigen und nimmt im Laufe der Weiterentwicklung der Anwendung sicherlich noch deutlich zu.

Verzichtet man also clientseitig auf solche Validierungen, heißt dies aber nicht, dass zur Überprüfung der Korrektheit von Dateneingaben immer zwangsläufig das jeweilige Formular abgeschickt werden muss. Dies kann zum Beispiel auch unter Verwendung von Ajax automatisch im Hintergrund geschehen, indem der aktuelle Zustand des Formulars vorweg an den Server geschickt wird, dieser die Eingaben validiert und entsprechend mit einer Liste der fehlerhaften Eingaben antwortet. Diese Fehler können dann mittels eines ebenfalls von der Applikationslogik unabhängigen JavaScripts an den jeweiligen Eingabefeldern angezeigt werden.

Neben der Duplikation von Validierungslogik gibt es eine weitere Art von Abhängigkeit zwischen Client und Server, die oft unnötigerweise in Webanwendungen eingebaut wird. So ist häufig zu beobachten, dass das JavaScript versucht, Ausgaben des Servers nachzuahmen und umgekehrt. Soll beispielsweise eine vom Server erstellte Liste von Einträgen um einen weiteren neuen Eintrag erweitert werden, ohne dass die gesamte Liste neu geladen werden muss, so wird hierfür üblicherweise Ajax verwendet.

Dagegen ist grundsätzlich nichts einzuwenden. Oft wird dies allerdings so umgesetzt, dass der Server auf das Absenden des Formulars zur Anlage des Eintrags mit einem JSON-Schnipsel oder gar nur mit einem »OK« antwortet. Der Client sorgt dann dafür, dass eine entsprechende HTML-Struktur für den Eintrag erstellt und an die Liste angehängt wird.

Dieses Vorgehen stellt eine deutliche Vermischung von Client- und Serverimplementierung dar, die in diesem Beispiel einfach dadurch vermieden werden könnte, dass der Server mit dem entsprechenden HTML-Schnipsel antworten sollte, das der Client dann nur noch an die Liste anhängen müsste.

Ein sehr generischer Ansatz, um Abhängigkeiten zwischen Client- und Serverimplementierungen zu vermeiden, ist Unobtrusive (»unaufdringliches«) JavaScript. So ist die Anforderung, JavaScript ausschließlich nach diesem Ansatz zu entwickeln, eine zentrale ROCA-Forderung.

17.2.4 Unobtrusive JavaScript und Progressive Enhancement

Spricht man vom Layout von Webseiten, hat sich im letzten Jahrzehnt der nahezu allgemein akzeptierte Konsens entwickelt, dass HTML frei von Layoutinformationen sein sollte und diese ausschließlich in Form von CSS vorliegen sollten. Unobtrusive JavaScript bedeutet – vereinfacht gesagt – nichts anderes, als dieses Prinzip auch auf das Verhalten zu übertragen. So erweitert JavaScript in diesem Sinne die Informationen und Struktur, die der Server in Form von HTML zur Verfügung stellt, um clientseitige Funktionalität.

Dies soll ebenfalls nach dem Prinzip des Progressive Enhancement erfolgen: JavaScript ergänzt die Funktionalitäten genau dann, wenn der Browser dies unterstützt. Unterstützt der Browser sie nicht, weil beispielsweise die Ausführung von JavaScript deaktiviert ist, muss die Funktionalität der Anwendung trotzdem noch nutzbar sein. Abstriche an der Ergonomie sind dabei akzeptabel.

Webseiten auch mit deaktiviertem JavaScript nutzen zu wollen, mag wie ein Anachronismus erscheinen. Es hilft jedoch, dabei nicht nur an bürokratische

Regeln in konservativen Unternehmen zu denken, sondern auch an andere User Agents, wie zum Beispiel Screenreader oder den Google Crawler, die in der Lage sein sollten, eine Seite allein aufgrund des strukturierten Markups zu interpretieren.

Aus Architektursicht viel wichtiger ist jedoch, dass sich bei diesem Ansatz eine insgesamt andere und unserer Überzeugung nach bessere Architektur ergibt: Die Prinzipien des Web sowie das Konzept von serverseitiger Logik werden eingehalten und die Verknüpfbarkeit unterstützt – Aspekte, die bei einer Implementierung des vollständigen Clients in JavaScript auf der Strecke bleiben würden. Darüber hinaus führt die Verwendung von Unobtrusive JavaScript nicht zuletzt durch die Vermeidung von Abhängigkeiten zwischen Client und Server zu deutlich wartbarerem Code in kürzerer Zeit.

Was nützt jedoch die schönste Architektur, wenn Endanwender unzufrieden sind, weil sie vor einer Anwendung sitzen, die nicht ihren Erwartungen entspricht? Das wäre ein überzeugendes Argument gegen ROCA, wenn es korrekt wäre. Denn auch mit diesem Ansatz lassen sich genauso ergonomische und moderne Anwendungen realisieren wie mit den im Moment im Hype befindlichen Alternativen, und dies sogar ohne dass dafür irgendein Mehraufwand notwendig wäre.

ROCA verbietet den Einsatz von JavaScript nicht, legt dafür aber eine klare Rolle fest. Zum einen wird es verwendet, um Komponenten zu implementieren. Dabei kann es sich um die typischen handeln, die man aus gängigen UI-Bibliotheken anderer Plattformen kennt, wie zum Beispiel Tabellen, Tab-Controls, Bäume usw. Diese werden von einem kleinen Anteil JavaScript-Code (dem JavaScript-Glue-Code) erzeugt und dabei mit den passenden Elementen aus dem HTML verknüpft. Die Selektion des entsprechenden HTML-Elements erfolgt meist mittels eines JavaScript-DOM-Frameworks über CSS-Selektoren. Ein gutes Beispiel für die Implementierung einer solchen Vorgehensweise sieht man zum Beispiel bei der Tab-Komponente von jQuery-UI [JQueryUI].

17.3 ROCA vs. Single Page Apps

Eine Single Page App (SPA) ist eine Clientanwendung, die in JavaScript realisiert wird und im Browser abläuft. Das Konzept verdankt seinen Namen der Tatsache, dass eine solche Anwendung nur eine einzige HTML-Seite benötigt, nämlich die, über die der JavaScript-Code in den Browser geladen wird. Die Anwendung nutzt dann Ajax-Mechanismen, um mit dem Server zu kommunizieren.

Der Ansatz ist aktuell sehr populär, weil sich damit Anwendungen realisieren lassen, die zum einen für den Benutzer auf den ersten Blick sehr ergonomisch sind, zum anderen bewährte und bekannte Muster für die Entwicklung unterstützen – insbesondere dann, wenn die Entwickler die Erstellung von Desktop-Anwendungen gewohnt sind. Bekannte Vertreter des Ansatzes sind unter anderem die JavaScript-Frameworks AngularJS und Ember, und es gibt zahlreiche weitere Implementierungen, die konzeptionell ähnlich sind, sich aber in vielen Details unterscheiden [TodoMVC].

Aus REST-Sicht ist gegen Single Page Apps nichts zu sagen: Sie können genau so Mechanismen wie Hypermedia benutzen, Hypermedia-Formate einsetzen und HTTP richtig verwenden, wie es auch jede andere Clientanwendung tun kann.

Wir sehen dennoch einen ähnlichen Konflikt zwischen der Art und Weise, wie SPAs die Technologien des Web auf der Clientseite nutzen, wie wir ihn bei Webservices auf der Serverseite gesehen haben. So »tunneln« SPA-Anwendungen häufig eine Implementierung, die eigentlich besser eine Desktop-Anwendung verdient hätte, durch die Mechanismen des Browsers. Die Zurück-, Vorwärts- und Aktualisierungsschaltflächen des Browsers funktionieren nicht oder nicht so, wie der Benutzer es erwarten würde. Lesezeichen lassen sich nicht oder nur sehr schwer erstellen, und – für öffentliche Anwendungen am allerschlimmsten – ein Sharing über Social Media per Link funktioniert nicht, weil die Konzepte, die in der Anwendung enthalten sind, keine eigene URI haben.

Einige dieser Punkte lassen sich adressieren, z. B. über das mit HTML neu eingeführte History-API [PilgrimHistory]. Aber der Grundsatz bleibt: Anstatt die Mechanismen, die das Web erfolgreich gemacht haben, für sich zu nutzen, versuchen SPAs, diese zu umgehen.

Bei all dieser Kritik sind SPAs aktuell das Mittel der Wahl, wenn eine offlinefähige Anwendung erstellt wird oder eine reine Desktop-Anwendung realisiert werden soll. Und schließlich ist die Welt nicht so schwarz-weiß, wie man es aufgrund dieses Kapitels vielleicht meinen könnte: Die beiden Ansätze lassen sich durchaus auch kombinieren, z. B. indem der extern (im Internet) sichtbare Teil einer Anwendung nach dem ROCA-Prinzip gestaltet wird und interne Backend-Anwendungen als SPAs.

17.4 Zusammenfassung

Klassische Webarchitekturen, bei denen die Geschäftslogik auf einem Server liegt, der als Antwort auf HTTP-Anfragen HTML erzeugt, sind alles andere als Schnee von gestern. Im Gegenteil: Der Schlüssel dazu besteht darin, den Browser zu nutzen, anstatt gegen ihn anzukämpfen – mit einem REST-konformen Backend, semantischem HTML, CSS und »unobtrusive« JavaScript.

Mit diesem Ansatz lassen sich hochmoderne, ergonomische Webanwendungen entwickeln, die sich in die Architektur des Web einfügen und so sowohl innerhalb von Unternehmensgrenzen als auch unternehmensübergreifend von den Vorteilen profitieren, die sich daraus ergeben.

Anhang

A HTTP-Statuscodes

HTTP definiert diverse Statuscodes, mit denen einer Vielzahl praxisrelevanter Ergebnisse und Ausnahmesituationen gekennzeichnet werden können. Anwendungen, die konform zur Webarchitektur implementiert werden, sollten diese Codes verwenden; eigene, zusätzliche Fehler- oder Statusinformationen können über den Inhalt der Antwortnachricht näher detailliert werden. Die so standardisierten Statusmeldungen sind klar definiert und können von jedem HTTP-Client – so er denn korrekt implementiert ist – verarbeitet werden.

Wenn Sie Clients implementieren, sollten diese konsequenterweise zur Verarbeitung der Statuscodes in der Lage sein – und zwar nicht nur für eine Untermenge, sondern für alle Statuscodes. Für unbekannte Statuscodes gilt, dass die »Familie«, zu der sie gehören (die erste Stelle des Statuscodes), angibt, wie damit generisch verfahren werden kann.

Im Folgenden finden Sie eine Übersicht über die wichtigsten HTTP-Statuscodes und ihre Bedeutung. Einen guten grafischen Überblick bietet der Entscheidungsbaum von Webmachine [webmachineDia].

1xx: Informationszwecke

Clients müssen in der Lage sein, mit Statuscodes aus diesem Bereich umzugehen, müssen sie aber nicht unbedingt interpretieren können. Relevant ist aus diesem Bereich nur ein einziger Statuscode:

Code	Bedeutung	Erläuterung
100	Continue	Ein Client kann dem Server mit einem »Expect: 100-continue«-Header mitteilen, dass er zunächst überprüfen möchte, ob der Server einen Inhalt akzeptiert, bevor er ihn sendet. Dazu sendet er nur die Header-Informationen. Der Server kann nun entscheiden, ob er den Request akzeptieren würde. Falls ja, antwortet er mit diesem Statuscode.

Tab. A–1 *Statuscodes für Informationszwecke*

2xx: Erfolgreiche Verarbeitung

Alle Statuscodes aus diesem Bereich implizieren, dass die Verarbeitung erfolgreich war.

Code	Bedeutung	Erläuterung
200	OK	Die Anfrage wurde erfolgreich verarbeitet, die Antwort enthält weitere Informationen.
201	Created	Die Anfrage wurde erfolgreich verarbeitet und als Ergebnis wurde eine neue Ressource angelegt, deren URI sich in einem Location-Header befindet.
202	Accepted	Die Anfrage wurde vom Server zwar entgegengenommen, aber die Verarbeitung ist noch nicht erfolgt bzw. nicht abgeschlossen. Die Antwort sollte Hinweise enthalten, auf deren Basis sich der Client über das endgültige Ergebnis informieren kann.
204	No Content	Der Server liefert nur Metadaten (in Form von Header-Informationen), keine Daten.
206	Partial Content	Die Antwort enthält keine vollständige Repräsentation, sondern nur einen Ausschnitt daraus (siehe Anhang B.3).

Tab. A–2 *Statuscodes für erfolgreiche Verarbeitung*

3xx: Umleitung

Mit Statuscodes aus dem 300er-Bereich informiert der Server den Client darüber, dass eine Umleitung (Redirection) erfolgen muss.

Code	Bedeutung	Erläuterung
300	Multiple Choices	Der Server informiert den Client darüber, dass es mehr als eine individuell adressierbare Ressourcenrepräsentation gibt, und listet diese im Body der Antwort auf.
301	Moved Permanently	Die Ressource ist unter einer neuen URI erreichbar, die im Location-Header benannt wird. Clients sind aufgefordert, evtl. bestehende Bookmarks (oder allgemeiner: gespeicherte Referenzen) zu aktualisieren.
302	Found	Die Ressource hat aktuell eine andere URI (im Location-Header aufgelistet), ein Client soll jedoch weiterhin die ursprüngliche URI verwenden. Browser interpretieren einen 302-Statuscode leider nicht konsistent: Einige wiederholen den Request mit der gleichen Methode, andere senden ein HTTP GET. Verwenden Sie besser 303 oder 307. →

Code	Bedeutung	Erläuterung
303	See Other	Der Client wird an eine andere Ressource verwiesen. Dazu gibt es zwei wesentliche Szenarien. Das eine entstammt dem Semantic-Web-Kontext: Eine Ressource, die keine eigene Repräsentation hat, kann bei einem GET per 303 auf eine oder mehrere »Informationsressourcen« verweisen. Der andere Fall ist das Redirect-after-POST-Muster im Browser: Als Reaktion auf einen POST-Request sendet der Server den Statuscode 303 und veranlasst damit den Browser, unmittelbar ein GET auf die im Location-Header genannte URI auszulösen. Ein Refresh lädt somit nur das Ergebnis neu und löst nicht noch einmal den POST-Request aus.
304	Not Modified	Als Antwort auf ein Conditional GET (mit einem If-None-Match- oder If-Modified-Since-Header) signalisiert dieser Statuscode, dass sich die Ressource nicht geändert hat.
307	Temporary Redirect	Die Ressource ist vorübergehend unter einer anderen URI erreichbar, der Client soll jedoch auch in Zukunft die alte URI verwenden. Beim Zugriff auf die andere URI soll dieselbe Methode verwendet werden wie beim ursprünglichen Zugriff.
308	Permanent Redirect	Aus dem vorgeschlagenen Standard RFC 7238 [RFC7238]. Die Ressource ist permanent unter einer anderen URI erreichbar. Der Client soll in Zukunft immer die neue URI verwenden. Beim Zugriff auf die andere URI soll dieselbe Methode verwendet werden wie beim ursprünglichen Zugriff.

Tab. A-3 *Statuscodes für Umleitungen*

4xx: Clientfehler

Nach Sicht des Servers ist ein clientseitiger Fehler aufgetreten.

Code	Bedeutung	Erläuterung
400	Bad Request	Die Anfrage ist vom Server nicht verarbeitbar; die gleiche Anfrage noch einmal zu senden, wird daran nichts ändern und ist daher sinnlos.
401	Unauthorized	Ohne Authentifizierungsinformationen verarbeitet der Server den Request nicht (siehe Abschnitt 11.3).
403	Forbidden	Der Server hat den Request zwar interpretieren können, verweigert jedoch die Ausführung. Auch Authentifizierung ändert daran nichts.
404	Not Found	Der Server kennt keine Ressource mit dieser URI.
405	Method Not Allowed	Die HTTP-Methode wird von der Ressource nicht unterstützt, der Allow-Header enthält die Liste der Methoden, die verwendet werden dürfen.
406	Not Acceptable	Der Server kann keine Repräsentation zurückliefern, deren Format einem der vom Client im Accept-Header aufgelisteten Medientypen entspricht. →

Code	Bedeutung	Erläuterung
407	Proxy Authentication Required	Ein Proxy, der zwischen Client und Server angesiedelt ist, erfordert eine Authentifizierung.
409	Conflict	Die Anfrage konnte nicht bearbeitet werden, da sie im Konflikt mit dem aktuellen Status der Ressource steht.
410	Gone	Eine Ressource mit dieser URI hat zwar einmal existiert, ist aber nicht mehr länger verfügbar (und wird es auch nicht wieder werden).
411	Length Required	Der Server akzeptiert den Request nicht ohne einen Content-Length-Header.
412	Precondition Failed	Eine Vorbedingung (z. B. If-Match oder If-Not-Modified-Since) konnte nicht erfüllt werden.
415	Unsupported Media Type	Gegenstück zu 406: Das Format, in dem der Client den Inhalt sendet, kann vom Server nicht akzeptiert werden.
416	Requested Range Not Satisfiable	Ein Range-Request (siehe Anhang B.3) kann nicht erfüllt werden.
428	Precondition Required	Aus dem vorgeschlagenen Standard RFC 6585 [RFC6585]. Ein Request zu dieser Ressource muss eine Vorbedingung (z. B. If-Match oder If-Not-Modified-Since) besitzen.
429	Too Many Requests	Aus dem vorgeschlagenen Standard RFC 6585 [RFC6585]. Der Client hat zu viele Anfragen innerhalb eines Zeitfensters gestellt. Der Inhalt der Antwort sollte weitere Informationen enthalten.
431	Request Header Fields Too Large	Aus dem vorgeschlagenen Standard RFC 6585 [RFC6585]. Entweder die Summe der Request-Header oder ein einzelner ist zu groß.

Tab. A–4 *Statuscodes für Clientfehler*

5xx: Serverfehler

Bei der Verarbeitung des Requests auf Serverseite ist ein Fehler aufgetreten.

Code	Bedeutung	Erläuterung
500	Internal Server Error	Ein nicht näher spezifizierter interner Fehler ist bei der Verarbeitung im Server aufgetreten. Dies ist die »weichste« aller Fehlermeldungen – sie erlaubt dem Client keinerlei Rückschluss auf die Art des Fehlers.
501	Not Implemented	Die HTTP-Methode, die der Client verwendet, wird von keiner Ressource des Servers unterstützt.
502	Bad Gateway	Ein Gateway-Server (wie zum Beispiel ein Reverse Proxy Cache oder ein Load Balancer) hat von einem nachgelagerten Server eine ungültige Antwort erhalten. →

Code	Bedeutung	Erläuterung
503	Service Unavailable	Der Server ist aktuell nicht in der Lage, die Anfrage zu beantworten. In einem Retry-After-Header kann er dem Client mitteilen, nach welchem Zeitraum sich ein erneuter Versuch lohnt.
504	Gateway Timeout	Ein nachgelagerter Server hat dem Gateway nicht rechtzeitig eine Antwort geliefert.
511	Network Authentication Required	Aus dem vorgeschlagenen Standard RFC 6585 [RFC6585]. Zum Zugriff auf das Netzwerk ist eine Anmeldung erforderlich. Die Antwort soll einen Link auf eine Anmeldemöglichkeit (z. B. ein HTML Form) enthalten. Ist für den Einsatz durch Intermediaries gedacht.

Tab. A–5 *Statuscodes für Serverfehler*

B Fortgeschrittene HTTP-Mechanismen

Einige Mechanismen von HTTP erschienen uns für die grundsätzlichen Diskussionen in den vorangegangenen Kapiteln zu detailliert; der Vollständigkeit halber sind sie hier kurz beschrieben. Weiterführende Informationen dazu finden Sie in der HTTP-Spezifikation selbst [RFC7230].

B.1 Persistente Verbindungen

Bei HTTP 1.0 wird für jeden einzelnen HTTP-Request eine neue TCP/IP-Verbindung initiiert. Das ist eine vergleichsweise aufwendige Operation, die insbesondere bei einer hohen Anzahl paralleler Clients und Requests zu deutlichen Performance- und Skalierbarkeitsproblemen führen kann. HTTP 1.1 definiert aus diesem Grund sogenannte persistente Verbindungen: Der Aufbau einer Verbindung und das Senden von Request/Response stehen nicht mehr in einem 1:1-Verhältnis. Stattdessen wird die Verbindung nach der ersten Antwortnachricht offen gehalten und der Client kann weitere Anfragen senden.

Bei Bedarf kann ein Client oder Server explizit anfordern, dass nach dem Senden von Request bzw. Response die Verbindung geschlossen werden soll. Durch persistente Verbindungen wird CPU-Zeit und Speicherbedarf in Client, Server und dazwischenliegenden Intermediaries eingespart, die Datenübertragungsmenge reduziert und die Latenz verringert – wann immer möglich, sollten Sie diesen Mechanismus daher sowohl auf Client- als auch auf Serverseite nutzen. Das geschieht bei der Verwendung von HTTP 1.1 üblicherweise ohne weiteres Zutun.

B.2 Request-Pipelining

Persistente Verbindungen sind auch eine Voraussetzung für ein weiteres interessantes HTTP-Merkmal: das Request-Pipelining. Idempotente Requests (vereinfacht gesagt: alle außer POST-Requests) können über eine Verbindung gesandt werden, ohne vor dem Senden der jeweils nächsten Anfrage die Antwort auf die vorherige abzuwarten.

Über HTTP-Pipelining kann die Kommunikation zwischen Systemen drastisch beschleunigt werden. Leider kann es bei unbekannter Infrastruktur zu Problemen mit Pipelining kommen; deshalb wird HTTP-Pipelining von einigen Browsern gar nicht unterstützt (z. B. Apple Safari) und muss in anderen erst explizit aktiviert werden. Im Rahmen einer kontrollierten Umgebung ist der Einsatz jedoch unbedingt zu empfehlen.

B.3 Range Requests

Ein Server kann einem Client mitteilen, dass er Repräsentationen nicht nur komplett, sondern auch teilweise ausliefern kann. Das ist zum Beispiel sinnvoll, wenn eine große Binärdatei heruntergeladen wird und eine Wiederanlaufmöglichkeit nach einem Abbruch unterstützt werden soll. Dazu sendet der Server einen Accept-Ranges-Header als Teil der Antwort:

```
HTTP/1.1 200 OK
Accept-Ranges: bytes
Content-Length: 2448
```

Der Client kann nun bei seiner Anfrage in einem Header angeben, dass er nur einen Ausschnitt der Repräsentation abfragen möchte:

```
GET /orders HTTP 1.1
Host: om.example.com
Range: bytes=20-40
```

Der Server antwortet mit dem dafür vorgesehenen Statuscode 206:

```
HTTP 1.1 206 Partial Content
Content-Range: bytes 20-40/2448
```

Range Requests können aus einem Cache bedient werden; da jede Art von Repräsentation letztendlich aus einer Folge von Bytes besteht, ist ein solcher Request prinzipiell für jede Art von Format nutzbar.

B.4 Chunked Encoding

Wie bereits erwähnt, schließt HTTP 1.0 die Verbindung nach jedem einzelnen Request. Das hat zwar die genannten Performance-Nachteile, bringt aber einen Vorteil: Der Sender einer Nachricht muss nicht vorher signalisieren und unter Umständen noch nicht einmal wissen, wie viele Bytes er senden wird – schließlich ist klar, wann die Nachricht zu Ende ist, nämlich dann, wenn die Verbindung geschlossen wird.

Wird – wie bei HTTP 1.1 üblich – die Verbindung offen gehalten und für mehrere aufeinander folgende Anfragen verwendet, muss daher ein anderer Mechanismus verwendet werden, um das Ende der einen und den Beginn der nächsten Nachricht zu signalisieren. Der Weg, den Sie in allen Beispielen in diesem Buch gesehen haben, war die Verwendung des HTTP-Headers Content-length, in dem die Größe der Nachricht in Bytes angegeben wird.

Dieser Ansatz hat allerdings ein offensichtliches Problem: Der Sender der Nachricht muss wissen, wie groß die Nachricht ist, und zwar bevor er beginnt, sie zu senden. Beim Ausliefern einer statischen Datei durch einen Webserver ist das kein Problem; anders sieht es aus, wenn es sich um Daten handelt, die in Form eines Streams geliefert werden. Gleichzeitig ist es zwar nicht zwingend notwendig, aber dennoch naheliegend, für die Verarbeitung einer Nachricht auch gleich den notwendigen Platz im Speicher bereitzustellen. Bei kleinen Datenmengen ist das sinnvoll, bei größeren führt es potenziell zu Problemen.

Auch HTTP-1.1-Server können immer noch die Verbindung schließen, wenn die Übertragung beendet ist, und Clients können dem Server den Wunsch dazu über einen Header Connection: close signalisieren.

Als zusätzliche Alternative enthält HTTP 1.1 das sogenannte »Chunked Transfer Coding« (frei übersetzt: »gestückelte Codierung«), durch das ein Senden großer Datenmengen in einzelnen Blöcken ermöglicht wird. Diese Form der Übertragung von Nachrichten kann sowohl vom Server als auch vom Client genutzt werden. Dabei wird vor jedem einzelnen Block dessen Länge in Bytes angegeben, gefolgt von einem Zeilenumbruch. Eine abschließende »0« signalisiert dem Empfänger, dass die Nachricht abgeschlossen wurde. Im Gegensatz zum Content-Length-Header wird der Wert in Hexadezimalform angegeben. Ob die Daten »gechunkt« übertragen werden oder nicht, ist am Header `Transfer-Encoding` zu erkennen, der mit dem Wert chunked belegt sein muss.

Der Einsatz des Chunk-Mechanismus ist immer dann sinnvoll, wenn Inhalte dynamisch erzeugt werden. Die Unterstützung ist für HTTP-1.1-Clients und -Server vorgeschrieben, allerdings sollten Sie sich beim Einsatz von Programmierbibliotheken vergewissern, ob das auch dem jeweiligen Hersteller oder Autor bekannt war.

C Werkzeuge und Bibliotheken

Einer der größten Vorteile des Architekturstils REST ist die Verfügbarkeit von unzähligen Werkzeugen und Bibliotheken für dessen populärste Umsetzung, das Web. Jede Programmiersprache, jedes Betriebssystem, jede Entwicklungsumgebung unterstützt HTTP, URIs und viele Standardformate wie HTML, XML oder JSON.

Eine Aufzählung von Werkzeugen und Bibliotheken für die Implementierung von Clients und Servern mit REST/HTTP ist demnach immer unvollständig. In den folgenden Abschnitten möchten wir Ihnen dennoch zumindest eine Starthilfe geben und eine sehr subjektive Auswahl präsentieren.

C.1 Kommandozeilen-Clients

Bei der Entwicklung und dem Test von Webanwendungen sind neben dem Webbrowser drei Kommandozeilenwerkzeuge erwähnenswert: curl, Wget und Netcat.

curl

curl [curl] haben Sie bereits kennengelernt: Es ist ein Open-Source-Werkzeug, mit dem Sie HTTP-Anfragen absetzen und die Antworten anzeigen oder speichern können. curl setzt auf der außerordentlich mächtigen libcurl-Bibliothek auf. Dementsprechend unterstützt curl weitaus mehr, als es die vorangegangenen Kapitel vermuten lassen, z. B. die URI-Schemata FTP, FTPS, HTTP, HTTPS, SCP, SFTP, TFTP, TELNET, DICT, LDAP, LDAPS, FILE, SSL-Zertifikate, HTML-Form-Encoding, Cookies, Basic-, Digest-, NTLM- und Kerberos-Authentifizierung, Range Requests und Proxy-Tunneling (und das ist nur ein Auszug). Was auch immer Sie mit HTTP clientseitig tun möchten – curl unterstützt es mit an Sicherheit grenzender Wahrscheinlichkeit.

Wenn Sie ein Unix-System (z. B. Linux oder Mac OS X) benutzen, ist curl wahrscheinlich schon vorinstalliert.

Wget

Wget [wget] erfüllt fast den gleichen Zweck wie curl. Es ist Teil der GNU-Toolsuite und auf vielen Linux-Systemen (nicht aber auf OS X) bereits vorinstalliert. Der Funktionsumfang ist ähnlich, curl scheint jedoch ein wenig beliebter zu sein. Einen Vergleich von Wget und curl finden Sie unter [Stenberg2007] (er stammt allerdings vom curl-Autor Daniel Stenberg). Eines der beiden Werkzeuge sollte aber zur Standardausstattung eines REST/HTTP-Entwicklers gehören.

Ebenso wie curl ist auch Wget nicht nur für Unix, sondern auch für Windows verfügbar.

C.2 HTTP-Server

Es gibt zahlreiche Webserver, die jeweils ihre eigenen Stärken und Schwächen haben; der populärste jedoch ist der Apache HTTP Server (gem. [netcraft2014] nutzten im April 2014 mehr als 38% aller Websites den Apache-Server, Microsoft IIS folgt auf Platz 2 mit 33%, auf Platz 3 liegt nginx mit 15%).

Am Beispiel des Apache-Servers, den es bereits seit 1995 gibt, können Sie gut erkennen, wie sehr die REST-Prinzipien, deren konkrete Umsetzung im WWW und die Infrastruktur aufeinander abgestimmt sind: Natürlich unterstützt er die Auslieferung von Dateien per HTTP und bietet diverse Programmierschnittstellen für die Integration dynamischer Anwendungen. Aber er setzt auch korrekte Header für das Modifikationsdatum, ermittelt ETags, antwortet korrekt auf konditionale Anfragen, unterstützt Caching (im Speicher und im Dateisystem), setzt korrekte MIME-Typen, erlaubt die Konfiguration auf Basis von URI-Mustern, kann für dieselbe URI, aber unterschiedliche HTTP-Methoden mit unterschiedlichen Sicherheitseinschränkungen konfiguriert werden, unterstützt SSL und HTTP-Authentifizierung ... Natürlich ist diese Aufstellung nicht vollständig, aber falls Sie sich dessen noch nicht bewusst sind, kann Sie Ihnen verdeutlichen, wie groß das technische Ökosystem rund um HTTP mittlerweile ist.

Der Apache HTTP Server ist sehr stabil und sehr mächtig, aber natürlich nicht die einzige Option. In einer Windows-Umgebung ist sicher der Microsoft IIS das Mittel der Wahl; aber auch in der Unix-Welt existieren einige Alternativen zum Apache wie z. B. nginx [nginx] oder lighttpd [lighttpd].

nginx ist interessant, weil er vollständig auf asynchroner, nicht blockierender Ein/Ausgabe basiert und deshalb in der Lage ist, mit denselben Hardwareressourcen eine höhere Anzahl paralleler Verbindungen zu bedienen – und das bei gleichzeitig deutlich geringerem Hauptspeicherbedarf.

C.3 Caches

Die größte Performance-Optimierung im WWW und der wesentliche Grund für dessen Skalierbarkeit ist die Unterstützung für Ressourcencaching. Es gibt eine ganze Reihe von kommerziellen und freien Werkzeugen, die für das Caching eingesetzt werden können – wir haben exemplarisch zwei herausgegriffen, die man als »Platzhirsch« und »Herausforderer« bezeichnen könnte.

Squid

Squid [Squid] ist ursprünglich als Proxy-Server für die gemeinsame Nutzung durch eine Anzahl von Clients innerhalb der gleichen Organisation entstanden. Squid steht unter der GNU GPL und ist vor allem auf Unix-Systemen zu Hause, aber auch für Windows verfügbar.

Squid kann Ressourcenrepräsentationen im Hauptspeicher cachen und bei Bedarf ins Dateisystem auslagern. Es kann sowohl als clientseitiger Shared Cache wie auch als Reverse Proxy Cache eingesetzt werden, also zur Beschleunigung der externen Zugriffe auf eine Website.

Ähnlich wie der Apache HTTP Server hat Squid den Ruf, sehr stabil, umfangreich, ausgereift und weitverbreitet, aber auch sehr kompliziert in der Administration zu sein. In der Tat erfordert die Installation, Konfiguration und der Betrieb eine nicht unerhebliche Einarbeitungszeit. Lohn der Mühe ist eine dramatische Beschleunigung korrekt implementierter Webanwendungen und -services. Nicht ohne Grund setzen die meisten Anbieter von Content Delivery Networks, also externe Caching-Dienstleister, auf den Squid als Implementierungsoption.

Neben dem eigentlichen Caching unterstützt Squid *Edge Side Includes* (ESI [ESI]) und Cache Channels [SquidChannels].

Varnish

Eine interessante Alternative zu Squid ist Varnish [varnish]. In einem lesenswerten Architekturdokument [Kamp2006] wirft der Autor den Entwicklern von Squid und anderen, vergleichbaren Lösungen vor, noch nicht verstanden zu haben, wie ein modernes Betriebssystem funktioniert: Der von Anwendungen angeforderte Hauptspeicher kann in der Summe deutlich größer sein als der tatsächlich physisch vorhandene – und es ist Aufgabe des Betriebssystems, sich um die Auslagerung von Hauptspeicher auf die Festplatte und das spätere Wiedereinlagern zu kümmern. Nach dieser Logik ergibt es überhaupt keinen Sinn, einen Cache zu implementieren, der sich (wie Squid) selbst um das Auslagern kümmert: Er kommt nur dem Swapping/Paging-Mechanismus des Betriebssystems in die Quere.

Konsequenterweise setzt der Varnish-Cache, der von vornherein nur als Webbeschleuniger konzipiert wurde, darauf, alles im Speicher zu halten und sich auf das Betriebssystem zu verlassen. Das funktioniert in der Praxis erstaunlich gut, am besten auf 64-Bit-Systemen.

Varnish ist nur für Unix-Umgebungen verfügbar, dort aber sehr leicht zu installieren und zu konfigurieren. Varnish unterstützt ebenfalls ESI und verfügt über eine mächtige Monitoringkonsole.

C.4 Programmierumgebungen

Jede Programmiersprache bietet eine Unterstützung für die Entwicklung von Webservern und -clients. Auf diese einzugehen würde erstens Sie wahrscheinlich langweilen und zweitens den Rahmen dieses Buches sprengen. Stattdessen möchten wir daher im Folgenden einige neuere Entwicklungen beschreiben, die in der letzten Zeit motiviert durch das steigende Interesse an REST zusätzlich entstanden sind.

C.4.1 Java/JVM-Sprachen

JSR 311: JAX-RS: Java API for RESTful Webservices

Mit dem Servlet-API lassen sich Anwendungen, die den REST-Prinzipien folgen, ebenso leicht erstellen wie solche, die sie verletzen. Aus diesem Grund – und ganz sicher auch wegen des zu diesem Zeitpunkt beginnenden REST-»Hypes« – hat Sun im Februar 2007 den JSR (Java Specification Request) 311 [JSR311] ins Leben gerufen, der sich mit der Spezifikation für ein explizit REST-orientiertes API beschäftigt. Inzwischen liegt »JAX-RS: The Java™ API for RESTful Webservices« in der 2.0-Version vor, und es gibt eine Handvoll Implementierungen.

Zu den Zielen von JAX-RS gehört neben der bereits erwähnten REST-Konformität Einfachheit bei der Entwicklung, das Ausnutzen moderner Java-Sprachmittel (insbesondere Annotations), die Unterstützung unterschiedlicher Ablaufumgebungen (Java SE und EE) und vor allem die Möglichkeit, auf alle Konstrukte von HTTP zugreifen zu können. JAX-RS beschreitet damit einen anderen Weg als viele andere Java-Spezifikationen: Auf eine Kapselung bzw. Abstraktion des darunter liegenden technischen Protokolls wird bewusst verzichtet. Wer JAX-RS verwendet, muss sich mit REST und HTTP auseinandersetzen – dann, so die Leitlinie, unterstützt JAX-RS ihn perfekt. Schließlich wird keine Festlegung auf ein bestimmtes Datenformat getroffen: Natürlich lassen sich XML und die entsprechenden APIs wie JAXB auch in Verbindung mit JAX-RS nutzen, ebenso möglich ist aber der Versand binärer Inhalte oder die Nutzung von einfachem Text oder JSON. Damit unterscheidet sich der bei JAX-RS gewählte Ansatz deutlich von dem populärer Webservices-Implementierungen wie Apache Axis2, in diesen wird REST (fälschlicherweise) als Implementierungsdetail betrachtet.

Die Aufgabe, die JAX-RS erledigt, ist die Vermittlung zwischen den an einzelne Ressourcen adressierten HTTP-Requests und den Methoden entsprechender Ressourcenklassen. Mit diesem Begriff werden in JAX-RS Java-Klassen bezeichnet, die über die uniforme HTTP-Schnittstelle angesprochen werden können. Jeder Art von Ressource entspricht dabei jeweils eine eigene Java-Klasse, die mit Annotationen auf URIs, HTTP-Methoden und MIME-Content-Typen abgebildet wird.

Das kanonische Hello-World-Beispiel:

```
package com.innoq.jersey.helloworld;

import javax.ws.rs.GET;
import javax.ws.rs.Path;
import javax.ws.rs.Produces;

@Path("/helloworld")
public class HelloWorldResource {

  @GET @Produces("text/plain")
    public String sayHello() {
     return "Hello World\n"; }

  @GET @Produces("text/html")
    public String sayHelloInHtml() {
      return "<html><title>Hello,
      world</title><body><h2>Hi!</h2></body></html>";
    }
}
```

Listing C–1 *JAX-RS »Hello, World«*

Eine JAX-RS-Anwendung kann in einer Standard-Java-SE-Umgebung, einem beliebigen Servlet-Container, einer JAX-WS-Runtime oder anderen, in der Spezifikation nicht näher definierten Umgebungen in Betrieb genommen werden. Wie das geschieht, ist abhängig von der eingesetzten Implementierung. Für erste Experimente mit JAX-RS eignet sich die Referenzimplementierung Jersey [Jersey] von Oracle hervorragend. Mit dieser können sowohl eigenständige Applikationen (mithilfe des in Java 6 mitgelieferten HTTP-Servers) gestartet als auch aufwendigere Servlet- bzw. HTTP-Container eingesetzt werden.

Neben Jersey gibt es bereits eine Reihe weiterer Implementierungen von JAX-RS, z. B. RESTEasy aus dem JBoss-Umfeld [RestEasy] oder die auf der REST-Bibliothek Restlet (siehe unten) aufsetzende Implementierung. Zu Jersey gehören auch eine Reihe von Beispielapplikationen.

JAX-RS ist eine gelungene Abbildung der REST-Prinzipien auf aktuelle Java-Sprachmittel. Insbesondere die Verknüpfung von HTTP-Methoden, akzeptierten und versandten MIME-Typen und der Zugriff auf alle HTTP- und URI-Informationen ist nach kurzer Einarbeitung durchaus intuitiv. In einigen Fällen kann es allerdings recht schwierig werden, die Ursache eines Fehlers zu finden: Wird die Methode, die man erwartet, nicht aufgerufen, muss man sich durch die Regeln kämpfen. Die Beschreibung des Algorithmus zur Abbildung von HTTP-Requests auf Java-Methoden nimmt dabei in der Spec immerhin knapp drei Seiten ein. Die Unterstützung für Hypermedia ist eher dürftig, diese Meinung teilen sogar die Spec-Leads [Tilkov2008]. Dennoch macht die Entwicklung einer REST-Anwendung mit JAX-RS deutlich mehr Spaß als mit dem doch arg in die Jahre gekommenen Servlet-API.

Restlet

Das Restlet-Framework [Restlet], maßgeblich getrieben von Chef-Entwickler Jérome Louvel, ist eine Open-Source-Bibliothek, die explizit für die Unterstützung von RESTful-HTTP-Anwendungen entwickelt wurde.

Restlet kann standalone oder in Kombination mit einer Servlet-Engine und zahlreichen Webservern und HTTP-Bibliotheken eingesetzt werden und unterstützt ähnlich wie der Apache HTTP Server oder curl eine lange Liste von HTTP- und webbezogenen Standards. Das API ist deutlich technischer als die JAX-RS-Abstraktion; man könnte JAX-RS als High-Level- und Restlet als Low-Level-API bezeichnen (und wie schon oben erwähnt, gibt es eine JAX-RS-Implementierung auf Restlet-Basis).

Webframeworks

Ein weiterer Ansatz ist die Verwendung eines Webframeworks für die Realisierung von REST-Services – schließlich gibt es vom Grundsatz her keine Notwendigkeit, programmatische und browserbasierte Zugriffe getrennt voneinander zu behandeln.

Ein Beispiel für ein Webframework, das diesen Weg geht, ist Spring MVC [Spring]: Methoden, die Requests aus dem Browser bedienen, und solche, die auf programmatische Anfragen reagieren, werden mit dem gleichen Prinzip und an der gleichen Stelle implementiert. Im folgenden Beispiel können Sie die Abbildung von URI-Bestandteilen und einer HTTP-Methode auf eine Java-Methode erkennen:

```
@RequestMapping(value="/hotels/{hotel}/bookings/{booking}",
method=RequestMethod.GET) public String getBooking(@PathVariable("hotel")
long hotelId,

@PathVariable("booking") long bookingId, Model model) { Hotel hotel =
hotelService.getHotel(hotelId);
Booking booking = hotel.getBooking(bookingId);
model.addAttribute("booking", booking);
return "booking";
}
```

Listing C–2 *Beispiel für ein Spring MVC-Request-Mapping*

Je nach dem vom Client im Accept-Header übermittelten Medientyp wird das Ergebnis in unterschiedlichen Renderern in das korrekte Format konvertiert.

Der Spring MVC-Ansatz ähnelt dem von JAX-RS, ist allerdings vollständig mit dem View-Framework integriert. Insbesondere wenn Sie ohnehin schon Spring oder sogar Spring MVC einsetzen, ist dies eine sehr interessante Option.

Play

Play [Play] ist ein Fullstack-Webframework auf der JVM, das mit Java oder Scala verwendet werden kann. Es macht starke Anleihen bei Ruby on Rails. Neben der Nähe zu HTTP und dem Fokus auf Entwicklerproduktivität zeichnet sich Play durch die durchgehende Unterstützung asynchroner Kommunikation aus: Sowohl HTTP-Aufrufe an andere Services als auch das Verarbeiten von eingehenden HTTP-Requests können sehr einfach nicht blockierend durchgeführt werden.

C.4.2 Microsoft .NET

Microsoft positioniert die Windows Communication Foundation (WCF [WCF]) als vereinheitlichtes Framework für sämtliche Kommunikationsszenarien. Seit der Version 3.5 des .NET-Frameworks wird neben der WS-Architektur auch REST unterstützt. Das folgende Beispiel (aus [Skonnard2008]) zeigt das Programmiermodell:

```
[ServiceContract]
public partial class BookmarkService
{
    ...
    [WebInvoke(Method = "POST", RequestFormat=WebMessageFormat.Json,
       UriTemplate = "users/{username}/bookmarks?format=json")]
    [OperationContract]
    void PostBookmarkAsJson(string username, Bookmark newValue)
    {
       HandlePostBookmark(username, newValue);
    }
    [WebGet(ResponseFormat= WebMessageFormat.Json,
       UriTemplate = "users/{username}/bookmarks/{id}?format=json")]
[OperationContract]
    Bookmark GetBookmarkAsJson(string username, string id)
    {
       HandleGetBookmark(username, id);
    }
    ...
}
```

Listing C–3 *REST mit .NET WCF*

Eine Alternative zu WCF ist die Verwendung von ASP.NET MVC [ASPNET], einem freien Framework, das eine REST-konforme Entwicklung von HTML-UIs unterstützt und damit auch für die Realisierung von Web-APIs eingesetzt werden kann.

Schließlich gibt es mit ASP.NET Web API [webAPI] ein eigenes, auf die Entwicklung von RESTful-HTTP-Server- und –Clientanwendungen ausgerichtetes Framework, in das viele Erfahrungen aus der REST-Gemeinde eingeflossen sind.

C.4.3 Ruby

Für die dynamische Programmiersprache Ruby ist Ruby on Rails [RoR] das wohl bekannteste Framework zur Entwicklung datenbankbasierter Webanwendungen. Es zeichnet sich durch eine enorm hohe Produktivität aus und setzt darauf, mit vielen Konventionen den 80%-Fall in der Entwicklung möglichst einfach zu unterstützen, ohne die Umsetzung komplexerer Szenarien zu erschweren.

Rails setzt sehr stark auf REST: Die standardmäßig generierten Implenentierungen (das sog. Scaffolding) und die durch das Design des Frameworks nahegelegten Vorgaben folgen den REST-Prinzipien. Rails unterstützt standardmäßig Content Negotiation, ETags, Caching und verwendet die HTTP-Methoden korrekt.

Einen Überblick zur Entwicklungen von Rails bietet [Jansing2014]

Eine etwas leichtgewichtigere Alternative zu Rails ist Sinatra [Sinatra], das sich selbst als DSL für Webanwendungen bezeichnet.

C.4.4 Python, Perl, Node.js & Co

Natürlich gibt es auch in anderen Programmierumgebungen wie Python oder Perl zahlreiche Bibliotheken, die für die Entwicklung von HTTP-Servern und Clients eingesetzt werden können.

Perl ist eine Sprache, deren Popularität zusammen mit der des WWW gestiegen ist. Dementsprechend gibt es unzählige in der Sprache standardmäßig verfügbare und zusätzliche Bibliotheken, die hier unmöglich alle aufgezählt werden können.

Für Python ist die Situation ähnlich. Auf Clientseite existiert mit httplib2 [httplib2] von Joe Gregorio eine sehr mächtige Bibliothek, die auch Caching unterstützt. web.py [webpy] ist ein sehr leichtgewichtiges, schlankes Webframework; Django [Django] ist wie Ruby on Rails eine sehr umfassende Lösung nicht nur für die Webschicht, sondern auch für Geschäftslogik und Persistenz.

Node.js [NodsJS] wird seit 2009 entwickelt und das Ökosystem wächst kontinuierlich. Es basiert auf V8, der JavaScript-Engine von Google Chrome. Node ist eine eventgetriebene Plattform mit dem Schwerpunkt auf skalierbaren Netzwerkanwendungen, insbesondere Webserver, mit nicht blockierendem I/O. Entscheidet man sich für Node.js, hat man entweder die Möglichkeit, sich die benötigten Komponenten aus einer Vielzahl an Bibliotheken selbst zusammenzusuchen [npm] oder ein Framework zur Webanwendungsentwicklung, wie zum Beispiel Express.js [Express] oder Sails.js [Sails] zu wählen. Sollten Sie sich für

Node.js für Ihre REST-Anwendung entscheiden, ist sicherlich das Buch von Mike Amundsen zu Hypermedia APIs mit Node.js [Amundsen2011] einen Blick wert.

Ein potenzieller Vorteil ist die Wiederverwendung desselben JavaScript-Codes auf Client- und Serverseite, oft als »Isomorphic JavaScript« [isomorphJS] bezeichnet. Außerdem ist Node.js inzwischen aus der Webfrontendentwicklung, zum Beispiel für Build-Werkzeuge, kaum mehr wegzudenken.

D HTTP/2 und SPDY

Mit HTTP/2 liegt eine neue Version des Kernprotokolls des Webs vor, die semantisch identisch ist, aber zahlreiche Änderungen auf der untersten Ebene mit sich bringt. Sie hat ihre Wurzeln in SPDY, einem Protokoll von Google. Um zu verstehen, warum HTTP/2 so geworden ist, wie es ist, lohnt es sich, ein wenig Geschichtsforschung zu betreiben.

D.1 Geschichte von HTTP

HTTP/1.1 wurde 1999 im RFC 2616 [RFC2616] als Nachfolger von HTTP/1.0 (RFC 1945) standardisiert. Im Laufe der Zeit wurde klar, dass die Spezifikation an vielen Stellen ungenau ist und eine Überarbeitung sinnvoll wäre. So wurde 2007 die HTTPbis[1] Working Group gegründet. Diese hat die Überarbeitung im Juni 2014 abgeschlossen; das Ergebnis sind die RFCs 7230-7235, durch die der RFC 2616 abgelöst wird. Dabei hat sich jedoch nicht das Protokoll selbst geändert – es ist immer noch HTTP/1.1, nur besser beschrieben, als es vorher der Fall war.

Seit den 90er Jahren, aus denen HTTP/1.1 stammt, hat sich die Art, wie das Web genutzt wird, deutlich geändert. Dies führt dazu, dass es einige Probleme mit HTTP/1.1 gibt: Die vom Endbenutzer wahrgenommene Geschwindigkeit ist nicht in dem Maße besser geworden, wie es die Steigerung der Bandbreite vermuten lässt, insbesondere im mobilen Umfeld. Das liegt zum einen daran, dass Webseiten heute deutlich umfangreicher sind, das heißt aus mehr und größeren Bestandteilen bestehen [HttpArchive]. Zum anderen hat HTTP/1.1 einige technische Eigenheiten, die Ansprüchen typischer Websites nicht mehr genügen. So werden Anfragen und –Antworten über eine TCP-Verbindung streng seriell versandt. Die einzige Möglichkeit für einen Client, mehrere Anfragen parallel abzusenden, ist daher, mehrere TCP-Verbindungen gleichzeitig zum selben Server zu öffnen. Das mit HTTP/1.1 eingeführte Pipelining sollte Abhilfe schaffen, ist aber zum einen auf Grund seiner schlechten Interoperabilität nicht sehr weit verbreitet

1. »bis« kommt vom lateinischen »zum zweiten Mal«

und löst zum anderen auch nicht das Problem, dass ein langsamer/großer Request die nachfolgenden Requests ausbremst (das sogenannte »Head-of-Line-Blocking«). Moderne Webbrowser benutzen heuristische Verfahren, um die anstehenden Requests auf 6-8 parallel geöffnete TCP-Verbindungen zu verteilen. Für die Optimierung der Kommunikation zwischen Browser und Server ist es beim Einsatz von HTTP/1.1 daher sinnvoll, die Anzahl der Requests, die zum Server geschickt werden, so gering wie möglich zu halten und die, die übrig bleiben, so weit wie möglich zu optimieren.

Dazu kommen diverse Workarounds zum Einsatz. So wird durch verschiedene Techniken, wie zum Beispiel Sprites oder die Konkatenation von CSS- oder JavaScript-Dateien versucht die Anzahl der Requests zu verringern und stattdessen wenige, größere Ressourcen zu übertragen. Dies führt zu weniger nötigen TCP-Verbindungen und somit zu weniger TCP-Overhead. Gleichzeitig müssen aber immer große Datenmengen geladen werden, auch wenn sie gar nicht vollständig benötigt werden. Bei Änderung eines Bestandteils können gecachte Versionen nicht weitergenutzt werden. Im Fall von kleinen Bildern werden oft auch Data-URLs direkt im CSS verwendet. Um die Begrenzung der erlaubten offenen TCP-Verbindungen zwischen Browser und Server zu umgehen, werden Hosts manchmal untere mehreren Namen angesprochen (das sogenannte »Domain Sharding«), und so mehr parallel offene Verbindungen erzwungen.

D.2 SPDY

Selbst mit diesen Workarounds – die man mit einiger Berechtigung als »Hacks« bezeichnen kann – geht HTTP/1.1 immer noch recht verschwenderisch mit Ressourcen um. Die daraus entstehenden Nachteile sind umso schwerwiegender, je höher die Last auf einer Website ist. Dies führte dazu, dass Google ein neues Protokoll namens SPDY (gesprochen wie das englische "speedy" für "schnell") entwickelte und 2009 einen ersten Entwurf veröffentlichte. Das klare Ziel waren bessere Ladezeiten ohne dabei die grundlegende Semantik von HTTP zu ändern. Die Änderungen sollten nur den Transport der Nachrichten betreffen. Dies erreicht SPDY zum einen dadurch, dass mehrere HTTP-Requests parallel über eine TCP-Verbindung übertragen und die Header komprimiert werden. Zusätzlich wurde ein Push-Verfahren integriert, mit dem der Server Anfragen des Clients beantworten kann, die dieser noch gar nicht gestellt hat. Außerdem entschieden sich die Entwickler für TLS als Basis, zum einen um die Sicherheit zu erhöhen, zum anderen um die Kompatibilität mit existierender Infrastruktur zu gewährleisten. Da Google zum einen viele Server und mit Chrome einen Browser unter Kontrolle hatte, konnte das Protokoll getestet werden, ohne dass die Benutzer etwas davon mitbekamen.

HTTP/1.1 sieht schon einen Upgrade-Header vor um das Protokoll zu wechseln, allerdings erfordert dies einen zusätzlichen Server-Roundtrip. Da SPDY auf

TLS basiert, wurde stattdessen die TLS-Erweiterung NPN (Next Protocol Negotiation) [NPN] entwickelt. In diesem Fall listet der Server die unterstützten Protokolle auf und der Client entscheidet sich dann welches er benutzen will. Die Aushandlung des unterstützten Protokolls erfolgt damit bereits auf TLS-Ebene.

SPDY unterstützt das Multiplexing von mehreren Requests über eine TCP-Verbindung, in dem jedes Paket eine StreamID erhält, die widerum zu einem Request-Response-Paar gehört. Außerdem kann der Client die Priorität einzelner Requests festlegen, und die Header werden mit Hilfe von GZIP komprimiert. Hinzu kommt noch die Möglichkeit, dass ein Server auf einen Request auch mehrere Antworten schicken kann, wenn er davon ausgeht, dass ein Client diese Ressourcen als nächsten anfragen wird. Dies hat den Vorteil, dass diese Ressourcen dann schon im Cache des Clients vorliegen. Alternativ kann der Server auch via Header dem Client mitteilen, welche Ressourcen er als nächsten erfragen soll, ohne dass dieser zunächst den Inhalt der Antwort parsen muss. Ein weiterer großer Unterschied ist, dass es sich bei SPDY um ein binäres Format handelt. Die einzelnen Frames sind typisiert und es gibt zum Beispiel die Möglichkeit, einen Stream abzubrechen, ohne dabei die TCP-Verbindung schließen zu müssen.

D.3 HTTP/2

Sicher nicht zuletzt durch den Druck, der durch die Vorlage von Google entstand, entschied sich die HTTPbis Working Group Anfang 2012, unter dem Namen HTTP/2 einen Nachfolger von HTTP/1.1 zu entwickeln und startete einen Aufruf zur Einreichung von Vorschlägen. Auch hier lag der Fokus darauf die Semantik beizubehalten, aber den Transportmechanismus zu überarbeiten [HttpBis]. Die Ziele decken sich in großen Teilen mit denen von SPDY und so wundert es kaum, dass Ende 2012 der Entwurf von SPDY/3 als Grundlage für den ersten Entwurf von HTTP/2 genommen wurde [SPDY].

Für HTTP/2 wurden jedoch einige Änderungen an diesem Entwurf vorgenommen [HTTP2]. Da es sich bei NPN nicht um einen Standard handelt, wurde von der IETF auf Basis von NPN ein neues Protokoll namens ALPN (Application-Layer Protocol Negotiation) [RFC7301] entwickelt. Der wohl größte Unterschied ist, dass der Client seine Präferenzen für verschiedene Protokolle an den Server sendet und dieser dann entscheidet. Im Fall von HTTP/2 ist im Gegensatz zu SPDY TLS keine Pflicht. Wird HTTP/2 ohne TLS genutzt, so wird der Upgrade-Header genutzt. Da entdeckt wurde, dass die Headerkompression mit GZIP angreifbar ist [BREACH, CRIME] wurde im Rahmen von HTTP/2 mit HPACK (Header Compression for HTTP/2) [HPACK] ein verbessertes Verfahren entwickelt.

Um Erweiterbarkeit zu unterstützen, sieht HTTP/2 vor, dass ein Empfänger ihm unbekannte Frametypen verwerfen kann und Server und Client neue aushandeln können. Es gibt sogar schon Vorschläge für solche Erweiterungen. Da TCP-

Verbindungen jetzt deutlich länger dauern werden, müssen HTTP-Loadbalancer anders arbeiten. In einem solchen Fall könnte der Server mit Hilfe des ALTSVC-Frametyps oder des Alt-Svc-Header [ALTSVC] dem Client vorschlagen, eine andere Verbindung zu nutzen. Dieser baut in diesem Fall die andere Verbindung auf und wechselt sie, wenn dieser Vorgang erfolgreich war. Für mehr Details sei neben der jeweils aktuellen Spezifikation noch auf die FAQ der Working Group [HTTP2FAQ] sowie die hervorragende Zusammenfassung von Daniel Stenberg [Stenberg2015], dem leitenden Entwickler von curl, verwiesen.

Anfang 2015 stand HTTP/2 kurz vor der Standardisierung und Google gab bekannt, dass Anfang 2016 der Support für SPDY in Chrome eingestellt wird [Bentzel2015]. Auch Microsoft plant in künftigen IE-Versionen nur noch HTTP/2 zu unterstützen [Trace2014]. Im Fall von Firefox ist noch nicht entschieden, wann der SPDY-Support eingestellt werden wird, sondern man will warten, bis HTTP/2 weit genug verbreitet ist [McManus2015].

Die Erfahrungen mit SPDY-Implementierungen waren bisher sehr positiv und ermöglichen eine deutliche Verbesserung der Ladezeiten. Inzwischen gibt es auch für die aktuellen HTTP/2-Entwürfe Implementierungen in verschiedenen Browsern. Viele Anbieter haben dabei entschieden, HTTP/2 nur in Kombination mit TLS umzusetzen.

Insgesamt hat HTTP/2 großes Potenzial, die Performanz für den Endanwender zu verbessern. Da sowohl die Serverhersteller und –betreiber als auch die Browserhersteller dahinterstehen, kann man von einer recht schnellen Verbreitung ausgehen. Für Entwickler ergibt sich das Dilemma, dass viele der bestehenden Workarounds im Fall von HTTP/2 nicht nur nicht mehr nötig, sondern sogar kontraproduktiv sind – auf der anderen Seite aber für die auch auf lange Sicht sicher noch notwendige Unterstützung von HTTP/1.1-Clients Sinn ergeben. Die Herausforderung wird daher sein, in der Übergangszeit eine gute Performanz für alle Clients zu bieten. Auch wenn sich die größte Verbesserung sicherlich für Endanwender mit einem Browser als Client ergeben wird, entstehen für die Maschine-zu-Maschine-Kommunikation auf keinen Fall Nachteile. HTTP/2 legt außerdem die Grundlagen für zukünftige Versionen und die Möglichkeit zu deren Koexistenz. Für den Entwurf von RESTful APIs ergeben sich aber, da die Semantik sich nicht ändert, keine wesentlichen Änderungen.

Referenzen

[2PC] Two-phase commit protocol, *http://en.wikipedia.org/wiki/Two-phase_commit_protocol*

[Ajax] Ajax (programming), *http://en.wikipedia.org/wiki/Ajax_(programming)*

[Allemang2008] Allemang, Dea; Hendler, James A.: Semantic Web for the Working Ontologist: Effective Modeling in RDFS and OWL, Morgan/Kaufman (2008)

[ALTSVC] Nottingham, M.; McManus, P.; Reschke, J.: HTTP Alternative Services (2015), *https://tools.ietf.org/html/draft-ietf-httpbis-alt-svc/*

[Ambler2005] Ambler, Scott: Choosing a Primary Key: Natural or Surrogate?, *http://www.agiledata.org/essays/keys.html*

[AMQP] Advanced Message Queuing Protocol (AMQP), *http://www.amqp.org*

[Amundsen2011] Amundsen, Mike: Building Hypermedia APIs with HTML5 and Node, *O'Reilly Media (2011)*

[Amundsen2014] Amundsen, Mike: Roy Fielding on Versioning, Hypermedia, and REST, InfoQ (2014), *http://www.infoq.com/articles/roy-fielding-on-versioning*

[AngularJS] AngularJS, *https://www.angularjs.org/*

[APIBlueprint] API Blueprint, *https://apiblueprint.org/*

[APIBlueprintExample] API Blueprint Example, *https://raw.githubusercontent.com/apiaryio/api-blueprint/master/examples/Gist%20Fox%20API.md*

[ASPNET] Microsoft ASP.NET MVC, *http://www.asp.net/mvc*

[AWSS3] Amazon S3 REST Authentication, *http://docs.aws.amazon.com/AmazonS3/latest/dev/RESTAuthentication.html*

[Baker2005] Baker, Mark: Accidentally RESTful, *http://www.markbaker.ca/blog/2005/04/accidentally-restful/*

[Bentzel2015] Bentzel, Chris: Hello HTTP/2, Goodbye SPDY, Chromium Blog (2015), *http://blog.chromium.org/2015/02/hello-http2-goodbye-spdy-http-is_9.html*

[BernersLee1998] Berners-Lee, Tim: Cool URIs don't change (1998), *http://www.w3.org/Provider/Style/URI*

[Bray2003a] Bray, Tim: The Universal Republic of Love (2003), *http://www.tbray.org/ongoing/When/200x/2003/02/27/URL*

[Bray2003b] Bray, Tim: Dracon and Postel (2003), *http://www.tbray.org/ongoing/When/200x/2003/08/19/Draconianism*

[BREACH] BREACH (security exploit), *http://en.wikipedia.org/wiki/BREACH_(security_exploit)*

[Carlyle2008] Carlyle, Benjamin: REST Rewiring (2008), *http://soundadvice.id.au/blog/2008/04/18#rest-rewiring*

[Clark2007] Clark, James: HTTP: what to sign? (2007), *http://blog.jclark.com/2007/10/http-what-to-sign.html*

[CollectionJSON] Amundsen, Mike: Collection+JSON - Hypermedia Type (2013), *http://amundsen.com/media-types/collection/*

[CRIME] CRIME (Compression Ratio Info-leak Made Easy), *http://en.wikipedia.org/wiki/CRIME*

[curl] curl, *http://curl.haxx.se*

[Django] Django, *http://www.djangoproject.com*

[Dublin] Dublin Core Metadata Element Set, Version 1.1, *http://dublincore.org/documents/dces/*

[Echo] Echo, *http://echo.nextapp.com/site*

[ESI] Tsimelzon, Mark; Weihl, Bill; Chung, Joseph; Frantz, Dan; Basso, John; Newton, Chris; Hale, Mark; Jacobs, Larry; O'Connell, Conleth: ESI Language Specification 1.0 (2001), *http://www.w3.org/TR/esi-lang*

[Evans2003] Evans, Eric: Domain-Driven Design: Tacking Complexity In the Heart of Software, Addison-Wesley Longman Publishing Co., Inc. (2003)

[Express] Express.js, *http://expressjs.com/*

[Fielding2000] Fielding, Roy Thomas: Architectural Styles and the Design of Network-based Software Architectures, University of California, Irvine (2000), *http://www.ics.uci.edu/~fielding/pubs/dissertation/top.htm*

[Fielding2004] Fielding, Roy Thomas: REST and the design of HTTP methods (2004), *https://groups.yahoo.com/neo/groups/rest-discuss/conversations/messages/4732*

[Fielding2008] Fielding, Roy Thomas: »REST APIs must be hypertext-driven« (2008), *http://roy.gbiv.com/untangled/2008/rest-apis-must-be-hypertext-driven*

[Fielding2009] Fielding, Roy T.: It is okay to use POST (2009), *http://roy.gbiv.com/untangled/2009/it-is-okay-to-use-post*

[formHTTP] HTML Form HTTP Extensions (2014), *http://www.w3.org/TR/form-http-extensions/*

[formJSON] HTML JSON form submission (2014), *http://www.w3.org/TR/html-json-forms/*

[Fried2005] Fried, Jason: Google Web Accelerator: Hey, not so fast (2005), *http://tinyurl.com/asntk*

[gAuth] Google Data APIs Authentication Overview, *http://code.google.com/apis/gdata/auth.html*

[GData] Google Data APIs (GData), *https://developers.google.com/gdata*

[googlePostCommit] Google: How to use Post-Commit Web Hooks for your project, *http://code.google.com/p/support/wiki/PostCommitWebHooks*

[Gregorio2007] Gregorio, Joe: RESTify DayTrader, *http://bitworking.org/news/201/RESTify-DayTrader*

[HAL] Kelly, Mike: HAL - Hypermedia Application Language (2011), *http://stateless.co/hal_specification.html*

[HALBrowser] HAL-browser, *https://github.com/mikekelly/hal-browser*

[HammerLahav2007] Hammer-Lahav, Eran: Beginner's Guide to OAuth (2007), *http://www.hueniverse.com/hueniverse/2007/10/beginners-guide.html*

[Heartbleed] The Heartbleed Bug, *http://heartbleed.com/*

[HPACK] Peon, R.; Ruellan, H.: HPACK - Header Compression for HTTP/2 (2015), *https://tools.ietf.org/html/draft-ietf-httpbis-header-compression-12*

[HTML5] HTML 5: A vocabulary and associated APIs for HTML and XHTML, *http://www.w3.org/TR/html/*

[HTTP2] Belshe, M.; Peon, R.; M. Thomson, Ed.: Hypertext Transfer Protocol version 2 (2014), *https://tools.ietf.org/html/draft-ietf-httpbis-http2-17*

[HTTP2FAQ] HTTP/2 Frequently Asked Questions, *http://http2.github.io/faq/*

[HttpArchive] HTTP Archive, *http://httparchive.org/*

[HttpBis] Charter for »Hypertext Transfer Protocol« (httpbis) WG (2012), *http://datatracker.ietf.org/doc/charter-ietf-httpbis/*

[httplib2] httplib2, *https://github.com/jcgregorio/httplib2*

[HTTPLink] Snell, James: HTTP Link and Unlink Methods (2014), h*ttp://tools.ietf.org/html/draft-snell-link-method-11*

[HTTPLR] de hÓra, Bill: HTTPLR (2005), *http://dehora.net/doc/httplr/draft-httplr-01.html*

[Hydra] Hydra: Hypermedia-Driven Web APIs, *http://www.markus-lanthaler.com/hydra/*

[IANALinks] IANA Registry of Link Relations, *http://www.iana.org/assignments/link-relations/link-relations.xhtml*

[IANAMIME] IANA MIME Media Types, *http://www.iana.org/assignments/media-types*

[isomorphJS] Isomorphic JavaScript, *http://isomorphic.net/javascript*

[Jansing2014] Marc Jansing, Robert Glaser: Zum Geburtstag: Queueing, Performance und Fremdschlüssel (2014), *http://heise.de/-2501345*

[Jersey] Jersey, JAX-RS (JSR 311) Reference Implementation, *https://jersey.java.net/*

[JOpera] JOpera for Eclipse, *http://www.jopera.org*

[JQuery] JQuery: The Write Less, Do More JavaScript Library, *http://jquery.com*

[JQueryUI] jQuery UI, *http://jqueryui.com*

[JSONHome] Nottingham, M.: Home Documents for HTTP APIs (2013), *http://tools.ietf.org/html/draft-nottingham-json-home-03#section-9.3*

[JSONLD] Sporny, Manu; Longley, Dave; Kellogg, Gregg; Lanthaler, Markus; Lindström, Niklas: JSON-LD 1.0: A JSON-based Serialization for Linked Data (2014), *http://www.w3.org/TR/json-ld/*

[JSONSchema] JSON Schema, *http://json-schema.org*

[JSR311] JSR 311: JAX-RS: The Java™ API for RESTful Web Services, *http://jcp.org/en/jsr/detail?id=311*

[JWT] M. Jones, B. Campbell, C. Mortimore: JSON Web Token (JWT) Profile for OAuth 2.0 Client Authentication and Authorization Grants (2014), h*ttps://tools.ietf.org/html/draft-ietf-oauth-jwt-bearer-12*

[Kamp2006] Kamp, Poul-Henning: Varnish: Notes from the Architect, *http://varnish.projects.linpro.no/wiki/ArchitectNotes*

[Kelly2013] Kelly, Mike: JSON Hypertext Application Language (2013), *https://tools.ietf.org/id/draft-kelly-json-hal-06.txt*

[lighttpd] lighttpd, *http://www.lighttpd.net*

[LongPolling] Push technology, *http://en.wikipedia.org/wiki/Push_technology#Long_polling*

[Loughran2005] Smith, Edmund; Loughran, Steve: Rethinking the Java SOAP Stack (2005), *http://www.hpl.hp.com/techreports/2005/HPL-2005-83.pdf*

[Mason] Mason: a hypermedia enabled JSON format, *https://github.com/JornWildt/Mason*

[Mazzocchi2004] Mazzocchi, Stefano: A No-Nonsense Guide to Semantic Web Specs for XML People (2004), *http://www.betaversion.org/~stefano/linotype/news/57/*

[McManus2015] McManus, Patrick: Removing SPDY? (2015), h*ttps://groups.google.com/forum#!msg/mozilla.dev.tech.network/fz9ztmTqnF4/8SqQTxDBZwwJ*

[Megginson2007] Megginson, David: REST: the Quick Pitch (2007), *http://quoderat.megginson.com/2007/02/15/rest-the-quick-pitch/*

[microformats] Microformats-Community, *http://microformats.org*

[mod_authz_ldap] mod_authz_ldap: An Apache LDAP Authorization module, *http://authzldap.othello.ch/*

[Modernizr] Modernizr: the feature detection library for HTML5/CSS3, *http://modernizr.com*

[netcraft2014] Netcraft, April 2014 Web Server Survey, *http://news.netcraft.com/archives/2014/04/02/april-2014-web-server-survey.html*

[nginx] nginx, *http://nginx.net*

[Nielsen1999a] Nielsen, Jakob: URL as UI (1999), *http://www.nngroup.com/articles/url-as-ui/*

[Nielsen1999b] Nielsen, Henrik Frystyk; LaLiberte, Daniel: Editing the Web – Detecting the Lost Update Problem Using Unreserved Checkout (1999), *http://www.w3.org/1999/04/Editing/*

[NodsJS] Node.js, *http://nodejs.org/*

[Nottingham2006] Nottingham, Mark: The State of Browser Caching (2006), *http://www.mnot.net/blog/2006/05/11/browser_caching*

[Nottingham2007] Nottingham, Mark: The State of Proxy Caching (2007), *http://www.mnot.net/blog/2007/06/20/proxy_caching*

[Nottingham2011] Nottingham, Mark: Web API Versioning Smackdown (2011), *https://www.mnot.net/blog/2011/10/25/web_api_versioning_smackdown*

[Nottingham2013] Nottingham, Mark: Caching Tutorial for Web Authors and Webmasters (2013), *http://www.mnot.net/cache_docs/*

[npm] npm, *https://www.npmjs.com/*

[NPN] Langley, A.: Transport Layer Security (TLS) Next Protocol Negotiation Extension (2010), *https://tools.ietf.org/html/draft-agl-tls-nextprotoneg-04*

[nsdoc] Associating Resources with Namespaces (2008), *http://www.w3.org/2001/tag/doc/nsDocuments/*

[Nygard2007] Nygard, Michael: Release It!, O'Reilly (2007)

[OIDC] OpenID Connect, *http://openid.net/connect/*

[OpenID] OpenID Authentication 2.0, *http://openid.net/specs/openid-authentication-2_0.html*

[OWASP2014a] Cross-Site Request Forgery (CSRF), *https://www.owasp.org/index.php/Cross-Site_Request_Forgery_(CSRF)*

[OWASP2014b] Cross-Site Request Forgery (CSRF) Prevention Cheat Sheet, *https://www.owasp.org/index.php/Cross-Site_Request_Forgery_(CSRF)_Prevention_Cheat_Sheet*

[OWL2] OWL 2 Web Ontology Language Document Overview (Second Edition) (2012), *http://www.w3.org/TR/owl2-overview/*

[Pardon2011] Pardon, Guy; Pautasso, Cesare: Towards Distributed Atomic Transactions over RESTful Services. In Wilde, Erik; Pautasso, Cesare (Hrsg.): REST: From Research to Practice, Springer New York (2011), *http://dx.doi.org/10.1007/978-1-4419-8303-9_23*

[Pardon2014] Pardon, Guy; Pautasso, Cesare: Atomic Distributed Transactions: A RESTful Design. In Proceedings of the Companion Publication of the 23rd International Conference on World Wide Web Companion (2014), *http://dx.doi.org/10.1145/2567948.2579221*

[Pilgrim2003a] Pilgrim, Mark: The Road to XHTML 2.0: MIME Types (2003), *http://www.xml.com/pub/a/2003/03/19/dive-into-xml.html*

[Pilgrim2003b] Pilgrim, Mark: Should Atom Use RDF? (2003), *http://www.xml.com/pub/a/2003/08/20/dive.html*

[PilgrimHistory] Pilgrim, Mark: Manipulating history for fun & profit, *http://diveintohtml5.info/history.html*

[Play] Play Framework, *https://www.playframework.com/*

[POE] Nottingham, Mark: POST Once Exactly (2005), *https://tools.ietf.org/html/draft-nottingham-http-poe-00*

[Postel] Postel'sches Gesetz (Postel's Law), auch Robustness Principle, *http://en.wikipedia.org/wiki/Robustness_Principle*

[Prototype] Prototype JavaScript framework: Easy Ajax and DOM manipulation for dynamic web applications, *http://www.prototypejs.org/*

[Rails] Cross-Site Request Forgery (CSRF), *http://guides.rubyonrails.org/security.html#cross-site-request-forgery-csrf*

[RAML] RESTful API Modeling Language, *http://raml.org/*

[RAMLEditor] RESTful API Modeling Language – Projects, *http://raml.org/projects.html*

[RAMLExample] RESTful API Modeling Language Example, *http://raml.org/docs-200.html#parameters*

[RDDL] Resource Directory Description Language (RDDL), *http://www.rddl.org/*

[RDF] Resource Description Framework (RDF), *http://www.w3.org/RDF*

[RDFSchema] RDF Vocabulary Description Language 1.0: RDF Schema (2014), *http://www.w3.org/TR/rdf-schema/*

[RestEasy] JBoss RestEasy, *http://www.jboss.org/resteasy*

[Restlet] Restlet – Lightweight REST framework, *http://www.restlet.org*

[RESTStar] RESTful Transactions, *https://www.jboss.org/reststar/specifications/transactions.html*

[RFC2046] Freed, N.; Borenstein, N.: Multipurpose Internet Mail Extensions (MIME) Part Two: Media Types, RFC 2046 (1996), *http://www.rfc-editor.org/rfc/rfc2046.txt*

[RFC2104] Krawczyk, H.; Bellare, M.; Canetti, R.: HMAC: Keyed-Hashing for Message Authentication, RFC 2104 (1997), *http://www.rfc-editor.org/rfc/rfc2104.txt*

[RFC2483] Mealling, M.; Daniel, R.: URI Resolution Services Necessary for URN Resolution, RFC 2483 (1999), *http://www.rfc-editor.org/rfc/rfc2483.txt*

[RFC2616] Fielding, R.; Gettys, J.; Mogul, J.; Frystyk, H.; Masinter, L.; Leach, P.; Berners-Lee, T.: Hypertext Transfer Protocol (HTTP/1.1), RFC 2616 (1999), *http://www.rfc-editor.org/rfc/rfc2616.txt*

[RFC2631] Rescorla, E.: Diffie-Hellman Key Agreement Method, RFC 2631 (1999), *http://www.rfc-editor.org/rfc/rfc2631.txt*

[RFC3253] Clemm, G.; Amsden, J.; Ellison, T.; Kaler, C.; Whitehead, J.: Versioning Extensions to WebDAV (Web Distributed Authoring and Versioning), RFC 3253 (2002), *http://www.rfc-editor.org/rfc/rfc3253.txt*

[RFC3864] Klyne, Graham; Nottingham, Mark; Mogul, Jeffrey C.: Registration Procedures for Message Header Fields, RFC 3864 (2004), *http://www.rfc-editor.org/rfc/rfc3864.txt*

[RFC3986] Berners-Lee, Tim; Fielding, Roy Thomas; Masinter, Larry: Uniform Resource Identifier (URI): Generic Syntax, RFC 3986 (2005), *http://www.rfc-editor.org/rfc/rfc3986.txt*

[RFC3987] Duerst, Martin J.; Suignard, Michel: Internationalized Resource Identifiers (IRIs), RFC 3987 (2005), *http://www.rfc-editor.org/rfc/rfc3987.txt*

[RFC4122] Leach, Paul J.; Mealling, Michael; Salz, Richard: A Universally Unique IDentifier (UUID) URN Namespace, RFC 4122 (2005), *http://www.rfc-editor.org/rfc/rfc4122.txt*

[RFC4287] Nottingham, Mark; Sayre, Robert: The Atom Syndication Format, RFC 4287 (2005), *http://www.rfc-editor.org/rfc/rfc4287.txt*

[RFC4288] Freed, Ned; Klensin, John C.: Media Type Specifications and Registration Procedures, RFC 4288 (2005), *http://www.rfc-editor.org/rfc/rfc4288.txt*

[RFC4627] Crockford, Douglas: The application/json Media Type for JavaScript Object Notation (JSON), RFC 4627 (2006), *http://www.rfc-editor.org/rfc/rfc4627.txt*

[RFC4685] Snell, J.: Atom Threading Extensions, RFC 4685 (2006), *http://www.rfc-editor.org/rfc/rfc4685.txt*

[RFC4918] L. Dusseault, Ed.: HTTP Extensions for Web Distributed Authoring and Versioning (WebDAV), RFC 4918 (2007), *http://www.rfc-editor.org/rfc/rfc4918.txt*

[RFC5005] Nottingham, Mark: Feed Paging and Archiving, RFC 5005 (2007), *http://www.rfc-editor.org/rfc/rfc5005.txt*

[RFC5023] Gregorio, Joe; de hÓra, Bill: The Atom Publishing Protocol, RFC 5023 (2007), *http://www.rfc-editor.org/rfc/rfc5023.txt*

[RFC5147] Wilde, Erik; Duerst, Martin J.: URI Fragment Identifiers for the text/plain Media Type, RFC 5147 (2008), *http://www.rfc-editor.org/rfc/rfc5147.txt*

[RFC5246] Dierks, Tim; Rescorla, Eric: The Transport Layer Security (TLS) Protocol --- Version 1.2, RFC 5246 (2008), *http://www.rfc-editor.org/rfc/rfc5246.txt*

[RFC5789] Dusseault, Lisa; Snell, James M.: PATCH Method for HTTP, RFC 5789 (2010), *http://www.rfc-editor.org/rfc/rfc5789.txt*

[RFC5849] Hammer-Lahav, E.: The OAuth 1.0 Protocol, RFC 5849 (2014), *http://www.rfc-editor.org/rfc/rfc5849.txt*

[RFC5988] Nottingham, Mark: Web Linking, RFC 5988 (2010), *http://www.rfc-editor.org/rfc/rfc5988.txt*

[RFC6265] Barth, A.: HTTP State Management Mechanism, RFC 6265 (2011), *http://www.rfc-editor.org/rfc/rfc6265.txt*

[RFC6570] Gregorio, Joe; Fielding, Roy T.; Hadley, Marc; Nottingham, Mark; Orchard, David: URI Template, RFC 6570 (2012), *http://www.rfc-editor.org/rfc/rfc6570.txt*

[RFC6585] Mark Nottingham, Roy T. Fielding: Additional HTTP Status Codes, RFC 6585 (2012), *http://www.rfc-editor.org/rfc/rfc6585.txt*

[RFC6749] Hardt, D.: The OAuth 2.0 Authorization Framework, RFC 6749 (2012), *http://www.rfc-editor.org/rfc/rfc6749.txt*

[RFC6750] Jones, M.; Hardt, D.: The OAuth 2.0 Authorization Framework: Bearer Token Usage, RFC 6750 (2012), *http://www.rfc-editor.org/rfc/rfc6750.txt*

[RFC7111] Hausenblas, M.; Wilde, E.; Tennison, J.: URI Fragment Identifiers for the text/csv Media Type, RFC 7111 (2014), *http://www.rfc-editor.org/rfc/rfc7111.txt*

[RFC7159] Bray, T.: The JavaScript Object Notation (JSON) Data Interchange Format, RFC 7159 (2014), *http://www.rfc-editor.org/rfc/rfc7159.txt*

[RFC7230] Fielding, Roy Thomas; Reschke, Julian F.: Hypertext Transfer Protocol (HTTP/1.1): Message Syntax and Routing, RFC 7230 (2014), *http://www.rfc-editor.org/rfc/rfc7230.txt*

[RFC7231] Fielding, Roy Thomas; Reschke, Julian F.: Hypertext Transfer Protocol (HTTP/1.1): Semantics and Content, RFC 7231 (2014), *http://www.rfc-editor.org/rfc/rfc7231.txt*

[RFC7232] Fielding, Roy Thomas; Reschke, Julian F.: Hypertext Transfer Protocol (HTTP/1.1): Conditional Requests, RFC 7232 (2014), http://www.rfc-editor.org/rfc/rfc7232.txt

[RFC7233] Fielding, Roy Thomas; Reschke, Julian F.: Hypertext Transfer Protocol (HTTP/1.1): Range Requests, RFC 7233 (2014), *http://www.rfc-editor.org/rfc/rfc7233.txt*

[RFC7234] Fielding, Roy Thomas; Nottingham, Mark; Reschke, Julian F.: Hypertext Transfer Protocol (HTTP/1.1): Caching, RFC 7234 (2014), *http://www.rfc-editor.org/rfc/rfc7234.txt*

[RFC7235] Fielding, Roy Thomas; Reschke, Julian F.: Hypertext Transfer Protocol (HTTP/1.1): Authentication, RFC 7235 (2014), *http://www.rfc-editor.org/rfc/rfc7235.txt*

[RFC7238] Reschke, Julian F.: The Hypertext Transfer Protocol Status Code 308 (Permanent Redirect), RFC 7238 (2014), *http://www.rfc-editor.org/rfc/rfc7238.txt*

[RFC7301] Friedl, S.; Popov, A.; Langley, A.; Stephan, E.: Transport Layer Security (TLS) Application-Layer Protocol Negotiation Extension, RFC 7301 (2014), *http://www.rfc-editor.org/rfc/rfc7301.txt*

[RFC7303] Thompson, Henry S.; Lilley, Chris: XML Media Types, RFC 7303 (2014), *http://www.rfc-editor.org/rfc/rfc7303.txt*

[RFC793] Transmission Control Protocol, RFC 793 (1981), *http://www.rfc-editor.org/rfc/rfc793.txt*

[Richardson2010] Richardson, Leonard: Developers Like Hypermedia, But They Don't Like Web Browsers (2010), *http://ws-rest.org/files/WSREST2010-Preliminary-Proceedings.pdf*

[ROCA] Schulte-Coerne, Till; Tilkov, Stefan; Glaser, Robert; Ghadir, Phillip; Graham, Josh: ROCA: Resource-oriented Client Architecture, *http://roca-style.org/*

[RoR] Ruby on Rails, *http://rubyonrails.org/*

[RSS] RSS 2.0 Specification, *http://cyber.law.harvard.edu/rss/rss.html*

[Sails] Sails.js, *http://sailsjs.org/*

[Sayre2007] Sayre, Robert: Simple Synchronization Method for JSON Objects, h*ttps://bugzilla.mozilla.org/attachment.cgi?id=269420*

[schemaorg] What is schema.org?, *http://schema.org*

[Sinatra] Sinatra, *http://www.sinatrarb.com/*

[Siren] Swiber, Kevin: Siren: a hypermedia specification for representing entities, *https://github.com/kevinswiber/siren*

[Skonnard2008] Skonnard, Aaron: A Guide to Designing and Building RESTful Web Services with WCF 3.5 (2008), *http://msdn.microsoft.com/en-us/library/dd203052.aspx*

[SOARity] Goland, Yaron: SOA-Reliability (SOA-Rity) for HTTP (2005), *http://www.goland.org/soareliability/*

[SPDY] Belshe, M.; Peon, R.; M. Thomson, Ed.; A. Melnikov, Ed.: SPDY Protocol (2012), *https://tools.ietf.org/html/draft-ietf-httpbis-http2-00*

[Spring] Spring, *http://www.spring.io*

[SpringDocs] Cross Site Request Forgery (CSRF), *http://docs.spring.io/spring-security/site/docs/current/reference/htmlsingle/#csrf*

[Squid] Squid, *http://www.squid-cache.org*

[SquidChannels] Cache Channels for Squid, *https://github.com/mnot/squid-channels/*

[SSE] Server-Sent Events (2014), *http://www.w3.org/TR/eventsource/*

[Starke2007] Starke, Gernot; Tilkov, Stefan (Hrsg.): SOA-Expertenwissen: Methoden, Konzepte und Praxis serviceorientierter Architekturen, dpunkt-Verlag (2007), *http://soa-expertenwissen.de*

[Stenberg2007] Stenberg, Daniel: curl vs. Wget, *http://daniel.haxx.se/docs/curl-vs-wget.html*

[Stenberg2015] Stenberg, Daniel: http2 explained (2015), *http://daniel.haxx.se/http2/*

[Swagger] Swagger, *http://swagger.io/*

[SwaggerExample] Swagger Example, *https://github.com/swagger-api/swagger-spec/blob/master/examples/v2.0/json/petstore-simple.json*

[Tilkov2008] Tilkov, Stefan: JSR 311 Final: Java API for RESTful Web Services, InfoQ (2008), *http://www.infoq.com/news/2008/09/jsr311-approved*

[TodoMVC] TodoMVC: Helping you select an MV* framework, *http://todomvc.com*

[Tomayko2008] Tomayko, Ryan: Things Caches Do (2008), *http://tomayko.com/writings/things-caches-do*

[Trace2014] Trace, Rob; Walp, David: HTTP/2: The Long-Awaited Sequel, IEBlog (2014), *http://blogs.msdn.com/b/ie/archive/2014/10/08/http-2-the-long-awaited-sequel.aspx*

[Turtle] Beckett, David: Turtle – Terse RDF Triple Language (2011), *http://www.w3.org/TeamSubmission/turtle/*

[UBER] Amundsen, Mike: Uniform Basis for Exchanging Representations (UBER) (2014), *http://rawgit.com/uber-hypermedia/specification/master/uber-hypermedia.html*

[UBL] UBL (Universal Business Language) V2.0,
http://docs.oasis-open.org/ubl/os-UBL-2.0/UBL-2.0.html

[UDDI] UDDI Version 3 Specification,
https://www.oasis-open.org/committees/uddi-spec/doc/tcspecs.htm#uddiv3

[Varnish] The Varnish Project, *https://www.varnish-cache.org/*

[Vinoski2008] Vinoski, Steve: Serendipitous Reuse, IEEE Internet Computing, 12(1) (2008), *http://doi.ieeecomputersociety.org/10.1109/MIC.2008.20*

[WADL] WADL (Web Application Description Language), *https://wadl.java.net/*

[WCF] Windows Communication Foundation (WCF),
https://msdn.microsoft.com/de-de/library/ms731082(v=vs.110).aspx

[webAPI] ASP.NET Web API, *http://www.asp.net/web-api*

[WebDAV] WebDAV, *http://www.webdav.org*

[webmachineDia] Webmachine Diagram,
https://github.com/basho/webmachine/wiki/Diagram

[webpy] web.py, *http://webpy.org*

[wget] GNU Wget, *http://www.gnu.org/software/wget*

[WSBPEL] WS-BPEL: Web Services Business Process Execution Language Version 2.0 (2007), *http://docs.oasis-open.org/wsbpel/2.0/OS/wsbpel-v2.0-OS.html*

[WSDL11] Christensen, Erik; Curbera, Francisco; Meredith, Greg; Weerawarana, Sanjiva: WSDL 1.1 (2001), *http://www.w3.org/TR/wsdl*

[WSDL2] WSDL 2.0 (2007), *http://www.w3.org/TR/wsdl20*

[WSRM] Web Services Reliable Messaging (WS RM) (2004),
http://www.oasis-open.org/committees/tc_home.php?wg_abbrev=wsrm

[XHTML] XHTML™ 1.0 The Extensible HyperText Markup Language (Second Edition) (2002), *http://www.w3.org/TR/xhtml1/*

[XMLdsig] Bartel, Mark; Boyer, John; Fox, Barb; LaMacchia, Brian; Simon, Ed: XML-Signature and Syntax Processing (2002),
http://www.w3.org/TR/2002/REC-xmldsig-core-20020212

[XMLEnc] Imamura, Takeshi; Dillaway, Blair; Simon, Ed: XML Encryption Syntax and Processing (2002), *http://www.w3.org/TR/2002/REC-xmlenc-core-20021210*

[Yahoo] Network, Yahoo Developer: Retrieving Partial Resources,
https://developer.yahoo.com/social/rest_api_guide/partial-resources.html

[ZEIT2013] Selbst SSL-Verschlüsselung ist nicht vor NSA-Spionage sicher, ZEIT ONLINE (2013), *http://www.zeit.de/digital/datenschutz/2013-09/nsa-gchq-private-internet-verschluesselung*

Index

T

U

V

W

X

Z

Ziffern